LINUX SYSTEM

# 리눅스 시스템 원리와 실제

개정판

창병모 지음

생능출판

## 저자 소개

**창병모**(E-mail: chang@sookmyung.ac.kr)

1988년 서울대학교 컴퓨터공학과 학사
1990년 KAIST 전산학과 석사
1994년 KAIST 전산학과 박사
1995년~현재 숙명여자대학교 소프트웨어학부 교수

# 리눅스 시스템 원리와 실제

**초판발행** 2018년 1월 3일
**제2판3쇄** 2025년 2월 5일

**지은이** 창병모
**펴낸이** 김승기, 김민수
**펴낸곳** (주)생능출판사 / **주소** 경기도 파주시 광인사길 143
**출판사 등록일** 2005년 1월 21일 / **신고번호** 제406-2005-000002호
**대표전화** (031)955-0761 / **팩스** (031)955-0768
**홈페이지** www.booksr.co.kr

**책임편집** 신성민 / **편집** 이종무, 최동진 / **디자인** 유준범, 노유안
**마케팅** 최복락, 심수경, 차종필, 백수정, 송성환, 최태웅, 명하나, 김민정
**인쇄** 새한문화사 / **제본** 일진제책사

ISBN 978-89-7050-531-2 93000
**정가** 27,000원

# 개정판 머리말

오늘날 리눅스 시스템은 스마트폰, 태블릿, PC, 서버 및 슈퍼컴퓨터에 이르기까지 컴퓨팅 전반에서 많이 사용되고 있습니다. 이제 가정과 기업에서 리눅스 사용이 증가함에 따라 그 중요성 역시 증가하고 있습니다. 소비자 시장에서 리눅스의 가장 대표적인 성공 사례는 안드로이드로 리눅스를 기반으로 만들어진 안드로이드는 스마트폰의 가장 지배적인 운영체제가 되었습니다. 이러한 환경에서 이제 리눅스 시스템에 대한 이해와 활용 능력은 소프트웨어 경쟁력의 핵심이 되고 있습니다.

이 책은 리눅스의 초보자가 리눅스 설치부터 사용 및 프로그래밍까지 차근차근 진행할 수 있도록 구성하였습니다. 전체적으로 초판의 구성을 따르고 있으므로 한 학기 강의는 초판처럼 진행할 수 있습니다. 다만 최근의 리눅스 환경 변화를 반영하도록 일부 개정하였습니다. 현재 가장 많이 사용되고 있는 리눅스 버전은 우분투 리눅스와 레드햇(혹은 CentOS) 리눅스입니다. CentOS는 그동안 레드햇 RHEL의 무료 배포한 역할을 해왔으나 앞으로는 CentOS Stream이라는 이름으로 RHEL의 개발(시험) 배포판 역할을 하게 됩니다.

이 책은 리눅스의 대표적인 최신 버전인 CentOS 8와 우분투 22를 중심으로 작성하였습니다. 2장에서 두 리눅스의 데스크톱 환경을 모두 소개합니다. 모두 GNOME을 데스크톱 환경으로 사용하기 때문에 거의 같지만 일부 미묘한 차이가 있을 수 있습니다. 이 책의 내용은 전체적으로는 우분투 리눅스 상에서 실행하고 테스트하였으나 두 리눅스 사이의 차이는 별로 없습니다. 다만 14장 시스템 관리는 우분투를 중심으로 기술하였으므로 소프트웨어 설치 방법 등에 대한 내용은 차이가 있습니다. CentOS의 소프트웨어 설치는 별도의 보조 교재로 제공합니다.

리눅스는 여러 환경에 설치되어 사용할 수 있습니다. PC에 단독으로 혹은 MS 윈도우와 함께 설치될 수 있으며 특히 최근에는 가상 머신이 발전하고 안정화됨에 따라 가상 머신에 쉽게 설치하여 사용할 수 있습니다. 현재 많이 사용되고 있는 대표적인 가상 머신으로 VMWare와 VirtualBox가 있으며 이 책에서는 VirtualBox 위에 우분투 22를 설치하는 과정을 2장에서 간단히 설명하고 있습니다. 가상 머신을 사용하는 예로 VirtualBox 위에 우분투 20를 설치하는 과정과 VMWare에 CentOS 8을 설치하는 자세한 사항은 보조교재로 제공합니다.

이 개정판의 주요 개정 내용은 다음과 같습니다. 1장과 2장은 최신 환경을 고려하여 개정하였습니다. 7장 인터넷은 서버 부분을 추가하여 서버 설치에 대한 내용을 추가하였습니다. 14장 시스템 관리는 우분투를 중심으로 개정하였습니다. 또한 전체적으로 모든 장의 내용을 최신 버전을 반영하고 이해도를 높일 수 있도록 수정하였습니다.

이 교재가 출판되기까지 도움을 주신 여러분께 감사드립니다. 이 책의 보조교재를 위해 수고해 준 최소현 학생에게 감사드립니다. 그동안 숙명여자대학교의 리눅스 시스템 강의에 참여하여 피드백을 해준 학생들에게 감사드립니다. 이 책이 우리나라의 리눅스 교육에 사용되어 조금이나마 소프트웨어 발전에 기여할 수 있기를 바랍니다.

2021년 12월 연구실에서

창병모

# 머리말

유닉스 운영체제는 1970년대 초에 미국 AT&T 벨연구소에서 단순성과 이식성을 기본 철학으로 해서 개발되었는데 그 이후로 지속적으로 발전하면서 이제는 슈퍼컴퓨터, 메인프레임, 서버, PC, 스마트폰에 이르기까지 거의 모든 컴퓨터에서 광범위하게 사용되고 있습니다. 특히 1990년대 초에 PC을 위한 운영체제인 리눅스가 개발됨으로써 보다 광범위하게 사용되게 되었으며 애플 사의 맥OS X 역시 유닉스 기반의 운영체제로 애플의 강력한 소프트웨어 경쟁력의 원천이 되고 있습니다.

또한 최근 들어서는 스마트폰, 태블릿 PC 등을 위해 맥 OS X을 기반으로 iOS와 리눅스 기반으로 안드로이드 운영체제가 개발되어 전 세계적으로 사용됨으로써 리눅스 사용은 이제 일상이 되었습니다. 현재 리눅스 운영체제는 슈퍼컴퓨터, 서버 시스템에서부터 PC 및 스마트폰에 이르기까지 다양한 환경에서 사용되면서 소프트웨어 경쟁력의 핵심이 되고 있습니다.

저자가 지난 수년 간 리눅스 시스템을 강의하면서 느꼈던 어려운 점은 이러한 시대적 추세에도 불구하고 우리나라의 대부분의 학생들은 MS 윈도우즈만을 사용했을 뿐 리눅스를 사용해본 경험 자체가 별로 없다는 점입니다. 또한 현재 리눅스 시스템의 원리와 실제를 균형 있게 다루고 있는 교재는 별로 없는 실정입니다. 이 책은 이러한 상황에서 리눅스 시스템의 원리와 실제를 보다 효과적으로 교육할 수 있도록 리눅스 시스템의 사용과 활용뿐만 아니라 그 기본 원리를 중심으로 구성하였습니다.

## 개관과 구성

이 책은 리눅스의 사용 및 활용뿐만 아니라 리눅스 시스템의 원리까지 포괄적으로 다루고 있습니다. 또한 원리를 제대로 이해하기 위해서 일부 시스템 프로그래밍에 관한 기본적인 내용을 다루고 있습니다. 중요한 개념들은 핵심개념을 통해 다시 한 번 강조했으며 QnA를 통해 초보자들이 궁금해 할 수 있는 질문들에 대해 보다 상세히 설명했습니다. 또한 매 장마다 핵심개념과 핵심 명령어를 요약 정리하였으며, 실습문제와 연습문제를 제공하여 배운 내용을 충분히 실습할 수 있도록 구성하였습니다.

본 교재를 이용하여 한 학기를 강의하는 경우에 전반부에는 리눅스 시스템의 사용 및 활용을 중심으로 교육하고 후반부에는 리눅스 시스템을 보다 심도 있게 교육할 수 있습니다. 특히 10장 쉘 스크립트는 쉘 스크립트 작성에 대한 내용이고, 12장과 13장은 파일 시스템과 프로세스의 원리를 이해하기 위해 기본적인 시스템 프로그래밍을 일부 소개하고 있습니다. 한 학기 16주 수업을 하는 경우에는 다음과 같이 교육 내용을 구성할 수 있습니다.

| 주 | 해당 장 | 주제 |
|---|---|---|
| 1 | 1 | 유닉스/리눅스 소개 |
| 2 | 2 | X 윈도우와 데스크톱 환경 |
| 3 | 3 | 기본 명령어 |
| 4 | 4 | 파일 사용 |
| 5 | 5 | 쉘과 명령어 사용 |
| 6 | 6 | 프로세스 |
| 7 | 7 | 인터넷 |
| 8 | 중간고사 | 필기 혹은 실기 시험 |
| 9 | 8 | 파일 유틸리티 |
| 10 | 9 | 유틸리티 |
| 11 | 10 | Bash 쉘 스크립트 |
| 12 | 11 | 프로그래밍 환경 |
| 13 | 12 | 파일 시스템과 파일 입출력 |
| 14 | 13 | 프로세스 원리 |
| 15 | 14 | 시스템 관리 |
| 16 | 기말고사 | 필기 혹은 실기 시험 |

이 교재는 학생들의 선행지식이나 강의 시간 및 목적에 따라 조금씩 다르게 운영할 수 있습니다. 쉘 스크립트 부분을 2주 동안 강의할 수 있으며 이 경우에 1장 혹은 14장을 생략할 수 있습니다. 이 교재를 활용하기 위해서 우분투 리눅스나 CentOS 등을 설치해야 할 경우, 우분투 리눅스는 http://www.ubuntu.com 웹페이지에서 온라인으로 직접 설치할 수 있

으며, CentOS는 CentOS 7를 http://www.centos.org에서 다운받아 설치할 수 있습니다.

아무쪼록 이 책이 우리나라 리눅스 시스템 교육에 도움이 되고 나아가 우리나라 소프트웨어 경쟁력 향상에 미력이나마 도움이 되기를 기대합니다.

## 감사의 글

이 교재가 출판되기까지 도움을 주신 여러분께 감사드립니다. 특히 생능출판사의 관계자 여러분께 감사드립니다. 책의 교정을 위해 수고해 준 고가영, 박나연 학생에게 감사드립니다. 또한, 그동안 숙명여자대학교의 리눅스 시스템 강의에 참여하여 이 책이 나오기까지 자극을 준 모든 학생들에게 감사드립니다. 끝으로 이 책의 원고가 준비되는 동안 기도로 성원해준 아내와 가족들에게 감사드리며 이 책이 그 뜻대로 쓰임받기를 바랍니다.

2017년 11월 연구실에서

창병모

# 차 례

## CHAPTER 04 파일 사용



## CHAPTER 05 쉘과 명령어 사용



## CHAPTER 06 프로세스

## CHAPTER 07 인터넷과 서버



## CHAPTER 08 파일 유틸리티



## CHAPTER 09 유틸리티



## CHAPTER 10 Bash 쉘 스크립트

# CHAPTER 01

# 유닉스/리눅스 소개

contents

# 01 유닉스/리눅스 소개

이 장에서는 유닉스 계열 운영체제에 대해 전반적으로 소개한다. 특히 유닉스가 많이 사용되는 이유, 유닉스 시스템의 구조, 유닉스 역사 및 버전, 리눅스 설치 등을 중심으로 살펴본다.

## 1.1 유닉스/리눅스 특징

**유닉스**(Unix)는 1970년대 초에 미국 AT&T 벨연구소에서 켄 톰슨(Ken Thompson), 데니스 리치(Dennis Ritchie) 등에 의해 다중 사용자 운영체제로 개발되었으며 그 이후로 지속적으로 발전해 오고 있다. 처음 유닉스 운영체제는 중형 컴퓨터에 사용되도록 고안되었으나 점차 발전하면서 슈퍼컴퓨터, 메인프레임, 워크스테이션, PC, 스마트폰에 이르기까지 그 영역이 확대되고 있다.

특히 1990년대 초에 리누스 토르발즈(Linus Torbalds)에 의해 PC을 위한 운영체제인 리눅스(Linux)가 개발됨으로써 보다 광범위하게 사용되고 있으며 애플(Apple) 사의 맥(Mac) OS X 역시 유닉스 기반의 운영체제로 개발되어 애플의 강력한 소프트웨어 경쟁력의 원천이 되고 있다.

또한 최근 들어서는 스마트폰, 태블릿 PC 등을 위해 맥 OS X을 기반으로 iOS가 개발되었으며 리눅스 기반으로 안드로이드(Android) 운영체제가 개발되어 전세계적으로 사람들의 손 위에서 사용되고 있다. 현재 유닉스 운영체제는 슈퍼컴퓨터, 서버 시스템에서부터 PC 및 스마트폰까지 다양한 환경에서 사용되고 있을 뿐만 아니라 소프트웨어 경쟁력의 핵심이 되고 있다.

## 유닉스의 설계 철학

유닉스의 대표적인 설계 철학은 단순성, 이식성 및 개방성이라고 할 수 있다. 유닉스는 그 당시 대규모 운영체제 프로젝트였던 MIT 멀틱스(Multics) 시스템과는 반대로 단순성(simplicity)을 설계 목표로 해서 설계되었으며 이식성(portability)을 위해 C 언어로 다시 작성되었다. 이론적으로 유닉스 운영체제는 C 언어가 실행될 수 있는 환경이면 어디나 설치가 가능하다. 또한 리눅스를 포함한 유닉스 계열의 운영체제는 소스코드 등이 개방되어 다수의 자발적 참여자들에 의해 지속적으로 발전되어 왔다.

유닉스 운영체제의 주요 설계 철학인 단순성, 이식성, 개방성을 요약 정리하면 다음과 같다.

### ● 단순성

유닉스는 운영체제 자체를 가능한 한 단순화시켜 최소한도로 필요한 기능만 제공하도록 하였다. 또한 단순성을 위해 자원에 대한 일관성 있는 관점을 제공한다. 이를 통해 모든 주변장치들도 파일과 같은 방식으로 사용할 수 있도록 해준다.

### ● 이식성

유닉스는 이식성을 위해 고급 언어인 C 언어로 작성되었다. 유닉스는 이러한 특징으로 인해 그림 1.1과 같이 다양한 플랫폼에 쉽게 이식할 수 있다. 운영체제의 이식성이 높다는 것은 여러 가지 편리한 점을 제공한다. 이식성이 높으면 여러 기종의 하드웨어에 동일한 운영체제를 운용할 수 있고, 운영체제가 동일하면 이기종 하드웨어를 가진 시스템끼리 정보를 주고받는 것이 훨씬 쉬워진다. 또한 이식성이 높으면 새로이 등장하는 싸고 좋은 하드웨어를 얼마는지 쉽게 교체하여 사용할 수 있다.

현재까지 사용되고 있는 주요 유닉스 계열의 운영체제는 다음과 같다.

1. 안드로이드(Android) OS
2. iOS
3. 맥(Mac) OS X
4. 리눅스(Linux)
5. BSD 유닉스(Unix)
6. 시스템 V
7. Sun 솔라리스(Solaris)

8. IBM AIX

9. HP HP-UX

10. Cray 유니코스(Unicos)

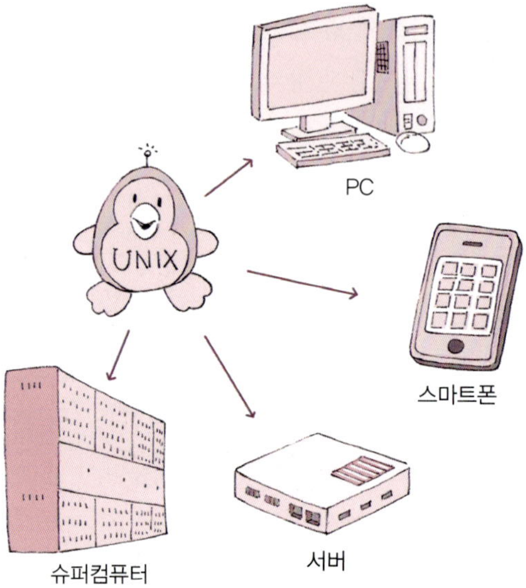


그림 1.1 유닉스의 이식성

● 개방성

유닉스의 또 다른 특징은 소스코드 공개와 같은 개방성이다. 벨연구소는 유닉스를 개발한 이후로 버클리 대학을 비롯한 대학과의 공동 연구를 위해 소스 코드를 공개하였는데 소스 코드의 공개는 유닉스가 세계적으로 호평을 받게 된 또 하나의 계기가 되었다. 이후 대학에서의 활발한 연구를 통해 유닉스를 기반으로 하는 여러 가지 유용한 소프트웨어들이 개발되었으며, 대학들 역시 이 소프트웨어들을 유닉스와 동일한 방식으로 보급하였다. 이와 같이 소프트웨어를 상호 공개하고 공유하여 상호 혜택을 주고받는 원칙은 유닉스 환경이나 사용자 집단의 기본 철학이기도 하면서 동시에 유닉스 소프트웨어의 양적, 질적인 면에서의 폭발적인 성장을 촉진하는 원동력이 되었다.

**| 핵심 개념 |**

유닉스 시스템의 대표적인 설계 철학은 단순성과 이식성과 개방성이다.

## 유닉스의 특징

이러한 설계 철학을 바탕으로 개발된 유닉스 운영체제는 다중 사용자 다중 프로세스가 기본적으로 가능하고 명령어 해석기 쉘, 계층적 파일시스템, 네트워킹 등의 특징적인 기능들을 포함하고 있다. 유닉스 운영체제의 이러한 특징들을 정리하면 다음과 같다.

### ● 다중 사용자 다중 프로세스 운영체제

유닉스는 처음 개발될 때부터 여러 사용자가 동시에 사용할 수 있는 다중 사용자 운영체제로 개발되었다. 또한 다중 사용자를 지원하기 위하여 여러 프로그램들이 동시에 실행될 수 있는 다중 프로세스 기능을 갖추고 있다. 그림 1.2는 다중 사용자 다중 프로세스의 개념을 보여주고 있다. 또한 여러 사용자를 관리하기 위한 슈퍼유저(super-user)가 있다.

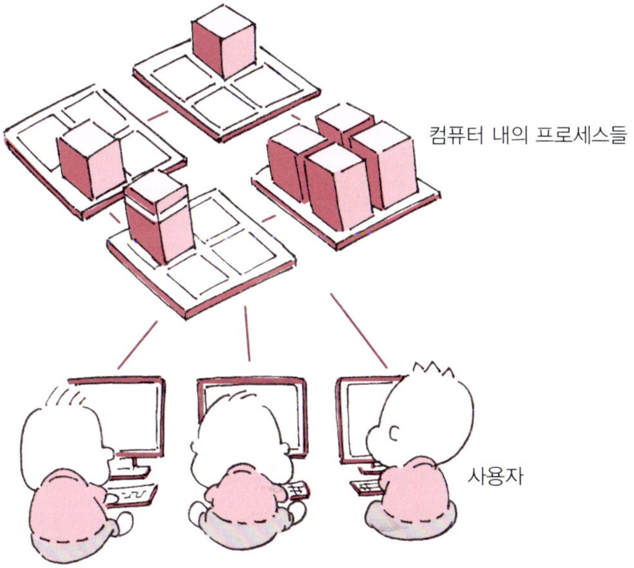


그림 1.2 다중 사용자 다중 프로세스

### ● 쉘을 이용한 대화식 운영체제

유닉스는 명령어 해석기인 쉘(shell)을 통하여 사용자가 마치 시스템과 대화하는 것처럼 시스템을 사용할 수 있다. 사용자에게 명령어를 입력받기 위해서 유닉스는 쉘 프롬프트를 화면에 표시하고 사용자가 명령어를 입력하면 쉘이 이를 해석하고 처리하여 결과를 알려주는 방식으로 동작한다. 또한 유닉스 명령어나 유틸리티 등을 사용하여 프로그램을 작성할 수 있는데 이러한 프로그램을 쉘 스크립트(shell script)라고 한다. 쉘 스크립트를 이용하면 큰 작업을 수행하기 위해 매번 새로운 프로그램을 개발하는 것이 아니라 기존의 작은 프로그램들을 적절히 결합함으로써 수행할 수 있다.

### ● 계층적 파일 시스템

유닉스 파일 시스템은 디렉터리들이 트리와 같은 계층구조 형태로 구성된다. 이 구조는 마치 나무를 거꾸로 세워 놓은 것 같다고 해서 트리 구조라고 하며 가장 상위 디렉터리인 루트(root) 디렉터리로부터 그 아래로 여러 디렉터리들이 트리와 같은 형태로 구성된다.

### ● 훌륭한 네트워킹

유닉스는 다양한 네트워크 응용 프로그램을 제공한다. 지금 우리가 사용하고 있는 ftp, telnet, www 등의 대부분의 네트워크 응용들은 유닉스를 기반으로 하여 개발되어 점차 다른 시스템으로 이전되었다.

## 1.2 유닉스/리눅스 시스템 구조

### 유닉스 시스템 구조

컴퓨터 시스템의 구성에 대해 알아보자. 잘 아는 것처럼 컴퓨터는 하드웨어와 소프트웨어로 구성된다. 하드웨어는 CPU, 메모리(memory), 저장장치(storage device), 주변장치(peripherals) 등으로 구성된다.

| 핵심 개념 |

운영체제는 컴퓨터의 하드웨어 자원을 운영 관리하고 프로그램을 실행할 수 있는 환경을 제공한다.

운영체제는 컴퓨터의 하드웨어 자원을 운영 관리하고 프로그램을 실행할 수 있는 환경을 제공하는 소프트웨어이다. 일반적으로 이러한 소프트웨어의 핵심 부분을 커널이라고 하는데 이는 상대적으로 작고 운영체제의 핵심 역할을 하기 때문이다. 유닉스 시스템의 전체적인 구조는 그림 1.3과 같으며 커널, 시스템 호출, 쉘, 라이브러리, 응용 프로그램 등으로 구성된다.

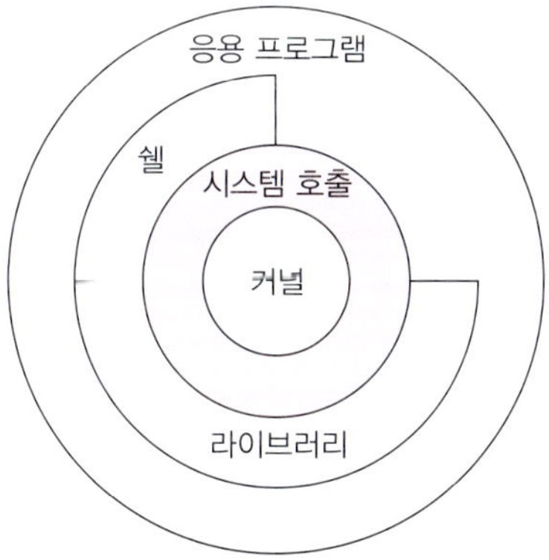


그림 1.3 유닉스 시스템 구조

### 커널과 시스템 호출

**커널**(kernel)은 그림 1.4처럼 하드웨어를 전반적으로 운영 관리하여 특히 프로세스, 파일, 메모리, 통신, 주변장치 등을 관리하고 이에 관련된 서비스를 제공한다.

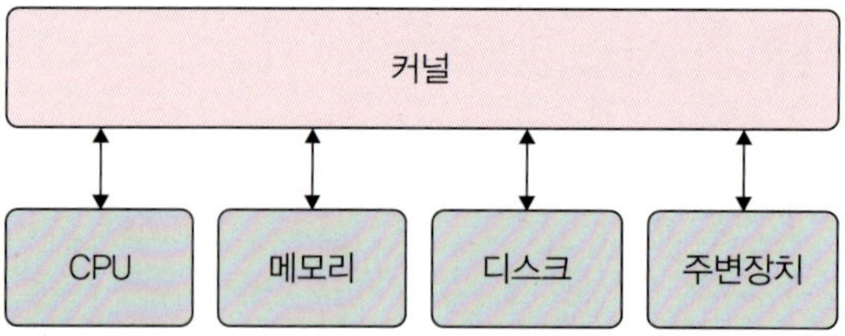


**그림 1.4** 커널의 역할

**| 핵심 개념 |**

커널은 하드웨어를 운영 관리하여 프로세스, 파일, 메모리, 통신, 주변장치 등을 관리하는 서비스를 제공한다.

커널이 제공하는 각 서비스에 대해 다음과 같이 요약 정리할 수 있다.

- 프로세스 관리(Process management)

여러 개의 프로그램이 실행될 수 있도록 프로세스들을 CPU 스케줄링 하여 마치 동시에 여러 프로세스들이 수행되는 것처럼 보이도록 해준다.

- 파일 관리(File management)

디스크와 같은 저장장치 상에 파일 시스템을 구성하고 파일을 유지 관리한다.

- 메모리 관리(Memory management)

메인 메모리가 효율적으로 사용될 수 있도록 관리한다.

- 통신 관리(Communication management)

네트워크를 통해 정보를 효과적으로 주고받을 수 있도록 관리한다.

- 주변장치 관리(Device management)

모니터, 키보드, 마우스와 같은 장치를 쉽고 편리하게 사용할 수 있도록 관리한다.

**시스템 호출**(system call)이라고 불리는 소프트웨어 계층은 그림 1.3에 보이는 것처럼 커널이 제공하는 서비스를 요청하기 위한 프로그래밍 인터페이스라고 할 수 있다. 이러한 시스템 호출의 기반 위에 공통적인 함수들의 모음인 라이브러리가 제공된다. 응용 프로그램은 시스템 호출과 라이브러리 모두 필요할 때마다 자유롭게 호출하여 사용할 수 있다.

## 쉘

**쉘**(shell)은 사용자와 운영체제 사이의 인터페이스를 제공하는 특수 소프트웨어로 사용자로부터 명령어를 입력받아 그 명령어를 해석하여 수행해 주는 명령어 해석기이다. 쉘을 이용하여 사용자는 명령어뿐만 아니라 다른 유틸리티나 응용 프로그램을 쉽게 사용할 수 있다. 또한 유닉스 명령어나 유틸리티 등을 사용하여 프로그램을 작성할 수 있는데 이러한 프로그램을 쉘 스크립트(shell script)라고 한다. 다양한 명령어, 유틸리티들을 적절히 사용하도록 쉘 스크립트를 작성하면 큰 작업을 보다 효과적으로 수행할 수 있다.

| 핵심 개념 |

쉘(shell)은 사용자와 운영체제 사이의 인터페이스를 제공하는 특수 소프트웨어로 사용자로부터 명령어를 입력받아 그 명령어를 해석하여 수행해 주는 명령어 해석기이다.

## GNU 소프트웨어

넓은 의미에서 운영체제는 커널과 컴퓨터를 유용하게 만들어 주는 다른 시스템 소프트웨어를 포함하는데 이러한 소프트웨어로는 라이브러리, 쉘, 컴파일러, 디버거, 유틸리티 소프트웨어 등이 있다. 즉 리눅스는 좁은 의미로는 리눅스 운영체제에서 사용하는 커널만을 의미하지만 넓은 의미로는 커널과 관련 GNU 시스템 소프트웨어를 포괄적으로 의미한다. 그렇기에 경우에 따라서는 이 둘을 합하여 GNU/리눅스 운영체제라고도 하지만 일반적으로 간단하게 리눅스라고 한다.

GNU 소프트웨어는 GNU 프로젝트를 통하여 개발된 유닉스 계열 시스템 소프트웨어들을 총칭한다. GNU는 "GNU는 유닉스가 아니다."란 의미를 갖는 영어 문장 "GNU's Not UNIX"의 약자이다. GNU 소프트웨어는 1983년부터 리처드 스톨만이 주도한 자유 소프트웨어 재단(Free Software Foundation)을 중심으로 무료 소프트웨어로 개발되어 왔다. GNU 소프트웨어들은 유닉스와 호환될 수 있도록 만들어졌으며 보통 이름이 g로 시작된다. 예를 들어, gcc(컴파일러), gdb(디버거), gedit(에디터), GNOME(데스크톱 환경) 등이 있다.

# 1.3 유닉스 역사 및 버전

## 유닉스 역사

유닉스 운영체제는 1970년대 초에 미국 AT&T 벨연구소에서 개발되었다. 1969년 켄 톰슨(Ken Thompson)이 어셈블리어로 개발한 이후에 1972년에 이식성을 위해 데니스 리치(Dennis Ritchie)가 C 언어로 다시 작성하였다. C 언어는 유닉스 작성을 위해 개발된 언어로 서로 매우 밀접하게 연관되어 있다. 이론적으로 유닉스는 C 컴파일러만 있으면 이식 가능하다.

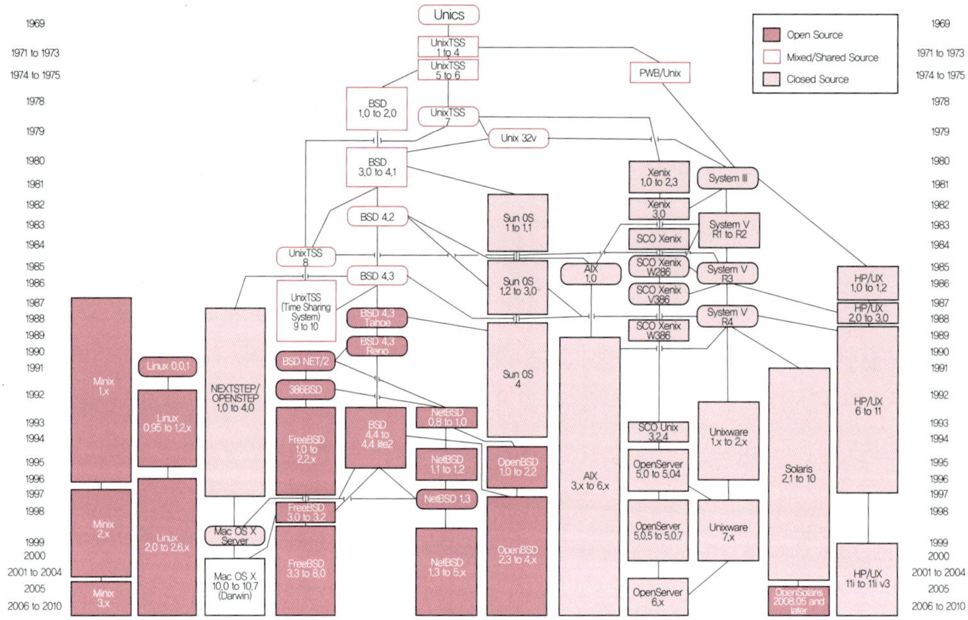


그림 1.5 유닉스 계열 운영체제 계통도[위키백과]

이후 유닉스는 그 소스 코드가 대학 및 연구소를 중심으로 개방되었으며 지속적으로 개선 발전되었다. 유닉스 역사에 있어서 가장 중요한 두 개의 흐름은 벨연구소에서 개발된 유닉스 시스템 V(System V)와 버클리 대학에서 개발된 BSD 유닉스 그리고 리눅스(Linux)라고 할 수 있다. 시스템 V는 이후 AIX, Solaris, HP/UX 등의 상용 운영체제의 기초가 되었으며, BSD 유닉스도 이후 Mac OS와 Sun OS 등의 기초가 되었다. 또한 리눅스는 PC를 위한 효율적인 운영체제로 1991년 리누스 토르발즈(Linus Torvalds)에 의해 개발되어 인터넷에 소스 코드가 공개되어 자원자들에 의해 무료 운영체제 형태로 발전하였다. 지금까지 개발된 유닉스 계열 운영체제들의 계통도는 그림 1.5와 같다.

## 유닉스 버전

### ● 시스템 V

AT&T 벨 연구소에서 개발한 유닉스 운영체제는 지속적으로 발전하여 **시스템 V**(System V)가 개발되었으며 시스템 V는 유닉스 버전 중 최초의 대표적인 성공 사례 중의 하나이다. 이 시스템은 계속해서 다양한 상업용 버전으로 발전하였으며 시스템 V 기반으로 개발된 대표적인 상업용 버전은 IBM의 AIX, Sun의 Solaris, HP의 HP-UX 등을 들 수 있다.

### ● BSD 유닉스

AT&T 벨 연구소에서 개발된 유닉스 시스템은 개발된 이후 소스 코드를 일부 대학 및 기관에 공개하였으며 특히 버클리 대학교(Univ. of California, Berkeley)에서 크게 개선되어 BSD(Berkeley Software Distribution) 유닉스 형태로 발전되었다. 특히 BSD 유닉스에서는 메모리 관리 기능 향상되었으며 네트워킹 기능이 추가되어 지금 우리가 사용하고 있는 TCP/IP 네트워킹이나 소켓(Socket) 등이 포함되었다. 또한 BSD 유닉스는 지속적으로 발전하여 BSD 4.3 버전이 개발되었는데 이 버전은 BSD 유닉스의 대표적인 성공 버전이며 썬 OS(Sun OS)나 맥 OS(Mac OS)와 같은 성공적인 상업용 운영체제의 기초가 되었다.

### ● 솔라리스

**솔라리스**(Solaris)는 유닉스 계열의 운영체제 중 하나로 썬(Sun) 사에 의해 출시된 대표적인 상용 운영체제로 현재는 오라클사 소유이다. 처음에는 썬에서 제작한 스팍(Sparc) CPU를 사용한 기종에서만 사용되는 전용 운영체제로 전문가들이 주로 사용하였으나 이후 인텔 아키텍처의 대량 보급으로 인하여 인텔용 솔라리스도 출시됨에 따라 널리 보급되었다. 그림 1.6은 솔라리스의 시작화면을 보여주고 있다.

그림 1.6 솔라리스 시작화면

## ● 리눅스

**리눅스**(Linux)는 PC를 위한 효율적인 유닉스 시스템으로 1991년 헬싱키 대학의 리누스 토르발즈(Linus Torvalds)에 의해 개발되었다. 개발 후 커널의 소스코드가 공개되어 인터넷 상에서 자원자들에 의해 지속적으로 개선되었으며 공용 도메인 상의 무료 운영체제 형태로 발전하였다. 현재 PC, 워크스테이션, 서버 등 다양한 플랫폼에 포팅 가능하다. 리눅스는 GNU 소프트웨어와 함께 다양한 배포판이 만들어져 배포되고 있는데 대표적인 배포판으로 레드햇(RedHat)/CentOS, 우분투(Ubuntu), 데비안(Debian), 페도라(Fedora) 등을 들 수 있다. 리눅스 설치에 대해서는 1.4절에서 자세히 기술한다.

## ● 맥 OS

**맥 OS**(Mac OS)는 1984년 애플 컴퓨터의 매킨토시 컴퓨터용 운영체제로 개발되었으며 개인용 컴퓨터에 GUI를 처음으로 도입한 획기적인 운영체제였다. 2002년에 NeXTSTEP 운영체제와 BSD 유닉스를 기반으로 하여 맥 OS X(맥 오에스 텐으로 발음함)이 개발되었다. 이후 문서편집이나 그래픽, 멀티미디어 등의 분야에서 많은 사랑을 받고 있다. 그림 1.7은 맥 OS X의 시작화면을 보여준다.

그림 1.7 맥 OS X 시작 화면

## ● 모바일 기기용 운영체제

**안드로이드**(Android)는 리눅스를 기반으로 모바일 기기용으로 개발된 개방형 운영체제로 소스 코드 등을 공개하고 있다. 주로 스마트폰, 태블릿 PC 등에서 전세계적으로 사용되고 있다. 그림 1.8은 안드로이드의 시작화면을 보여준다. iOS는 맥 OS X를 기반으로 개발된 모바일 기기용 운영체제로 소스 코드를 개방하지는 않고 개발자와 사용자들에게 API를 제공한다. 애플사의 iPhone, iPad, iPod 등의 모바일 기기에서 사용되고 있으며 애플사의 소프트웨어 경쟁력의 핵심이 되고 있다. 그림 1.9는 iOS의 시작화면을 보여준다.

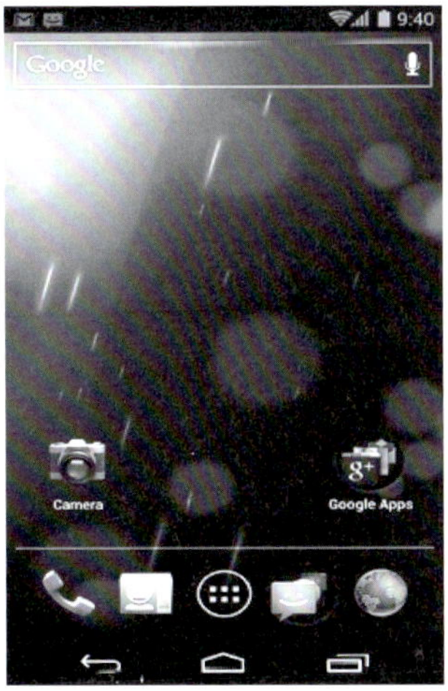


그림 1.8 안드로이드 시작화면

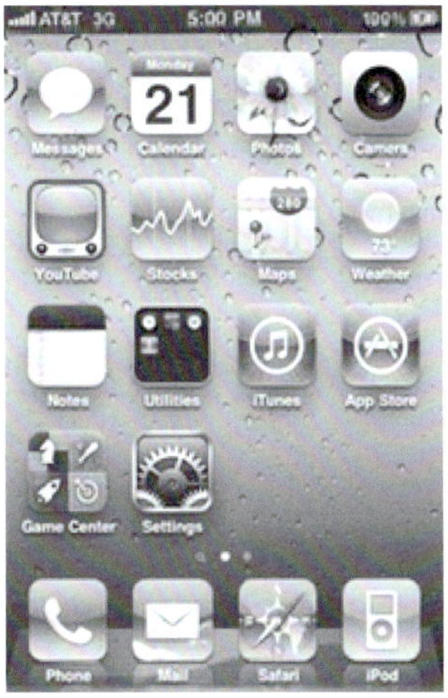


그림 1.9 iOS 시작화면

## 1.4 리눅스 설치

리눅스에는 다양한 배포판이 있는데 기본적으로 커널은 공유하고 배포판마다 조금씩 다른 데스크탑 환경이나 응용 프로그램을 제공한다. 현재 많이 사용되고 있는 리눅스 배포판으로는 레드햇/CentOS, 우분투, 데비안, 페도라 등을 들 수 있다. 레드햇 배포판은 상업용으로 판매되고 있으며 다른 배포판들은 대부분 무료 배포판이다.

기본적으로 같은 데스크톱 환경을 사용하면 어느 배포판이든 사용방법이나 사용할 수 있는 있는 응용 프로그램들은 거의 같다. 이 장에서는 많이 사용되는 무료 배포판인 우분투, CentOS 등의 설치를 중심으로 살펴본다. 각 배포판의 자세한 설치 방법은 배포판의 홈페이지에서 제공한다.

---

**QnA** Ubuntu 무슨 뜻인가요?

우분투라는 이름은 아프리카의 전통적인 사상인 우분투 정신에서 가져왔다. 우분투는 옮겨 쓰기에는 어려울 정도로 다양한 뜻이 있는데 "네가 있으니 내가 있다" 혹은 "다른 사람을 위한 인간애"("humanity towards others") 정도의 의미를 갖고 있다.

---

### 우분투

**우분투**(Ubuntu)는 데스크톱 PC에서 리눅스를 쉽게 사용할 수 있게 만든 리눅스 배포판이다. 데비안 배포판을 바탕으로 만들어졌다. 우분투는 사용자가 손쉽게 운영체제를 설치하고 쉽게 사용할 수 있도록 설계되었다. 우분투 배포판은 PC 데스크톱 환경으로 가장 많이 사용되고 있으며 서버를 위한 버전도 제공한다. 아래의 우분투 홈페이지에서 자세한 정보를 확인할 수 있다.

우분투 홈페이지 http://www.ubuntu.com

우분투 데스크톱을 설치하기 위해서는 다음의 우분투 다운로드 페이지에서 배포판 iso 파일을 다운받아 DVD 형태로 설치 디스크를 구운 후에 설치하면 된다.

우분투 데스크톱 다운로드 http://www.ubuntu.com/download/desktop

배포판 파일을 빈 DVD에 복사하는 과정을 디스크 굽기(Disk Burning)라고 한다. 보통 MS

윈도우에서는 배포판 파일을 다운받아 디스크 이미지 버너(isoburn) 프로그램을 이용하여 그림 1.10과 같이 설치 디스크를 만들 수 있다.

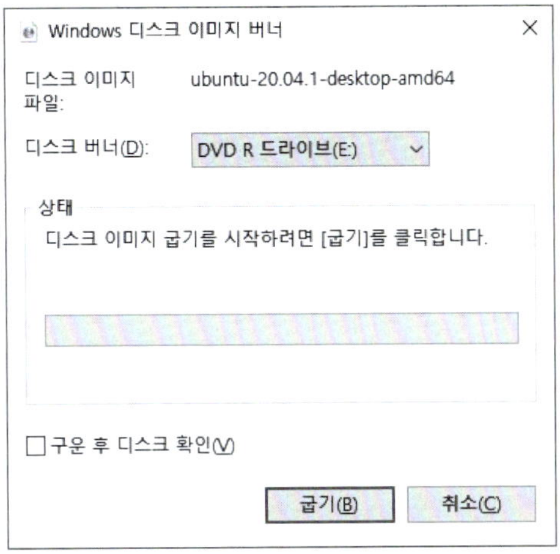


그림 1.10 디스크 이미지 굽기

또한 DVD 대신에 USB 메모리에 설치 디스크를 만들 수도 있다. 윈도우에서 부팅 가능한 USB 설치 디스크를 생성할 수 있는 소프트웨어는 여러 가지가 있는데 이중 많이 사용되는 유니버설 USB 인스톨러(Universal USB Installer)를 사용하여 만들 수 있다. 이 소프트웨어는 다음 웹페이지에서 다운받아 설치할 수 있다.

https://www.pendrivelinux.com/universal-usb-installer-easy-as-1-2-3/

이제 설치 디스크를 사용하여 우분투 데스크톱을 설치할 수 있으며 설치 과정에서 선택에 따라 기존의 MS 윈도우를 유지할 수도 있고 이를 완전히 대체할 수도 있다. 자세한 설치 과정은 다음의 우분투 데스크톱 설치가이드에서 확인할 수 있다.

https://www.ubuntu.com/download/desktop/install-ubuntu-desktop

리눅스에서는 X-윈도우 시스템을 표준 윈도우 시스템으로 사용한다. X-윈도우 시스템 상에서 통합된 그래픽 사용자 인터페이스를 제공하는 데스크톱 환경(Desktop Environment)으로는 GNOME, KDE, Unity 등이 있다. 최근 우분투 배포판은 X-윈도우의 데스크톱 환경으로 새로운 데스크톱 환경인 GNOME을 기본으로 설치한다. 우분투 리눅스를 설치하고 로그인한 후의 데스크톱 시작 화면은 그림 1.11과 같다.

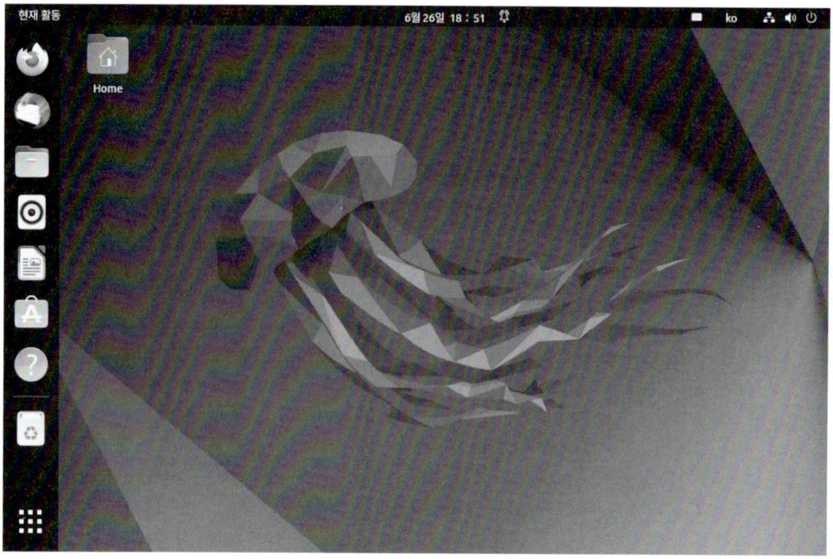

그림 1.11 우분투 시작 화면

## 레드햇 리눅스와 CentOS

레드햇 리눅스(Red Hat Linux)는 미국에 본부를 둔 레드햇사가 개발한 리눅스 배포판으로 현재는 레드햇사가 유료로 기술지원을 하는 기업용 레드햇 엔터프라이즈 리눅스와 페도라 프로젝트에서 개발하고 있는 페도라로 나뉘어 있다. 레드햇은 무료 리눅스 배포판은 페도라로 독립시키고 기업용 유료 리눅스 배포판인 레드햇 엔터프라이즈 리눅스(RHEL)의 개발과 지원에만 전념하고 있다.

**CentOS**(Community ENTerprise Operating System)는 레드햇 엔터프라이즈 배포판을 기반으로 하는 무료 운영체제로 엔터프라이즈 컴퓨팅 플랫폼 제공을 목적으로 한다. CentOS는 웹 서버용 리눅스로 많이 사용되고 있을 뿐만 아니라 데스크톱용, 워크스테이션용 등도 제공한다.

CentOS 홈페이지에서 배포판 iso 파일을 다운받아 DVD 또는 USB 메모리 형태로 구운 후에 설치할 수 있다. 현재 64비트(x86_64) 버전을 제공하며 최신 버전은 CentOS 8이다. 64비트 버전의 경우 다음과 같은 형태로 제공된다. 다운로드에서는 다양한 배포판을 제공하는데 DVD 배포판을 다운받아 설치하면 된다.

| | |
|---|---|
| CentOS 다운로드 | https://www.centos.org/centos-linux/ |
| DVD 버전(권장) | CentOS-8.4.2105-x86_64-dvd1.iso |

DVD 버전을 이용하여 설치할 때 설치 선택 옵션에 따라 서버, 워크스테이션, 최소 등을 선택할 수 있다. 이 책에서는 워크스테이션을 선택하여 설치하였다고 가정하고 설명한다. 자세한 설치 과정은 이 교재 웹 페이지에서 제공하는 보조자료를 참고하기 바란다. 워크스테이션을 설치한 후에 로그인한 데스크톱 초기 화면은 그림 1.12와 같다.

그림 1.12 CentOS 8 시작 화면

## 가상 머신에 리눅스 설치

"가상 머신(Virtual Machine)"은 컴퓨터 하드웨어(CPU, MEMORY, DISK 등)를 추상화하여, 마치 실제 하드웨어가 존재하는 것과 같은 환경을 소프트웨어로 만들어 제공한다. 사용 중인 MS 윈도우 위에 가상 머신을 사용하여 새로운 리눅스(예를 들어, Ubuntu) 운영체제를 설치하면 두 가지 운영체제를 동시에 사용할 수 있다. 이 경우에 윈도우즈는 호스트 운영체제라고 하고 Ubuntu 리눅스는 게스트 운영체제라고 한다.

대표적인 가상 머신 소프트웨어로는 VirtualBox(virtualbox.org)와 VMWare가 있다. VirtualBox는 Oracle 사에서 제공하는 무료 소프트웨어이며 VMware Workstation Player는 유료 소프트웨어이나 비상업적 개인 용도로는 무료로 사용할 수 있다. MS 윈도우 환경에서 Oracle VirtualBox 가상 머신을 이용해 리눅스를 설치하는 방법을 살펴보자. 우분투 리눅스 설치 iso 파일은 이미 다운로드 했다고 가정한다.

## VirtualBox 다운로드 및 설치

그림 1.13의 VirtualBox 다운로드 페이지(www.virtualbox.org/wiki/Downloads)에서 VirtualBox 설치파일을 다운받아 설치한다.

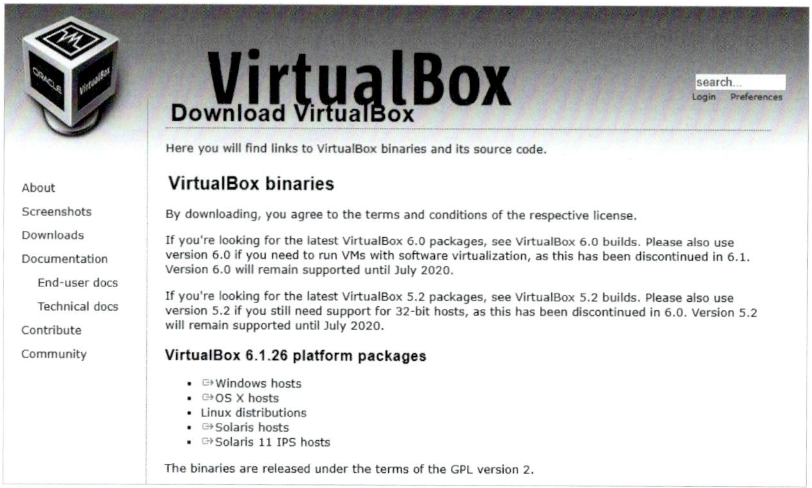


그림 1.13 VirtualBox 다운로드 페이지

VirtualBox 설치 후에 실행하면 VirtualBox 관리자는 그림 1.14와 같다.

그림 1.14 VirtualBox 관리자

### VirturlBox에 우분투 리눅스 설치

1. [새로 만들기]를 눌러 다음과 같이 설정하여 새로운 가상 머신을 만든다.
   - 가상 머신의 이름과 머신 폴더를 선택하고 설치할 운영체제의 종류와 버전을 선택한다.
   - 사용할 메모리의 크기를 설정한다.
   - 가상 하드디스크를 만든다.

2. [설정(S)] 탭으로 이동하여 다운받았던 우분투 설치 ISO 파일을 저장소에서 선택한다.
3. [시작]을 누르면 우분투 설치 ISO 파일을 이용하여 우분투로 부팅이 진행된다.
4. [Ubuntu 설치]를 선택하여 우분투 설치를 시작한다.
   우분투 설치 과정은 교재 홈페이지에서 제공하는 보조 교재를 참고하기 바란다.

5. 우분투 설치 후에 그림 1.15에서 [시작]을 선택하여 설치된 우분투를 실행할 수 있다.

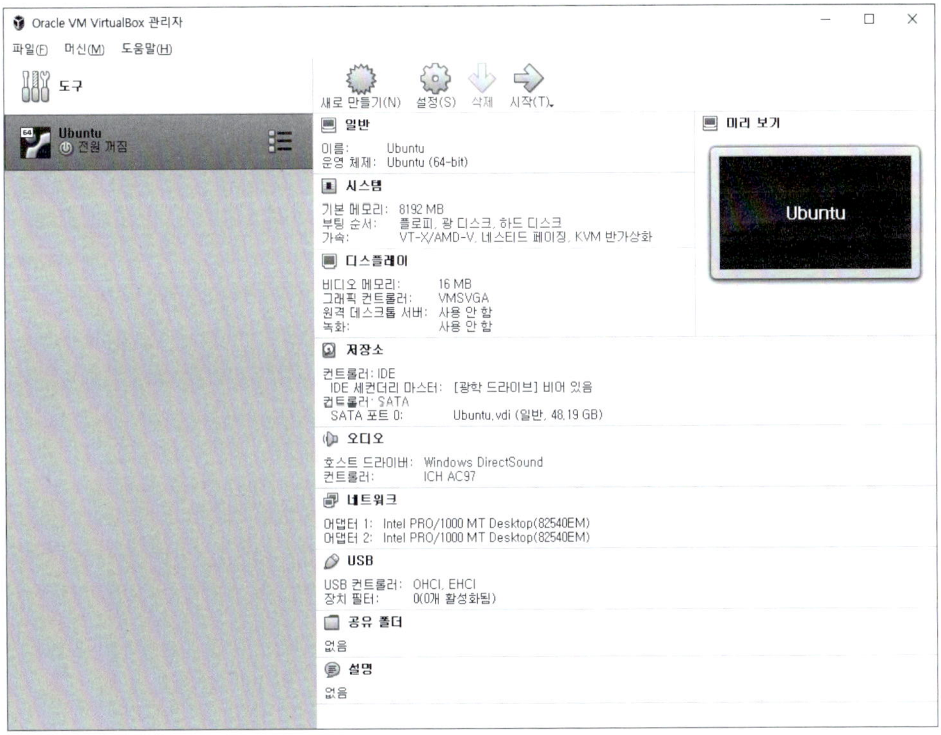


그림 1.15 우분투 설치 후에 시작

## 1.5 사용 환경

리눅스에 사용자 계정이 있으면 다음과 같은 다양한 방법으로 로그인하여 사용할 수 있다. 사용자 계정이 없다면 관리자에게 문의하여 만들 수 있으며 직접 운영하는 유닉스 혹은 리눅스 시스템이 있다면 직접 사용자 계정을 만들 수 있다. 사용자 계정 생성방법에 대해서는 1.6절을 참고하기 바란다.

### 직접 로그인

직접 사용할 수 있는 리눅스 시스템이 있는 경우에는 직접 로그인하여 바로 리눅스 시스템의 표준 윈도우인 X-윈도우(X-window) 시스템을 사용할 수 있다. 리눅스 시스템에 로그인하면 같은 X-윈도우를 사용하더라도 사용하는 데스크톱 환경에 따라 모양과 사용법이 조금씩 다르다. 그림 1.11은 우분투 리눅스로 로그인 했을 때 GNOME 데스크톱 시작화면이고 그림 1.12는 CentOS로 로그인 했을 때 GNOME 데스크톱 시작 화면이다.

GNOME 데스크톱 상에서 터미널을 열어 명령어를 사용할 수 있는데 우분투의 경우에는 바탕화면에서 오른쪽 버튼을 눌러 [터미널로 열기(Open in Terminal)]를 선택하면 그림 1.16과 같은 터미널이 생성된다. 그림 1.17은 CentOS 의 터미널 화면이다.

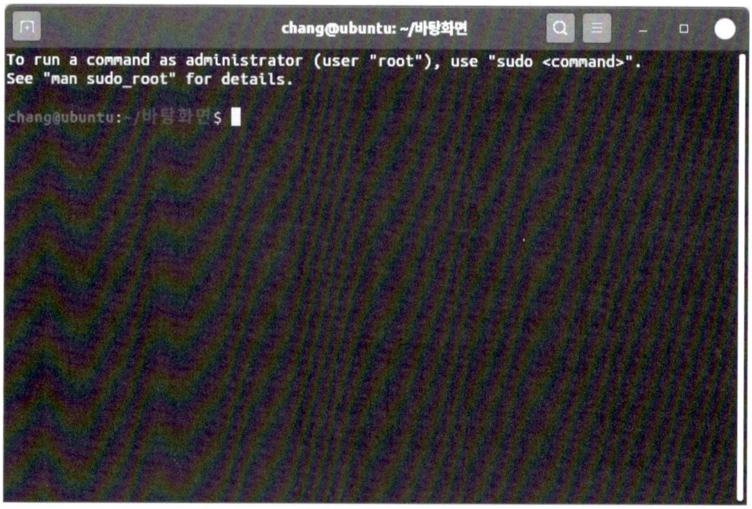


그림 1.16 우분투 리눅스 터미널 화면

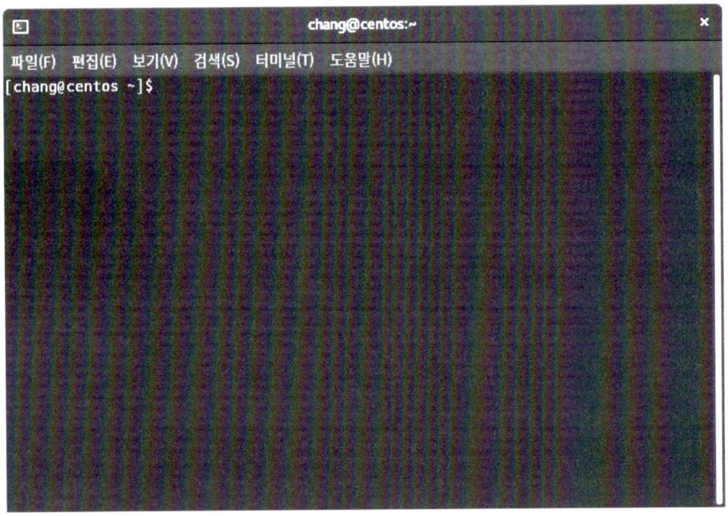


그림 1.17 CentOS 터미널 화면

### MS 윈도우에서 원격 로그인

MS 윈도우 PC에서도 유닉스 시스템에 원격 로그인 할 수 있는데 가장 간단한 방법은 telnet 명령어를 사용하는 것이다. telnet 명령어를 사용하기 위해서는 윈도우 10의 경우에 [제어판] → [프로그램 및 기능] → [Windows 기능 켜기/끄기]로 가서 '텔넷 클라이언트'를 먼저 선택해야 한다.

그러나 최근의 대부분의 리눅스 시스템들은 보안상의 이유로 텔넷 접속을 허용하지 않고 대신 보안을 강화한 ssh를 제공한다. 윈도우 10에서는 원격 접속을 위해 OpenSSH 클라이언트를 추가 설치할 수 있으며 이 소프트웨어를 추가하면 명령어 창에서 ssh 명령어를 바로 사용할 수 있다. 다음과 같이 OpenSSH 클라이언트를 추가 설치할 수 있다.

[설정] → [앱] → [앱 및 기능] → [선택적 기능] → [OpenSSH 클라이언트] 설치

이제 실행 창에서 ssh 명령어를 실행할 수 있다. 예를 들어, 그림 1.18과 같이 ssh 명령어를 입력하면 그림 1.19와 같이 원격으로 리눅스 시스템에 로그인하여 사용할 수 있다.

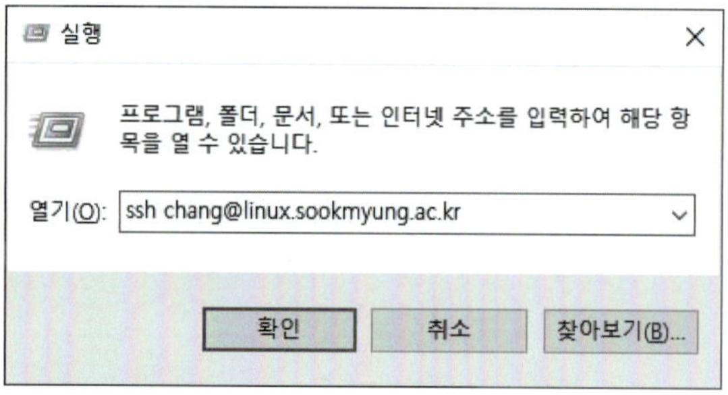


그림 1.18 실행 창을 통한 ssh 시작

그림 1.19 ssh를 통한 리눅스 접속

## 로그아웃

X 윈도우로 직접 로그인 한 경우에는 예를 들어, GNOME 데스크톱 환경을 사용하고 있다면 위 패널의 가장 오른쪽의 상태 영역 메뉴에서 [컴퓨터 끄기/로그아웃]을 선택하여 로그아웃 할 수 있다. ssh를 통해 원격 로그인 한 경우에는 exit 혹은 logout 명령어를 사용하여 로그아웃 할 수 있다.

`$ exit` 혹은 `$ logout`

# 1.6 사용자 계정 관리

이 절에서는 리눅스 시스템을 사용하기 위해서 가장 먼저 필요한 사용자 계정 관리에 대해서 살펴본다. 리눅스는 하나의 시스템을 여러 명의 사용자가 사용할 수 있으며 시스템 관리자가 사용자 계정을 추가할 수 있다. 보통 설치 과정에서 관리자 계정을 만든다.

## 사용자 계정 추가

GNOME 데스크톱 환경에서 [설정] → [사용자]를 선택해서 그림 1.20의 사용자 관리 도구를 사용하여 사용자를 추가 혹은 삭제할 수 있다. 그림 1.20은 이미 만들어진 사용자 계정을 보여주고 있으며 새로운 사용자 계정을 추가하기 위해서는 우측상단에 있는 [사용자 추가]를 클릭하고 그림 1.21과 같이 새로운 사용자에 대한 정보를 입력한다.

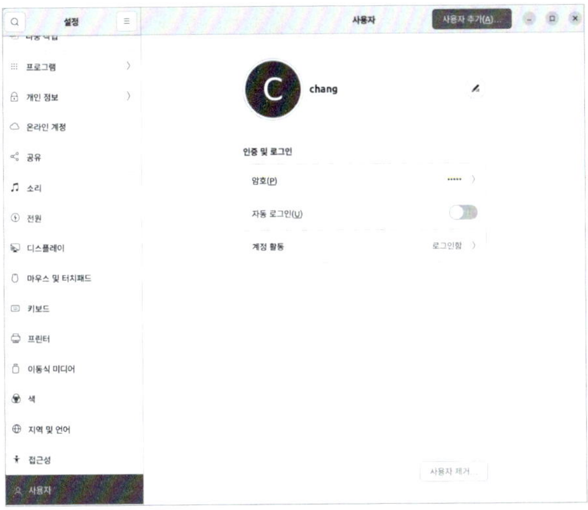


그림 1.20 GNOME 사용자 관리 도구

그림 1.21 사용자 계정 추가

예를 들어, 그림 1.21과 같이 gildong이라는 이름의 사용자 계정을 추가하고 바로 암호를 설정할 수 있으며, 다음 로그인에 암호를 설정하도록 할 수도 있다. 사용자 계정을 추가하고 그림 1.22와 같이 사용자 계정이 추가된 것을 확인할 수 있다.

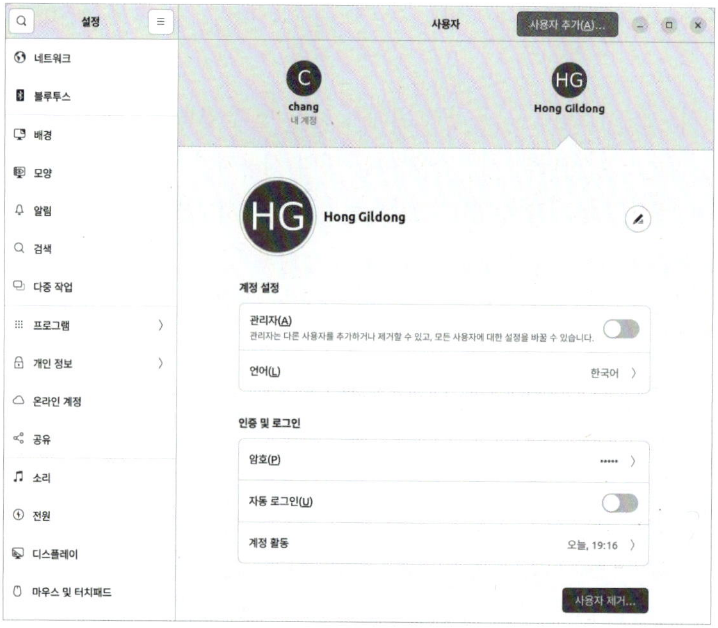


그림 1.22 추가된 사용자 계정

이제 그림 1.23처럼 새로 추가된 `gildong` 사용자 계정으로 로그인 할 수 있다.

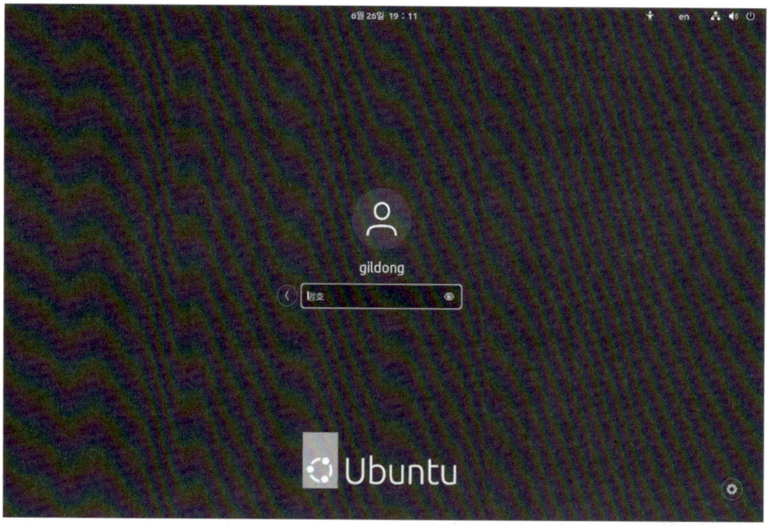


그림 1.23 사용자 계정으로 로그인

### 슈퍼유저

슈퍼유저가 사용하는 계정이 root이다. 슈퍼유저는 root 계정으로 로그인하여 사용자 계정을 추가 및 삭제하고 사용자 패스워드를 변경할 수 있을 뿐만 아니라 소프트웨어의 설치, 로그 파일의 검사 등의 시스템 관리의 모든 측면을 수행할 수 있다. 그러나 root 계정은 사용이나 보안상의 어떠한 제약도 받지 않기 때문에 매우 조심해서 사용해야 한다. 결국 시스템은 root가 요청하는 대로 모든 일을 실행하게 되며 만일 명령어를 잘못 입력하여 실수를 하게 되면 시스템에 큰 문제를 야기할 수도 있다.

리눅스에서는 root 계정으로 로그인하지 않고 다음과 같이 일반 사용자가 sudo(superuser do) 명령어를 이용하여 원하는 명령어를 관리자 권한으로 실행할 수 있다. 이렇게 하기 위해서는 일반 사용자 계정을 생성할 때 계정 종류를 관리자로 선택해야 한다(그림 1.21 참조).

```
$ sudo 명령어
```

예를 들어, 다음과 같이 관리자 권한으로 패키지 설치 명령어 apt를 이용하여 C 컴파일러인 gcc를 설치할 수 있다. 패키지 설치 명령어에 대해서는 14.6절을 참고하기 바란다.

```
$ sudo apt install gcc
```

또한 다음과 같이 sudo 명령어를 이용하여 root 계정의 암호를 설정한 후에 root 계정을 이용하는 것도 가능하다.

```
$ sudo passwd root
[sudo] chang의 암호:
새 암호:
새 암호 재입력:
passwd: 암호를 성공적으로 업데이트했습니다
```

슈퍼유저로 로그인하기 위해서는 직접 root 계정으로 로그인하면 된다. 또한 일반 사용자 계정으로 로그인한 경우에는 다음과 같이 su(switch user) 명령어를 사용하여 root 계정으로 다시 로그인할 수도 있다. root 계정으로 로그인하면 프롬프트가 #이 된다.

```
$ su
암호:
#
```

### | 핵심 개념 |

- 유닉스 시스템의 대표적인 설계 철학은 단순성과 이식성과 개방성이다.
- 운영체제는 컴퓨터의 하드웨어 자원을 운영 관리하고 프로그램을 실행할 수 있는 환경을 제공한다.
- 쉘(shell)은 사용자와 운영체제 사이의 인터페이스를 제공하는 특수 소프트웨어로 사용자로부터 명령어를 입력받아 그 명령어를 해석하여 수행해 주는 명령어 해석기이다.
- 커널은 하드웨어를 운영 관리하여 프로세스, 파일, 메모리, 통신, 주변장치 등을 관리하는 서비스를 제공한다.

## | 실습 문제 |

### 1.1 리눅스 시스템 설치

이용 가능한 PC 또는 가상 머신에 원하는 리눅스 시스템을 설치해보자. 예를 들어,

- 우분투 리눅스는 http://www.ubuntu.com/download/desktop/에서 우분투 리눅스를 다운로드해서 설치하면 된다.
- CentOS 리눅스는 CentOS 홈페이지 http://www.centos.org/에서 CentOS 리눅스를 다운로드해서 설치하면 된다.

### 1.2 사용자 계정 만들기

새로 설치된 리눅스 시스템에 새로운 사용자 계정을 만들어 로그인해 보자.

### 1.3 sudo 명령어 실습

(1) root 계정의 패스워드 설정하기

```
$ sudo passwd root
```

(2) gcc 컴파일러 설치하기

```
$ sudo apt install gcc
```

## | 연습 문제 |

1.1 유닉스 기반의 운영체제가 아닌 것은?

① 안드로이드(Android) OS　　② 맥(Mac) OS X

③ IBM AIX　　④ 윈도우 10

⑤ 리눅스(Linux)

1.2 다음 유닉스 운영체제에 대한 설명 중 옳지 않는 것은?

① 다중 사용자 시스템이다.

② 명령어 해석기로 쉘을 제공한다.

③ 계층적 파일시스템을 사용한다.

④ 슈퍼유저가 있으며 그 계정은 super이다.

⑤ 다중 프로세스가 기본적으로 가능하다.

1.3 다음 괄호 안에 알맞은 말을 넣으시오.

> 유닉스 시스템의 대표적인 설계 철학은 (　　)과 (　　)과 (　　)이다.

1.4 다음 괄호 안에 알맞은 말을 넣으시오.

> 커널은 하드웨어를 운영 관리하여 (　　), (　　), (　　), 통신, 주변장치 등을 관리하는 서비스를 제공한다.

1.5 다음 괄호 안에 알맞은 말을 넣으시오.

> 쉘은 사용자와 (　　) 사이의 인터페이스를 제공하는 특수 소프트웨어로 사용자로부터 명령어를 입력받아 그 명령어를 해석하여 수행해 주는 (　　)이다.

1.6 커널의 역할에 대해 설명하시오.

1.7 시스템 호출의 역할에 대해 설명하시오.

# CHAPTER 02

# X 윈도우와 데스크톱 환경

contents

# 02 X 윈도우와 데스크톱 환경

X 윈도우는 유닉스/리눅스의 표준 윈도우 시스템으로 사용자가 쉽게 사용할 수 있는 그래픽 사용자 인터페이스를 제공한다. 이 장에서는 X 윈도우에 대한 소개와 함께 구조, 사용법, 데스크톱 환경 등에 대해서 살펴본다.

## 2.1 X 윈도우 소개

X 윈도우 시스템은 유닉스 및 리눅스 운영체제를 위한 그래픽 사용자 인터페이스(GUI) 환경으로서 1984년에 MIT를 중심으로 개발되었다. 그 뒤로 지속적인 개발을 통해 1987년에 X11 버전이 개발된 이후 현재까지 유닉스 및 리눅스의 표준 윈도우 시스템으로 사용되고 있다.

1988년에는 수많은 컴퓨터 제조업체로 이루어진 X 컨소시엄이 조직되었고, X 컨소시엄에 의해서 X11 버전이 개정되어 1996년에는 현재까지도 많이 사용되고 있는 개정판인 X11R6 버전이 개발되었다. X 윈도우 시스템은 2004년부터 X.org 재단(http://www.x.org)에 의해 관리되고 있으며 2006년에는 X11R7 버전이 발표되었다. 이 버전은 투명 창 지원, 체계적인 시각 효과 및 해상도 변경 기능, 3차원 가상현실 디스플레이 장치 도구 지원, 섬네일 기능 등 다양한 시각적인 기능과 효과를 지원한다.

X 윈도우의 특징은 다음과 같이 정리할 수 있다.

- 뛰어난 이식성

기종에 관계없이 거의 모든 유닉스, 리눅스 시스템에서 동작할 만큼 이식성이 뛰어나다.

- 클라이언트/서버 구조

X 윈도우 시스템은 X 서버와 X 클라이언트로 구성되며, X 윈도우 상에서 실행되는 X 응용

프로그램은 모두 X 클라이언트로 X 서버에 디스플레이를 요청한다. X 서버는 클라이언트의 요청에 따라 화면에 디스플레이해 주거나 마우스나 키보드를 통한 사용자 입력을 X 클라이언트에게 제공해 주는 역할을 한다. 이러한 의미에서 X 서버는 디스플레이 서버라고 할 수 있으며 디스플레이마다 이를 담당하는 하나의 X 서버가 필요하다.

• 장치의 독립성
X 윈도우 시스템은 하드웨어의 제어에 필요한 것들을 모두 처리해주는 X 서버가 있기 때문에 X 클라이언트는 다양한 시스템에서도 실행될 수 있는 장치의 독립성을 갖는다.

• 네트워크의 투명성
다른 시스템에서 실행중인 X 클라이언트 프로그램을 자신의 시스템에 디스플레이해서 볼 수 있다. 또 자신의 시스템에서 실행되고 있는 프로그램을 다른 시스템에 디스플레이 할 수도 있다. 이런 네트워크의 투명성은 분산처리 환경에서 매우 중요하며 네트워크의 투명성이 보장되면 사용자들은 네트워크에 연결된 모든 컴퓨터들을 마치 하나의 컴퓨터처럼 사용할 수 있게 된다.

## X 윈도우 시작

사용하는 유닉스 및 리눅스 시스템의 콘솔 모니터에는 X 윈도우를 바로 사용할 수 있도록 그래픽 로그인 박스가 준비되어 있을 것이다. 리눅스의 경우 배포판에 따라 설치 시에 다양한 선택 옵션을 제공하는데 처음 리눅스 설치 시 그래픽 로그인을 하겠다고 선택하면 부팅에서는 항상 그래픽 로그인 박스가 뜨고 바로 X 윈도우로 들어갈 수 있다. 또한 리눅스를 설치할 때 그래픽 로그인을 선택하지 않고 텍스트 로그인을 선택하면 텍스트 모드로 로그인 할 수도 있다.

그래픽 로그인 박스를 사용하는 경우에는 사용자 계정으로 로그인하면 바로 X 윈도우를 사용할 수 있고 자동으로 데스크톱 환경이 시작된다. 이러한 X 윈도우 로그인 과정은 xdm, gdm 등과 같은 X 디스플레이 관리자(X display manager)라는 소프트웨어에 의해 준비되고 관리된다.

예를 들어, CentOS 리눅스의 X 윈도우 로그인 화면은 그림 2.1과 같으며 우분투 리눅스의 X 윈도우 로그인 화면은 그림 2.2와 같다. 이 로그인 화면은 사용하고 있는 시스템이나 버전에 따라 조금씩 다를 것이다.

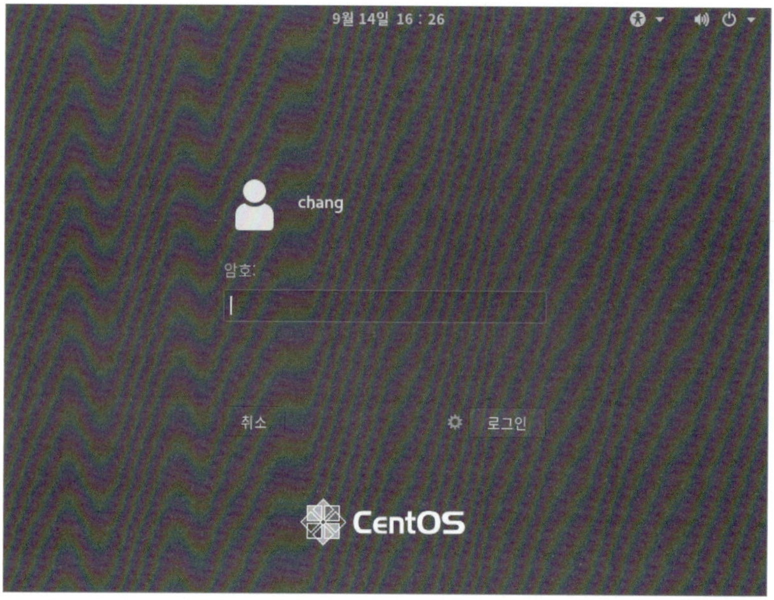


그림 2.1 CentOS 리눅스 로그인 화면

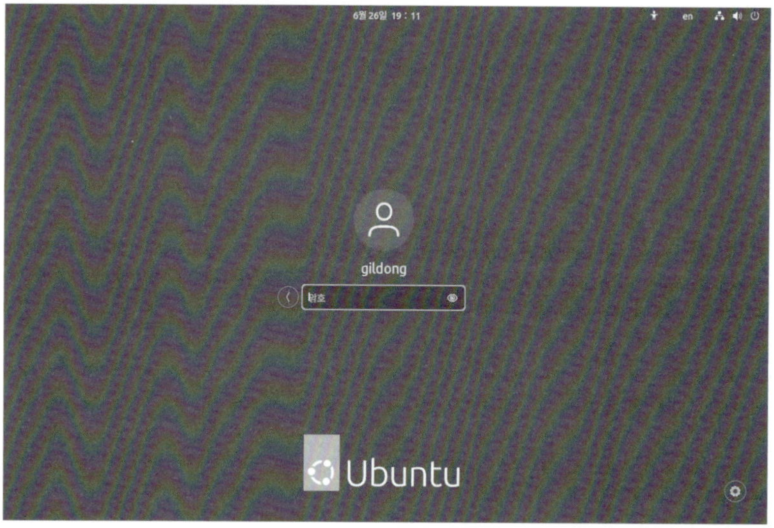


그림 2.2 우분투 리눅스 로그인 화면

X 윈도우로 로그인하면 그림 2.7과 같은 데스크톱 환경(Desktop Environment)이 시작된다. 현재 리눅스에서 가장 많이 사용되고 있는 데스크톱 환경은 GNOME으로 GNOME 사용법 등에 대한 자세한 설명은 2.2절에서부터 한다.

## 2.2 X 윈도우와 데스크톱 환경

### X 윈도우 구조

X 윈도우 시스템은 GUI 환경의 구현을 위한 기본 윈도우 시스템과 네트워크 프로토콜로 구성된다. X 윈도우 시스템이 다른 GUI 시스템과 다른 특징은 X 프로토콜(X protocol)이라고 불리는 네트워크 프로토콜을 기반으로 동작하는 클라이언트/서버 모델의 시스템이라는 점이다. X 서버와 X 클라이언트 사이의 상호작용은 메시지 교환을 통해 이루어지는데 메시지 형태와 사용법에 대한 규약이 X 프로토콜이다. X 윈도우 상에서 동작하는 어떤 소프트웨어라도 X 프로토콜을 거치지 않고 직접 기본 윈도우 시스템에 접근할 수 없으며, 모든 동작은 X 프로토콜 중심으로 움직인다. 따라서 기본 윈도우 시스템은 X 프로토콜을 사용해 외부와의 인터페이스를 구성하는데 이로 인해 X 윈도우는 네트워크 투명성과 디바이스 독립성을 확보하게 되었다.

X 윈도우 시스템은 그림 2.3과 같이 하나의 X 서버와 여러 개의 X 클라이언트들로 구성된다. X 클라이언트는 X 윈도우 상에서 수행될 수 있는 X 응용 프로그램들로서 모든 X 응용 프로그램들은 X 클라이언트이다. 예를 들어, xterm, xclock, firefox 등의 응용 프로그램들이 모두 X 클라이언트이다.

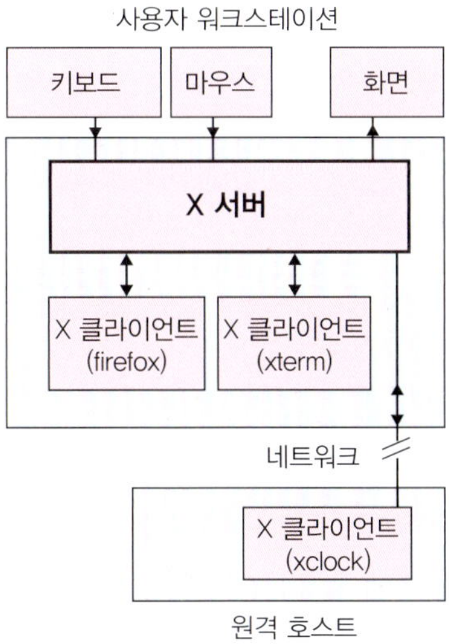


그림 2.3 X 윈도우 구조

X 클라이언트인 X 응용 프로그램은 X 서버에 디스플레이를 요청한다. X 서버는 클라이언트의 요청에 따라 화면에 디스플레이해 주거나 마우스 클릭, 윈도우 이동, 키보드 누름 등과 같은 사용자 입력을 X 클라이언트에게 제공해 주는 역할을 한다. 이러한 의미에서 X 서버는 디스플레이 서버라고 할 수 있으며 디스플레이마다 이를 담당하는 하나의 X 서버가 필요하다.

그림 2.3에서 보는 것처럼 X 서버와 X 클라이언트는 꼭 같은 호스트에서 실행될 필요가 없다. X 클라이언트인 X 응용 프로그램은 X 서버가 실행되는 호스트에서 실행될 수도 있고 네트워크에 연결된 원격 호스트에서 실행되어도 로컬 호스트의 X 서버를 통해 디스플레이될 수 있다.

**| 핵심 개념 |**

X 윈도우 시스템은 하나의 X 서버와 여러 개의 X 클라이언트들로 구성된다. X 서버는 디스플레이를 담당하고 X 응용 프로그램은 X 클라이언트이다.

## X 응용 실행

GNOME과 KDE와 같은 데스크톱 환경에서는 주로 메뉴를 선택하여 X 응용 프로그램을 실행시킨다. X 응용 프로그램을 실행시키는 또 하나의 방법은 xterm과 같은 터미널 창에서 명령어를 이용하여 실행시키는 것이다. 터미널 창은 표준 터미널의 축소판처럼 생긴 창으로 쉘 프롬프트에서 유닉스 명령어를 사용할 수 있다.

터미널 창에서 xclock 등과 같은 X 응용 프로그램을 시작할 수 있다. 예를 들어, 다음과 같이 입력하여 그래픽 시계 xclock을 실행할 수 있다.

```
$ xclock &
[1] 12345
```

X 서버와 X 클라이언트가 같은 호스트에서 실행될 수 있지만 네트워크 프로토콜인 X 프로토콜을 사용하므로 필요에 따라서는 서로 다른 호스트에서 실행될 수도 있다. 이러한 X 윈도우의 네트워크 기반 구조 덕분에 로컬 호스트 상의 X 서버는 다른 원격 호스트 상의 X 클라이언트로부터의 디스플레이 요청을 받아 이를 디스플레이 할 수 있다. 이 개념은 주로 원격 호스트에 위치하는 웹 서버나 DB 서버 개념에 익숙한 사용자에게는 반대로 들리며 혼란스러울 수 있다.

이 개념을 그림 2.3을 중심으로 쉽게 설명하면 다음과 같다. xclock과 같은 X 응용 프로그램(X 클라이언트)이 원격 호스트에서 실행되더라도, 꼭 그 컴퓨터에 연결된 모니터로만 디스플레이가 가능한 것이 아니라, 화면에 디스플레이 해줄 수 있는 X 서버가 로컬 호스트에 있다면, 원격 호스트에서 실행되더라도 로컬 호스트에 디스플레이하여 사용할 수 있다.

## 데스크톱 환경

X 윈도우를 쉽게 효과적으로 사용하기 위해서는 윈도우를 관리하는 소프트웨어가 필요하다. **윈도우 관리자**(Window Manager)는 그래픽 사용자 인터페이스 환경에서 데스크톱 상의 윈도우들을 운영 관리하는 소프트웨어이다. MS 윈도우나 맥 OS X 등에서는 윈도우 관리자가 운영체제의 일부로서 만들어져 있는 반면, X 윈도우 시스템에서는 얼마든지 제3자가 만든 윈도우 관리자를 사용할 수 있다.

X 윈도우의 윈도우 관리자는 X 윈도우 시스템과 사용자 사이를 이어주는 사용자 인터페이스 관리를 담당한다. 윈도우 관리자는 스크린에 나타나는 윈도우, 아이콘, 메뉴, 패널 등의 모양 위치 등을 관리하여 윈도우 확대, 축소, 이동, 아이콘으로 변환 등을 쉽게 할 수 있도록 해준다. 따라서 X 윈도우를 사용하더라도 사용하는 윈도우 관리자에 따라 윈도우, 아이콘, 메뉴, 패널 등의 모양이나 사용법이 조금씩 다를 수 있다. 전통적인 윈도우 관리자로는 TWM, MWM, FVWM, Window Maker 등이 있다(그림 2.4 참조).

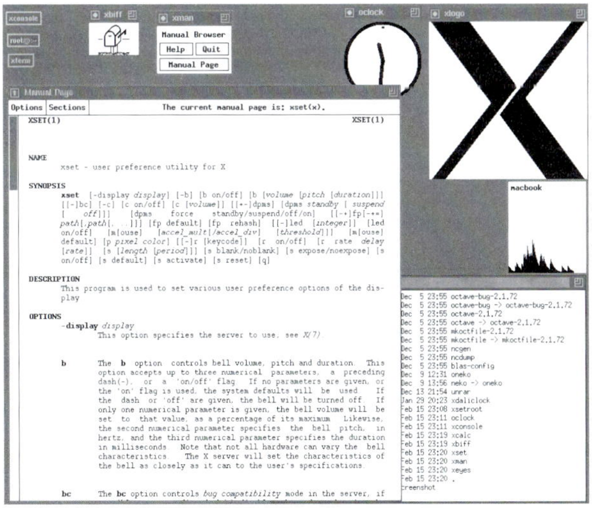


그림 2.4 TWM을 사용한 초창기 X 윈도우

최근에는 윈도우 관리자를 포함한 **데스크톱 환경**(Desktop Environment)이 많이 사용되고 있는데 데스크톱 환경은 윈도우 관리자에 여러 유틸리티들을 묶어 패키지화한 것으로 데스크톱 환경은 보통 아이콘, 창, 도구 모음, 디렉터리 관리, 배경 화면, 데스크톱 위젯 등의 기능을 제공한다. 윈도우 관리자만 사용하는 것보다는 초보자들에겐 사용하기 편리하고, 사용법도 MS 윈도우와 유사하기 때문에 최근 들어서는 데스크톱 환경이 많이 사용되고 있다.

최근에는 오픈 데스크톱 환경인 GNOME, KDE(K Desktop Environment), CDE(Common Desktop Environment) 등이 많이 사용되고 있다. 과거에 유닉스에서는 CDE가 많이 사용되었으며 리눅스에서는 GNOME, KDE 등이 많이 사용된다(그림 2.5와 2.6 홈페이지 참조). 최근에는 대부분의 리눅스에서 GNOME이 많이 사용되고 있다. 예를 들어, 레드햇 리눅스, CentOS, 우분투 리눅스 등에서 모두 GNOME를 기본 데스크톱 환경으로 사용한다.

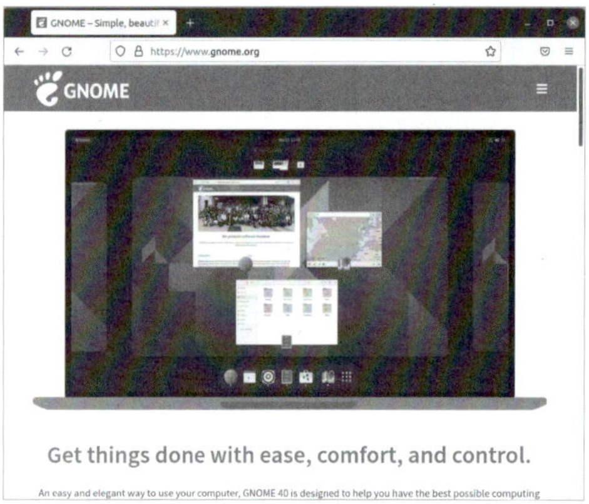


그림 2.5 GNOME 홈페이지

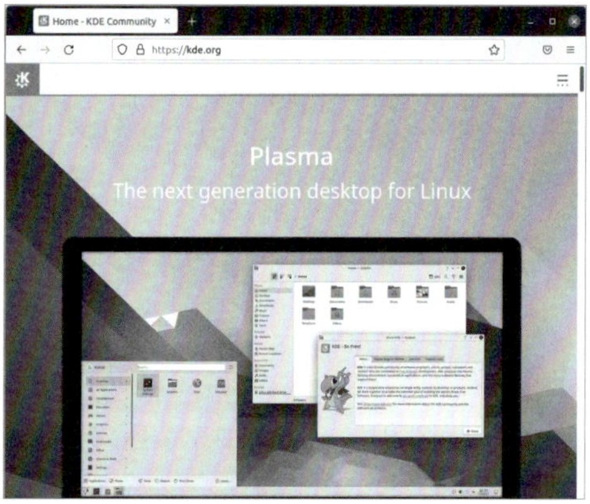


그림 2.6 KDE 홈페이지

같은 X 윈도우를 사용하더라도 서로 다른 데스크톱 환경을 사용할 수 있다. 어떤 데스크톱 환경을 사용하던 바탕화면, 패널, 메인메뉴 버튼 등이 있다. 바탕화면에는 프로그램, 데이터 등의 파일이나 디렉터리 등을 놓을 수 있다. 패널은 주로 현재 실행되고 있는 프로그램을 아이콘 형태로 보여준다. 메인메뉴 버튼은 메뉴의 종류에 따라 여러 가지 서브메뉴를 보여준다. 이 버튼은 일종의 시작버튼으로서 모든 응용 프로그램을 시작시킬 수 있는 시작점이라고 할 수 있다. 이 장에서는 리눅스에서 많이 사용되고 있는 데스크톱인 GNOME을 중심으로 설명한다.

# 2.3 우분투 데스크톱 환경

우분투 리눅스는 18.04 버전부터 기본 데스크톱 환경으로 GNOME을 사용한다. 이제 레드햇, CentOS, 우분투 리눅스 모두 데스크톱 환경으로 GNOME을 사용한다. 이들은 기본적으로 유사하나 운영체제의 세팅에 따라 약간 차이가 있다. 우분투 리눅스에서 GNOME 데스크톱은 그림 2.7과 같이 바탕화면과 왼쪽 사이드바 그리고 상단 바로 구성된다.

그림 2.7 데스크톱 시작화면

상단 바는 좌에서 우로 다음과 같이 구성된다.

- 현재 활동(Activities) 버튼: 이 버튼을 클릭하면 대시보드가 뜨며 현재 데스크톱 화면에서 실행되고 있는 프로그램들을 보여준다.
- 알림 영역(Notification area): 현재 날짜와 시간을 표시하고 일정 알림을 하는 영역이다.
- 한영 입력 아이콘: 이 아이콘을 클릭하여 한글 혹은 영어 입력을 선택할 수 있다.
- 상태 영역(System status area): 네트워크, 볼륨, 전원 스위치 등을 표시한다.

왼쪽 사이드바에는 즐겨찾기로 등록된 프로그램의 실행 아이콘들이 나열되어 있으며 이를 클릭하여 실행할 수 있다. 그림 2.7의 사이드바 메뉴는 파이어폭스(웹 브라우저), 썬더버드

(메일 관리), 파일 관리자, 리듬박스(오디오 플레이어), LibreOffice Writer(워드 프로세서), 우분투 소프트웨어 센터, 도움말, 프로그램 표시 아이콘 등으로 구성되어 있다. 예를 들어, 파이어폭스 아이콘을 클릭하여 그림 2.8과 같이 실행할 수 있다.

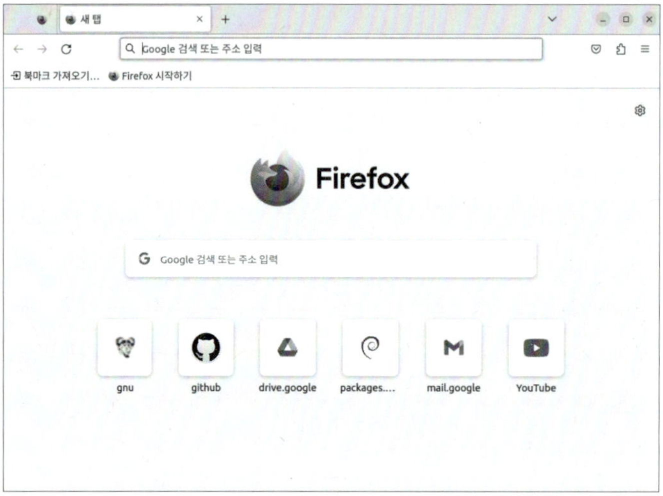


그림 2.8 Firefox 웹 브라우저 시작

우측상단의 [상태영역]을 클릭하면 그림 2.9과 같이 [네트워크 연결], [설정], [잠그기], [컴퓨터 끄기/로그아웃] 등의 메뉴가 나타나며 이 중에서 원하는 것을 선택할 수 있다. 예를 들어, [컴퓨터 끄기/로그아웃]를 선택하여 컴퓨터를 끄거나 로그아웃 할 수 있다.

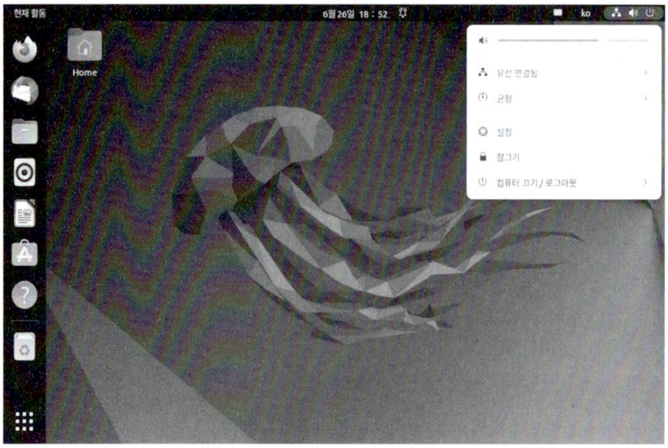


그림 2.9 상태 영역

## 바탕화면

바탕화면에는 홈 폴더와 휴지통이 있다. 홈 폴더를 클릭하면 파일 관리자가 홈 폴더의 내용을 보여준다(그림 2.17 참조). 바탕화면에서 오른쪽 버튼을 클릭하면 그림 2.10처럼 자주 사용되는 메뉴를 보여주며 원하는 것을 선택해서 바로 실행할 수 있다. [새 폴더(New Folder)]를 클릭하면 바탕화면에 새로운 폴더를 만들어 준다.

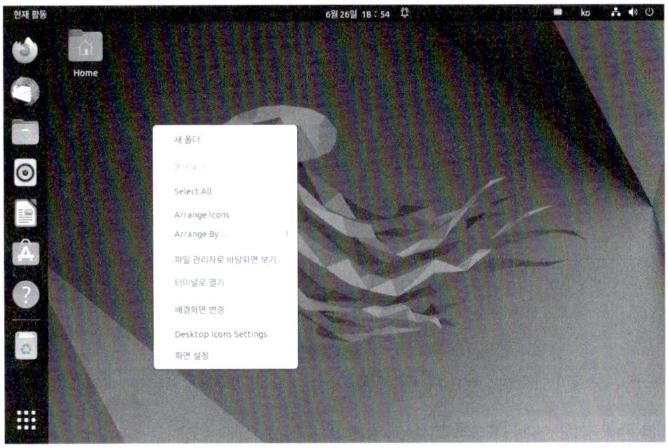


그림 2.10 바탕화면 메뉴

바탕화면 메뉴에서[터미널로 열기(Open in Terminal)]를 선택하면 그림 2.11처럼 터미널이 생성된다. 사용 가능한 명령어에 대해서는 다음 장에서부터 자세히 다룰 것이다.

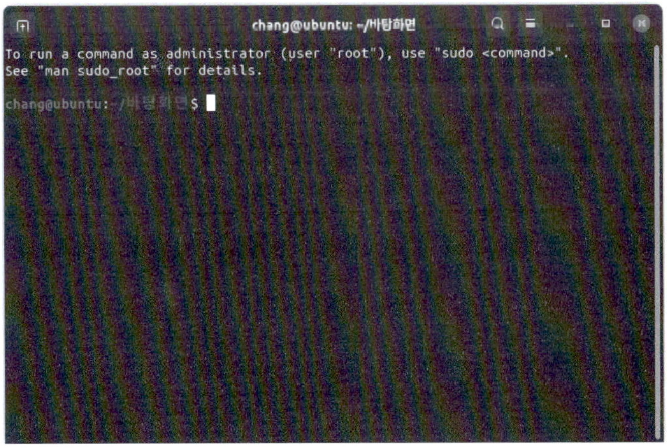


그림 2.11 터미널 화면

### 현재 활동과 프로그램 표시

[현재 활동] 버튼을 클릭하면 대시보드가 뜨며, 대시보드는 현재 데스크톱에서 실행중인 프로그램들을 보여준다. 상단의 검색 바에서는 원하는 프로그램을 키워드로 검색하여 실행시킬 수 있다.

또한 좌측 하단의 [프로그램 표시] 아이콘을 클릭하면 그림 2.12와 같이 설치된 모든 프로그램을 표시해주며 이 중 원하는 것(예를 들어, 텍스트 편집기)을 클릭하여 실행시킬 수 있다. 또한 원하는 프로그램의 오른쪽 마우스 버튼을 클릭하여 [즐겨찾기에 추가]를 선택하여 그 프로그램을 사이드바에 추가하는 것도 가능하다.

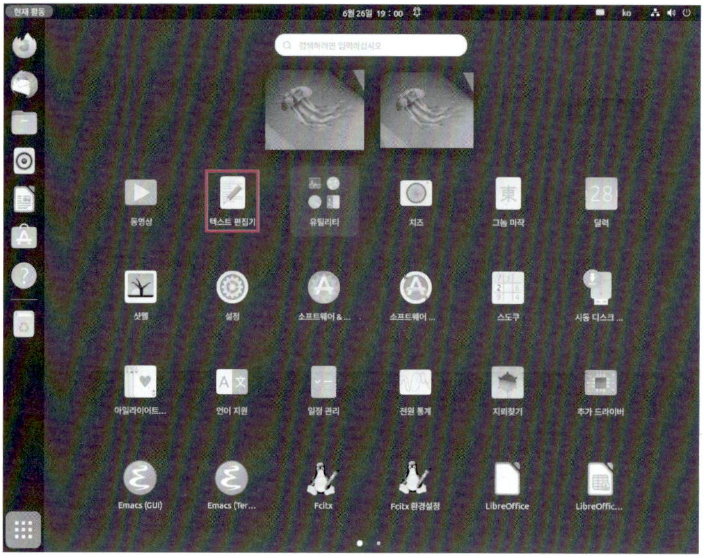


그림 2.12 프로그램 표시

예를 들어, 이 검색 바에서 검색하거나 표시된 프로그램에서 선택하여 텍스트 편집기(gedit) 프로그램을 실행하면 그림 2.13과 같이 실행된다. 이 텍스트 편집기는 GNOME, MS 윈도우, 맥 OS X 용으로 개발된 자유 소프트웨어이며 GNOME 환경에서는 기본으로 제공된다.

그림 2.13 gedit 텍스트 편집기 실행

## 텍스트 편집기

텍스트 편집기 gedit은 GNOME 데스크톱 환경, MS 윈도우, 맥 OS X 용으로 개발된 문서 편집기로 자유 소프트웨어이며 GNOME 환경에서 기본으로 제공된다. 이 편집기는 일반적인 텍스트뿐만 아니라 프로그램 코드, 마크업 언어와 같은 구조화된 텍스트 문서를 편집하는 용도에도 적합하다. GNOME 프로젝트의 철학에 따라 깔끔하고 단순한 GUI가 특징이며 직관적으로 사용할 수 있다.

텍스트 편집기 gedit를 실행시키는 방법은 크게 4가지가 있다.

- [프로그램 표시] 메뉴에서 텍스트 편집기를 선택하여 실행한다.
- [현재 활동]의 검색 바에서 텍스트 편집기를 검색하여 실행한다.
- 터미널에서 다음과 같이 명령어를 입력하여 실행한다(파일 이름은 옵션).

  $ gedit [파일 이름]
- 파일 관리자에서 텍스트 파일을 클릭하면 자동으로 실행된다(그림 2.19 참조).

이 편집기를 사용하여 새로운 파일을 만들거나 기존 파일을 열 수 있으며 편집한 내용을 파일에 저장할 수 있다. 기존 파일을 열기 위해서는 그림 2.13의 [열기(O)]를 클릭하고 그림 2.14와 같이 원하는 파일을 선택하여 열 수 있다.

그림 2.14 텍스트 편집기 파일 열기

그림 2.15 새로운 파일 만들기

새로운 파일을 만들려면 텍스트 편집기를 실행하고 바로 텍스트를 입력하고 이를 저장함으로써 만들 수 있다. 예를 들어, 새로운 파일에 애국가 가사를 입력하면 그림 2.15와 같다. 기본적으로 멀티탭 기능(상단 두 번째 아이콘)을 지원하므로 멀티탭을 사용하여 여러 개의 파일을 분리하여 편집하는 것도 가능하다.

텍스트 편집기 오른쪽 메뉴를 선택하면 그림 2.16과 같이 저장, 찾기, 보기, 도구 등의 서브메뉴가 있다. 각 서브메뉴가 제공하는 주요 기능들은 다음과 같다.

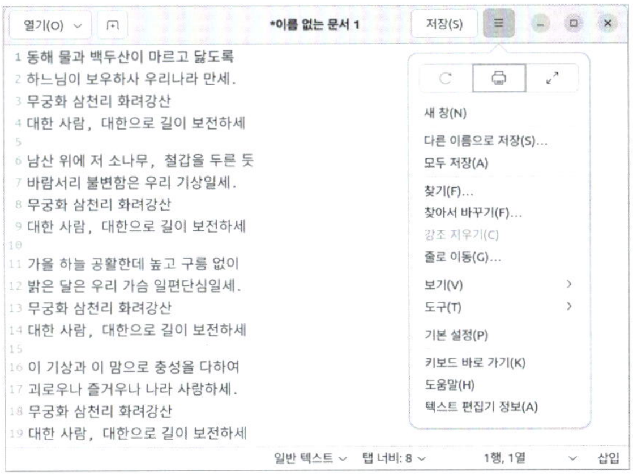

그림 2.16 텍스트 편집기 메뉴

- [저장] 메뉴에 다른 이름으로 저장, 모두 저장을 위한 기능이 있다.
- [찾기] 메뉴에는 텍스트 찾기, 찾아서 바꾸기, 특정한 줄로 이동 등의 일반적인 검색 기능이 포함되어 있다.
- [보기] 메뉴에서는 [가장자리 창]과 [강조 모드]를 선택할 수 있다. [강조 모드]를 선택하여 다양한 프로그램 및 마크업 언어(C, C++, Java, HTML, XML, Python, Perl 등)에 맞춘 구문 강조 기능을 선택할 수 있다. 또한 이 구문 강조 모드는 하단 패널에서 텍스트의 종류를 선택함으로써 설정할 수도 있다
- [도구] 메뉴에는 맞춤법 검사, 오타가 있는 단어 강조, 언어 설정, 문서 통계 등의 기능이 있는데 문서 통계는 문서의 줄, 단어, 글자 수 등을 보여준다.
- [기본 설정] 메뉴에서는 언어 보기, 편집기, 글꼴 및 색, 플러그인 등과 관련된 설정을 할 수 있다.

뿐만 아니라 문서편집기는 파일 관리자와의 사이에서 드래그 앤 드롭이 가능하다. 즉 파일 관리자에서 파일을 선택하여 텍스트 편집기로 드래그 앤 드롭을 하면 자동적으로 탭이 열려 편집할 수 있다.

텍스트 입력은 해당 탭으로 가서 바로 입력하면 된다. 편집을 위해 복사, 잘라내기, 붙여넣기, 실행 취소 등의 편집 기능을 다음과 같은 단축키 형태로 제공한다.

- Ctrl-A : 모두 선택 (select All)
- Ctrl-C : 선택한 내용을 복사 (Copy)

- Ctrl-X : 선택한 내용을 잘라내기 (Cut)
- Ctrl-V : 내용 붙여넣기 (Paste)
- Ctrl-Z : 실행 취소 (Undo)
- Ctrl-Shift-Z : 취소한 것을 다시 실행 (Redo)

**| 핵심 개념 |**

텍스트 편집기(gedit)는 GNU가 제공하는 대표적인 GUI 텍스트 편집기이다.

## 파일 관리자

왼쪽 사이드바에서 [파일 관리자] 아이콘을 클릭해서 파일 관리자를 실행시키면 그림 2.17과 같이 사용자의 홈 폴더의 내용을 보여준다. 이 폴더 내에는 몇 개의 하위 폴더가 있는데 [다운로드], [문서], [사진], [바탕화면] 등은 사용자 계정을 만들면 시스템이 자동으로 만들어 주며, 사용자가 필요하면 오른쪽 버튼을 클릭하여 원하는 새 폴더를 만들 수 있다(그림 2.18 참조). 또한 하위 디렉터리 아이콘을 클릭하여 해당 디렉터리로 바로 이동할 수 있다.

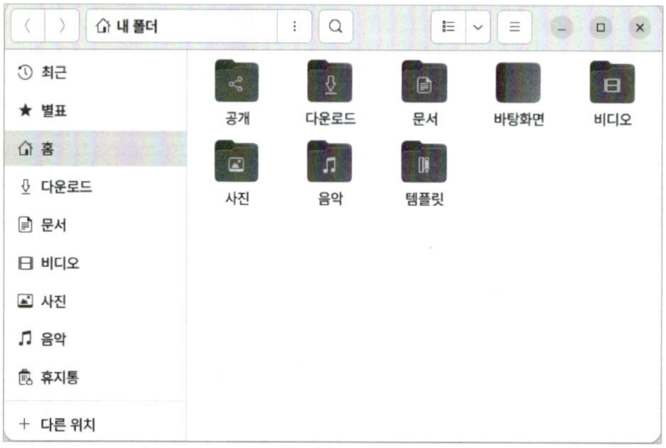


그림 2.17 파일 관리자

또한 사용자는 필요에 따라 홈 폴더 내에 원하는 서브폴더를 만들 수 있는데 그림 2.18과 같이 오른쪽 버튼을 클릭하여 자신이 원하는 새 폴더를 만들면 된다.

그림 2.18 새 폴더 만들기

파일이나 디렉리를 나타내는 아이콘 위에서 마우스 오른쪽 버튼을 클릭하면 그림 2.19와 같이 [열기], [잘라내기], [복사], [이동], [이름 바꾸기], [휴지통에 버리기], [속성] 등의 관련 메뉴를 보여주고 이를 선택하여 원하는 작업을 할 수 있다. 예를 들어, [이름 바꾸기]를 선택하여 파일 이름을 바꿀 수 있으며 [속성]을 선택하여 사용권한과 같은 파일의 속성을 볼 수도 있다.

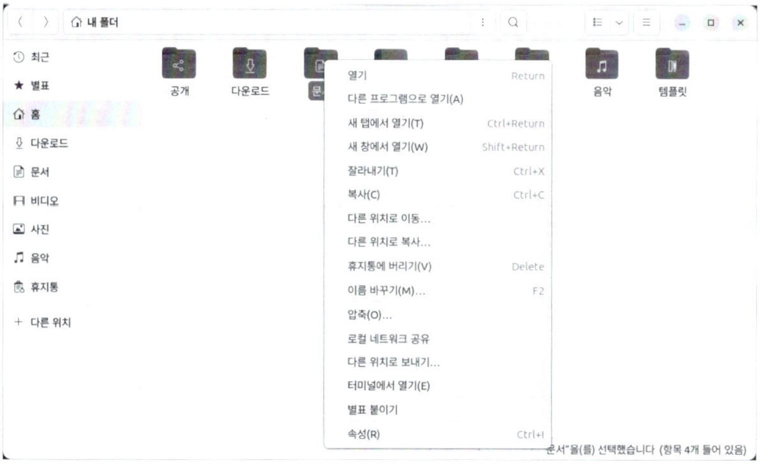


그림 2.19 파일 관련 메뉴

이번에는 그림 2.20의 좌측 하단의 [다른 위치] 메뉴에서 [컴퓨터]를 선택해 보자. 이것은 전체 파일 시스템을 보여주는 것으로 그림 2.20과 같이 시스템의 가장 상위 폴더인 루트 폴더의 내용을 보여준다. 루트 폴더 내의 각 하위 폴더는 각각 특정한 목적을 갖고 있다. 예를 들어, /bin 폴더는 기본 명령어의 실행파일을 저장하기 위한 곳이다. 각 폴더에 대해서는 3장에서 보다 자세히 설명할 것이다.

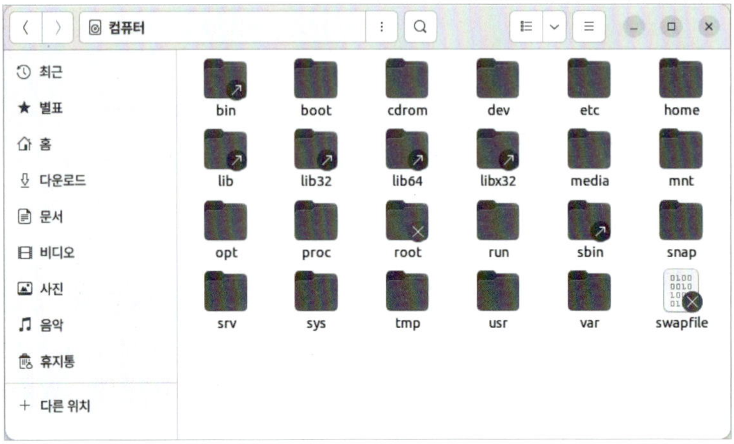


그림 2.20 컴퓨터의 전체 파일 시스템

## 설정

시스템 설정은 [프로그램 표시]에서 설정 아이콘을 클릭하여 실행할 수 있다. [설정]은 MS 윈도우의 제어판과 같은 역할을 하는데 그림 2.21(A)처럼 [네트워크], [배경], [모양], [프로그램], [전원], [디스플레이] 등을 위한 다양한 설정 프로그램을 제공한다. 이 그림은 [배경]을 선택했을 때의 모습이다. 주요 설정 기능은 다음과 같다.

- [네트워크]는 네트워크 연결을 설정한다(자세한 사항은 7장, 14장 참조).
- [배경]은 배경 화면을 설정하고 [모양]은 화면의 색과 모양을 설정한다.
- [프로그램]은 소프트웨어를 설치하고 업데이트 한다.
- [전원]은 절전 및 대기모드 관련한 설정을 한다.
- [디스플레이]는 화면 해상도를 조정한다.
- [날짜 및 시간]은 현재 날짜 및 시간을 설정한다.
- [사용자]는 사용자를 추가 또는 제거한다(자세한 사항은 1장, 14장 참조).
- [지역 및 언어]는 사용 지역 및 입력 언어를 설정한다.

예를 들어, 바탕화면의 배경은 그림 2.21(A)처럼 원하는 배경을 선택하여 설정할 수 있다.

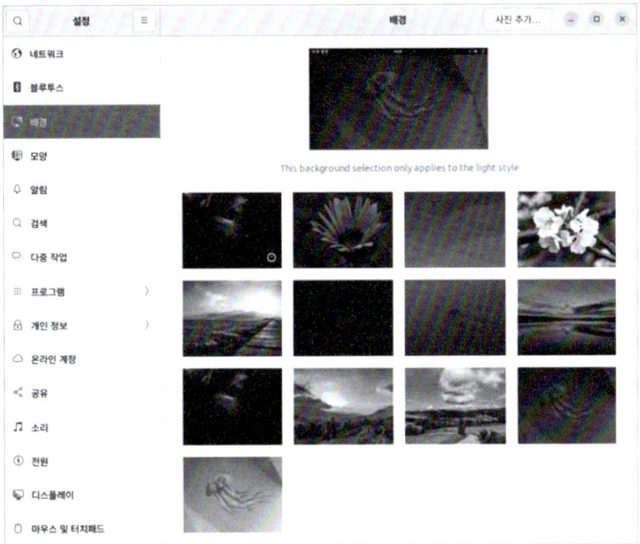


그림 2.21(A) 배경 설정

또한, 디스플레이 해상도는 그림 1.28(B)처럼 해상도를 조정하여 설정할 수 있다.

그림 2.21(B) 디스플레이 설정

## 2.4 CentOS 데스크톱 환경

CentOS는 GNOME을 데스크톱 환경으로 사용한다. GNOME은 GNU에서 개발한 데스크톱 환경이며 사용자가 X 윈도우를 쉽게 사용하도록 해주는 편리한 데스크톱 환경으로 가장 많이 사용되고 있다. GNOME은 리눅스뿐 아니라 솔라리스, BSD 유닉스 시스템 등에서도 사용할 수 있으며 어떤 시스템, 어떤 배포판을 사용하든지 데스크톱으로 GNOME을 사용하면 사용 방법은 같다. GNOME에 관한 자세한 사항은 GNOME의 홈페이지에서 확인할 수 있다.

http://www.gnome.org

현재 리눅스 버전(CentOS 8, Ubuntu 22)에서는 GNOME 3을 채택하여 사용하고 있다. GNOME 3의 주된 특징은 기존의 GNOME Panel을 버리고, GNOME Shell을 기본 유저 인터페이스로 채택했다는 것이다. 그림 2.22는 GNOME 데스크톱의 시작화면으로 바탕화면과 상단 바를 보여준다.

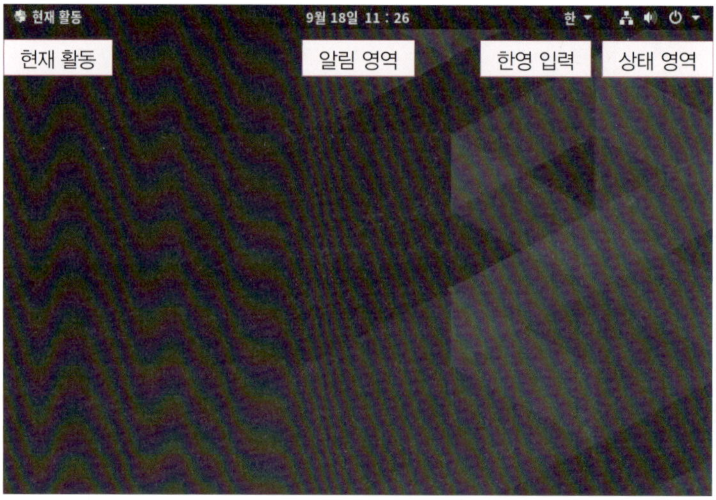


그림 2.22 데스크톱 시작화면

### 상단 바

그림 2.22는 GNOME 데스크톱 시작화면으로 상단 바는 좌에서 우로 다음과 같이 구성된다.

• 현재 활동(Activities) 버튼: 일종의 메인 메뉴로 이 버튼을 클릭하면 대시보드가 뜨며, 현재 데스크톱에서 실행되고 있는 프로그램들을 보여준다(그림 2.25). 사이드바는 즐겨찾기에 등록된 프로그램 아이콘들을 보여주며 이를 클릭하여 실행시킬 수 있다.
• 알림 영역(Notification area): 현재 날짜와 시간을 표시하고 일정 알림을 하는 영역이다.
• 한영 입력 아이콘: 이 아이콘을 클릭하여 한글 혹은 영어 입력을 선택할 수 있다.
• 상태 영역(System status area): 네트워크 상태, 볼륨, 전원 스위치 등을 표시한 가장 오른쪽 영역이다.

상단 바의 오른쪽 끝에 있는 [상태 영역]은 그림 2.23처럼 [네트워크 연결], [사용자] 등의 서브메뉴와 [설정 버튼], [잠금 버튼], [전원버튼] 등을 갖고 있다. [네트워크 연결] 메뉴를 선택하여 네트워크의 현재 연결 상태를 확인하거나 네트워크를 설정할 수 있다. [사용자] 메뉴를 클릭해서 로그아웃 할 수 있다. [설정 버튼]을 클릭하면 그림 2.34와 같은 시스템 설정 화면이 나타난다. [잠금 버튼]을 클릭하여 화면 잠금을 할 수 있고 [전원 버튼]은 클릭하여 시스템을 종료할 수 있다.

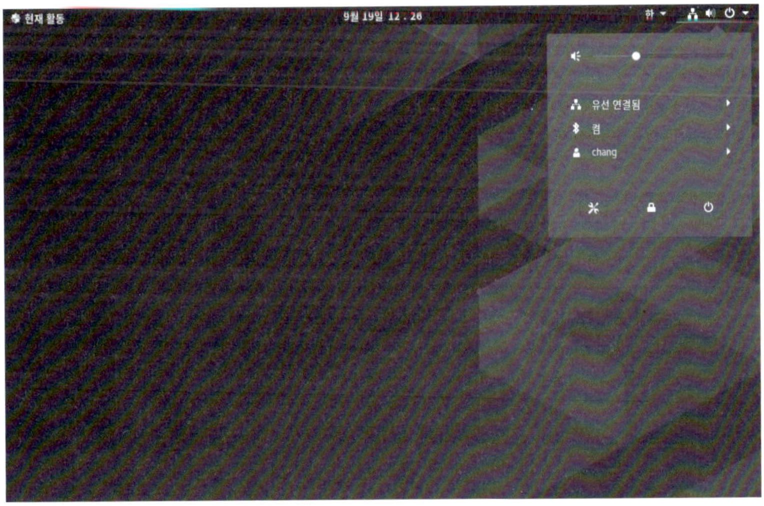


그림 2.23 상태 영역

바탕화면에서 오른쪽 버튼을 클릭하면 그림 2.24와 같은 바탕화면 메뉴가 나타난다. 이 메뉴는 이 그림처럼 몇 개의 설정 메뉴를 보여주며 원하는 것을 선택해서 바로 실행할 수 있다. 예를 들어, [배경 바꾸기]는 바탕화면의 배경을 바꿀 수 있다. [설정] 메뉴를 클릭하면 그림 2.34와 같은 시스템 설정 화면이 나타난다.

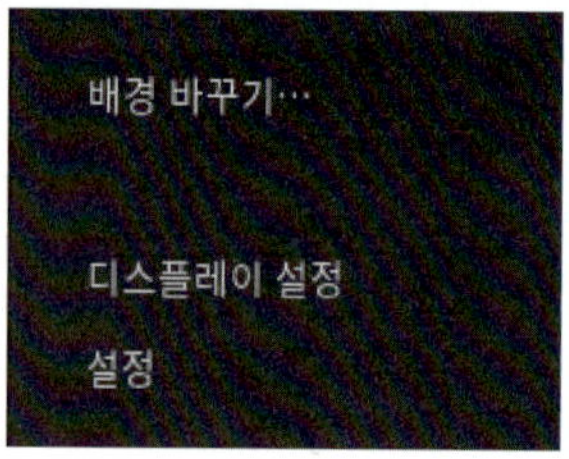


그림 2.24 바탕화면 메뉴

---

**QnA** 가상 데스크톱이 무엇인가요?

실제 데스크톱은 하나뿐이지만 소프트웨어적으로 여러 개(GNOME 경우에는 4개)의 데스크톱을 제공하는데 이를 가상 데스크톱이라고 합니다. 그림 2.25의 화면 우측에 가상 데스크톱을 보여주고 있습니다.

---

## 현재 활동

왼쪽 위의 [현재 활동] 버튼은 프로그램 실행을 위한 시작메뉴로 시스템 내의 모든 응용 프로그램 실행의 시작점이라고 할 수 있다. 그림 2.25는 [현재 활동] 버튼을 클릭한 후의 화면으로 다음과 같이 구성된다.

- 사이드바 메뉴: 이 메뉴에는 즐겨찾기에 등록된 프로그램 아이콘들을 보여주며 이를 클릭하여 실행하는 방식으로 사용한다. 그림 2.25의 사이드바 메뉴는 파이어폭스(웹 브라우저), 에볼루션(메일 관리), 리듬박스(오디어 플레이어), 파일 관리자, 소프트웨어 센터, 도움말, 프로그램 표시 아이콘으로 구성되어 있다.
- 검색 바: 상단의 검색 바에서 실행하고자 하는 프로그램을 이름으로 검색하여 실행하는 것도 가능하다.
- 대시보드 : 현재 데스크톱에서 실행되고 있는 프로그램들을 보여준다. 그림 2.25는 실행 중인 프로그램은 없으므로 대시보드에는 아무 것도 없다.
- 작업 공간 리스트 : 대시보드의 오른쪽에 보이는 작업공간 리스트는 각각의 가상 데스크톱 화면을 나타낸다.

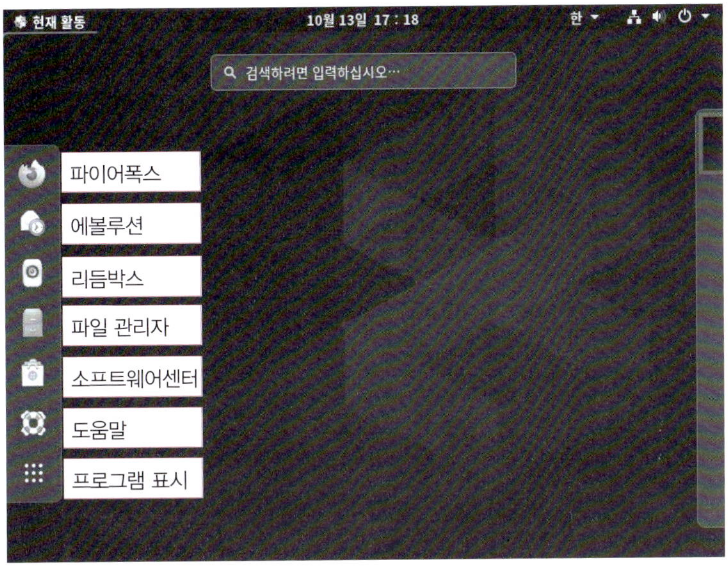


그림 2.25 데스크톱의 현재 활동

사이드바에 있는 실행 아이콘을 클릭하여 원하는 프로그램을 실행할 수 있다. 예를 들어, 그림 2.25의 메뉴에서 [파이어폭스] 아이콘을 클릭하면 그림 2.26과 같이 파이어폭스 웹 브라우저가 실행되어 CentOS 소개 화면이 뜬다.

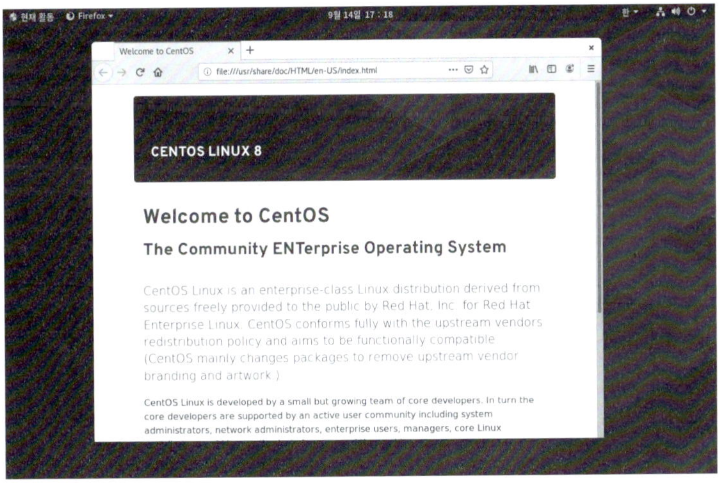


그림 2.26 파이어폭스 실행

또한 상단에 있는 [검색]에서 실행하고자 하는 프로그램을 키워드로 검색하여 실행할 수 있다. 예를 들어 터미널 프로그램을 검색하면 그림 2.27과 같이 해당 프로그램을 보여준다.

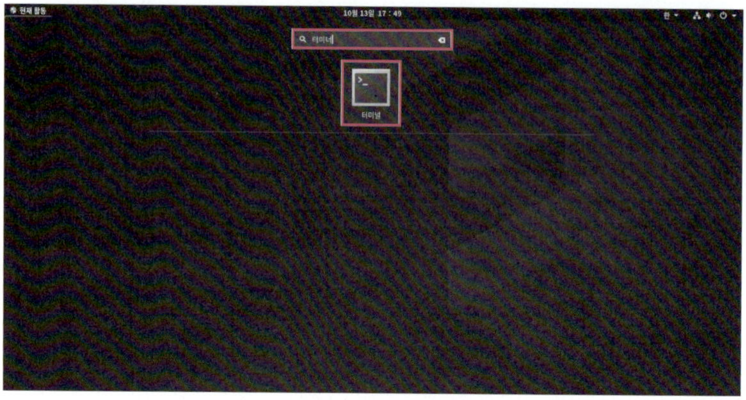

그림 2.27 검색 바 사용

이 터미널을 선택하여 실행하면 그림 2.28과 같은 터미널이 생성된다. 터미널에서 사용할 수 있는 명령어에 대해서는 다음 장에서부터 다룰 것이다.

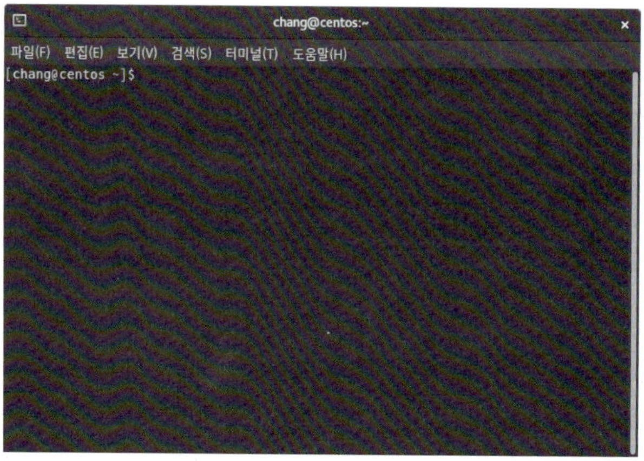


그림 2.28 터미널 화면

또한 사이드바 하단의 [프로그램 표시]를 클릭하면 그림 2.29와 같이 설치된 프로그램들을 모두 보여주는데 여기서 원하는 프로그램을 클릭하여 실행시킬 수 있다. 예를 들어 그림 2.29와 같이 텍스트 편집기를 선택하여 실행할 수 있다. 텍스트 편집기 사용에 대해서는 2.3절을 참고하기 바란다.

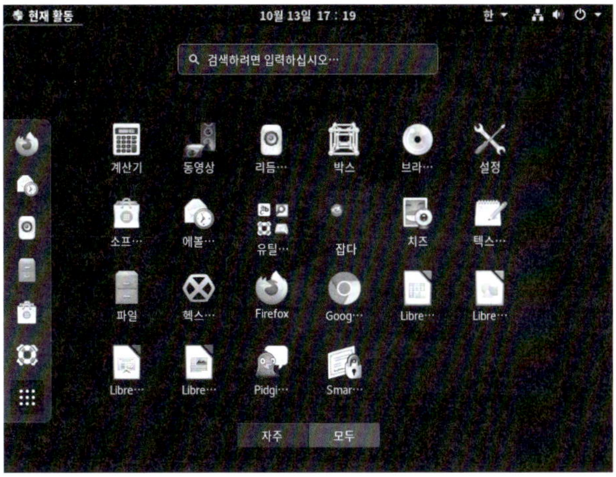


그림 2.29 현재 활동의 프로그램 표시

또한 원하는 프로그램을 사이드바에 추가하려면 그 프로그램에서 마우스 오른쪽 버튼을 클릭하여 [즐겨찾기에 추가]를 선택하면 된다. 예를 들어 크롬 웹 브라우저를 즐겨찾기에 추가해보자.

## 파일 관리자

[현재 활동]의 사이드 메뉴에서 파일 관리자를 선택하여 시작할 수 있다. 그림 2.30처럼 사용자의 홈 폴더의 내용을 보여준다. 즉 [다운로드], [문서], [비디오], [사진], [음악] 등의 하위 폴더들을 보여주며 여기에서 하위 폴더를 클릭하여 해당 폴더로 바로 이동할 수 있다. 이 하위 폴더들은 사용자 계정을 만들면 시스템이 자동으로 만들어 준다.

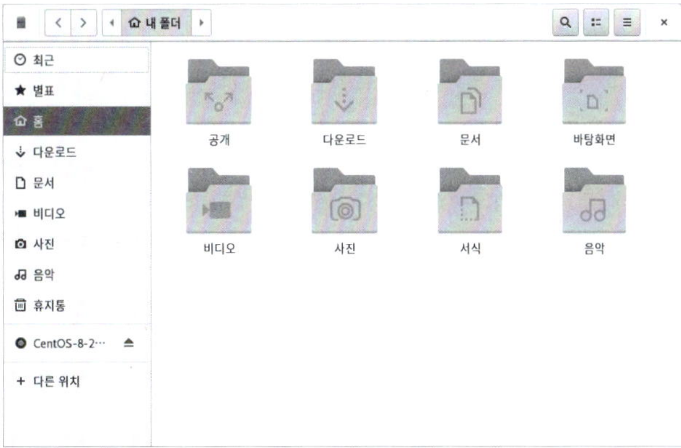


그림 2.30 파일 관리자

또한 사용자는 필요에 따라 홈 폴더 내에 원하는 서브폴더를 만들 수 있는데 그림 2.31과 같이 오른쪽 버튼을 클릭하여 자신이 원하는 새 폴더를 만들면 된다.

그림 2.31 새 폴더 만들기

파일 또는 폴더 아이콘 위에서 마우스 오른쪽 버튼을 클릭하면 그림 2.32와 같이 [열기], [잘라내기], [복사], [이동], [이름 바꾸기], [휴지통에 버리기], [속성] 등의 메뉴를 보여주며 이를 선택하여 원하는 작업을 할 수 있다. 예를 들어, [이름 바꾸기]를 선택하여 파일 이름을 바꿀 수 있으며 [속성]을 선택하여 파일의 속성을 확인할 수 있다.

그림 2.32 파일 관련 메뉴

[다른 위치] 메뉴에서 [컴퓨터]를 선택하면 전체 파일 시스템을 보여주는데 그림 2.33과 같이 시스템의 가장 상위 폴더인 루트 폴더의 내용을 보여준다. 루트 폴더 내의 각 하위 폴더는 각각 특정한 목적을 갖고 있다. 예를 들어 /bin 폴더는 기본 명령어의 실행파일을 저장하기 위한 곳이다. 각 폴더에 대해서는 3장에서 보다 자세히 설명할 것이다.

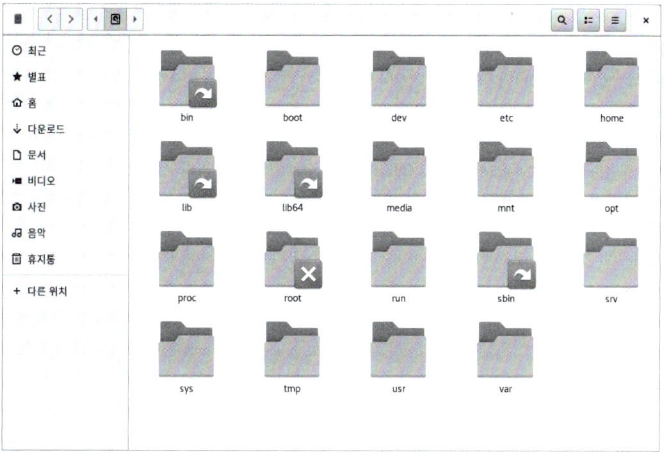


그림 2.33 컴퓨터의 전체 파일 시스템

## 설정

시스템 설정은 앞에서 살펴본 것처럼 상태 영역을 클릭하여 [설정] 아이콘을 선택하여 실행하거나, 바탕화면에서 오른쪽 버튼을 클릭하면 나타나는 [설정] 메뉴를 통해 실행할 수 있다. [설정]은 MS 윈도우의 제어판처럼 [와이파이], [배경], [지역 및 언어], [공유], [전원], [네트워크], [장치] 등을 위한 다양한 설정 프로그램을 제공한다. 그림 2.34의 시스템 설정 중에서 몇 가지 설정에 대해서 살펴보자.

- [와이파이]는 무선랜 와이파이 설정을 위한 기능이다.
- [배경]은 배경 화면을 설정하기 위한 것이다.
- [지역 및 언어]에서는 사용 언어 및 입력 소스를 설정한다.
- [공유]에서는 화면 공유, 원격 로그인 등을 설정 또는 해제할 수 있다.
- [전원]에서는 절전 및 대기모드를 설정할 수 있다.
- [네트워크]는 네트워크 연결을 위한 설정을 한다(자세한 사항은 7장과 14장 참조).
- [장치]는 디스플레이, 키보드, 마우스 등의 장치를 설정하기 위한 것이다. 디스플레이는

화면 해상도 조정을 위한 것이다.

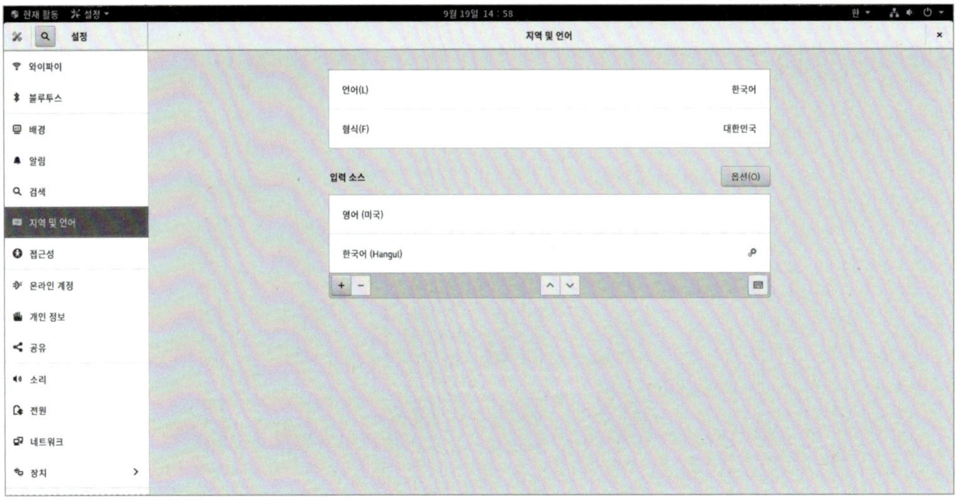


그림 2.34 시스템 설정

### | 핵심 개념 |

- X 윈도우 시스템은 하나의 X 서버와 여러 개의 X 클라이언트들로 구성된다. X 서버는 디스플레이를 담당하고 X 응용 프로그램은 X 클라이언트이다.
- 최신 CentOS와 우분투 리눅스는 GNOME을 데스크톱 환경으로 사용한다.
- 텍스트 편집기(gedit)는 GNU가 제공하는 대표적인 GUI 텍스트 편집기이다.

## | 실습 문제 |

2.1 GNOME 프로그램 메뉴

(1) 자신이 사용하고 있는 X 윈도우 환경에서 실행할 수 있는 응용 프로그램들을 3개 이상 조사하고 실행한다.

2.2 GNOME 위치 메뉴

(1) 위치 메뉴에서 홈을 클릭하여 홈 폴더로 간다.

(2) 홈 폴더에서 오른쪽 버튼을 클릭하여 새 폴더를 만든다.

2.3 GNOME 바탕화면

(1) 바탕화면에서 오른쪽 버튼을 눌러 새 폴더를 만든다.

(2) 바탕화면에서 오른쪽 버튼을 눌러 새 터미널을 연다.

2.4 GNOME 설정

(1) 시스템 설정에서 배경과 디스플레이를 변경하고 그 전후를 비교한다.

2.5 텍스트 편집기 gedit 사용

(1) 텍스트 편집기 gedit를 실행시켜 자신에 대한 정보를 파일로 작성한다.

## | 연습 문제 |

2.1 다음 X 윈도우에 대한 설명으로 옳지 않은 것은?

① X 윈도우 시스템은 X 서버와 X 클라이언트로 구성된다.

② X 윈도우 상에서 실행되는 X 응용 프로그램은 모두 X 클라이언트이다.

③ X 서버는 X 클라이언트에 디스플레이를 요청한다.

④ X 서버는 마우스나 키보드를 통한 사용자 입력을 X 클라이언트에게 제공해 주는 역할을 한다.

⑤ 거의 모든 유닉스, 리눅스 시스템에서 동작할 만큼 이식성이 뛰어나다.

2.2 다음 괄호 안에 알맞은 말을 넣으시오.

> X 윈도우 시스템은 하나의 (      )와 여러 개의 (      )들로 구성된다. (      )는 디스플레이를 담당하고 X 응용 프로그램은 (      )이다.

2.3 X 윈도우 시스템의 구조에 대해서 설명하시오.

2.4 가상 데스크톱 환경에 대해서 설명하시오.

2.5 응용 프로그램에서 유니티는 글로벌 메뉴를 사용하고 GNOME은 로컬 메뉴를 사용한다. 응용 프로그램의 글로벌 메뉴와 로걸 메뉴를 차이점을 중심으로 설명하시오.

2.6 리눅스에서 사용 가능한 파일 관리자의 종류에 대해 조사하여 설명하시오.

2.7 리눅스에서 사용 가능한 편집기의 종류에 대해 조사하여 설명하시오.

# CHAPTER 03

# 기본 명령어

contents

# 03 기본 명령어

이 장에서는 유닉스/리눅스를 처음 사용하는 초보자가 기본적으로 알아야 할 기능과 명령어들을 먼저 살펴보고 디렉터리의 개념과 디렉터리 관련 명령어들을 살펴본다. 또한 파일 속성을 중심으로 파일에 관한 보다 고급 기능에 대해서도 살펴본다.

## 3.1 기본 명령어 사용

### 기본 명령어 사용

#### ● 날짜 및 시간 확인

로그인한 후에 일단 터미널을 열어 가장 간단한 명령어부터 시도해보자. 먼저 다음과 같이 date 명령어를 사용하여 현재 날짜 및 시간을 확인할 수 있다.

```
$ date
2022. 01. 01. (토) 12:26:10 KST
```

#### ● 시스템 정보 확인

이제 내가 사용하고 있는 시스템에 대한 정보를 알아보자. hostname 명령어를 사용하여 다음과 같이 내가 사용하고 있는 호스트 이름을 확인할 수 있다.

```
$ hostname
linux
```

또한 uname 명령어를 사용하여 현재 사용하고 있는 운영체제를 확인할 수 있다.

```
$ uname
Linux
```

다음과 같이 uname 명령어를 -a 옵션과 함께 실행하면 운영체제뿐만 아니라 호스트 이름, 시스템 사양(커널 버전, 시스템 아키텍쳐 등)을 함께 보여준다.

```
$ uname -a
Linux Ubuntu 5.11.0-31-generic #33-Ubuntu SMP Wed Aug 11 13:19:04 UTC 2021 x86_64 x86_64
x86_64 GNU/Linux
```

### ● 사용자 정보 확인

이제 사용자에 대한 정보를 알아보자. 다음과 같이 whoami 명령어를 실행하면 현재 로그인 한 사용자의 아이디를 보여준다.

```
$ whoami
chang
```

리눅스 시스템은 다중 사용자 시스템이다. 따라서 리눅스 시스템 내에 여러 사용자가 동시에 로그인되어 있을 수 있다. who 명령어를 이용하여 리눅스 시스템 내에 로그인되어 있는 사용자들을 확인할 수 있다. 이 명령어의 실행결과를 보면 어떤 사용자가 언제 어디서 로그인하였는지 확인할 수 있다.

```
$ who
chang  tty2   2022-01-09 12:19 (tty2)
```

### ● 디렉터리 내용 확인

이제 리눅스 시스템에 로그인한 후에 현재 작업하고 있는 디렉터리의 내용을 확인해보자. ls 명령어를 이용하여 현재 디렉터리 내의 파일 혹은 서브디렉터리 목록을 확인할 수 있다. 이 명령어 사용법에 대해서는 다음 절에서 보다 자세히 기술할 것이다.

```
$ ls
공개  다운로드  문서  바탕화면  비디오  사진  음악  템플릿
```

### ● 패스워드 변경

리눅스 시스템에 로그인하여 가장 먼저 해야 할 일 중의 하나는 필요에 따라 사용자 계정의 패스워드를 보다 안전한 패스워드로 변경하는 것이다. passwd 명령어를 이용하면 패스워드를 변경할 수 있는데, 다음과 같이 먼저 현재 패스워드를 입력하고 새로운 패스워드를 두 번 입력함으로써 패스워드를 변경할 수 있다.

```
$ passwd
chang에 대한 암호 변경 중
현재 비밀번호:
새 암호:
새 암호 재입력:
passwd: 암호를 성공적으로 업데이트했습니다
```

### ● 화면 정리

명령어들을 실행하다 보면 명령어 실행결과가 나열되어 있는 터미널 화면을 깨끗하게 정리하고 싶을 때가 있다. clear 명령어는 화면을 깨끗이 하고 화면의 첫째 줄에 프롬프트를 표시한다.

```
$ clear
```

## 온라인 매뉴얼

리눅스 시스템은 다양한 명령어들을 제공하는데 이들을 모두 정확히 기억할 수는 없다. 따라서 명령어에 대한 온라인 매뉴얼을 제공한다. 명령어 man을 이용하여 명령어에 대한 매뉴얼을 볼 수 있다. 예를 들어, ls 명령어에 대해 자세히 알고 싶으면 다음과 같이 man을 이용하면 된다.

```
$ man ls
LS(1)                    User Commands                    LS(1)
NAME
    ls - list directory contents
SYNOPSIS
    ls [OPTION]... [FILE]...
DESCRIPTION
    List  information  about  the FILEs (the current directory by default).
    Sort entries alphabetically if none of -cftuvSUX nor --sort  is  speci-
    fied.
    Mandatory  arguments  to  long  options are mandatory for short options
    too.
    -a, --all
```

```
        do not ignore entries starting with .

    -A, --almost-all

        do not list implied . and ..

    --author

Manual page ls(1) line 1 (press h for help or q to quit)
```

또한 whatis 명령어를 이용하여 명령어에 대한 간단한 설명을 볼 수 있다. 예를 들어 다음과 같이 ls 명령어에 대한 간단한 설명을 볼 수 있다.

```
$ whatis ls
ls (1)          - 경로의 내용을 나열한다.
ls (1p)         - list directory contents
```

## 3.2 파일과 디렉터리

리눅스에서는 데이터를 읽을 수 있는 자원 또는 데이터를 쓸 수 있는 대상은 모두 파일로 간주한다. 따라서 디스크에 저장된 일반적인 파일 뿐만 아니라 파일들을 조직화하는 데 사용되는 디렉터리와 입출력 장치들도 모두 파일처럼 사용된다.

### 파일의 종류

리눅스에는 일반 파일, 디렉터리, 장치 파일, 심볼릭 링크 파일 등 여러 종류의 파일이 있는데 각 파일 종류에 대한 보다 자세한 설명은 다음과 같다.

#### ● 일반 파일

**일반 파일**(ordinary file)은 데이터를 가지고 있으면서 디스크에 저장되는 파일이다. 텍스트 파일 혹은 이진 파일은 모두 일반 파일이다. 텍스트 파일(text file)은 파일 내용이 문자들로 이루어진 파일이다. 텍스트 파일은 보통 텍스트 편집기를 이용하여 작성할 수 있으며 텍스트 편집기나 cat, more 등의 명령어를 이용해 그 내용을 볼 수 있다. 예를 들어, vi나 gedit와 같은 텍스트 편집기로 작성한 파일이나 C 프로그램의 소스 코드 등은 모두 텍스트 파일이다. gedit를 이용한 텍스트 파일 작성에 대해서는 2.3절을 참고하기 바란다.

**이진 파일**(binary file)은 파일의 내용이 텍스트가 아닌 파일이며 실행 파일(executable file)이나 이미지, 동영상 등을 저장하는 파일 등이 모두 이진 파일이다. 보통 이진 파일은 특정 소프트웨어를 이용해서 만들거나 그 내용을 볼 수 있다. 예를 들어, C 프로그램을 컴파일하여 얻은 실행 파일이나, 파워포인트로 만든 파워포인트 파일, 그림을 저장하는 jpeg 파일 등은 모두 이진 파일이다.

#### ● 디렉터리

**디렉터리**(directory)는 파일들을 계층적으로 조직화하는 데 사용되는 일종의 특수 파일이며, 디렉터리의 내용은 그 디렉터리 내에 있는 파일이나 서브디렉터리 이름들이다. 디렉터리에 대해서는 이어서 보다 자세히 설명한다.

### ● 장치 파일

**장치 파일**(device file)은 시스템에 부착된 주변 장치를 나타내는 특수 파일이다. 리눅스 시스템은 하드 디스크, DVD 드라이브, 프린터 등 시스템에 부착된 대부분의 장치를 장치 파일 형태로 관리한다. 이와 같은 장치 파일들은 주로 /dev 디렉터리 아래에 있으며, 장치의 종류에 따라 문자 장치 파일과 블록 장치 파일이 있다.

### ● 심볼릭 링크 파일

**심볼릭 링크**(symbolic link)는 어떤 파일을 가리키는 또 하나의 경로명을 저장하는 파일로 기존 파일을 가리키는 포인터와 같은 역할을 하는 파일이다.

## 디렉터리 계층구조

**디렉터리**(directory)는 파일들을 계층화하여 조직하는 데 사용되는 일종의 특수 파일이며 폴더(folder)라고도 한다. 디렉터리는 그 디렉터리 내에 파일과 서브디렉터리들을 포함함으로써 계층 구조를 이룬다. 어떤 디렉터리 안에 있는 디렉터리를 서브디렉터리라고 하고 서브디렉터리의 상위 디렉터리는 부모 디렉터리하고 한다. 부모 디렉터리는 다른 디렉터리들을 서브디렉터리로 가지고 있다.

리눅스 파일 시스템은 루트 디렉터리(/로 표시함)로부터 시작하여 서브디렉터리들이 트리 형태로 계층적으로 구성된다. 리눅스의 종류 및 버전에 따라 차이가 있을 수 있지만 일반적으로 루트의 서브디렉터리는 그림 3.1과 같다.

**| 핵심 개념 |**

리눅스의 디렉터리는 루트로부터 시작하여 트리 형태의 계층구조를 이룬다.

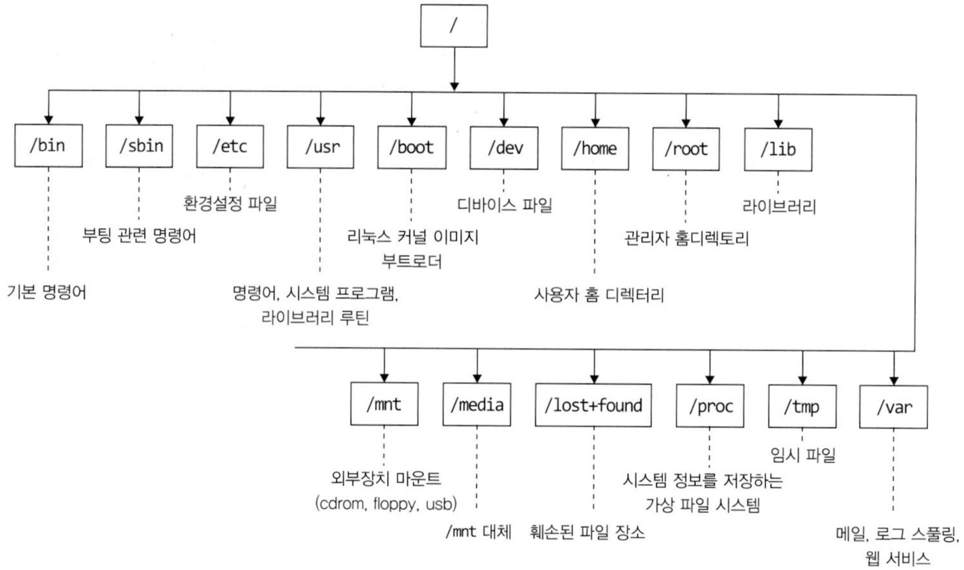


그림 3.1 리눅스 주요 디렉터리

또한 각 서브디렉터리는 다음과 같은 용도의 파일들을 저장하는 데 사용된다.

| | |
|---|---|
| /bin | 기본 명령어 |
| /sbin | 부팅 관련 명령어 |
| /etc | 시스템 관리 및 환경 설정을 위한 명령어 및 파일 |
| /boot | 커널 이미지 부트로더 |
| /dev | 물리적인 장치를 가리키는 특수파일 |
| /home | 사용자 홈 디렉터리 |
| /lib | 프로그램의 라이브러리 |
| /var | 메일, 로그 스풀링, 웹 서비스 |
| /tmp | 임시 저장용으로 사용(시스템 시동 시, 내용이 모두 삭제됨) |
| /usr | 명령어, 시스템 프로그램, 라이브러리 등 |
| /usr/bin | 명령어 |
| /usr/include | 프로그램에서 사용하는 include 파일 |
| /usr/lib | 프로그램의 라이브러리 |
| /usr/local | 시스템 관리자가 소프트웨어 설치 등을 위해 사용 |
| /usr/man | 온라인 매뉴얼 |

## 홈 디렉터리

리눅스 시스템은 다중 사용자 시스템이기 때문에 각 사용자마다 별도의 **홈 디렉터리**(home

directory)가 있다. 각 사용자의 홈 디렉터리는 사용자 계정을 만들 때 정해지는데 보통 그림 3.1의 /home 디렉터리 아래에 사용자명과 같은 이름으로 만들어진다.

예를 들어, 사용자 chang의 홈 디렉터리는 그림 3.2와 같이 /home 아래에 chang이라는 이름으로 만들어진다. 이 홈 디렉터리는 /home/chang으로 표시한다. 사용자가 로그인하면 보통 미리 설정된 홈 디렉터리에서 작업을 시작하게 된다.

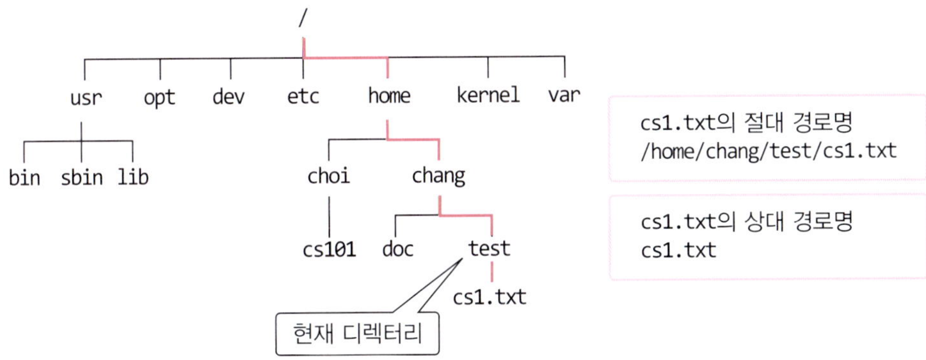


그림 3.2 절대 경로와 상대 경로

## 경로명

**경로명**(pathname)은 파일이나 디렉터리에 대한 정확한 이름으로 두 종류의 경로명을 사용할 수 있다. **절대 경로명**(absolute pathname)은 대상 파일이나 디렉터리까지의 경로 이름을 루트 디렉터리로부터 시작하여 정확하게 적는 것이다.

예를 들어, 그림 3.2에서 보는 것처럼 test 디렉터리 내의 cs1.txt 파일의 절대 경로명은 다음과 같다(test와 같은 새로운 디렉터리 생성에 대해서는 다음 절에서 설명한다).

```
/home/chang/test/cs1.txt
```

또한 그림 3.2에서 디렉터리 cs101을 절대 경로명으로 표시하면 다음과 같다.

```
/home/choi/cs101
```

이 절대 경로명은 정확하고 확실한 이름이지만 너무 길기 때문에 불편하다. 이러한 문제점을 보완하기 위해 **상대 경로명**(relative path name)을 사용할 수 있다. 상대 경로명은 파일이나 디렉터리의 경로 이름을 현재 작업 디렉터리부터 시작해서 기술한다. 현재 작업 디렉터리는 현재 작업 중인 디렉터리를 말하며 다음 절에서 자세히 설명한다.

예를 들어, 그림 3.2에서 cs1.txt 파일은 현재 작업 디렉터리가 test이면 간단히 cs1.txt라는 이름으로 사용할 수 있고, 만약 현재 작업 디렉터리가 chang이면 test/cs1.txt라는 상대 경로명으로 사용할 수 있다.

**| 핵심 개념 |**

절대 경로명은 루트 디렉터리부터 시작하는 파일 이름이고 상대 경로명은 현재 디렉터리부터 시작하는 파일 이름이다.

또한 필요하면 다음 기호를 이용하여 홈 디렉터리, 현재 디렉터리, 부모(상위) 디렉터리를 간단하게 표시할 수 있다. 예를 들어, cs1.txt 파일은 사용자 chang의 홈 디렉터리 아래의 test 디렉터리에 있으므로 현재 디렉터리가 어디든지 ~/test/cs1.txt라는 경로명으로 사용할 수 있다.

```
~  : 홈 디렉터리
.  : 현재 디렉터리
.. : 부모 디렉터리
```

### 명령어의 경로 확인: which

리눅스의 각 명령어는 파일 시스템 내에 실행파일 형태로 존재한다. 따라서 각 명령어는 그 명령어 실행파일의 절대경로가 존재한다. 리눅스에서 명령어의 절대경로에 대한 명령어는 which, whereis, find 등이 있는데 이중에서 명령어의 절대경로를 확인하는 가장 일반적인 명령어가 which이다.

> $ which 명령어
> 명령어의 절대경로를 보여준다.

which 명령어를 이용하여 몇 개의 명령어의 절대경로를 확인하면 다음과 같다. 대부분의 기본적인 명령어들은 /usr/bin 디렉터리 내에 실행파일이 있는 것을 알 수 있다.

```
$ which ls
/usr/bin/ls

$ which pwd
/usr/bin/pwd

$ which passwd
/usr/bin/passwd
```

## 3.3 디렉터리 명령어

### 현재 작업 디렉터리 출력: pwd(print working directory)

현재 작업 중인 디렉터리를 **현재 작업 디렉터리**(current working directory)라고 한다. 물론 현재 작업 디렉터리는 자유롭게 이동할 수 있다. 로그인하면 보통은 홈 디렉터리가 현재 작업 디렉터리가 된다. 만약 GNOME 데스크톱 환경에서 새 터미널을 열어서 사용하는 경우라면 홈 디렉터리 아래의 **바탕화면** 디렉터리에서부터 작업을 시작하게 된다.

현재 작업 디렉터리 관련 명령어인 pwd를 살펴보자. pwd는 현재 작업 디렉터리를 출력하여 확인하기 위한 명령어이다. pwd 명령어는 현재 작업 디렉터리의 절대 경로명을 출력한다.

| $ pwd<br>현재 작업 디렉터리의 절대 경로명을 출력한다. |
|---|

예를 들어 GNOME 데스크톱 환경에서 새 터미널을 열어서 사용하는 경우라면 pwd 명령어를 실행하면 다음과 같이 현재 디렉터리의 경로명을 출력할 것이다.

```
$ pwd
/home/chang/바탕화면
```

또한 다음과 같이 현재 작업 디렉터리를 홈 디렉터리로 이동한 후에 다음과 같이 pwd 명령어를 이용하여 현재 작업 디렉터리를 확인할 수 있다.

```
$ cd ~
$ pwd
/home/chang
```

### 디렉터리 이동: cd(change directory)

cd 명령어는 현재 작업 디렉터리를 이동하기 위한 명령어이다. 이 명령어를 이용하여 필요에 따라 현재 작업 디렉터리를 이동할 수 있다. 아래 명령어 사용법에서 [ ] 표시는 디렉터리 이름은 옵션이라는 의미이며 디렉터리 이름을 지정하면 해당 디렉터리로 이동하고, 디렉터리를 따로 지정하지 않으면 홈 디렉터리로 이동한다.

$ cd [디렉터리]
현재 작업 디렉터리를 지정된 디렉터리로 이동한다. 디렉터리를 지정하지 않으면 홈 디렉터리로 이동한다.

예를 들어, 다음과 같이 디렉터리 이름을 명시하지 않으면 홈 디렉터리로 이동한다.

```
$ cd
```

또한 다음과 같이 ~ 기호를 사용할 수 있는데 이 기호 역시 홈 디렉터리를 나타낸다.

```
$ cd ~
```

이번에는 현재 작업 디렉터리를 서브디렉터리 **바탕화면**으로 이동하고 이동 후에 pwd 명령어를 사용하여 현재 작업 디렉터리의 경로를 확인해보자.

```
$ cd 바탕화면
$ pwd
/home/chang/바탕화면
```

또한 디렉터리 이름에 . 혹은 ..을 사용할 수 있는데 .은 현재 디렉터리 ..은 부모 디렉터리를 나타낸다. 따라서 다음과 같이 사용하면 현재 디렉터리를 바로 상위에 있는 부모 디렉터리로 이동한다.

```
$ cd .. // 부모 디렉터리로 이동
```

## 디렉터리 생성: mkdir(make directory)

mkdir 명령어는 새 디렉터리를 만드는 명령어로 명령줄 인수로 명시한 디렉터리를 새로 만들어준다. 필요에 따라 한 번에 하나 이상의 디렉터리를 명시하여 새로 만들 수 있다. 이 명령어 사용법에서 + 기호는 디렉터리 이름이 하나 이상 올 수 있음을 의미한다.

$ mkdir [-p] 디렉터리+
디렉터리(들)을 새로 만든다.

예를 들어, 홈 디렉터리로 이동하여 서브디렉터리 test를 만들고 새로 생성된 test 디렉터리로 이동해 보자.

```
$ cd ~          // 홈 디렉터리로 이동
$ mkdir test
$ cd test
```

또한 한 번에 여러 개의 디렉터리를 생성하는 것도 가능하다. 예를 들어, 다음과 같이 두 개의 디렉터리를 한 번에 만들 수 있다. 만든 후에 새로 생성된 디렉터리를 확인해보자. 제일 앞에 표시된 d가 디렉터리임을 나타낸다.

```
$ mkdir test temp
$ ls -l
drwxrwxr-x. 2 chang chang     6  5월 12 10:12 temp
drwxrwxr-x. 2 chang chang     6  5월 12 10:12 test
```

● 중간 디렉터리 자동 생성 옵션 -p

mkdir 명령어의 사용 가능한 옵션이 몇 가지 있는데, -p 옵션은 필요한 경우에 중간 디렉터리를 자동으로 만들어준다. 예를 들어, 다음과 같이 명령을 사용할 때, 만약 ~/dest 디렉터리가 없다면 오류가 발생한다.

```
$ mkdir ~/dest/dir1
mkdir: '/home/chang/dest/dir1' 디렉터리를 만들 수 없습니다: 그런 파일이나 디렉터리가 없습니다
```

하지만, 다음과 같이 -p 옵션을 사용하면 ~/dest 디렉터리를 자동으로 만들고 그 안에 dir1 디렉터리를 만든다.

```
$ mkdir -p  ~/dest/dir1
```

## 디렉터리 삭제: rmdir(remove directory)

rmdir 명령어는 명령줄 인수로 명시한 디렉터리(들)을 삭제한다.

| $ rmdir 디렉터리+<br>디렉터리(들)을 삭제한다. |
|---|

한 가지 주의할 점은 디렉터리를 삭제하기 위해서는 디렉터리 내에 아무 것도 없어야 한다

는 점이다. 따라서 미리 디렉터리 내의 파일이나 서브디렉터리를 지운 후에 해당 디렉터리를 지울 수 있다. 이는 다소 번거로울 수 있다.

예를 들어, `test` 디렉터리가 비어 있으면 다음과 같이 디렉터리를 삭제할 수 있다.

```
$ rmdir test
```

그러나 해당 디렉터리가 비어 있지 않으면 다음과 같은 메시지가 출력될 것이다.

```
$ rmdir test
rmdir: failed to remove 'test': 디렉터리가 비어있지 않음
```

비어 있지 않은 디렉터리는 `rm -r` 명령어를 사용하여 단번에 삭제할 수 있다. 이에 대한 자세한 설명은 4.3절의 `rm` 명령어를 참고하기 바란다.

# 3.4 디렉터리 리스트

## 디렉터리 리스트: ls(list)

ls 혹은 dir 명령어는 주로 디렉터리의 내용인 파일 목록을 리스트하는 데 사용된다. 이 명령어는 특정 디렉터리를 지정하면 해당 디렉터리의 내용을 리스트하고 지정하지 않으면 현재 디렉터리의 내용을 리스트한다. 또한 파일을 지정하면 해당 파일만을 리스트한다. 이 사용법에서 * 표시는 명령줄 인수로 디렉터리 혹은 파일 이름이 0개 이상 올 수 있음을 의미한다.

> $ ls(혹은 dir) [-aslFR] 디렉터리* 파일*
> 지정된 디렉터리의 내용을 리스트한다. 디렉터리를 지정하지 않으면 현재 디렉터리 내용을 리스트 한다. 또한 파일을 지정하면 해당 파일만을 리스트한다.

예를 들어, 다음과 같이 루트 디렉터리의 내용을 리스트해서 결과를 확인해보자.

```
$ ls /
bin  dev  home lib64 mnt  proc run  srv tmp var
boot etc  lib  media opt  root sbin sys usr
```

또한 다음과 같이 홈 디렉터리의 내용을 리스트 해서 결과를 확인해보자.

```
$ ls ~
test  공개  다운로드  문서  바탕화면  비디오  사진  음악  템플릿
```

이제 현재 디렉터리를 다음과 같이 test 디렉터리로 이동한 후에 현재 디렉터리 내용을 확인해보자. ls 명령어를 사용할 때 디렉터리를 지정하지 않으면 현재 디렉터리의 내용을 리스트한다(test 디렉터리에 cs1.txt라는 파일 하나만 있다고 가정하자. 이 파일은 gedit 편집기로 미리 작성해서 저장했다고 가정한다).

```
$ cd test
$ ls
cs1.txt
```

## ls 명령어 옵션

ls 명령어는 다양한 옵션이 있는데 주요 옵션들은 표 3.1과 같다.

표 3.1 ls 명령어의 주요 옵션

| 옵션 | 기능 |
|---|---|
| -a | 숨겨진 파일을 포함하여 모든 파일을 리스트한다. |
| -s | 파일의 크기를 K 바이트 단위로 출력한다. |
| -l | 파일의 상세 정보를 출력한다. |
| -F | 파일의 종류를 표시하여 출력한다. |
| -R | 모든 하위 디렉터리들을 리스트한다. |

각 옵션들의 기능을 하나씩 살펴보자.

### ● ls -s

-s(size) 옵션을 사용하면 디렉터리 내에 있는 모든 파일의 크기를 K 바이트 단위로 출력하고 각 파일의 이름과 크기를 함께 리스트한다. 또한 모든 파일 크기의 총합을 표시한다.

```
$ ls -s
합계 4
 4 cs1.txt
```

### ● ls -a

ls 명령어는 별도의 옵션을 사용하지 않으면 숨겨진 파일("."으로 시작하는 파일과 서브디렉터리)은 리스트 하지 않는다. -a(all) 옵션을 이용하면 숨겨진 파일들을 포함하여 모든 파일과 디렉터리를 리스트할 수 있다. 다음 실행 결과에서 "."은 현재 디렉터리를 ".."은 부모 디렉터리를 나타내는 이름이다.

```
$ ls -a
.      ..      cs1.txt
```

### ● ls -l

-l(long) 옵션을 이용하면 파일은 이름뿐만 아니라 파일 종류, 접근권한, 소유자, 크기,

수정 시간 등의 **파일 속성**(file attribute) 정보를 자세히 보여준다. 예를 들어, 다음과 같이 텍스트 파일인 cs1.txt의 파일 속성을 알아보자.

```
$ ls -sl cs1.txt
4 - rw-rw-r--  1   chang   chang   2088  4월 16 13:37  cs1.txt
①②  ③          ④    ⑤       ⑥       ⑦        ⑧            ⑨
```

① 블록 수 ② 파일 종류 ③ 접근권한 ④ 링크 수 ⑤ 소유자명 ⑥ 그룹명 ⑦ 파일 크기 ⑧ 최종 수정 시간 ⑨ 파일 이름

첫 번째는 파일을 구성하는 블록의 개수를 K 바이트 단위로 나타낸다. 두 번째는 파일 종류와 접근권한을 나타내는데 -는 일반 파일을 표시한다. 디렉터리는 d로 표시된다. 이어서 나오는 rw-rw-r--는 접근권한을 나타내며 소유자, 그룹, 기타 사용자의 파일에 대한 읽기/쓰기/실행 권한을 의미한다. 다음은 소유자 정보로 파일의 소유자 및 소유자가 속한 그룹을 나타낸다. 2088은 파일의 크기로 바이트 수를 나타낸다. 4월 16 13:37은 파일의 수정 시간으로 파일을 생성 혹은 최후로 수정한 시간을 나타낸다. 마지막이 파일 이름이다. 이들 파일 속성들에 대해서는 4.5절에서 자세히 설명할 것이다.

### ● ls -asl

지금까지 나온 모든 옵션을 사용하여 리스트 해보자. 현재 디렉터리 내의 모든 파일에 대해서 자세한 정보를 보여준다.

```
$ ls -asl
합계 12
 4 drwxr-xr-x    2 chang     chang   4096   4월 16일  13:37  .
 4 drwx------    3 chang     chang   4096   4월 16일  13:37  ..
 4 -rw-rw--r--   1 chang     chang   2088   4월 16일  13:37  cs1.txt
```

### ● ls -F

-F 옵션을 사용하면 다음과 같은 기호로 파일의 종류를 표시해준다.

*: 실행파일, /: 디렉터리, @:심볼릭 링크

예를 들어 다음과 같이 루트 디렉터리를 -F 옵션으로 리스트 해보자. 이 디렉터리 내의 서브디렉터리 이름 뒤에 / 표시가 된 것을 확인할 수 있으며 일부 파일은 심볼릭 링크로 @

로 표시되어 있다. 심볼릭 링크에 대해서는 4장에서 자세히 설명할 것이다.

```
$ ls -F /
bin@  dev/  home/  lib64@  mnt/  proc/  run/  srv/  tmp/  var/
boot/  etc/  lib@  media/  opt/  root/  sbin@  sys/  usr/
```

### ● ls -R

-R(Recursive) 옵션을 사용하면 모든 하위 디렉터리 내용을 리스트한다. 예를 들어, 다음과 같이 현재 디렉터리를 -R 옵션으로 리스트하면 현재 디렉터리 아래에 있는 모든 하위 디렉터리들의 내용을 리스트할 것이다.

```
$ ls -R
```

또한 다음과 같이 루트 디렉터리를 -R 옵션으로 리스트하면 루트 디렉터리 아래에 있는 모든 하위 디렉터리들의 내용을 리스트하며 이것은 사실상 파일 시스템 내의 모든 파일들을 리스트하게 된다.

```
$ ls -R /
```

## 3.5 파일 내용 출력

### 간단한 파일 만들기

먼저 텍스트 파일을 하나 만들어 보자. 리눅스에서는 다음과 같은 여러 방법으로 파일을 만들 수 있다.

#### ● 편집기 사용

텍스트 파일을 만드는 가장 대표적인 방법은 텍스트 편집기(vi, gedit 등)를 사용하는 것이다. GNOME 데스크톱 환경을 사용하는 사용자는 gedit 편집기를 사용하여 쉽게 텍스트 파일을 만들 수 있다.

예를 들어, gedit를 실행했을 때 시작화면은 그림 3.3과 같다. gedit에는 파일, 편집, 보기, 검색, 도구, 문서 등의 메뉴를 사용할 수 있다. 특히 파일 메뉴의 서브메뉴로 제공되는 새로 만들기, 열기, 저장 등의 메뉴를 이용하여 쉽게 텍스트 파일을 만들 수 있다. gedit 편집기에 대한 보다 자세한 설명은 2.3절을 참고하기 바란다.

그림 3.3 gedit 시작화면

#### ● cat 명령어 사용

편집기를 사용하지 않고 cat 명령어와 출력 재지정(5.4절에서 소개)을 이용하여 간단한 텍스트 파일을 만들 수 있다.

$ cat > 파일
표준입력 내용을 모두 파일에 저장한다. 파일이 없으면 새로 만든다.

다음과 같이 사용하면 cs1.txt 파일이 생성되고 키보드로 입력한 내용이 cs1.txt 파일에 저장된다. ^D(Ctrl-D)는 입력끝을 나타낸다.

```
$ cat > cs1.txt
...

^D
```

### ● touch 명령어 사용

touch 명령어를 이용하면 파일 크기가 0인 빈 파일을 만들 수 있다.

$ touch 파일
파일 크기가 0인 이름만 있는 빈 파일을 만들어준다.

예를 들어 다음과 같이 빈 파일을 만들고 이를 확인해 볼 수 있다.

```
$ touch cs1.txt
$ ls -asl cs1.txt
0 -rw-rw-r--. 1 chang chang 0  5월  9 15:10 cs1.txt
```

touch 명령어는 기존 파일의 최종 사용 시간과 최종 수정 시간을 변경하는 데도 사용된다. 이에 대해서는 4.8절에서 설명한다.

## 파일 내용 출력 명령어

파일 내용 출력과 관련된 명령어는 cat, more, head, tail, wc 등이 있다. 이들 명령어는 모두 다음과 같은 간단한 형태로 사용하면 명령줄 인수로 받은 하나의 파일에 대해서 해당 명령어를 수행하여 파일 내용을 출력한다.

$ 명령어 파일

실제로 cat, head, tail, wc 등의 명령어는 명령줄 인수로 여러 개의 파일 이름들을 받을 수 있으며 이런 경우에는 각 파일에 대해서 순차적으로 명령어를 수행하여 파일 내용을 출력한다. 또한 파일 이름을 받지 않은 경우에는 보통 키보드로부터 입력된 내용에 대해 명령어를 수행한다. 이렇게 명령어가 0개 이상의 파일 이름을 명령줄 인수로 받을 수 있음을 다음과 같이 * 기호를 이용하여 표시한다.

$ 명령어 파일*

### 파일 내용 보기: cat

cat 명령어는 파일 내용을 그대로 화면에 출력한다. 이 명령어는 0개 이상의 파일 이름을 받을 수 있으며 각 파일의 내용을 화면에 순차적으로 출력한다.

$ cat [-n] 파일*
파일(들)의 내용을 그대로 화면에 출력한다. 파일을 지정하지 않으면 표준입력 내용을 그대로 화면에 출력한다.

예를 들어, 다음 명령어는 cs1.txt 파일의 내용을 출력한다(이 파일은 유닉스에 대한 소개를 포함하고 있다고 가정하자). 파일 내용이 화면 크기(1 페이지)보다 크면 자동으로 스크롤 된다.

```
$ cat  cs1.txt
Unix is a multitasking, multi-user computer operating system originally
developed in 1969 by a group of AT&T employees at Bell Labs, including
Ken Thompson, Dennis Ritchie, Brian Kernighan, Douglas McIlroy,
and Joe Ossanna.
...
```

cat 명령어를 줄번호 옵션 -n과 함께 사용하면 다음과 같이 파일 내용 앞에 줄번호를 붙여준다.

```
$ cat -n cs1.txt
1 Unix is a multitasking, multi-user computer operating system originally
2 developed in 1969 by a group of AT&T employees at Bell Labs, including
3 Ken Thompson, Dennis Ritchie, Brian Kernighan, Douglas McIlroy,
```

```
4 and Joe Ossanna.
...
```

cat 명령어는 인수가 없는 경우에는 다음과 같이 Ctrl-D(^D)가 입력될 때까지 키보드로부터 입력을 받아 그 내용을 그대로 출력한다(붉은색이 입력 내용이고 검은색이 출력 내용이다).

```
$ cat
Hello World !
Hello World !
Bye!
Bye!
^D
```

## 페이지 단위로 파일 내용 보기: more

more 명령어는 파일의 내용을 페이지 단위로 화면에 출력한다. 이 명령어는 하나 이상의 파일 이름을 받을 수 있으며 각 파일의 내용을 페이지 단위로 출력한다.

> $ more 파일⁺
> 파일(들)의 내용을 페이지 단위로 화면에 출력한다.

다음 페이지를 보려면 [space-bar]를 치면 되고 보기를 종료하려면 q를 치면 된다. 이 명령어는 긴 파일을 보는 데 주로 사용된다.

```
$ more  cs1.txt
Unix is a multitasking, multi-user computer operating system originally
developed in 1969 by a group of AT&T employees at Bell Labs, including
Ken Thompson, Dennis Ritchie, Brian Kernighan, Douglas McIlroy,
and Joe Ossanna.

The Unix operating system was first developed in assembly language,
but by 1973 had been almost entirely recoded in C, greatly facilitating
its further development and porting to other hardware.
Today's Unix system evolution is split into various branches,
developed over time by AT&T as well as various commercial vendors,
universities (such as University of California, Berkeley's BSD),
```

```
and non-profit organizations.

...

During the late 1970s and early 1980s, the influence of Unix in academic
circles led to large-scale adoption of Unix(particularly of the BSD variant,
--계속--(59%)
```

## 파일 앞부분, 뒷부분 보기: head, tail

### ● head 명령어

head 명령어는 파일의 앞부분(10줄)만을 출력한다.

> $ head [-n] 파일*
> 파일(들)의 앞부분을 화면에 출력한다. 파일을 지정하지 않으면 표준입력 내용을 대상으로 한다.

예를 들어, 다음과 같이 cs1.txt 파일의 앞부분만을 출력할 수 있다.

```
$ head cs1.txt
Unix is a multitasking, multi-user computer operating system originally
developed in 1969 by a group of AT&T employees at Bell Labs, including
Ken Thompson, Dennis Ritchie, Brian Kernighan, Douglas McIlroy,
and Joe Ossanna.

The Unix operating system was first developed in assembly language,
but by 1973 had been almost entirely recoded in C, greatly facilitating
its further development and porting to other hardware.
Today's Unix system evolution is split into various branches,
developed over time by AT&T as well as various commercial vendors,
```

필요하면 다음과 같이 출력할 앞부분의 줄 수(예를 들어, 5줄)를 옵션으로 명시할 수 있다.

```
$ head -5 cs1.txt
Unix is a multitasking, multi-user computer operating system originally
developed in 1969 by a group of AT&T employees at Bell Labs, including
Ken Thompson, Dennis Ritchie, Brian Kernighan, Douglas McIlroy,
and Joe Ossanna.
```

### ● tail 명령어

tail 명령어는 파일의 뒷부분(10줄)을 출력한다.

> $ tail [-n] 파일*
> 파일(들)의 뒷부분을 화면에 출력한다. 파일을 지정하지 않으면 표준입력 내용을 대상으로 한다.

예를 들어, 다음과 같이 cs1.txt 파일의 뒷부분만을 출력할 수 있다.

```
$ tail cs1.txt
Linux, which is used to power data centers, desktops, mobile phones,
and embedded devices such as routers, set-top boxes or e-book readers.
Today, in addition to certified Unix systems such as those already
mentioned, Unix-like operating systems such as MINIX, Linux, Android,
and BSD descendants (FreeBSD, NetBSD, OpenBSD, and DragonFly BSD) are
commonly encountered.

The term traditional Unix may be used to describe a Unix or
an operating system that has the characteristi    cs of either Version 7
Unix or UNIX System V.
```

필요하면 다음과 같이 출력할 뒷부분의 줄 수(예를 들어, 5줄)를 옵션으로 명시할 수 있다.

```
$ tail -5 cs1.txt
```

## 단어 세기: wc(word count)

wc 명령어는 파일에 저장된 줄, 단어, 문자의 개수를 세서 출력한다. 이 명령어는 파일의 크기를 빨리 확인하고자 할 때 매우 유용하다.

> $ wc [-lwc] 파일*
> 파일에 저장된 줄, 단어, 문자의 개수를 세서 출력한다. 파일을 지정하지 않으면 표준입력 내용을 대상으로 한다.

예를 들어, 다음과 같이 wc 명령어를 사용하여 cs1.txt 파일은 38개 줄, 318개 단어, 2088개 문자로 구성되어 있다는 것을 확인할 수 있다.

```
$ wc cs1.txt
 38   318  2088   cs1.txt
```

또한 옵션을 사용하면 줄 수(-l), 단어 수(-w), 문자 수(-c)를 선택해서 출력할 수 있다. 예를 들어, 다음과 같이 줄 수, 단어 수, 문자 수를 각각 출력할 수 있다.

```
$ wc -l cs1.txt
 38    cs1.txt
$ wc -w cs1.txt
 318    cs1.txt
$ wc -c cs1.txt
 2088    cs1.txt
```

## | 핵심 개념 |

- 리눅스의 디렉터리는 루트로부터 시작하여 트리 형태의 계층구조를 이룬다.
- 절대 경로명은 루트 디렉터리부터 시작하고 상대 경로명은 현재 디렉터리부터 시작한다.

## | 핵심 명령어 |

### ■ 디렉터리 명령어

| 명령어 | 의미 |
|---|---|
| `ls` | 현재 디렉터리의 내용을 리스트한다. |
| `ls` 디렉터리* | 지정된 디렉터리의 내용을 리스트한다. |
| `ls -a` 디렉터리* | 디렉터리 내의 모든 내용을 리스트한다. |
| `ls -asl` 디렉터리* | 디렉터리 내의 모든 내용을 자세히 리스트한다. |
| `mkdir` 디렉터리 | 디렉터리를 만든다. |
| `rmdir` 디렉터리+ | 디렉터리를 삭제한다. |
| `cd` 디렉터리 | 지정된 디렉터리로 이동한다. |
| `cd` | 홈 디렉터리로 이동한다. |
| `cd ~` | 홈 디렉터리로 이동한다. |
| `cd ..` | 부모 디렉터리로 이동한다. |
| `pwd` | 현재 작업 디렉터리를 프린트한다. |

### ■ 파일 내용 출력 명령어

| 명령어 | 의미 |
|---|---|
| `cat` 파일* | 파일 내용을 출력한다. |
| `cat -n` 파일* | 줄번호와 함께 파일 내용을 출력한다. |
| `more` 파일+ | 파일 내용을 한 번에 한 페이지씩 출력한다. |
| `head` 파일* | 파일의 앞부분을 출력한다. |
| `tail` 파일* | 파일의 뒷부분을 출력한다. |
| `wc -lwc` 파일* | 줄/단어/문자 수를 세서 출력한다. |

## | 실습 문제 |

### 디렉터리 명령어 실습

3.1 실습 디렉터리 만들기

```
$ cd
$ pwd
$ mkdir linux
```

3.2 실습 디렉터리로 이동하여 경로 확인하기

```
$ cd linux
$ pwd
```

3.3 ch03 서브디렉터리 만들고 이동하여 경로 확인하기

```
$ mkdir ch03
$ ls -asl
$ cd ch03
$ pwd
```

3.4 파일을 만들고 확인하기

```
$ gedit 혹은 cat   // 테스트 파일 만들기
$ ls -l
```

3.5 부모 디렉터리로 이동하면서 경로 확인하기

```
$ cd ..
$ pwd
$ cd ..
$ pwd
```

### 파일 명령어 실습

3.6 /etc/services 파일을 살펴보자.

```
$ ls -sl /etc/services
```

3.7 이 파일의 내용을 출력한다.

```
$ cat /etc/services
```

3.8 이 파일의 내용을 페이지 단위로 출력한다.

```
$ more /etc/services
```

3.9 이 파일의 앞부분과 뒷부분을 출력한다.

```
$ head /etc/services
$ tail /etc/services
```

3.10 이 파일의 단어를 세서 출력한다.

```
$ wc /etc/services
```

## | 연습 문제 |

3.1 다음 괄호 안에 알맞은 말을 넣으시오.

리눅스의 디렉터리는 (　　　)로부터 시작하여 (　　　)형태의 (　　　)를 이룬다.

3.2 다음 괄호 안에 알맞은 말을 넣으시오.

절대 경로명은 (　　　)부터 시작하고 상대 경로명은 (　　　)부터 시작한다.

3.3 다음 기호가 나타내는 디렉터리는 무엇인가?

~ :

. :

.. :

3.4 다음 중 디렉터리 관련 명령어가 아닌 것은?

① pwd　② mkdir

③ rmdir　④ cd

⑤ more

3.5 현재 작업 디렉터리를 출력하려고 한다. 어떤 명령어를 사용하여야 하는가?

① pwd　② mkdir

③ rmdir　④ cd

⑤ more

3.6 다음은 ls 명령어의 옵션이다. 각 옵션의 기능을 설명하시오.

| 옵션 | 기능 |
|---|---|
| -a | |
| -s | |
| -l | |
| -F | |
| -R | |

3.7 다음 명령어의 옵션에 대해서 설명하시오.

(1) cat -n

(2) mkdir -p

(3) wc -l

(4) ls -R

3.8 다음과 같이 디렉터리 삭제를 시도했을 때 오류메시지가 나오는 이유는 무엇인가? 이 디렉터리를 삭제하기 위해서는 어떻게 해야 하는가?

```
$ rmdir test
rmdir: failed to remove 'test': 디렉터리가 비어있지 않음
```

3.9 ls -F 명령어를 사용하면 파일명 뒤에 *, /, @ 기호로 파일의 종류를 표시해준다. 각각이 나타내는 파일의 종류는 무엇인가?

3.10 다음 ls 명령의 출력의 각 부분에 대해서 설명하시오.

```
$ ls -sl cs1.txt
4 - rw-rw-r--  1   chang   chang   2088  4월 16 13:37  cs1.txt
```

CHAPTER 04

# 파일 사용

contents

# 04 파일 사용

이 장에서는 파일의 복사, 이동, 삭제, 링크 등과 같은 파일 조작을 위한 명령어에 대해서 먼저 살펴본다. 이어서 파일 속성과 파일의 접근권한 관련 명령어에 대해서 살펴본다.

## 4.1 파일 복사

### 파일 복사: cp(copy)

cp 명령어는 파일 복사를 위한 명령어로, 기존 파일을 복사하여 새로운 복사본 파일을 만들어준다. 이 명령어의 가장 기본적인 사용법은 다음과 같이 **파일1**을 복사하여 **파일2**를 새로 만드는 것이다.

```
$ cp [-i] 파일1 파일2
파일1을 파일2에 복사한다. -i는 대화형 옵션이다.
```

이 명령어를 실행하면 그림 4.1과 같이 **파일1**과 똑같은 복사본 파일인 **파일2**가 만들어진다.

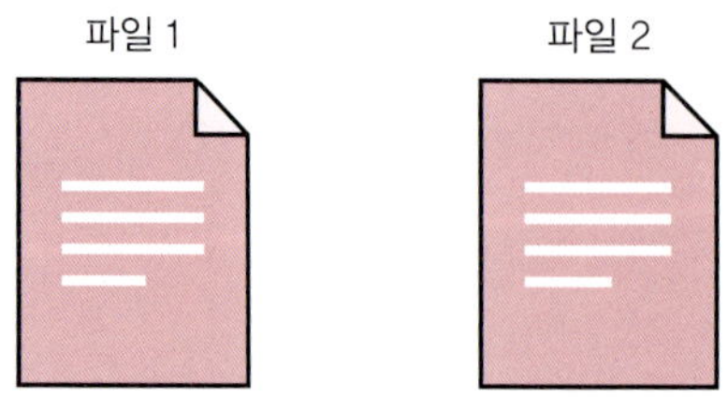


그림 4.1 파일 복사

예를 들어, 다음 명령어는 현재 디렉터리 내의 cs1.txt 파일의 복사본 cs2.txt를 현재 디렉터리에 새로 만든다. 따라서 현재 디렉터리 내에는 내용이 똑같은 두 개의 파일 cs1.txt와 cs2.txt가 존재한다.

```
$ cp cs1.txt  cs2.txt
```

ls -l 명령어를 이용하여 cs1.txt와 똑같은 cs2.txt가 생성된 것을 확인할 수 있다.

```
$ ls -l cs1.txt  cs2.txt
-rw-rw-r--   1 chang      chang    2088  10월 23  13:37    cs1.txt
-rw-rw-r--   1 chang      chang    2088  10월 23  13:45    cs2.txt
```

또한 다음과 같이 파일의 경로명을 이용하면 다른 디렉터리 내의 파일을 현재 디렉터리에 복사하거나 현재 디렉터리 내의 파일을 다른 디렉터리에 복사할 수도 있다. 예를 들어 다음과 같이 다른 디렉터리에 있는 /etc/hosts 파일을 현재 디렉터리 내의 hostnames 파일로 복사할 수 있다.

```
$ cp /etc/hosts  hostnames
```

### ● 대화형 옵션: cp -i

만약에 복사하려는 파일(사용법에서 파일2)과 똑같은 이름의 파일이 해당 디렉터리에 이미 존재하면 어떻게 될까? 이 경우에는 아무 메시지 없이 해당 파일을 덮어쓰기(overwrite) 해버리므로 해당 파일 내용은 완전히 사라지게 된다는 점을 주의해야 한다. 예를 들어, 위와 같이 복사할 때 cs2.txt 파일이 이미 존재하면 이 파일에 덮어쓰기를 해버리므로 기존 파일 내용은 완전히 사라지게 된다.

따라서 이 명령어를 보다 안전하게 사용하는 방법은 대화형 -i(interactive) 옵션을 사용하는 것이다. 다음과 같이 -i 옵션을 사용하면 복사하려는 파일 cs2.txt가 이미 존재하면 덮어쓰기 할 것인지 미리 물어본다. "y"로 답하면 덮어쓰기를 하고, "n"로 답하면 하지 않는다.

```
$ cp -i  cs1.txt  cs2.txt
cp: overwrite 'cs2.txt'? n
```

### cp 명령어의 다양한 사용법

파일 복사를 위한 cp 명령어는 옵션과 함께 보다 다양하게 사용될 수 있다. 이 명령어의 사용법을 유형별로 살펴보자.

#### ● 파일을 디렉터리로 복사

다음과 같이 두 번째 인수로 디렉터리 이름을 사용하면 지정된 디렉터리에 기존 파일과 같은 이름으로 복사본 파일을 만들어준다.

> $ cp 파일 디렉터리
> 파일을 지정된 디렉터리에 복사한다.

예를 들어, 다음 명령어는 cs1.txt의 복사본을 /tmp 디렉터리에 같은 이름으로 만든다.

```
$ cp  cs1.txt /tmp
```

ls -l 명령어를 이용하여 cs1.txt와 똑같은 파일이 /tmp/cs1.txt라는 이름으로 생성된 것을 확인할 수 있다.

```
$ ls -l /tmp/cs1.txt
-rw-rw-r--   1 chang      chang   2088  10월 23  14:31 /tmp/cs1.txt
```

#### ● 여러 개의 파일을 디렉터리로 복사

여러 개의 파일들을 지정된 디렉터리에 복사하는 것도 가능하다. 여러 개의 파일들을 특정 디렉터리에 복사하려면 다음과 같은 형식으로 사용하면 된다.

> $ cp 파일1 ... 파일n 디렉터리
> 여러 개의 파일들을 지정된 디렉터리에 모두 복사한다.

예를 들어, 다음과 같이 한 번에 두 개의 파일 cs1.txt와 cs2.txt를 /tmp 디렉터리에 복사할 수 있다.

```
$ cp cs1.txt  cs2.txt /tmp
```

### ● 디렉터리 전체 복사: cp -r

하위 디렉터리를 포함한 디렉터리 전체를 복사하려면 어떻게 하여야 할까? 이러한 경우에는 다음과 같이 리커전 옵션인 -r(recursive) 옵션을 사용하면 된다.

```
$ cp [-r] 디렉터리1 디렉터리2
```

r은 리커전 옵션으로 디렉터리1 전체를 디렉터리2에 복사한다.

이 경우에 첫 번째로 지정한 디렉터리와 그 아래에 있는 모든 파일과 하위 디렉터리가 모두 두 번째 디렉터리로 그대로 복사된다. 두 번째로 지정한 디렉터리가 이미 존재하면 그 디렉터리 밑에 첫 번째와 같은 이름으로 복사되며 두 번째로 지정한 디렉터리가 없다면 새로 만들어준다. 예를 들어, 다음과 같이 복사하면 test 디렉터리가 통째로 temp 디렉터리로 복사된다.

```
$ cp -r test temp
```

## 4.2 파일 이동

### 파일 이동: mv(move)

mv 명령어는 파일 이름 변경 혹은 파일 이동을 위한 명령어로, 다음과 같이 사용하면 **파일1**의 이름을 **파일2**로 변경한다.

```
$ mv [-i] 파일1 파일2
파일1의 이름을 파일2로 변경한다. -i는 대화형 옵션이다.
```

이 명령어를 실행하면 그림 4.2와 같이 **파일1**이 **파일2**로 이름이 바뀐다.

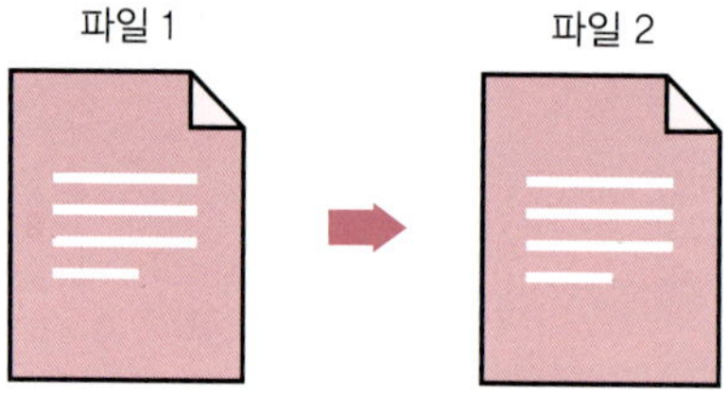


그림 4.2 파일 이동

예를 들어, 다음 명령어는 cs2.txt 파일의 이름을 cs3.txt로 변경하므로 cs2.txt라는 파일 이름은 더 이상 존재하지 않고 cs3.txt로 이름이 바뀌게 된다.

```
$ mv cs2.txt  cs3.txt
```

ls 명령어를 이용하여 cs2.txt 파일이 cs3.txt로 이름이 변경된 것을 확인할 수 있다.

```
$ ls -l
-rw-rw-r--   1 chang     chang   2088  10월 23  13:37    cs1.txt
-rw-rw-r--   1 chang     chang   2088  10월 23  13:56    cs3.txt
```

● 대화형 옵션: mv -i

mv 명령어도 cp 명령어와 비슷하게 이동하려는 파일(사용법에서 **파일2**)과 똑같은 이름의 파일이 해당 디렉터리에 이미 존재하면 덮어쓰기(overwrite)를 하므로 기존 파일 내용은 없어진다. 이런 경우에 다음과 같이 -i 옵션을 사용하면 덮어쓰기 하기 전에 미리 물어본다. "y"로 답하면 덮어쓰기를 하고, "n"으로 답하면 하지 않는다(현재 디렉터리에 cs1.txt와 cs3.txt 파일이 있다고 가정한다).

```
$ mv -i cs1.txt cs3.txt
mv: overwrite 'cs3.txt'? n
```

### mv 명령어의 다양한 사용법

파일 이름 변경 혹은 파일 이동을 위한 mv 명령어는 다음과 같이 보다 다양하게 사용될 수 있다. 이 명령어의 사용법을 유형별로 살펴보자.

#### ● 파일을 디렉터리로 이동

다음과 같이 두 번째 인수로 디렉터리 이름을 사용하면 파일을 지정한 디렉터리로 이동할 수 있다.

> $ mv 파일 디렉터리
> 파일을 지정된 디렉터리로 이동한다.

예를 들어, 다음 명령어는 cs3.txt 파일을 /tmp 디렉터리 아래로 이동한다.

```
$ mv cs3.txt /tmp
```

ls -l 명령어를 이용하여 cs3.txt 파일이 /tmp/cs3.txt로 이동된 것을 확인할 수 있다.

```
$ ls -l /tmp/cs3.txt
-rw-rw-r--   1 chang      chang    2088  10월 23  13:56 /tmp/cs3.txt
```

#### ● 여러 개의 파일을 디렉터리로 이동

cp 명령어와 비슷하게 여러 개의 파일들을 지정한 디렉터리로 이동하는 것도 가능하다. 여러 개의 파일을 지정한 디렉터리에 이동하려면 다음과 같은 형식으로 사용하면 된다.

> $ mv 파일1 ... 파일n 디렉터리
> 여러 개의 파일들을 지정된 디렉터리로 모두 이동한다.

예를 들어, 다음과 같이 한 번에 두 개의 파일 cs1.txt와 cs3.txt를 /tmp 디렉터리에 이동시킬 수 있다(현재 디렉터리에 cs1.txt와 cs3.txt 파일이 있다고 가정한다).

```
$ mv cs1.txt  cs3.txt /tmp
```

### ● 디렉터리 이름 변경

디렉터리를 다른 디렉터리로 이동하는 것도 가능한데 사실은 디렉터리 이름을 변경하는 것이다. 디렉터리 이름 변경은 다음과 같은 형식으로 사용하면 된다.

| $ mv 디렉터리1 디렉터리2<br>디렉터리1을 지정된 디렉터리2로 이름을 변경한다. |
|---|

예를 들어, 다음과 같이 temp 디렉터리를 생성한 후에 디렉터리 이름을 tmp로 변경할 수 있다.

```
$ mkdir temp
$ mv temp tmp
```

# 4.3 파일 삭제

## 파일 삭제: rm(remove)

rm 명령어는 파일 삭제를 위한 명령어로, 명령줄 인수로 받은 파일(들)을 삭제한다.

> $ rm [-i] 파일+
> 파일(들)을 삭제한다. -i는 대화형 옵션이다.

예를 들어, 다음 명령어는 기존의 파일 cs1.txt를 삭제한다.

```
$ rm cs1.txt
```

이 명령어는 명령줄 인수로 여러 개의 파일들을 명시하면 한 번에 여러 파일들을 지울 수 있다. 예를 들어, 다음 명령어는 기존의 파일 cs1.txt와 cs3.txt를 한 번에 지운다.

```
$ rm cs1.txt cs3.txt
```

### ● 대화형 옵션: rm -i

rm 명령어는 파일을 지워서 없애버리므로 매우 위험하다. 이 명령어를 보다 안전하게 사용하는 방법은 -i 대화형 옵션을 사용하는 것이다. 다음과 같이 -i 옵션을 사용하면 해당 파일을 삭제하기 전에 삭제 여부를 미리 물어본다. "y"로 답하면 삭제하고, "n"으로 답하면 삭제하지 않는다.

```
$ rm -i cs1.txt
rm: remove 'cs1.txt'? n
```

## 디렉터리 전체 삭제: rm -r

디렉터리 내의 모든 것을 단번에 지우려면 어떻게 하여야 할까? 예를 들어, test 디렉터리를 rm 명령어를 이용하여 지우려고 시도하면 이 명령어는 파일을 삭제하기 위한 명령어이므로 다음과 같은 오류 메시지가 출력된다.

```
$ rm test
rm: cannot remove 'test': 디렉터리입니다
```

예를 들어, test 디렉터리를 rmdir 명령어를 이용하여 지우려고 시도하면 이 명령어는 비어있는 디렉터리만을 삭제하는 명령어이므로 다음과 같은 오류 메시지가 출력된다.

```
$ rmdir test
rmdir: failed to remove 'test': 디렉터리가 비어있지 않음
```

디렉터리 내의 모든 것을 단번에 지우려면 다음과 같이 rm 명령어(rmdir 명령어가 아님)의 -r(recursive) 옵션을 사용하여 디렉터리 내의 모든 것을 단번에 삭제하면 된다. 이 명령어는 해당 디렉터리와 디렉터리 아래의 모든 파일 및 하위 디렉터리의 모든 내용을 단번에 삭제하므로 매우 위험하다.

```
$ rm [-ri] 디렉터리
```
-r은 리커전 옵션으로 디렉터리 아래의 모든 것을 삭제한다. -i는 대화형 옵션이다.

이 명령어를 보다 주의해서 사용하는 방법은 다음과 같이 앞에서 배운 -i 옵션을 함께 사용하는 것이다. 다음과 같이 사용하면 하나씩 정말 삭제할 것인지 묻고 "y"로 답하면 삭제하고 "n"으로 답하면 그냥 지나간다.

```
$ rm -ri 디렉터리
```

예를 들어, 다음과 같이 cs1.txt와 cs3.txt 파일을 포함한 test 디렉터리를 지우려고 하면 해당 디렉터리로 내려가서 디렉터리 내의 파일들을 하나씩 삭제할지 묻고 최종적으로 해당 디렉터리를 삭제할지 묻는다.

```
$ rm -ri test
rm: descend into directory 'test'? y
rm: remove regular file 'test/cs3.txt'? n
rm: remove regular file 'test/cs1.txt'? n
rm: remove directory 'test'? n
```

## 4.4 링크

링크는 기존 파일에 대한 또 하나의 새로운 이름이라고 할 수 있다. ln 명령어는 링크를 만들기 위한 명령어로, 이 명령어의 첫 번째 사용법은 **파일1**에 대한 새로운 이름(링크)으로 **파일2**를 만든다.

> $ ln [-s] 파일1 파일2
> 파일1에 대한 새로운 이름(링크)로 파일2를 만들어준다. -s 옵션은 심볼릭 링크를 나타낸다.
> $ ln [-s] 파일1 디렉터리
> 파일1에 대한 링크를 지정된 디렉터리에 같은 이름으로 만들어준다.

이 명령어를 실행하면 그림 4.3과 같이 **파일1**에 대한 새로운 이름(링크)으로 **파일2**가 만들어진다.

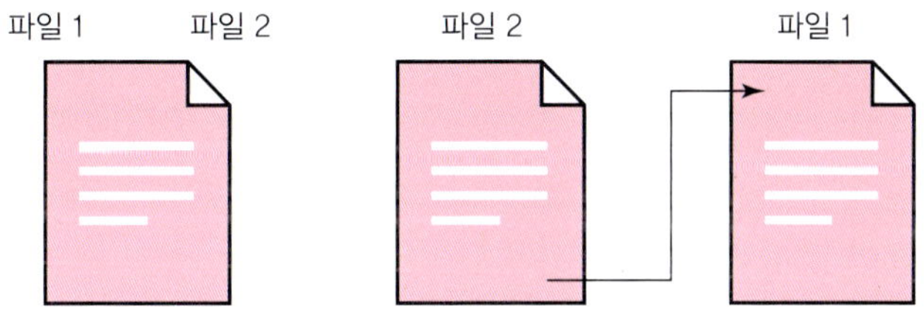


그림 4.3 하드 링크와 심볼릭 링크

| 핵심 개념 |

링크는 기존의 파일에 대한 또 하나의 새로운 이름으로 하드 링크와 심볼릭(소프트) 링크가 있다.

링크에는 하드 링크와 심볼릭 링크 두 종류가 있으며 심볼릭 링크는 -s 옵션을 이용하여 만들 수 있다. 하드 링크부터 살펴보자.

### 하드 링크

**하드 링크**(hard link)는 기존 파일에 대한 새로운 이름이라고 생각할 수 있다. 실제로 하드링크는 기존 파일을 대표하는 **i-노드**를 가리켜 구현하는데 링크의 구현에 대해서는 12.4

절에서 보다 자세히 다룰 것이다. 예를 들어, 다음 명령은 기존 파일 hello.txt에 대한 새로운 링크로 hi.txt를 만들어준다. 이제 hi.txt는 hello.txt의 또 다른 이름이다.

```
$ ln hello.txt hi.txt
```

ls -l 명령어를 이용하여 원본 파일과 하드 링크를 확인해보자. 마치 두 개의 다른 파일이 있는 것처럼 보이는데 실제로는 하나의 파일에 대한 두 개의 이름이 있는 것이다. 만약 이 중에 한 파일의 내용을 수정하면 어떻게 될까? 다른 이름(링크)의 파일을 확인해 보아도 똑같이 수정되어 있는 것을 확인할 수 있다. 이는 이 두 개의 이름이 실제로는 별도의 파일이 아니라 하나의 파일에 대한 다른 이름이기 때문에 그렇다.

```
$ ls -l
-rw-------   2 chang      chang      15 11월  7  15:31 hello.txt
-rw-------   2 chang      chang      15 11월  7  15:31 hi.txt
```

만약 이 둘 중에 한 파일을 삭제하면 어떻게 될까? 이 파일에 대한 이름만 하나 없어지게 된다. 예를 들어, hello.txt 파일을 지우더라도 원래 파일은 hi.txt 파일이라는 이름으로 그대로 존재한다. 사실 앞에서 파일을 지우는 rm 명령어는 무조건 파일을 지우는 것이 아니다. 그 파일의 링크가 여러 개 있을 경우에는 일단 링크 수를 1 감소시킨다. 링크 수가 0이 되면 파일을 완전히 삭제하지만 만약 링크 수가 0이 되지 않은 경우에는 해당 이름만 디렉터리에서 삭제한다.

### 심볼릭 링크

**심볼릭 링크**(symbolic link)도 파일에 또 다른 이름을 부여하지만, 다른 파일을 가리키고 있는 별도의 파일이다. 심볼릭 링크는 실제 파일의 경로명을 저장하고 있는 일종의 특수 파일이다. 이 경로명이 다른 파일에 대한 간접적인 포인터 역할을 한다(그림 4.3 참조). 사용자가 심볼릭 링크를 사용하면, 자동적으로 심볼릭 링크가 가리키고 있는 파일을 참조하여 사용하게 된다.

예를 들어, 다음 명령을 이용해서 hi.txt라는 심볼릭 링크 파일을 만들게 되며 이 링크 파일은 단지 hello.txt 파일의 위치를 나타내는 경로 정보만을 가지고 있다.

```
$ ln -s hello.txt hi.txt
```

ls -l 명령어를 이용하여 원본 파일과 심볼릭 링크를 확인해보자. 실행결과에서 -> 기호로 심볼릭 링크가 원본 파일을 가리키는 것을 표시한다. 또한 첫 번째 글자 l이 이 파일이 심볼릭 링크임을 나타낸다.

```
$ ls -l
-rw-------    1 chang      chang   15 11월  7  15:31 hello.txt
lrwxrwxrwx    1 chang      chang    9  1월 24  12:56 hi.txt -> hello.txt
```

심볼릭 링크 파일을 삭제하더라도 원래의 원본 파일은 지워지지 않고 링크 파일만 지워진다. 만약 원본 파일을 삭제하게 되면 링크 파일은 가리킬 대상이 없어지므로 링크 파일은 무용지물이 된다.

링크를 이용하면 다른 디렉터리에 있는 파일도 경로명으로 기술하여 내 디렉터리에 새로운 이름으로 링크를 만들 수 있다. 따라서 이 기능을 이용하면 원본 파일이 있는 디렉터리로 이동해서 그 파일을 참조해야 하는 불편함 없이 보다 쉽게 대상 파일에 접근할 수 있다. 예를 들어 다음과 같이 /usr/bin/gcc 명령어에 대한 링크를 현재 디렉터리에 cc라는 이름으로 만들 수 있다.

```
$ ln -s /usr/bin/gcc cc
$ ls -l cc
lrwxrwxrwx. 1 chang chang   12  7월 21 20:09 cc -> /usr/bin/gcc
```

---

**QnA** 왜 하드 링크와 심볼릭 링크 두 종류의 링크가 필요한가요?

하드 링크와 심볼릭 링크는 구현 방식이 다릅니다. 하드 링크를 이해하기 위해서는 파일 시스템 내의 파일 구현에 대한 이해가 필요한데 한 파일에 대한 모든 정보는 i-노드라는 자료구조 형태로 유지됩니다. 파일 하나당 하나의 i-노드가 있으며 i-노드마다 고유의 번호가 있습니다(자세한 내용은 12장 참조). 하드 링크는 파일 시스템에서 파일을 나타내는 i-노드 번호를 이용해서 다른 파일을 링크합니다. 따라서 하드 링크는 한 파일 시스템 내에서만 사용 가능하다는 단점이 있습니다. 그러나 유닉스/리눅스 시스템 내에는 보통 여러 개의 파일 시스템이 존재하며 이러한 경우에 다른 파일 시스템 내에 있는 파일은 i-노드 번호를 사용하는 하드 링크로는 링크할 수 없습니다. 이러한 문제점을 해결하기 위한 링크가 심볼릭 링크입니다. 심볼릭 링크는 파일의 절대 경로를 저장하여 다른 파일을 링크합니다. 따라서 다른 파일 시스템에 있는 파일이라도 절대 경로가 다르므로 링크가 가능합니다.

---

## 4.5 파일 속성

### 파일 속성의 종류

파일은 이름뿐만 아니라 타입, 크기, 소유자, 접근권한, 수정 시간 등의 **파일 속성**(file attribute)을 갖는다. 예를 들어, ls 명령어를 사용하여 다음과 같이 텍스트 파일인 cs1.txt의 파일 속성을 알아보자.

```
$ ls -sl cs1.txt
4 - rw-rw-r--  1   chang    chang    2088  10월 23 13:37  cs1.txt
① ②   ③       ④    ⑤        ⑥        ⑦        ⑧            ⑨
```

① 블록 수 ② 파일 종류 ③ 접근권한 ④ 링크 수 ⑤ 소유자명 ⑥ 그룹명 ⑦ 파일 크기 ⑧ 최종 수정 시간 ⑨ 파일 이름

이 파일의 속성들은 표 4.1과 같이 정리할 수 있다. 첫 번째는 파일을 구성하는 블록의 개수를 K 바이트 단위로 나타낸다. 두 번째는 파일 종류와 접근권한을 나타내는데 -는 일반 파일을 표시한다. 디렉터리는 d로 표시된다. 이어서 나오는 rw-rw-r--는 소유자, 그룹, 기타 사용자의 접근권한을 나타낸다. 다음은 소유자 정보로 파일의 소유자명 및 소유자가 속한 그룹명을 나타낸다. 2088은 파일의 크기로 바이트 수를 나타낸다. 10월 23 13:37은 파일의 수정 시간으로 파일을 생성 혹은 최후로 수정한 시간을 나타낸다. 마지막이 파일 이름이다.

표 4.1 파일의 속성 예

| 파일 속성 | 값 | 의미 |
|---|---|---|
| 블록 수 | 4 | 블록 수 4K 바이트 |
| 파일 종류 | - | 일반 파일(-) |
| 접근권한 | rw-rw-r-- | 소유자(rw-), 그룹(rw-), 기타사용자(r--) |
| 하드 링크 수 | 1 | 파일의 하드 링크 개수 |
| 소유자명 | chang | 파일 소유자의 사용자명 |
| 그룹명 | chang | 파일 소유자의 그룹명 |
| 파일 크기 | 2088 | 파일 크기 2088 바이트 |
| 최종 수정 시간 | 10월23 13:37 | 파일을 최종 수정한 시간 |
| 파일 이름 | cs1.txt | 파일의 이름 |

| 핵심 개념 |

파일은 이름뿐만 아니라 타입, 크기, 소유자, 접근권한, 수정 시간 등의 파일 속성을 갖는다.

이들 파일 속성의 일반적인 의미는 표 4.2와 같이 정리할 수 있으며 각각에 대해서 보다 자세히 살펴보자.

표 4.2 파일의 속성

| 파일 속성 | 의미 |
|---|---|
| 블록 수 | 블록 수(K 바이트 단위) |
| 파일 종류 | 일반 파일(-), 디렉터리(d), 링크(l), 파이프(p), 소켓(s), 디바이스(b 혹은 c) 등의 파일 종류를 나타낸다. |
| 접근권한 | 파일에 대한 소유자, 그룹, 기타 사용자의 읽기(r)/쓰기(w)/실행(x) 권한 |
| 하드 링크 수 | 파일에 대한 하드 링크 개수 |
| 소유자 및 그룹 | 파일의 소유자 ID 및 소유자가 속한 그룹 |
| 파일 크기 | 파일의 크기(바이트 단위) |
| 최종 수정 시간 | 파일을 생성 혹은 최후로 수정한 시간 |

## 파일 크기

파일 크기를 두 가지로 나타내는데, 하나는 파일을 구성하는 블록 수로 킬로바이트(KB) 단위이고 또 하나는 바이트(B) 단위이다. 이 예에서 이 파일의 크기는 4KB이고 실제 크기는 2088 바이트이다. 보통 리눅스에서는 하나의 파일에 대해서 4KB 단위의 블록으로 기억공간을 할당하므로 이 파일의 실제 크기는 2088 바이트임에도 불구하고 4KB이다.

## 파일 종류

리눅스에서 지원하는 파일 종류로는 표 4.3에 나열된 것처럼 일반 파일(regular file), 디렉터리(directory), 문자 장치 파일(character device file), 블록 장치 파일(block device file), FIFO 파일, 소켓(socket), 심볼릭 링크(symbolic link) 등이 있다.

표 4.3 파일 종류

| 파일 종류 | 표시 | 설명 |
|---|---|---|
| 일반 파일 | - | 데이터를 갖고 있는 텍스트 파일 또는 이진 파일 |
| 디렉터리 파일 | d | 디렉터리 내의 파일들의 이름들과 파일 정보를 관리하는 파일 |
| 문자 장치 파일 | c | 문자 단위로 데이터를 전송하는 장치를 나타내는 파일 |
| 블록 장치 파일 | b | 블록 단위로 데이터를 전송하는 장치를 나타내는 파일 |
| FIFO 파일 | p | 프로세스 간 통신에 사용되는 이름 있는 파이프 |
| 소켓 | s | 네트워크를 통한 프로세스 간 통신에 사용되는 파일 |
| 심볼릭 링크 | l | 다른 파일을 가리키는 포인터와 같은 역할을 하는 파일 |

각 파일 종류에 대한 보다 자세한 설명은 다음과 같다.

### ● 일반 파일

텍스트 파일 혹은 이진 파일과 같은 일반적인 파일은 모두 일반 파일이다. 텍스트 파일은 내용이 문자들로 이루어진 파일이다. 텍스트 파일은 텍스트 편집기나 cat, more 등의 명령어를 이용해 그 내용을 볼 수 있다. 예를 들어, vi나 gedit와 같은 텍스트 편집기로 작성한 파일이나 C 프로그램의 소스 코드 등은 모두 텍스트 파일이다.

이진 파일(binary file)은 파일의 내용이 텍스트가 아닌 파일이며 실행 파일(executable file)이나 이미지, 동영상 등을 저장하는 데이터 파일 등이 모두 이진 파일이다. 이진 파일은 지정된 응용 프로그램을 이용해야 그 내용을 볼 수 있다. 예를 들어, C 프로그램을 컴파일하여 얻은 실행 파일이나 파워포인트 파일, 그림을 저정하는 jpeg 파일 등은 모두 이진 파일이다.

### ● 디렉터리

디렉터리는 파일들을 계층적으로 조직화하는 데 사용되는 일종의 특수 파일이며, 디렉터리의 내용은 그 디렉터리 내에 있는 파일이나 서브디렉터리 이름들이다.

### ● 장치 파일

장치 파일은 시스템에 부착된 주변 장치를 나타내는 특수 파일이다. 리눅스 시스템은 하드디스크, DVD 드라이브, 프린터 등 시스템에 부착된 대부분의 장치를 장치 파일 형태로 관리한다. 이와 같은 장치 파일들은 주로 /dev 디렉터리 아래에 있으며, 장치의 종류에 따라 문자 장치 파일과 블록 장치 파일이 있다.

● 심볼릭 링크 파일

심볼릭 링크는 어떤 파일을 가리키는 또 하나의 경로명을 저장하는 파일로 기존 파일을 가리키는 포인터와 같은 역할을 하는 파일이다.

● FIFO 파일

FIFO 파일은 이름 있는 파이프로 프로세스 간 통신에 사용된다.

● 소켓

소켓은 네트워크 통신에 사용되는 파일이다.

file 명령어를 이용하여 파일의 종류를 좀 더 자세히 확인할 수 있다.

> $ file 파일
> 파일의 종류에 대한 자세한 정보를 출력한다.

예를 들어, 다음과 같이 cs1.txt 파일의 종류를 확인하면 ASCII text 파일이라는 것을 알려준다. 또한 실행파일인 a.out 파일의 종류를 확인하면 실행파일에 대한 좀 더 자세한 정보를 알려준다.

```
$ file cs1.txt
cs1.txt: ASCII text
$ file a.out
a.out: ELF 64-bit LSB executable, ...
```

## 하드 링크 개수

하나의 파일은 링크를 이용하여 여러 개의 파일 명을 가질 수 있는데, 하드 링크 개수는 한 파일에 대한 하드 링크의 개수를 의미한다.

### 파일의 소유자

파일의 소유자는 파일을 소유하는 사용자의 이름 혹은 ID를 말한다. 파일의 소유자는 파일의 주인으로 보통 그 파일을 만든 사용자가 파일의 소유자가 된다. 리눅스는 다중 사용자 시스템이므로 시스템 내에 여러 사용자가 있으며 각 사용자는 사용자명을 갖는다. 사용자 중에는 슈퍼유저라고 불리는 시스템 관리자도 있는데 슈퍼유저의 사용자명은 root이다.

### 파일의 그룹

파일의 그룹은 파일 소유자가 속한 그룹을 나타낸다. 시스템 관리자는 보안 관리를 위해 동일한 성격의 사용자들을 하나의 그룹으로 묶어서 관리한다. 예를 들어, 같은 클래스, 같은 학년, 같은 학과 등을 하나의 그룹으로 만들 수 있다. 사용자는 하나 이상의 그룹에 속한다.

### 최종 수정 시간

파일 내용을 최후로 수정한 시간을 나타낸다. 만약 파일을 새로 생성했다면 생성시간이 최종 수정 시간이 된다.

# 4.6 접근권한

## 접근권한

파일의 **접근권한**(permission mode)은 읽기(r), 쓰기(w), 실행(x) 권한을 의미하는데 읽기, 쓰기, 실행 권한은 표 4.4와 같이 대상 파일의 종류에 따라 약간 다른 의미를 갖는다. 일반 파일에 대해서 r, w, x 권한은 말 그대로 읽기(r), 쓰기(w), 실행(x) 권한을 의미한다. 디렉터리에 대해서는 약간 다른 의미를 갖는데 r은 디렉터리 내에 있는 파일명을 읽을 수 있는 권한을, w는 디렉터리 내에 파일을 생성하거나 삭제할 수 있는 권한을, x는 디렉터리 내로 탐색을 위해 이동할 수 있는 권한을 의미한다.

표 4.4 파일의 접근권한

| 권한 | 일반 파일 | 디렉터리 |
| --- | --- | --- |
| r | 파일에 대한 읽기 권한 | 디렉터리 내에 있는 파일명을 읽을 수 있는 권한 |
| w | 파일에 대한 쓰기 권한 | 디렉터리 내에 파일을 생성하거나 삭제할 수 있는 권한 |
| x | 파일에 대한 실행 권한 | 디렉터리 내로 탐색을 위해 이동할 수 있는 권한 |

리눅스에서는 파일의 보안을 위해 파일의 소유자(owner), 그룹(group), 기타(others)로 구분하여 파일의 접근권한을 관리한다. 파일의 소유자는 파일의 주인으로 보통 그 파일을 만든 사용자다. 그룹은 소유자가 속한 그룹 내의 다른 사용자들을 의미하고 기타는 소유자도 아니고 그룹에도 속하지 않는 나머지 사용자들을 의미한다. 리눅스에서는 기본적으로 사용자와 동일한 이름의 그룹을 만들고 사용자는 동일한 이름의 그룹에 속하게 된다. 사용자를 다른 그룹에 속하게 하는 것은 14.2절을 참고하기 바란다.

| 핵심 개념 |

파일의 접근권한은 소유자, 그룹, 기타로 구분하여 관리한다.

예를 들어, 어떤 파일의 접근권한이 그림 4.4와 같이 rwx r-x r-x이면 이 파일의 소유자는 이 파일을 읽고, 쓰고, 실행하는 것이 가능하며 그룹 및 기타 사용자들은 읽기와 실행만 가능하다는 것을 나타낸다.

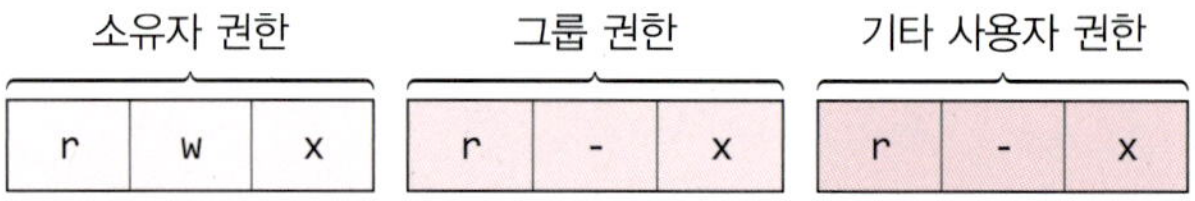


그림 4.4 파일의 접근권한

이제 ls 명령어를 사용하여 다음과 같이 텍스트 파일인 cs1.txt의 파일의 접근권한을 다시 살펴보자. 이 파일의 접근권한은 rw- rw- r--인데 이는 소유자, 그룹, 기타 사용자의 접근권한을 나타내며, 소유자와 소유자가 속한 그룹은 읽기, 쓰기가 모두 가능하고 기타 다른 사용자는 읽기만 가능함을 의미한다.

```
$ ls -sl cs1.txt
4 -rw-rw-r--   1    chang     chang     2088   10월 23 13:37  cs1.txt
```

GNOME 데스크톱을 사용하는 경우 파일 위에서 오른쪽 버튼을 클릭하여 속성을 선택하면 다음과 같이 파일의 속성을 확인할 수 있다. 그림 4.5의 화면은 파일에 대한 기본적인 속성을 보여주며 그림 4.6의 화면은 파일의 접근권한을 소유자, 그룹, 기타로 나누어 보여준다.

그림 4.5 기본 속성

그림 4.6 접근권한

실제로 많이 사용되는 접근권한의 예를 들면 표 4.5와 같다.

표 4.5 많이 사용되는 접근권한

| 접근권한 | 의미 |
|---|---|
| rwxrwxrwx | 소유자, 그룹, 기타 사용자 모두 읽기, 쓰기, 실행 가능 |
| rwxr-xr-x | 소유자만 읽기, 쓰기, 실행 가능,<br>그룹, 기타 사용자는 읽기, 실행 가능 |
| rw-rw-r-- | 소유자와 그룹만 읽기, 쓰기 가능,<br>기타 사용자는 읽기만 가능 |
| rw-r--r-- | 소유자만 읽기, 쓰기 가능,<br>그룹과 기타 사용자는 읽기만 가능 |
| rw-r----- | 소유자만 읽기, 쓰기 가능<br>그룹은 읽기만 가능 |
| rwx------ | 소유자만 읽기, 쓰기, 실행 가능 |

## 4.7 접근권한 변경

**chmod**(change mode) 명령어는 파일 혹은 디렉터리의 접근권한을 변경하는 명령어로 다음과 같이 사용할 수 있다. -R 옵션은 디렉터리에 대해 사용할 수 있는데 디렉터리 아래의 모든 파일과 모든 하위 디렉터리에 대해서도 이 명령어를 적용한다는 것을 의미한다.

```
$ chmod [-R] 접근권한 파일 혹은 디렉터리
```

파일 혹은 디렉터리의 접근권한을 변경한다. -R 옵션을 사용하면 지정된 디렉터리 아래의 모든 파일과 하위 디렉터리에 대해서도 접근권한을 변경한다.

이 명령어를 사용할 때 변경할 접근권한을 어떻게 표시할 수 있을까? 8진수를 이용하는 방법과 기호를 이용하는 방법 두 가지가 있다.

### 8진수를 이용한 접근권한 변경

첫 번째 방법은 파일의 접근권한을 8진수로 표시하는 것이다. 그림 4.7과 같이 소유자의 읽기, 쓰기, 실행 각 권한에 대해 1 비트를 할당하여 권한이 있으면 1 없으면 0으로 표시하면 소유자의 권한을 8진수로 표시할 수 있다. 그룹 및 기타 사용자에 대해서도 이렇게 할 수 있다. 예를 들어, 접근권한 rwx r-x r-x는 그림 4.7과 같이 8진수로 755로 표시할 수 있으며 이는 이 파일의 소유자는 이 파일을 읽고, 쓰고, 실행하는 것이 가능하며 그룹 및 기타 사용자들은 읽기와 실행만 가능하다는 것을 나타낸다.

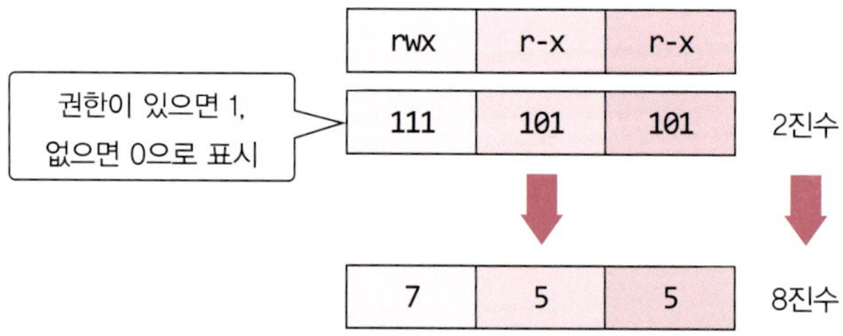


그림 4.7 접근권한 8진수 표현

실제로 많이 사용되는 표 4.5의 접근 권한을 8진수로 표현하면 표 4.6과 같다.

표 4.6 접근권한의 8진수 표현 예

| 접근권한 | 8진수 |
|---|---|
| rwxrwxrwx | 777 |
| rwxr-xr-x | 755 |
| rw-rw-r-- | 664 |
| rw-r--r-- | 644 |
| rw-r----- | 640 |
| rwx------ | 700 |

예를 들어, cs1.txt의 접근권한을 그림 4.8과 같이 rw- r-- r--로 바꾸고자 한다면 이 새로운 권한은 644로 표시할 수 있다.

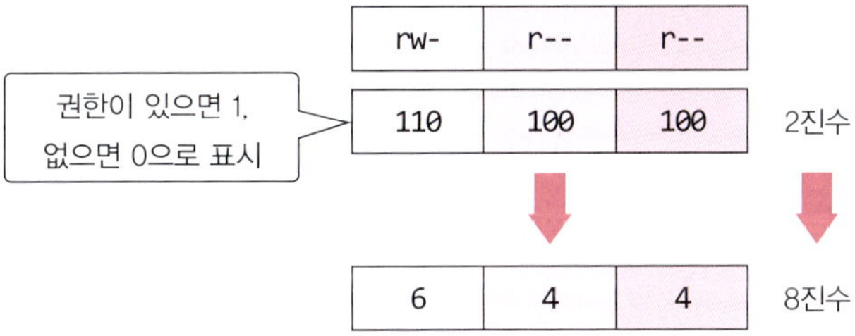


그림 4.8 접근권한 8진수 표현

다음 명령은 대상 파일 cs1.txt의 소유자에게만 읽기, 쓰기 권한을 주고 다른 사용자에 대해서는 읽기 권한만 준다.

```
$ chmod 644 cs1.txt
```

ls 명령을 사용하여 변경된 접근권한을 확인해보자.

```
$ ls -l cs1.txt
-rw-r--r--  1 chang  chang   2088  2월 23  13:37 cs1.txt
```

### 기호를 이용한 접근권한 변경

두 번째 방법은 기호를 이용하여 파일의 변경할 접근권한을 기술하는 것으로 다음과 같이 사용자 범위, 연산자, 권한 순으로 기술한다.

| 사용자 범위 | 연산자 | 권한 |
|---|---|---|
| [u\|g\|o\|a]+ | [+\|-\|=] | [r\|w\|x]+ |

표 4.7과 같이 사용자 범위는 u, g, o, a로 표시할 수 있는데 각각은 u(user: 소유자), g(group: 그룹), o(others: 기타 사용자), a(all: 모든 사용자)를 나타내는데 사용된다. 연산자는 +, -, = 로 표시하여 접근권한의 추가(+), 제거(-), 설정(=)을 나타낸다. 권한은 r, w, x로 각각 읽기(r), 쓰기(w), 실행(x) 권한을 나타낸다.

표 4.7 기호를 이용한 접근권한

| 구분 | 기호와 의미 |
|---|---|
| 사용자 범위 | u(user: 소유자), g(group: 그룹), o(others: 기타 사용자), a(all: 모든 사용자) |
| 연산자 | +(권한 추가), -(권한 제거), =(권한 설정) |
| 권한 | r(읽기 권한), w(쓰기 권한), x(실행 권한) |

예를 들어, cs1.txt 파일의 접근권한을 664에서 644로 변경하려면 다음과 같이 cs1.txt 파일에 대해 그룹(g)에서 쓰기(w) 권한을 제거함으로써 할 수 있다.

```
$ chmod g-w cs1.txt
$ ls -l cs1.txt
-rw-r--r--  1   chang   chang   2088  10월 23 13:37  cs1.txt
```

또한 cs1.txt 파일의 접근권한을 644에서 640으로 변경하려면 다음과 같이 cs1.txt 파일에 대해 기타 사용자(o)에 읽기(r) 권한을 제거함으로써 할 수 있다.

```
$ chmod o-r cs1.txt
$ ls -l cs1.txt
-rw-r-----  1   chang   chang   2088  10월 23 13:37  cs1.txt
```

또한 다음과 같이 그룹에 쓰기 권한을 추가하고, 기타 사용자에 읽기, 쓰기 권한을 한 번에 추가할 수 있으며 이렇게 하면 모든 사용자가 이 파일에 읽기와 쓰기를 할 수 있다.

```
$ chmod g+w,o+rw  cs1.txt
$ ls -l cs1.txt
-rw-rw-rw-  1   chang   chang   2088  10월 23 13:37  cs1.txt
```

## 4.8 기타 파일 속성 변경

### 소유자 변경: chown(change owner)

chown 명령어는 파일이나 디렉터리의 소유자를 변경할 때 사용한다. chown 명령어를 이용하여 파일의 소유자를 변경하면 이전 소유자는 더 이상 해당 파일의 소유자가 아니다. 따라서 이 명령어는 매우 위험한 명령어이다. 보통 시스템 보안을 위해 슈퍼유저만 이 명령어를 사용할 수 있다. -R 옵션은 디렉터리에 대해 사용할 수 있는데 디렉터리 내의 모든 파일과 모든 하위 디렉터리에 대해서도 이 명령어를 적용한다는 것을 의미한다.

```
$ chown 사용자 파일
$ chown [-R] 사용자 디렉터리
```
파일 혹은 디렉터리의 소유자를 지정된 사용자로 변경한다. -R 옵션을 사용하면 지정된 디렉터리 아래의 모든 파일과 하위 디렉터리에 대해서도 소유자를 변경한다.

예를 들어, 사용자 chang이 자신의 파일 cs1.txt의 소유자를 바꾸려고 시도하면 다음과 같은 오류 메시지가 나온다. 이 파일의 소유자는 슈퍼유저만 바꿀 수 있으므로 다음과 같이 su 명령어를 이용하여 슈퍼유저가 되어 이 파일의 소유자를 바꿀 수 있다. 그 후에 ls 명령어로 소유자가 바뀐 것을 확인할 수 있다.

```
$ chown gildong cs1.txt
chown: changing ownership of 'cs1.txt': 명령을 허용하지 않음
$ su
암호:
$ chown gildong cs1.txt
$ ls -l cs1.txt
-rw-rw-r--  1 gildong  chang 2088 10월 21 16:25 cs1.txt
```

### 그룹 변경: chgrp(change group)

chgrp 명령어를 이용하여 파일의 그룹을 변경할 수 있다. 이 명령어 역시 사용에 제한이 있다. 파일의 소유자는 해당 파일의 그룹을 소유자가 속한 다른 그룹으로만 변경할 수 있다. 또한 슈퍼 유저는 이 명령어를 자유롭게 사용할 수 있다. -R 옵션은 디렉터리에 대해 사용할 수 있는데 디렉터리 아래의 모든 파일과 모든 하위 디렉터리에 대해서도 이 명령어

를 적용한다는 것을 의미한다.

```
$ chgrp 그룹 파일
$ chgrp [-R] 그룹 디렉터리
```
파일 혹은 디렉터리의 그룹을 지정된 그룹으로 변경한다. -R 옵션을 사용하면 지정된 디렉터리 아래의 모든 파일과 하위 디렉터리에 대해서도 그룹을 변경한다.

### 최종 수정 시간 변경

파일의 최종 사용 시간과 최종 수정 시간을 변경할 수 있다. touch 명령어는 주어진 파일의 최종 사용 시간과 최종 수정 시간(파일 내용이 바뀐 시간)을 시스템의 현재 시간으로 바꾸어 준다. 만약 해당 파일이 없으면 파일 크기가 0인 이름만 있는 파일을 만들어준다.

```
$ touch 파일
```
파일의 최종 사용 시간과 최종 수정 시간을 현재 시간으로 변경한다.

예를 들어, 다음과 같이 cs1.txt 파일에 대해서 touch 명령어를 수행한 후에 ls 명령어를 이용하여 최종 수정 시간을 확인할 수 있다.

```
$ touch cs1.txt
$ ls -l cs1.txt
-rw-rw-r--. 1 chang chang 905  7월 13 19:06 cs1.txt
```

## | 핵심 개념 |

- 링크는 기존의 파일에 대한 또 하나의 새로운 이름으로 하드 링크와 심볼릭(소프트) 링크가 있다.
- 파일은 이름뿐만 아니라 타입, 크기, 소유자, 접근권한, 수정 시간 등의 파일 속성을 갖는다.
- 파일의 접근권한은 소유자, 그룹, 기타로 구분하여 관리한다.

## | 핵심 명령어 |

| 명령어 | 의미 |
|---|---|
| cp 파일1 파일2 | 파일1을 파일2로 복사한다. |
| cp -i 파일1 파일2 | 대화형 옵션을 이용하여 파일을 복사한다. |
| cp -r 디렉터리1 디렉터리2 | 디렉터리 전체를 복사한다. |
| mv 파일1 파일2 | 파일1의 이름을 파일2로 변경한다. |
| mv -i 파일1 파일2 | 대화형 옵션을 이용하여 파일 이름을 변경한다. |
| rm 파일$^{+}$ | 파일을 삭제한다. |
| rm -i 파일$^{+}$ | 대화형 옵션을 이용하여 파일을 삭제한다 |
| rm -r 디렉터리$^{+}$ | 리커전 옵션을 이용한 디렉터리 전체를 삭제한다. |
| ln [-s] 파일1 파일2 | 파일1에 대한 링크로 파일2를 만든다. -s 옵션은 심볼릭 링크를 나타낸다. |
| ln [-s] 파일$^{+}$ 디렉터리 | 여러 개의 파일에 대한 링크를 지정된 디렉터리 밑에 만든다. |
| chmod 접근권한 파일 | 파일 혹은 디렉터리의 접근권한을 변경한다. |
| chown 사용자 파일 | 파일 혹은 디렉터리의 소유자를 지정된 사용자로 변경한다. |
| chgrp 그룹 파일 | 파일 혹은 디렉터리의 그룹을 지정된 그룹으로 변경한다. |

## | 실습 문제 |

### 파일 복사/이동/삭제 명령어 실습

4.1 새로운 디렉터리 temp1을 만들어 그곳에 /etc/services 파일을 복사한다. 디렉터리를 리스트해서 복사된 파일을 확인한다.

4.2 이 디렉터리에 /etc/passwd 파일을 복사한다. 디렉터리를 리스트해서 복사된 파일을 확인한다.

4.3 temp1 디렉터리를 temp2 디렉터리에 복사한 후 이를 확인한다.

```
$ cp temp1 temp2   // 오류
$ cp -r temp1 temp2
$ ls -sl
```

4.4 temp1 디렉터리 내의 모든 파일을 삭제한 후 이 디렉터리를 삭제한다.

```
$ rmdir temp1   // 오류
   ... // temp1 디렉터리 내의 모든 파일을 삭제

$ rmdir temp1
$ ls -sl
```

4.5 temp2 디렉터리를 단번에 삭제한 후 이를 확인한다.

```
$ rm -r temp2
$ ls -sl
```

### 링크 명령어 실습

4.6 test.txt 파일을 만든다.

```
$ touch test.txt
```

4.7 이 파일에 대해서 하드 링크를 만든다.

```
$ ln test.txt hlink.txt
```

4.8 이 파일에 대해서 심볼릭 링크를 만든다.

```
$ ln -s test.txt slink.txt
```

4.9 이 파일을 복사하여 새로운 파일을 만든다.

```
$ cp test.txt copy.txt
```

4.10 이들을 상세 리스트하여 비교한다.

```
$ ls -sl *.txt
```

### 파일 속성 실습

4.11 ls -sl 명령어를 사용하고 그 출력 결과를 설명하시오.

4.12 여러 종류의 파일에 대해서 file 명령어 사용하고 그 출력 결과를 설명하시오.

4.13 test.txt 파일을 만들어 다음과 같이 chmod 명령어를 사용하여 파일 접근권한을 변경하고 그 결과를 설명하시오.

```
$ ls -l
$ chmod go+w test.txt
$ ls -l
$ chmod 644 test.txt
$ ls -l
$ chmod 666 test.txt
$ ls -l
$ chmod 400 test.txt
$ ls -l
```

## | 연습 문제 |

4.1 다음 중 리눅스의 파일 종류가 아닌 것은?

① 일반 파일 ② 디렉터리
③ 소켓 ④ FIFO 파일
⑤ 가상 파일

4.2 다음 중 파일 속성이 아닌 것은?

① 파일 크기 ② 소유자
③ 접근권한 ④ 파일 위치
⑤ 수정 시간

4.3 다음 중 파일의 최종 수정시간을 현재시간으로 변경하는 명령어는 무엇인가?

① chmod ② touch
③ chown ④ cd
⑤ date

4.4 다음 괄호 안에 알맞은 말을 넣으시오.

> 리눅스에서는 파일의 보안을 위해 파일의 (      ), (      ), (      )로 구분하여 파일의 접근권한을 관리한다.

4.5 다음 접근권한에서 소유자, 그룹, 기타 사용자가 할 수 있는 권한을 설명하시오.

| 접근권한 | 소유자 | 그룹 | 기타 사용자 |
|---|---|---|---|
| rw-rw-r-- | | | |
| rwxr-xr-x | | | |
| rw-r--r-- | | | |
| rw-r----- | | | |

4.6 다음 접근권한을 8진수로 표현하시오.

① rw-rw-r-- ② rwxr-xr-x
③ rw-r--r-- ④ rw-r-----

4.7 하드 링크와 심볼릭 링크, 그리고 복사 파일의 차이점에 대해서 설명하시오.

4.8 다음은 파일 종류를 설명한 표이다. 빈칸을 채우시오.

| 파일 종류 | 표시 | 설명 |
|---|---|---|
| 일반 파일 | | 데이터를 갖고 있는 텍스트 파일 또는 이진 파일 |
| 디렉터리 파일 | d | |
| 문자 장치 파일 | | 문자 단위로 데이터를 전송하는 장치를 나타내는 파일 |
| 블록 장치 파일 | b | |
| FIFO 파일 | | 프로세스 간 통신에 사용되는 이름 있는 파이프 |
| 소켓 | s | |
| 심볼릭 링크 | | 다른 파일을 가리키는 포인터와 같은 역할을 하는 파일 |

4.9 다음은 일반 파일에 대한 접근권한을 설명한 것이다. 디렉터리에 대한 접근권한을 설명하시오.

| 권한 | 일반 파일 | 디렉터리 |
|---|---|---|
| r | 파일에 대한 읽기 권한 | |
| w | 파일에 대한 쓰기 권한 | |
| x | 파일에 대한 실행 권한 | |

4.10 현재 디렉터리에 있는 확장자가 txt인 파일을 모두 /tmp로 복사하는 명령을 작성하시오.

4.11 다음과 같이 수행하시오.

(1) 홈 디렉터리에 서브디렉터리 linux를 만드시오.
(2) /etc/login.defs 파일을 linux 디렉터리에 복사하시오.
(3) 이 파일을 새로운 이름으로 복사하시오.
(4) 이 파일에 대한 하드 링크와 심볼릭 링크를 만드시오.
(5) linux 디렉터리를 unix 디렉터리로 복사하시오.

# CHAPTER 05

# 쉘과 명령어 사용

contents

# 05 쉘과 명령어 사용

쉘(shell)은 운영체제와 사용자 사이에 창구 역할을 하는 소프트웨어이다. 이 소프트웨어는 마치 조개껍데기와 같이 사용자와 운영체제 사이의 창구 역할을 하는 층을 형성하기 때문에 쉘이라는 이름이 붙었다. 이 장에서는 쉘과 쉘이 제공하는 고급 명령어 사용법에 대해서 살펴본다.

## 5.1 쉘 소개

리눅스에서 어떻게 명령어 혹은 프로그램을 실행할 수 있을까? 사용자가 명령어를 실행시키는 간단한 방법은 쉘 프롬프트에 실행할 명령어 이름을 입력하면 쉘이 프로세스를 만들어 입력한 명령어를 실행시키는 것이다. **쉘**(Shell)은 사용자와 운영체제 사이에 창구 역할을 하는 소프트웨어로 그림 5.1과 같이 사용자로부터 명령어를 입력받아 이를 해석하여 실행시키는 **명령어 처리기**(command processor) 역할을 수행한다.

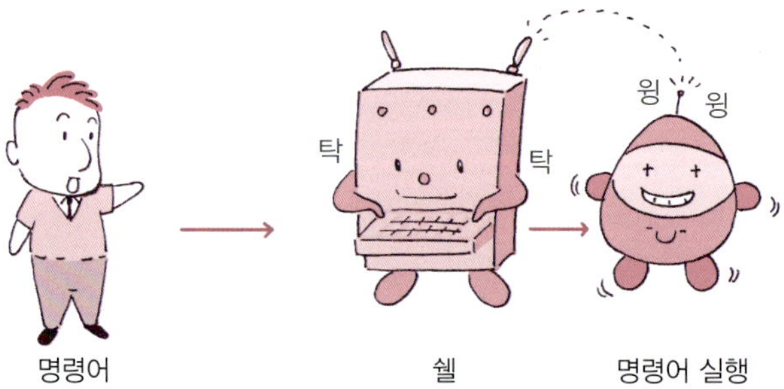


그림 5.1 쉘의 역할

| 핵심 개념 |

쉘은 사용자와 운영체제 사이에 창구 역할을 하는 소프트웨어로 사용자로부터 명령어를 입력받아 이를 해석하여 실행시키는 명령어 처리기 역할을 수행한다.

## 쉘의 종류

리눅스에서 사용 가능한 쉘에는 여러 종류가 있는데 그 중 대표적인 쉘은 표 5.1에 정리된 5가지이다.

표 5.1 쉘의 종류

| 쉘의 종류 | 쉘 실행 파일 |
|---|---|
| 본 쉘 | /bin/sh |
| 콘 쉘 | /bin/ksh |
| C 쉘 | /bin/csh |
| Bash 쉘 | /bin/bash |
| tcsh 쉘 | /bin/tcsh |

모든 쉘은 공통의 핵심 기능을 공유한다. 우리가 3장에서 배웠던 기본적인 명령어 사용법들은 이러한 쉘의 핵심 기능 중의 일부이다. 핵심 기능 외에 각 쉘마다 고유의 추가 기능을 가지고 있다. **본 쉘**(Bourne shell)은 가장 먼저 만들어진 쉘로 AT&T 벨연구소의 스티브 본(Stephen Bourne)에 의해 개발되었고 1977년에 처음으로 유닉스에 포함되었다. 많은 유닉스 계정에서 기본 쉘로 사용될 만큼 오랫동안 인기를 누렸다. 1980년대에는 역시 벨연구소에서 본 쉘을 확장해서 **콘 쉘**(Korn shell)이 만들어졌다.

**Bash**(Bourne again shell)는 그 이름이 의미하는 것처럼 GNU에서 본 쉘을 확장하여 개발한 쉘로 리눅스 및 맥 OS X에서 기본 쉘로 채택되어 사용되면서 널리 보급되었다. 본 쉘과 Bash 쉘 사이의 관계는 그림 5.2와 같다. Bash의 명령어 구문은 본 쉘 명령어 구문을 확장하였으므로 대부분의 본 쉘 스크립트도 Bash에서 그대로 실행 가능하다.

또한 버클리 대학의 빌 조이(Bill Joy)에 의해서 쉘의 공통 핵심 기능 위에 C 언어의 특징을 많이 포함하도록 **C 쉘**(C shell)이 만들어졌는데 BSD 계열의 유닉스에서 많이 사용되었다. 최근에는 이를 개선한 버전이라고 할 수 있는 tcsh이 개발되어 많이 사용되고 있다.

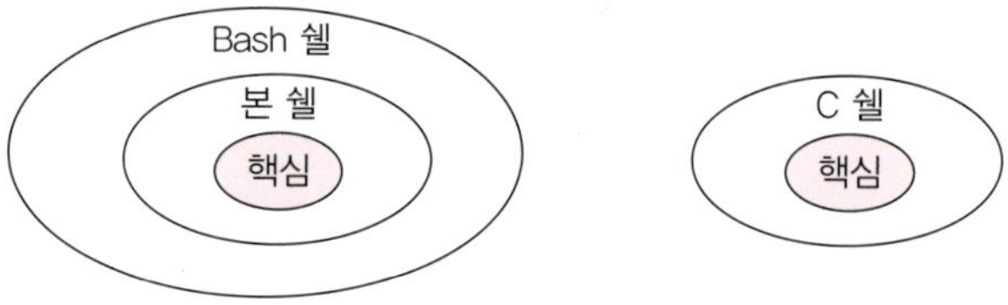


그림 5.2 쉘 사이의 관계

## 로그인 쉘

로그인 하면 자동으로 실행되는 쉘을 **로그인 쉘**(login shell)이라고 하는데 보통 시스템 관리자가 계정을 만들 때 로그인 쉘을 지정한다. 사용자의 로그인 쉘은 사용자 정보를 저장하는 /etc/passwd 파일에 함께 저장되며 이 파일을 보면 각 사용자의 로그인 쉘을 확인할 수 있다. 예를 들어, /etc/passwd 파일은 다음과 같은 내용을 포함하고 있으며 각 줄의 마지막에 사용자의 로그인 쉘이 기록되어 있다.

```
/etc/passwd
…
root:x:0:1:Super-User:/:/bin/bash
…
chang:x:109:101:Ubuntu:/home/chang:/bin/bash
```

일반 사용자는 현재 실행 중인 쉘을 임시로 바꾸어 다른 쉘을 사용할 수 있는데 원하는 쉘 이름을 입력하여 실행하면 되고 해당 쉘을 종료하면 원래의 쉘로 되돌아온다. 예를 들어, 본 쉘을 실행하다가 다음과 같이 C 쉘을 실행할 수 있으며 C 쉘을 종료하면 다시 원래의 본 쉘로 되돌아온다. C 쉘을 실행하면 본 쉘의 기본 프롬프트 $가 C 쉘의 기본 프롬프트 %로 변경된 것을 확인할 수 있다.

```
$ csh
%
…
% exit
$
```

로그인 쉘의 경로명은 환경 변수 SHELL에 자동으로 설정된다. 따라서 다음과 같이 환경 변수 SHELL의 값을 출력하여 로그인 쉘을 확인할 수 있다. 환경 변수에 대한 자세한 사항은 10.4절을 참고하기 바란다.

```
$ echo $SHELL
/bin/bash
```

리눅스의 경우에는 사용자가 필요하면 chsh 명령어를 이용하여 로그인 쉘을 변경할 수 있다. 예를 들어, 다음과 같이 기존의 쉘을 입력하고 변경하고자 하는 쉘을 입력하면 로그인 쉘이 변경된다. 로그아웃 후에 다시 로그인 하면 로그인 쉘이 변경되어 있음을 확인할 수 있다.

```
$ chsh
암호:
chang의 로그인 쉘을 변경하고 있습니다
새로운 값을 넣거나, 기본값을 원하시면 엔터를 치세요
로그인 쉘 [/bin/bash]: /bin/csh
$ logout

login : chang
passwd:
%
```

## 5.2 쉘의 기능

### 쉘의 주요 기능

쉘은 그림 5.3과 같이 다양한 기능들을 제공한다. 이 중에서 가장 기본적인 3가지 기능은 명령어 처리, 시작 파일, 스크립트라고 할 수 있다. 각각에 대해서 정리해보자.

● 명령어 처리

이 기능은 쉘의 가장 기본적인 기능이면서 가장 중요한 기능으로 쉘은 사용자가 입력한 명령어를 해석하고 해당하는 프로그램을 찾아 실행시킨다.

● 시작 파일

시작 파일을 이용하여 사용자의 사용 환경을 설정할 수 있다. 시작 파일은 보통 로그인할 때 실행되어 다양한 환경변수 등을 설정하여 사용자별로 맞춤형 사용 환경을 설정하기 위해 사용된다.

● 스크립트

쉘은 명령어 처리 기능뿐만 아니라 자체 내에 프로그래밍 기능을 제공한다. 쉘의 프로그래밍 기능을 이용하여 작성한 프로그램을 쉘 스크립트라고 한다. 쉘의 프로그래밍 기능을 이용하면 여러 명령들을 사용해 반복적으로 수행하는 작업을 하나의 쉘 스크립트로 작성할 수 있으며 이를 필요할 때마다 실행시킬 수 있다.

모든 쉘은 또한 위의 3가지 기본 기능 이외에 그림 5.3과 같이 변수, 입출력 재지정, 파이프, 명령열, 후면처리 등의 다양한 기능들을 제공한다. 각각에 대해서는 이 장에서 자세히 살펴볼 것이다.

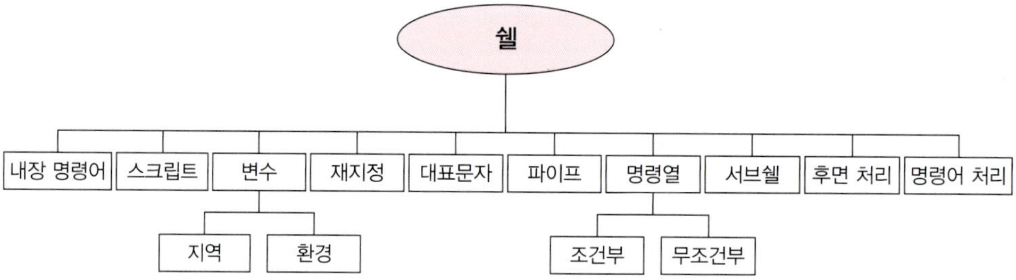


그림 5.3 쉘의 주요 기능

## 쉘의 실행 절차

쉘의 실행 절차는 그림 5.4와 같다. 쉘은 시작하면 시작 파일을 읽어 실행한다. 시작 파일은 보통 사용자의 홈 디렉터리 혹은 시스템의 특정 디렉터리 내에 있다. 시작 파일을 실행한 후에 프롬프트를 출력하고 사용자의 명령을 기다린다. 사용자의 명령이 입력되면 이를 해석하여 실행시킨 후 다시 프롬프트를 출력하는 과정부터 반복한다.

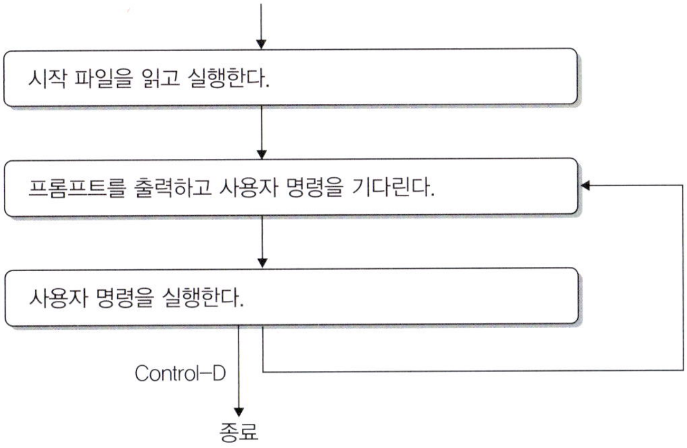


그림 5.4 쉘의 실행 절차

## 쉘의 환경 변수

쉘의 환경을 설정하기 위해서는 환경변수에 적절한 값을 설정하면 된다. 환경변수는 사용자 환경 설정을 위한 변수이며 일반적으로 대문자를 사용한다. 쉘에서 미리 정의된 환경변수도 있고 필요에 따라 사용자가 새로 만들 수도 있다. 여기서는 Bash 쉘의 기본적인 내용을 중심으로 설명하고 자세한 내용은 10장에서 자세히 살펴본다.

환경변수는 다음과 같이 설정할 수 있다. 이때 환경변수명과 문자열 사이에 공백이 있으면 안 된다.

```
$ 환경변수명=문자열
```

환경변수의 값을 문자열로 설정한다.

예를 들어, 다음과 같이 환경변수 TERM를 이용하여 사용하는 터미널 타입을 설정할 수 있다.

```
$ TERM=xterm
```

설정된 환경변수의 값은 다음과 같이 확인할 수 있으며 $TERM은 환경변수 TERM의 값을 의미한다. 쉘에서는 일반적으로 변수 이름 앞에 $ 기호를 붙이면 그 변수의 값을 의미하며 다음과 같이 echo 명령어를 사용하여 그 값을 출력할 수 있다.

```
$ echo $TERM
xterm
```

또한 현재 설정되어 있는 모든 환경변수의 값을 env 명령어를 이용하여 다음과 같이 확인할 수 있는데, 터미널 타입(TERM)은 xterm이고 로그인 쉘은 /bin/bash이고 사용자명(USER)은 chang이며 홈 디렉터리는 /home/chang임을 알 수 있다.

```
$ env
TERM=xterm
SHELL=/bin/bash
USER=chang
HOME=/home/chang
PATH=/usr/local/bin:/usr/bin: ...
...
```

또한 환경변수 PATH는 쉘이 입력된 명령어를 찾기 위한 디렉터리 경로들을 저장한다. 쉘은 명령어가 입력되면 그 실행파일을 환경변수 PATH에 지정된 순서대로 찾아서 실행시킨다. 여기에 리스트된 환경변수들은 모두 쉘에 의해서 미리 정의된 환경변수들이다.

사용자도 필요에 따라 환경변수를 만들 수 있는데 이를 위해서는 다음과 같이 먼저 변수(예를 들어 MESSAGE)를 설정하고 export 명령어를 사용하여 그 변수를 환경변수로 만들면 된다. 환경변수는 기존 쉘뿐만 아니라 자식 쉘에도 그 값이 그대로 전달된다.

```
$ MESSAGE=hello
$ export MESSAGE
```

## 쉘의 시작 파일

각 쉘마다 쉘이 시작될 때 자동으로 실행되는 고유의 **시작 파일**(start-up file)을 가지고 있다. 시작 파일은 로그인할 때 자동으로 실행되는 파일로 주로 환경변수 등을 설정하는 데 사용된다. 시작 파일은 크게 시스템 시작 파일과 사용자 시작 파일 두 가지가 있다. 각 쉘의 시작 파일 이름과 자동 실행되는 시기는 표 5.2와 같다.

표 5.2 쉘의 시작파일

| 쉘의 종류 | 시작파일 종류 | 시작파일 이름 | 실행 시기 |
|---|---|---|---|
| 본 쉘 | 시스템 시작파일 | /etc/profile | 로그인 |
| | 사용자 시작파일 | ~/.profile | 로그인 |
| Bash 쉘 | 시스템 시작파일 | /etc/profile | 로그인 |
| | 사용자 시작파일 | ~/.bash_profile | 로그인 |
| | 사용자 시작파일 | ~/.bashrc | 로그인, 쉘 시작 |
| | 시스템 시작파일 | /etc/bash.bashrc | 로그인 |
| C 쉘 | 시스템 시작파일 | /etc/.login | 로그인 |
| | 사용자 시작파일 | ~/.login | 로그인 |
| | 사용자 시작파일 | ~/.cshrc | 로그인, 쉘 시작 |
| | 사용자 시작파일 | ~/.logout | 로그아웃 |

시스템 시작 파일은 시스템을 사용하는 모든 사용자에게 적용되는 공통적인 설정을 하는 데 사용된다. 주로 /etc 디렉터리에 있으며 시스템 관리자가 관리한다. 주로 다음과 같은 기능을 설정하는 데 사용된다.

> 환경변수 설정, 명령어 경로 설정, 환영 메시지 출력, ...

사용자 시작 파일은 각 사용자의 홈 디렉터리에 있으며 사용자가 관리하며 각 사용자에게 적용되는 설정을 하는 데 사용된다. 주로 다음과 같은 기능을 설정하는 데 사용된다.

> 환경변수 설정, 프롬프트 설정, 명령어 경로 설정, 명령어 이명 설정, ...

시작 파일의 가장 중요한 역할은 사용자 환경을 설정하는 것이다. 환경설정을 위해서는 앞에서 설명한 것처럼 환경변수에 적절한 값을 설정하면 된다.

Bash 쉘의 시스템 시작 파일은 사용자 전체에 공통적으로 적용되는 시작 파일로 /etc/profile이다. 이 파일은 시스템 관리자만 수정할 수 있으며 시스템 관리자는 이 파일에 모든 사용자에게 적용하기 위한 초기화를 설정할 수 있다.

사용자 시작 파일은 개별 사용자별로 설정할 수 있는 시작 파일로 홈 디렉터리에 있는 ~/.bash_profile(이 파일이 없는 경우에는 .profile 파일이 사용됨)이다. 이 파일은 사용자가 작성 및 수정할 수 있으며 이 파일을 이용하여 각 사용자가 경로 설정, 환경변수 설정 등 원하는 초기화를 설정할 수 있다.

예를 들어, 다음과 같은 시작 파일을 시스템 시작 파일 혹은 사용자 시작 파일로 만들 수 있다. 이 시작 파일은 명령어 탐색 경로들을 저장하는 환경 변수 PATH를 기존의 PATH 값에 새로운 경로들을 추가하여 설정하고, 터미널 타입을 저장하는 환경 변수 TERM를 설정하고, 이들을 export 하여 환경 변수로 만들고 있다.

```
.bash_profile
PATH=$PATH:/usr/local/bin:/etc:.
TERM=xterm
export PATH TERM
stty erase ^H
...
```

.bash_profile을 처음 작성하거나 수정하면 다시 로그인할 때 자동으로 실행된다. 만약 이를 바로 적용시키려면 마침표(.) 명령으로 .bash_profile을 실행시키면 된다.

```
$. .bash_profile
```

~/.bashrc 파일은 개인 사용자에 대한 환경 설정 파일로 새로운 쉘 bash가 실행될 때마다 자동으로 실행된다. 이에 대한 자세한 사항은 10.1절에서 설명할 것이다.

# 5.3 전면 처리와 후면 처리

## 전면 처리와 후면 처리

지금까지 살펴본 명령어 처리는 모두 전면 처리(foreground processing)였다. 즉 다음과 같이 명령어를 입력하면 명령어가 전면에서 실행되며 명령어 실행이 끝날 때까지 쉘이 기다려 준다.

```
$ 명령어
```

전면에서 실행되고 있는 명령어는 필요에 따라 키보드와 모니터로 필요한 입출력을 할 수 있다. 명령어를 전면 처리하면 한 순간에 하나의 명령어만 실행할 수 있다.

동시에 여러 작업을 수행하려면 어떻게 하여야 할까? 그림 5.5에서 보는 것처럼 명령어를 후면(background)에서 처리하고 전면에서는 다른 작업을 할 수 있으면 동시에 여러 작업을 수행할 수 있을 것이다. 다음과 같이 & 기호를 사용하여 후면에서 명령어를 실행시킬 수 있다. 전면 처리는 명령어가 전면에서 실행되므로 쉘이 명령어 실행이 끝나기를 기다리지만 후면 처리(background processing)는 명령어가 후면에서 실행되므로 쉘이 명령어 실행이 끝나기를 기다리지 않는다.

```
$ 명령어 &
```
명령어를 후면에서 실행한다.

그림 5.5 명령어 후면 처리

시간이 오래 걸리는 작업이나 동시에 여러 작업을 수행하고자 할 때 후면 처리를 이용할 수 있다. 후면 처리된 명령(프로세스)을 보통 작업(job)이라고 한다.

**| 핵심 개념 |**

전면 처리는 명령어가 전면에서 실행되므로 쉘이 명령어 실행이 끝나기를 기다리지만 후면 처리는 명령어가 후면에서 실행되므로 쉘이 명령어 실행이 끝나기를 기다리지 않는다.

예를 들어, 다음과 같이 후면에서 실행하면 두 개의 작업이 생성된다. 첫 번째 작업은 100초 동안 정지한 후에 done 메시지를 출력한다. 두 번째 작업은 현재 디렉터리 밑에서 test.c 파일을 찾아 출력한다. 각각 후면 처리된 작업 번호(job number)와 프로세스 번호를 출력한다.

```
$ (sleep 100; echo done) &
[1] 8320

$ find . -name test.c -print &
[2] 8325
```

### 후면 작업 확인

후면에서 실행 중인 작업들을 어떻게 확인할 수 있을까? jobs 명령어를 사용하여 후면에서 실행되고 있는 작업들을 확인할 수 있다.

> $ jobs [%작업번호]
> 후면에서 실행되고 있는 작업들을 리스트한다. 작업 번호를 명시하면 해당 작업만 리스트한다.

예를 들어, 다음과 같이 후면에서 실행되고 있는 작업들을 작업 번호 순으로 리스트한다.

```
$ jobs
[1]-  실행중          ( sleep 100; echo done )
[2]+  완료            find . -name test.c -print
```

이 명령어는 다음과 같이 작업 번호를 명시하여 사용하면 해당 작업만 리스트할 수 있다.

```
$ jobs %1
[1]+  실행중                 ( sleep 100; echo done )
```

이 명령어는 작업 번호([1]), 작업 순서(+), 상태(실행중), 명령어 순으로 출력하는데 작업 순서 +로 표시된 작업이 먼저 실행되는 작업이며 -로 표시된 작업이 나중에 실행되는 작업임을 나타낸다. 상태는 작업의 현재 실행 상태로 실행중(Running), 완료(Done), 종료됨(Terminated), 정지됨(Stopped) 중에 하나이다.

## 후면 작업을 전면 작업으로 전환

fg 명령어를 이용하여 다음과 같이 후면 실행되고 있는 작업 중 하나를 작업번호로 지정하여 전면 작업으로 전환시킬 수 있다.

> $ fg %작업번호
> 작업번호에 해당하는 후면 작업을 전면 작업으로 전환시킨다.

예를 들어, 다음과 같이 후면에서 실행 중인 작업 [1]을 fg 명령어를 이용하여 전면에서 실행시킬 수 있다.

```
$ (sleep 100; echo DONE) &
[1] 10067
$ fg %1
( sleep 100; echo DONE )
```

# 5.4 입출력 재지정

## 출력 재지정

명령어를 실행하면 실행 결과는 화면에 출력되고 사라진다. 명령어의 실행 결과를 파일 형태로 저장해두면 이를 나중에 유용하게 사용할 수 있는데 이러한 경우에 출력 재지정 기능을 사용하면 된다.

**출력 재지정**(output redirection)을 사용하면 그림 5.6과 같이 명령어의 표준출력 내용을 모니터에 출력하는 대신에 파일에 저장할 수 있다. 다음과 같이 출력 재지정 기호 ">"을 이용하면 명령어의 표준출력 내용은 파일에 저장된다. 이때 파일이 존재하지 않으면 자동으로 생성되고 기존 파일이 있으면 기존 파일에 덮어쓰기(overwrite) 한다는 점을 주의하자.

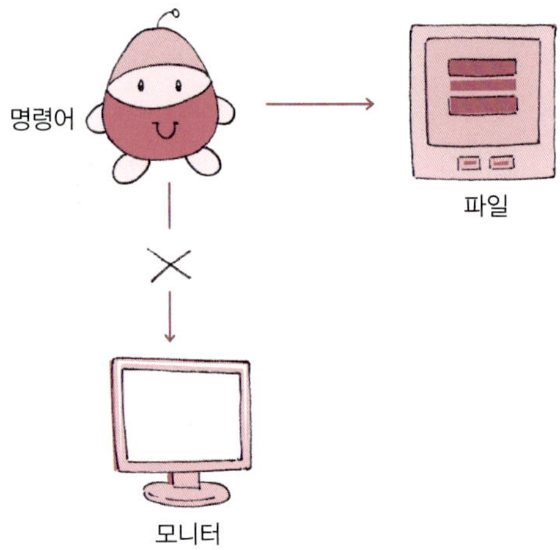


그림 5.6 출력 재지정

> $ 명령어 > 파일
> 명령어의 표준출력을 모니터 대신 파일에 저장한다.

예를 들어, 다음 명령은 ls의 결과를 모니터에 출력하지 않고 모두 파일 ls.txt에 저장한다. 이어서 cat 명령어를 이용하여 저장된 출력을 확인해보자.

```
$ ls -asl > ls.txt
$ cat ls.txt
```

### 출력 재지정을 이용한 간단한 파일 만들기

앞에서 설명한 것처럼 출력 재지정을 하면 자동적으로 새로운 파일이 생성된다. 출력 재지정의 이러한 자동 파일 생성 기능과 cat 명령어를 이용하면 손쉽게 간단한 파일을 만들 수 있다. cat 명령어는 명령줄 인수가 없으면 표준입력으로부터 받은 내용(즉 키보드로부터 입력된 내용)을 출력하는데 출력 재지정 기능을 이용하면 이를 파일에 저장할 수 있다.

> $ cat > 파일
> 표준입력 내용을 모두 파일에 저장한다. 파일이 없으면 새로 만든다.

예를 들어, 다음 명령들은 각각 키보드로부터 받은 입력 내용을 새로 생성된 파일 list1.txt과 list2.txt에 저장한다.

```
$ cat > list1.txt
Hi !
This is the first list.
^D

$ cat > list2.txt
Hello !
This is the second list.
^D
```

또한 cat 명령어와 출력 재지정을 이용하면 두 개의 파일 내용을 붙여서 새로운 파일을 만들 수 있다.

> $ cat 파일1 파일2 > 파일3
> 파일1과 파일2의 내용을 붙여서 새로운 파일3을 만들어준다.

예를 들어, 다음과 같이 수행하면 list1.txt와 list2.txt의 내용이 출력되는데 이 내용이 모두 새로운 파일 list3.txt 파일에 저장된다.

```
$ cat list1.txt list2.txt > list3.txt
```

이제 list3.txt 파일이 새로 만들어졌다. list3.txt 파일의 내용을 확인해보자.

```
$ cat list3.txt
Hi !
This is the first list.
Hello !
This is the second list.
```

### 출력 추가

만약 기존 파일에 출력 재지정을 하면 어떻게 될까? 이런 경우에는 기존 파일에 덮어쓰기(overwrite)를 해버리기 때문에 기존 내용은 모두 사라지고 없어진다. 그렇다면 기존 내용을 보존하고 새로운 출력을 추가하려면 어떻게 하여야 할까? 다음과 같이 **추가**(append) 기호 ">>"을 이용하면 명령어의 표준출력 내용을 모니터에 출력하는 대신에 기존 파일에 추가할 수 있다.

> $ 명령어 >> 파일
> 명령어의 표준출력을 모니터 대신 파일에 추가한다.

예를 들어, 다음 명령은 date 명령어의 출력을 list1.txt 파일에 추가한다.

```
$ date >> list1.txt
```

이제 추가된 list1.txt 내용을 확인해보자.

```
$ cat list1.txt
Hi !
This is the first list.
2022. 01. 01. (토) 18:45:26 KST
```

### 입력 재지정

출력 재지정이 있다면 입력 재지정도 있을 것이다. 입력 재지정은 명령어를 실행할 때 표준입력 대신에 파일에서 입력을 받기 위한 것이다. **입력 재지정**(input redirection)을 이용하면 그림 5.7과 같이 명령어의 표준입력을 키보드에서 받는 대신에 파일에서 받을 수 있다. 다음과 같이 입력 재지정 기호 < 을 이용하면 키보드 대신에 파일에서 표준입력을 받아 명령어를 실행한다.

$ 명령어 < 파일
명령어의 표준입력을 키보드 대신 파일에서 받는다.

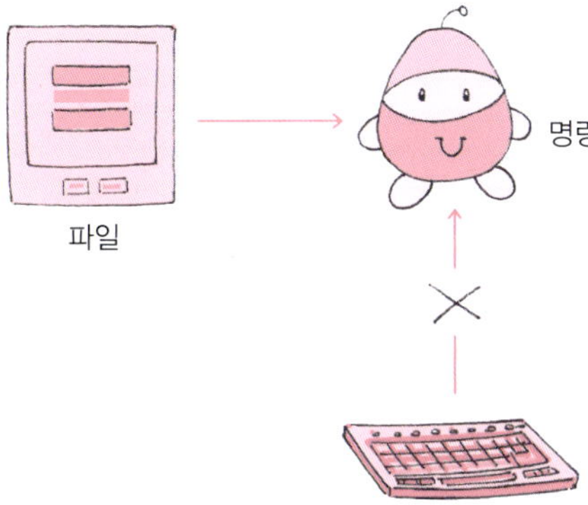


그림 5.7 입력 재지정

예를 들어, 다음 명령에서 wc는 list1.txt 파일로부터 표준입력을 받아 그 내용을 대상으로 단어 수를 세서 출력한다.

```
$ wc < list1.txt
3 13 58 list1.txt
```

원래 wc 명령어가 다음과 같이 표준입력으로부터 입력을 받을 수 있으며 위 명령은 표준입력 대신에 파일 list1.txt로부터 입력을 받았다는 점을 유의하자.

```
$ wc
...
^D
```

물론 wc 명령어도 파일 이름을 명령줄 인수로 받을 수 있기 때문에 다음과 같이 사용하는 것도 당연히 가능하다.

```
$ wc list1.txt
```

## 문서 내 입력

명령어를 실행할 때 입력을 문서(보통 스크립트) 내에서 받을 수 있는데 이러한 기능을 문서 내 입력(here document)이라고 한다. 다음과 같이 문서 내 입력 기호 "<<"을 사용하면 이 명령어는 << 기호 다음의 단어가 다시 나타날 때까지의 내용을 입력으로 받는다.

```
$ 명령어 << 단어
    ...
단어
```
명령어의 표준입력을 키보드 대신 단어와 단어 사이의 입력 내용으로 받는다.

예를 들어, 다음과 같이 사용하면 END가 다시 나타날 때까지의 입력 내용이 wc의 입력이 된다.

```
$ wc << END
hello !
word count
END
2  4  20
```

**| 핵심 개념 |**

출력 재지정은 표준출력 내용을 파일에 저장하고 입력 재지정은 표준입력을 파일에서 받는다.

## 오류 재지정

명령어를 실행하면 실행 결과는 모두 모니터에 출력된다. 그러나 사실 내부 메커니즘을 살펴보면 명령어의 출력에는 두 종류가 있다. 하나는 정상적인 실행의 출력으로 이를 **표준출력**(standard output)이라고 한다. 또 하나는 오류 메시지 출력으로 이를 **표준오류**(standard error)라고 한다. 앞에서 살펴본 출력 재지정은 엄밀하게 말하면 표준출력 내용을 파일에 재지정하는 것이다. 그렇다면 표준오류 내용을 재지정하려면 어떻게 하여야 할까?

**표준오류 재지정**(standard error redirection)은 명령어의 표준오류 내용을 모니터에 출력하는 대신에 파일에 저장한다. 다음과 같이 표준오류 재지정 기호 "2>"을 이용하면 명령어의 표준오류 내용은 모두 파일에 저장할 수 있다. 여기서 사용하는 숫자 2가 표준오류를 나타낸다.

$ 명령어 2> 파일
명령어의 표준오류를 모니터 대신 파일에 저장한다.

예를 들어, 다음과 같이 /bin/usr 디렉터리를 리스트하면 해당 디렉터리가 없으므로 오류가 난다. 이 오류 메시지가 모두 err.txt에 저장된다.

```
$ ls -l /bin/usr 2> err.txt
$ cat err.txt
ls: cannot access /bin/usr: No such file or directory
```

## 파이프

예를 들어, 현재 디렉터리 내의 파일 이름들을 sort -r 명령어를 사용해서 내림차순으로 정렬해서 보여주려고 한다. 앞에서 배운 입출력 재지정 기능을 이용하면 다음과 같이 하면 될 것이다.

```
$ ls > ls.txt
$ sort -r < ls.txt
```

그러나 재지정을 이용한 이 방법은 파일을 사용하며 꽤 번거롭다. 이 문제는 파이프를 이용하면 간단하게 해결할 수 있다.

파이프를 이용하면 그림 5.8과 같이 한 명령어의 표준출력을 다른 명령어의 표준입력으로 바로 받을 수 있다. 다음과 같이 파이프 기호 | 를 사용하면 명령어1의 표준출력은 바로 명령어2의 표준입력이 된다.

$ 명령어1 | 명령어2
명령어1의 표준출력이 파이프를 통해 명령어2의 표준입력이 된다.

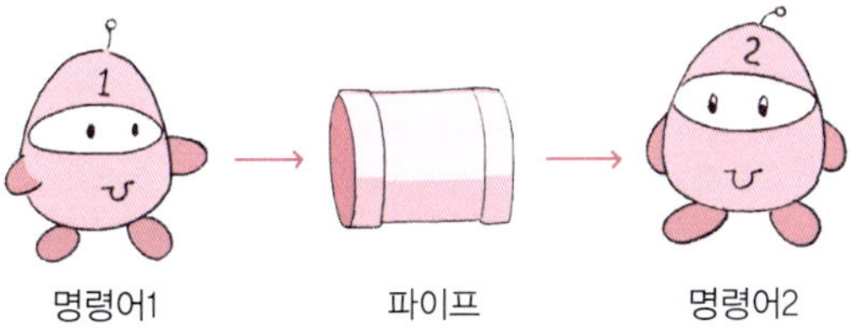


그림 5.8 파이프

예를 들어, 다음과 같은 명령을 수행하면 현재 디렉터리 내의 파일 이름들을 내림차순으로 정렬해서 출력할 수 있다.

```
$ ls | sort -r
ls.txt
list3.txt
list2.txt
list1.txt
cs1.txt
```

또한 다음과 같이 파이프와 wc를 이용하면 로그인된 사용자 수를 출력할 수 있다.

```
$ who | wc -l
5
```

다음과 같이 사용하여 특정 디렉터리 내의 파일의 개수를 세서 출력할 수도 있다.

```
$ ls 디렉터리 | wc -w
```

| 핵심 개념 |

파이프를 이용하면 한 명령어의 표준출력을 다른 명령어의 표준입력으로 바로 받을 수 있다.

## 입출력 재지정 관련 명령어 요약

입출력 재지정 및 파이프 관련 명령어는 표 5.3과 같이 요약 정리할 수 있다.

표 5.3 입출력 재지정 및 파이프 관련 명령어

| 명령어 사용법 | 의미 |
|---|---|
| 명령어 > 파일 | 명령어의 표준출력을 모니터 대신 파일에 저장한다. |
| 명령어 >> 파일 | 명령어의 표준출력을 모니터 대신 파일에 추가한다. |
| 명령어 < 파일 | 명령어의 표준입력을 키보드 대신 파일에서 받는다. |
| 명령어 << 단어<br>...<br>단어 | 표준입력을 키보드 대신 단어와 단어 사이의 입력 내용으로 받는다. |
| 명령어 2> 파일 | 명령어의 표준오류를 모니터 대신 파일에 저장한다. |
| 명령어1 \| 명령어2 | 명령어1의 표준출력이 파이프를 통해 명령어2의 표준입력이 된다. |
| cat 파일1 파일2 > 파일3 | 파일1과 파일2의 내용을 붙여서 새로운 파일3을 만들어준다. |

## 5.5 여러 개 명령어 실행

### 명령어 열

지금까지는 주로 한 번에 하나의 명령어만 실행시켰는데 필요하면 여러 개의 명령어를 순차적으로 실행하는 것도 가능하다. 다음과 같은 **명령어 열**(command sequence)은 나열된 명령어들을 순차적으로 실행한다.

> $ 명령어1; … ; 명령어n
> 나열된 명령어들을 순차적으로 실행한다.

이 경우에 쉘은 각 명령어를 순차적으로 실행하는데 첫 번째 명령어를 실행하고 끝나면 두 번째 명령어를 실행하는 식으로 진행된다. 예를 들어, 다음 명령은 세 개의 명령어 date, who, pwd를 순차적으로 실행하고 실행 결과도 순차적으로 출력된다(현재 디렉터리 test에 세 개의 파일 list1.txt, list2.txt, list3.txt가 있다고 가정한다).

```
$ date; pwd; ls
2022. 01. 01. (토) 12:26:10 KST
/home/chang/test
list1.txt  list2.txt  list3.txt
```

### 명령어 그룹

**명령어 그룹**(command group)은 나열된 명령어들을 하나의 그룹으로 묶어 순차적으로 실행한다. 명령어 그룹은 나열된 명령어들을 순차적으로 실행한다는 면에서는 명령어 열과 같으나 다른 점은 나열된 명령어들을 마치 하나의 명령어처럼 취급하여 표준입력, 표준출력, 표준오류를 공유한다는 점이다. 따라서 입출력 재지정과 파이프를 사용할 때 마치 하나의 명령어처럼 모든 입출력을 재지정 혹은 파이프 처리할 수 있다.

> $ (명령어1; … ; 명령어n)
> 나열된 명령어들을 하나의 그룹으로 묶어 순차적으로 실행한다.

예를 들어, 다음 두 명령을 비교하여 보자. 명령어 열을 사용하는 다음 명령은 ls 명령어의 결과만 out1.txt에 저장한다.

```
$ date; pwd; ls > out1.txt
2022. 01. 01. (토) 12:26:10 KST
/home/chang/test
$ cat out1.txt
...
```

반면에 명령어 그룹을 사용하는 다음 명령은 모든 명령어의 결과가 out2.txt에 저장된다.

```
$ (date; pwd; ls) > out2.txt
$ cat out2.txt
2022. 01. 01. (토) 12:26:10 KST
/home/chang/test
...
```

## 조건 명령어 열

**조건 명령어 열**(conditional command sequence)을 사용하면 첫 번째 명령어 실행 결과에 따라 다음 명령어 실행을 결정할 수 있다. 조건 명령어 열에서는 논리곱 연산자와 논리합 연산자를 사용할 수 있다.

논리곱 연산자인 &&를 사용하여 명령어1이 성공적으로 실행되면 명령어2가 실행되고 그렇지 않으면 명령어2가 실행되지 않도록 할 수 있다.

> $ 명령어1 && 명령어2
> 명령어1이 성공적으로 실행되면 명령어2가 실행되고, 그렇지 않으면 명령어2가 실행되지 않는다.

예를 들어, 다음 명령은 myprog.c 프로그램이 성공적으로 컴파일된 경우에 한하여 실행 파일인 a.out를 실행시킨다.

```
$ gcc myprog.c && a.out
```

또한 논리합 연산자인 ||를 사용하여 명령어1이 실패하면 명령어2가 실행되고, 그렇지 않으면(성공적으로 실행되면) 명령어2가 실행되지 않도록 할 수 있다.

$ 명령어1 || 명령어2
명령어1이 실패하면 명령어2가 실행되고, 그렇지 않으면 명령어2가 실행되지 않는다.

예를 들어, 다음 명령은 컴파일이 실패된 경우에 한하여 컴파일 실패 메시지를 출력한다.

```
$ gcc myprog.c || echo 컴파일 실패
```

## 여러 개 명령어 실행 요약

입출력 재지정 및 파이프 관련 명령어는 표 5.4와 같이 요약 정리할 수 있다.

표 5.4 입출력 재지정 및 파이프 관련 명령어

| 명령어 사용법 | 의미 |
|---|---|
| 명령어1; … ; 명령어n | 나열된 명령어들을 순차적으로 실행한다. |
| (명령어1; … ; 명령어n) | 나열된 명령어들을 하나의 그룹으로 묶어 순차적으로 실행한다. |
| 명령어1 && 명령어2 | 명령어1이 성공적으로 실행되면 명령어2가 실행되고, 그렇지 않으면 명령어2가 실행되지 않는다. |
| 명령어1 \|\| 명령어2 | 명령어1이 실패하면 명령어2가 실행되고, 그렇지 않으면 명령어2가 실행되지 않는다. |

## 5.6 파일 이름 대치와 명령어 대치

### 파일 이름 대치

지금까지 파일을 다루는 명령어들을 사용할 때는 파일 이름을 구체적으로 명시하였다. 만약 명시해야 할 파일 이름이 많다면 이들을 하나씩 모두 명시해야 하는데 이는 너무나 번거로운 일이다. 예를 들면 현재 디렉터리 내에 있는 .c 확장자를 갖는 모든 파일을 지우기 위해 이들을 하나씩 모두 명시하는 것은 너무나 번거롭다.

이러한 경우에 **대표문자**(wildcard character)를 이용하면 한 번에 여러 파일들을 나타낼 수 있다. 그 원리는 쉘이 명령어를 실행하기 전에 대표문자를 그 대표문자가 나타내는 파일 이름들로 먼저 대치하고 실행하는 것이다. 대표문자 의미는 표 5.4와 같이 정리할 수 있다.

표 5.5 대표문자

| 대표문자 | 의미 |
|---|---|
| * | 빈 문자열을 포함하여 임의의 문자열을 나타냄 |
| ? | 임의의 한 문자를 나타냄 |
| [..] | 대괄호 사이의 문자 중 하나를 나타내며 부분범위 사용 가능함. |

예를 들어, 다음 명령에서 *.c는 현재 디렉터리 내의 확장자가 .c인 모든 파일로 대치된 후에 실행된다. 따라서 이 명령은 현재 디렉터리 내의 모든 C 파일들을 컴파일한다.

```
$ gcc *.c
```

만약 현재 디렉터리 내에 .c 확장자를 갖는 파일이 세 개(a.c, b.c, test.c) 있다면 실제로는 다음과 같이 파일 이름이 대치되어 실행된다.

```
$ gcc a.c b.c test.c
```

같은 원리로 다음 명령은 현재 디렉터리 내의 .txt 확장자를 갖는 모든 파일을 리스트한다.

```
$ ls *.txt
```

다음 명령은 현재 디렉터리 내의 a 혹은 c로 시작되는 파일 혹은 서브디렉터리를 모두 리스트한다.

```
$ ls [ac]*
```

## 명령어 대치

쉘이 제공하는 **명령어 대치**(command substitution) 기능을 이용하면 어떤 명령어를 실행할 때 다른 명령어의 실행 결과를 이용할 수 있다. 어떤 명령어를 실행할 때 역따옴표(`)로 에워싼 다른 명령어를 포함하면 그 부분은 그 명령어의 실행 결과로 대치된 후에 실행된다.

예를 들어, 다음 명령은 `date` 부분을 date 명령어의 실행 결과로 대치한 후에 실행된다.

```
$ echo 현재 시간은 `date`
현재시간은 2022. 01. 01. (토) 12:26:10 KST
```

또한 다음 명령은 현재 디렉터리 내의 파일의 개수를 프린트하기 위해 `ls | wc -w` 부분을 실행 결과로 대치한 후에 echo 명령어가 실행된다.

```
$ echo 현재 디렉터리 내의 파일의 개수 : `ls | wc -w`
현재 디렉터리 내의 파일의 개수 : 32
```

## 따옴표 사용

우리는 지금까지 쉘이 제공하는 변수 대치, 파일 이름 대치, 명령어 대치 등 3가지 대치 기능에 대해서 배웠다. 그러나 가끔 이러한 대치 기능을 사용하지 않을 필요도 있는데 따옴표를 이용하여 대치 기능을 제한할 수 있다.

예를 들어, 다음 명령을 생각해보자. 이 명령은 우리가 기대하는 것처럼 3 * 4 = 12를 출력하지 않고 3과 4 사이에 현재 디렉터리 내의 파일 이름들을 출력한다. 예를 들어, 현재 디렉터리 내에 a.c, b.c, test.c 파일이 있다면 다음과 같이 출력되는데 이는 *가 대표문자로 현재 디렉터리 내의 파일 이름들로 먼저 대치되기 때문이다.

```
$ echo 3 * 4 = 12
3 a.c b.c test.c 4 = 12
```

이제 다음과 같이 따옴표를 이용해 명령을 실행시키면 원하는 결과를 얻을 수 있다.

```
$ echo "3 * 4 = 12"
3 * 4 = 12

$ echo '3 * 4 = 12'
3 * 4 = 12
```

이제 변수 대치 및 명령어 대치에 대한 다음 예를 살펴보자. 첫 번째 echo 명령에서는 대치가 전혀 일어나지 않았으며 두 번째 echo 명령어에서는 **$name**이 그 변수 값으로 `date`는 실행 결과로 대치되었음을 확인할 수 있다.

```
$ name=나가수
$ echo '내 이름은 $name 현재 시간은 `date`'
내 이름은 $name 현재 시간은 `date`

$ echo "내 이름은 $name 현재 시간은 `date`"
내 이름은 나가수 현재시간은 2022. 01. 01. (토) 12:26:10 KST
```

이제 따옴표의 역할을 다음과 같이 정리할 수 있다.

1. 작은따옴표(' ')는 대표문자 대치, 변수 대치, 명령어 대치를 모두 제한한다.

2. 큰따옴표(" ")는 대표문자 대치만 제한한다.

3. 따옴표가 중첩되면 바깥에 있는 따옴표가 효력을 갖는다.

## | 핵심 개념 |

- 쉘은 사용자와 운영체제 사이에 창구 역할을 하는 소프트웨어로 사용자로부터 명령어를 입력 받아 이를 처리하는 명령어 처리기 역할을 한다.
- 출력 재지정은 표준출력 내용을 파일에 저장하고 입력 재지정은 표준입력을 파일에서 받는다.
- 파이프를 이용하면 한 명령어의 표준출력을 다른 명령어의 표준입력으로 바로 받을 수 있다.

## | 핵심 명령어 |

### ▪ 입출력 재지정

| 명령어 사용법 | 의미 |
|---|---|
| 명령어 > 파일 | 명령어의 표준출력을 모니터 대신 파일에 저장한다. |
| 명령어 >> 파일 | 명령어의 표준출력을 모니터 대신 파일에 추가한다. |
| 명령어 < 파일 | 명령어의 표준입력을 키보드 대신 파일에서 받는다. |
| 명령어 << 단어<br>. . .<br>단어 | 표준입력을 키보드 대신 단어와 단어 사이의 입력 내용으로 받는다. |
| 명령어 2> 파일 | 명령어의 표준오류를 모니터 대신 파일에 저장한다. |
| 명령어1 \| 명령어2 | 명령어1의 표준출력이 파이프를 통해 명령어2의 표준입력이 된다. |
| cat 파일1 파일2 > 파일3 | 파일1과 파일2의 내용을 붙여서 새로운 파일3을 만들어준다. |

### ▪ 여러 개 명령어 사용

| 명령어 사용법 | 의미 |
|---|---|
| 명령어1; … ; 명령어n | 나열된 명령어들을 순차적으로 실행한다. |
| (명령어1; … ; 명령어n) | 나열된 명령어들을 하나의 그룹으로 묶어 순차적으로 실행한다. |
| 명령어1 && 명령어2 | 명령어1이 성공적으로 실행되면 명령어2가 실행되고, 그렇지 않으면 명령어2가 실행되지 않는다. |
| 명령어1 \|\| 명령어2 | 명령어1이 실패하면 명령어2가 실행되고, 그렇지 않으면 명령어2가 실행되지 않는다. |

## | 실습 문제 |

### 5.1 시작 파일 실습

.bashrc 파일에 다음 명령을 추가한 후에 새로운 창을 연다.

```
alias dir='ls -F'
echo Welcome to Linux !
```

(1) 새 창에 출력된 내용을 확인하고 설명한다.

(2) 새 창에서 dir 명령어를 실행하고 그 결과를 설명한다.

### 5.2 출력 재지정 실습

여러 명령어를 이용하여 다음과 같은 출력 재지정을 실습하고 그 결과를 설명한다.

```
$ 명령어 > out1.txt
$ 명령어 >> out1.txt
```

### 5.3 입력 재지정 실습

여러 명령어를 이용하여 다음과 같은 입력 재지정을 실습하고 그 결과를 설명한다.

```
$ 명령어 < input.txt
```

### 5.4 파이프 실습

(1) 다음 명령을 사용하여 특정 사용자의 프로세스들을 리스트하고 그 결과를 설명한다.

```
$ ps -ef | grep 사용자명
```

(2) 다음 명령을 사용하여 특정 디렉터리 내의 .c 파일의 개수를 출력하고 그 결과를 설명한다.

```
$ ls 디렉터리/*.c | wc -l
```

(3) 다음 명령을 실행하고 그 과정을 설명한다.

```
ls /bin | sort -r | more
```

5.5 대표문자 실습

다음 명령들을 이용하여 특정 디렉터리에 있는 파일들을 복사한 후에 그 결과를 설명하시오. 이들 사이의 차이점은 무엇인가?

```
$ cp 디렉터리/*.c /tmp
$ cp 디렉터리/?.c /tmp
$ cp 디렉터리/*   /tmp
```

5.6 명령어 열과 그룹

다음과 같은 형태의 명령어를 실행하여 그 결과를 비교하여 설명하시오.

```
$ 명령어1; ...; 명령어n
$ (명령어1; ...; 명령어n)
$ 명령어1; ...; 명령어n > out1
$ 멍령어1; ...; 명령이n > out2
```

## | 연습 문제 |

5.1 다음 중 셸의 주요 기능이 아닌 것은?

① 파이프　② 후면 실행

③ 입출력 재지정　④ 프로세스 생성

⑤ 대표문자 처리

5.2 다음 중 로그인 셸을 변경하는 명령어는 무엇인가?

① tcsh　② chsh

③ ksh　④ bash

⑤ csh

5.3 다음 괄호 안에 알맞은 말을 넣으시오.

> 셸은 사용자와 (　　　) 사이에 창구 역할을 하는 소프트웨어로 사용자로부터 명령어를 입력받아 이를 해석하여 실행시키는 (　　　) 역할을 수행한다.

5.4 다음 괄호 안에 알맞은 말을 넣으시오.

> 출력 재지정은 (　　　) 내용을 파일에 저장하고 입력 재지정은 (　　　)을 파일에서 받는다.

5.5 다음 괄호 안에 알맞은 말을 넣으시오.

> 파이프를 이용하면 한 명령어의 (　　　)을 다른 명령어의 (　　　)으로 바로 받을 수 있다.

5.6 bash 셸이 사용하는 초기화 파일은 무엇이고 각각의 역할은 무엇인가?

5.7 출력 재지정과 오류 재지정의 차이점에 대해서 설명하시오.

5.8 출력 재지정과 파이프의 차이점에 대해서 설명하시오.

5.9 명령어의 전면 처리와 후면 처리의 차이점을 설명하시오.

5.10 다음 명령어 사용법을 차이점을 중심으로 설명하시오.

(1) 명령어1; 명령어2

(2) (명령어1; 명령어2)

(3) 명령어1 | 명령어2

(4) 명령어1 || 명령어2

(5) 명령어1 && 명령어2

5.11 파이프를 사용하여 현재 디렉터리에 있는 확장자가 .pdf인 파일의 개수를 출력하도록 명령을 작성하시오.

5.12 다음 환경변수의 역할에 대해 설명하시오.

| 환경변수 | 역할 |
|---|---|
| TERM | |
| SHELL | |
| USER | |
| HOME | |
| PATH | |

# CHAPTER 06

# 프로세스

contents

# 06 프로세스

프로세스는 파일과 더불어 리눅스 운영체제가 제공하는 핵심 기능 중의 하나이다. 리눅스 시스템을 깊이 있게 이해하기 위해서는 프로세스에 대해 정확히 이해해야 한다. 이 장에서는 먼저 프로세스에 대한 기본 개념에 대해서 살펴보고, 쉘이 제공하는 프로세스 관련 처리 기능에 대해서 살펴본다. 또한 프로세스의 사용자 ID, 프로세스와 시그널과의 관계 등에 대해서 차례로 자세히 살펴본다.

## 6.1 프로세스

### 프로세스의 이해

리눅스 운영체제가 하는 가장 중요한 일 중의 하나는 프로그램을 실행시키는 것이다. 프로세스에 대한 정의 혹은 설명은 여러 가지가 있지만 가장 쉬운 정의는 **프로세스**(process)는 실행 중인 프로그램(program in execution)이라고 생각하는 것이다. 다시 말하면 프로그램이 실행되면 프로세스가 되는 것이다. 한 프로그램은 여러 번 실행될 수 있으므로 한 프로그램으로부터 여러 개의 프로세스를 만들 수 있으며 프로그램 그 자체가 프로세스는 아니라는 점을 주의하자.

프로그램은 일반적으로 하드 디스크 등에 저장되어 있는 실행코드를 뜻하고, 프로세스는 프로그램을 구동하여 메모리에 적재되어 실행되는 작업 단위를 지칭한다. 이러한 이유로 프로세스를 작업(job) 혹은 태스크(task)라고도 한다.

| 핵심 개념 |

프로세스는 실행 중인 프로그램이다.

리눅스에서 각 프로세스는 자신만의 고유 번호를 가지고 있는데 이를 프로세스 ID 혹은 줄여서 PID(Process Identification)라고 한다. 또한 각 프로세스는 부모 프로세스에 의해 생성되는데 부모 프로세스의 ID를 줄여서 PPID(Parent Process Identification)라고 한다.

| 핵심 개념 |

각 프로세스는 프로세스 ID를 갖는다. 각 프로세스는 부모 프로세스에 의해 생성된다.

시스템 내에는 여러 개의 프로세스가 동시에 수행되고 있는데 시스템 내의 프로세스는 크게 시스템 프로세스와 사용자 프로세스로 구분된다.

- 시스템 프로세스: 시스템 운영에 필요한 기능을 수행하는 프로세스이다. 어떤 서비스를 위해 부팅 과정에서 생성되는 데몬 프로세스가 시스템 프로세스의 대표적인 예이다.
- 사용자 프로세스: 사용자의 명령 혹은 프로그램을 실행시키기 위해 생성된 프로세스이다.

## 프로세스 리스트: ps(process status)

시스템 내에는 여러 개의 프로세스가 동시에 수행되고 있는데 이들을 어떻게 확인할 수 있을까? ps 명령어를 사용하여 현재 실행 중인 프로세스들을 확인할 수 있다. 이 명령어는 현재 시스템 내에 존재하는 프로세스들의 실행 상태를 요약해서 출력한다.

$ ps [-옵션]
현재 시스템 내에 존재하는 프로세스들의 실행 상태를 요약해서 출력한다.

ps 명령어는 다음과 같이 옵션을 사용하지 않으면 사용자 프로세스들만 출력하며 프로세스 번호(PID), 명령어가 시작된 터미널(TTY), 프로세스에 사용된 CPU 시간(TIME), 명령어 이름(CMD) 순으로 출력한다. 이 출력을 보면 bash 쉘 프로세스(1519)가 ps 명령어를 실행시키기 위해 자식 프로세스(1551)를 생성한 것을 알 수 있다.

```
$ ps
  PID TTY       TIME CMD
 1519 pts/3 00:00:00 bash
 1551 pts/3 00:00:00 ps
```

다음과 같이 ps 명령어의 -f 옵션을 사용하면 사용자 프로세스에 대한 보다 자세한 정보를 보여준다.

```
$ ps -f
UID        PID  PPID  C STIME TTY          TIME CMD
chang     1519  1518  0 17:40 pts/3    00:00:00 /bin/bash
chang     1551  1519  0 17:40 pts/3    00:00:00 ps -f
```

UID는 프로세스를 실행시킨 사용자 ID로 프로세스의 주인이라고 할 수 있다. PID는 프로세스 번호이며 PPID(Parent Process ID)는 이 프로세스의 부모 프로세스 번호를 나타낸다. 모든 프로세스는 자신을 생성한 부모 프로세스가 있으며 부모 프로세스의 번호를 간단히 PPID라고 한다. C는 프로세스의 우선순위, STIME은 프로세스의 시작 시간 등을 나타낸다. ps의 모든 출력 정보는 표 6.1에 정리되어 있다.

표 6.1 ps 출력 정보

| 항목 | 의미 |
|---|---|
| UID | 프로세스를 실행시킨 사용자 ID |
| PID | 프로세스 번호 |
| PPID | 부모 프로세스 번호 |
| C | 프로세스의 우선순의 |
| STIME | 프로세스의 시작 시간 |
| TTY | 명령어가 시작된 터미널 |
| TIME | 프로세스에 사용된 CPU 시간 |
| CMD | 실행되고 있는 명령어(프로그램) 이름 |

ps 명령어는 옵션을 적절히 사용하면 사용자 프로세스뿐만 아니라 현재 시스템 내에서 실행되고 있는 모든 프로세스들에 대한 다양한 상태정보를 출력할 수 있다. 옵션은 BSD 유닉스와 시스템 V의 경우 서로 다른데 리눅스에서는 이 둘을 모두 사용할 수 있다.

- BSD 계열인 경우에는 일반적으로 ps, ps -a, ps -aux 등을 많이 이용한다.
  - -a: 모든 사용자의 프로세스를 출력
  - -u: 프로세스에 대한 좀 더 자세한 정보를 출력
  - -x: 더 이상 제어 터미널을 갖지 않는 프로세스들도 함께 출력

- 시스템 V 계열인 경우에는 일반적으로 ps, ps -ef 등을 많이 이용한다.
  -e: 현재 시스템 내에 실행 중인 모든 사용자 프로세스 정보를 출력
  -f: 프로세스에 대한 좀 더 자세한 정보를 출력

시스템 내에는 얼마나 많은 프로세스가 존재할까? 현재 시스템 내에서 실행 중인 프로세스는 ps 명령어를 이용하여 다음과 같이 모두 리스트할 수 있다. 다음은 그 결과의 일부로 1번부터 26번까지 시스템 프로세스를 보이고 있다. 실제로는 시스템에 따라 수십 개 혹은 수백 개 이상의 프로세스가 존재할 수 있다.

```
$ ps -ef | more
UID        PID   PPID  C STIME TTY        TIME CMD
root         1      0  0 9월30 ?    00:00:23 /sbin/init auto noprompt
root         2      0  0 9월30 ?    00:00:00 [kthreadd]
root         3      2  0 9월30 ?    00:00:00 [rcu_gp]
root         4      2  0 9월30 ?    00:00:00 [rcu_par_gp]
root         6      2  0 9월30 ?    00:00:00 [kworker/0:0H-events_highpri]
root         9      2  0 9월30 ?    00:00:00 [mm_percpu_wq]
root        10      2  0 9월30 ?    00:00:00 [rcu_tasks_rude_]
root        11      2  0 9월30 ?    00:00:00 [rcu_tasks_trace]
root        12      2  0 9월30 ?    00:00:03 [ksoftirqd/0]
root        13      2  0 9월30 ?    00:01:07 [rcu_sched]
root        14      2  0 9월30 ?    00:00:02 [migration/0]
...
root        24      2  0 9월30 ?    00:00:00 [netns]
root        25      2  0 9월30 ?    00:00:00 [inet_frag_wq]
root        26      2  0 9월30 ?    00:00:00 [kauditd]
--More--
```

### 특정 프로세스 리스트: pgrep

시스템 내에 존재하는 프로세스들 중에서 특정 프로세스에 관한 정보만을 찾고자 하면 어떻게 할까? 앞에서 살펴본 파이프와 grep 명령어를 사용하여 다음과 같이 할 수 있다. 예를 들어, 다음 명령은 현재 서버에서 실행 중인 프로세스들 중에서 sshd 단어가 포함된 프로세스들만 찾아서 보여준다.

```
$ ps -ef | grep -w sshd
```

pgrep 명령어는 이런 형태의 명령을 하나의 명령어로 제공하여 문자열 패턴에 해당하는 프로세스들만을 리스트한다. 옵션에 따라 조금씩 다른 형태로 리스트한다.

$ pgrep [옵션] [패턴]
패턴에 해당하는 프로세스들만을 리스트한다.
-l :  PID와 함께 프로세스의 이름을 출력한다.
-f : 명령어의 경로도 출력한다.
-n : 패턴과 일치하는 프로세스들 중에서 가장 최근 프로세스만을 출력한다.
-x : 패턴과 정확하게 일치되는 프로세스만 출력한다.

예를 들어, 다음과 같이 sshd 프로세스를 리스트 하면 프로세스 번호들만 출력한다.

```
$ pgrep sshd
5032
```

-l 옵션과 함께 사용하면 프로세스 번호와 프로세스 이름을 함께 출력한다.

```
$ pgrep -l sshd
5032 sshd
```

-n 옵션과 함께 사용하면 가장 최근 프로세스만 출력한다.

```
$ pgrep -ln sshd
5032 sshd
```

## 6.2 작업 제어

### 쉘과 프로세스

쉘은 보통 사용자가 입력한 명령어를 실행하기 위해 새로운 자식 프로세스를 생성하여 이 프로세스로 하여금 입력된 명령어(프로그램)를 실행하게 한다. 쉘의 이러한 명령어 처리과정은 그림 6.1과 같이 나타낼 수 있다.

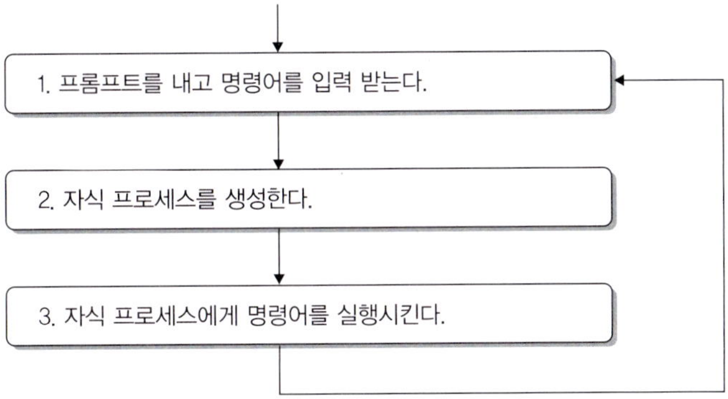


그림 6.1 쉘의 명령어 처리 과정

전면 처리의 경우에 쉘 프로세스는 명령어를 입력받으면 그림 6.2와 같이 자식 프로세스를 생성하고 이 자식 프로세스가 입력된 명령어를 실행하게 하고 쉘은 자식 프로세스의 실행이 끝날 때까지 기다린다. 쉘은 자식 프로세스의 실행이 끝나면 다시 쉘 프롬프트를 출력하고 다음 명령어를 기다린다.

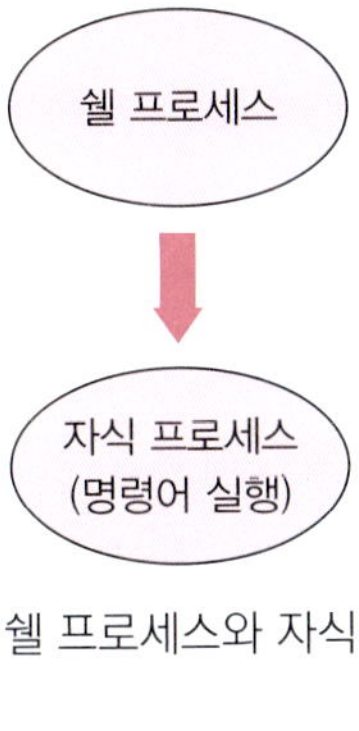


그림 6.2 쉘 프로세스와 자식 프로세스

전면 처리는 명령어가 전면에서 실행되므로 쉘이 자식 프로세스 실행이 끝나기를 기다리지만 후면 처리는 명령어가 후면에서 실행되므로 쉘이 자식 프로세스 실행이 끝나기를 기다리지 않는다. 특히 후면 처리의 경우에는 다음과 같이 명령어 실행을 위해 생성된 자식 프로세스의 번호를 알려준다.

```
$ 명령어 &
[1] 프로세스번호
```

그림 6.3 후면 처리

예를 들어 다음과 같이 간단하게 후면 실행한 후에 프로세스를 살펴보면 쉘 프로세스(1519), sleep 명령어 후면처리를 위한 자식 프로세스(6530), ps 명령어 실행을 위한 자식 프로세스(6535)가 만들어져 있는 것을 확인할 수 있다.

```
$ sleep 10 &
[1] 6530
$ ps
PID TTY        TIME CMD
1519 pts/0   00:00:00 bash
6530 pts/0   00:00:00 sleep
6535 pts/0   00:00:00 ps
```

## 쉘 재우기

sleep 명령어는 말 그대로 명시된 시간만큼 쉘의 실행을 정지시킨다.

```
$ sleep 초
```
명시된 시간만큼 쉘의 실행을 정지시킨다.

sleep은 여러 명령어를 수행할 경우, 사용자의 의도에 따라 시간적인 간격을 두기 위하여 유용하게 사용된다. 다음 예는 "시작"을 출력한 후 5초 후에 "끝"을 출력한다.

```
$ (echo 시작; sleep 5; echo 끝)
```

## 강제 종료 및 실행 정지

전면에서 명령어 즉 프로세스가 실행 중일 때 컨트롤 키를 이용하여 이를 강제 종료하거나 실행을 잠시 정지시킬 수 있다.

### ● 강제 종료 Ctrl-C

전면에서 명령어가 실행 중일 때 다음과 같이 Ctrl-C를 입력하면 명령어가 강제 종료된다.

```
$ 명령어
^C
```

예를 들어, 다음과 같이 전면 실행 중인 작업을 강제 종료시킬 수 있다.

```
$ (sleep 100; echo DONE)
^C
$
```

### ● 실행 정지 Ctrl-Z

전면에서 명령어가 실행 중일 때 다음과 같이 Ctrl-Z를 입력하여 명령어 실행을 정지시킬 수 있다. 이것은 명령어 실행을 종료시킨 것이 아니고 잠시 정지(Stopped) 시키는 것이다.

```
$ 명령어
^Z
[1]+  정지됨                명령어
```

## 후면 작업의 전면 전환: fg(foreground)

정지된 작업은 fg 명령어를 입력하면 다시 돌아와서 전면에서 계속 실행할 수 있다.

> $ fg
> 정지된 작업을 다시 전면에서 실행시킨다.

예를 들어, 다음과 같이 전면 실행 중인 작업을 Ctrl-Z(^Z)를 입력하여 잠시 정지시킨 후에 fg 명령어를 이용하여 이를 다시 전면에서 실행시킬 수 있다.

```
$ (sleep 100; echo done)
^Z
[1]+  정지됨              ( sleep 100; echo DONE )
$ fg
( sleep 100; echo DONE )
```

뿐만 아니라 fg 명령어를 이용하여 다음과 같이 후면 실행되고 있는 작업 중 하나를 작업 번호로 지정하여 전면 작업으로 전환시킬 수 있다.

> $ fg %작업번호
> 작업번호에 해당하는 후면 작업을 전면 작업으로 전환시킨다.

예를 들어, 다음과 같이 후면에서 실행 중인 작업 [1]을 fg 명령어를 이용하여 전면에서 실행시킬 수 있다.

```
$ (sleep 100; echo DONE) &
[1] 10067
$ fg %1
( sleep 100; echo DONE )
```

### 전면 작업의 후면 전환: bg(background)

이와는 반대로 전면 실행 중인 작업을 후면에서 실행하려면 먼저 Ctrl-Z 키를 눌러 전면 실행 중인 작업을 먼저 정지시켜야 한다. 그 후 bg 명령어를 이용하여 정지된 작업을 후면 작업으로 전환하여 실행시킬 수 있다.

> $ bg %작업번호
> 작업번호에 해당하는 정지된 작업을 후면 작업으로 전환하여 실행한다.

예를 들어, 다음과 같이 전면 실행 중인 작업을 후면 실행하려면 먼저 Ctrl-Z를 입력하여 이 작업을 정지시킨 후에 bg 명령어를 이용하여 이를 다시 후면에서 실행시키면 된다.

```
$ ( sleep 100; echo DONE )
^Z
[1]+  정지됨              ( sleep 100; echo DONE )
$ bg %1
[1]+ ( sleep 100; echo DONE ) &
```

## 입출력 제어

후면 프로세스는 모니터에 출력할 수는 있지만 이 경우 전면 프로세스의 출력과 뒤섞일 것이다. 이를 방지하려면 다음과 같이 출력 재지정을 이용하여 후면 프로세스의 출력을 파일에 저장하거나 파이프를 이용하여 메일로 보낼 수도 있다.

```
$ find . -name test.c -print > find.txt &
$ find . -name test.c -print | mail chang &
```

후면 프로세스가 입력을 받으려면 어떻게 해야 할까? 키보드로부터의 모든 입력은 전면 프로세스가 받기 때문에 후면 프로세스는 키보드로부터 입력을 받을 수 없다. 후면 프로세스가 실행 중 입력이 필요하면 다음과 같이 입력 재지정을 이용하여 파일로부터 입력을 받으면 된다.

```
$ 명령어 < 입력파일 &
```

## 6.3 프로세스 제어

### 프로세스 끝내기

kill 명령어는 실행 중인 프로세스를 강제로 종료시키는 데 사용된다. 이 명령어는 프로세스 번호 혹은 작업 번호를 인수로 받으며 그 번호에 해당하는 프로세스를 강제 종료시킨다.

> $ kill 프로세스번호
> $ kill %작업번호
> 프로세스 번호(혹은 작업 번호)에 해당하는 프로세스를 강제로 종료시킨다.

예를 들어, 다음과 같이 후면처리 중인 작업을 작업 번호(%1) 혹은 프로세스 번호(8320)를 이용하여 강제 종료할 수 있다.

```
$ (sleep 100; echo done) &
[1] 8320
$ kill 8320        혹은              $ kill %1
[1]+    종료됨                  ( sleep 100; echo done )
```

exit 명령어는 현재 실행 중인 쉘 프로세스를 종료하고 종료코드(exit code)를 부모 프로세스에 전달한다.

$ exit [종료코드]

### 프로세스 기다리기

wait 명령어는 해당 프로세스 번호를 갖는 자식 프로세스가 끝날 때까지 쉘을 기다리게 한다. 프로세스 번호를 지정하지 않으면 모든 자식 프로세스가 끝나기를 기다린다.

> $ wait [프로세스번호]
> 프로세스 번호로 지정한 자식 프로세스가 끝날 때까지 쉘을 기다리게 한다. 프로세스 번호를 지정하지 않으면 모든 자식 프로세스가 끝나기를 기다린다.

다음 예는 후면 실행되는 자식 프로세스(1231)가 끝날 때까지 기다린다. 출력을 통해 wait

명령이 자식 프로세스(1231)가 끝날 때까지 셸을 기다리게 하는 것을 확인할 수 있다.

```
$ (sleep 10; echo 1번 끝) &
[1] 1231
$ echo 2번 끝; wait 1231; echo 3번 끝
2번 끝
1번 끝
3번 끝
```

다음 예는 후면 실행되는 두 개의 자식 프로세스가 모두 끝날 때까지 기다린 후에 마지막 echo 명령어를 실행한다. 출력을 통해 wait 명령이 두 개의 자식 프로세스가 끝날 때까지 셸을 기다리게 하는 것을 확인할 수 있다.

```
$ (sleep 10; echo 1번 끝) &
$ (sleep 10; echo 2번 끝) &
$ echo 3번 끝; wait; echo 4번 끝
3번 끝
1번 끝
2번 끝
4번 끝
```

## 로그아웃 후에도 프로세스 실행하기

로그아웃 전에 살아 있는 모든 프로세스는 로그아웃 하면 부모 프로세스가 죽기 때문에 자동 종료된다(실제로는 시스템마다 그 결과가 조금씩 다를 수 있음). 로그아웃 이후에도 프로세스를 계속해서 실행하고자 하는 경우에는 nohup 명령어를 사용하면 된다.

다음과 같이 nohup을 사용하여 명령어를 실행할 경우, 사용자가 로그아웃한 후에도 그 명령어 실행이 끝날 때까지 계속된다.

> $ nohup 명령어 [인수] &
> 로그아웃 후에도 명령어 실행이 계속되도록 실행한다.

명령어의 결과는 화면(표준 출력)에는 출력되지 않고 시스템 내의 nohup.out이라는 파일에 기록된다.

## 프로세스 우선순위 조정

리눅스에서 프로세스는 실행 우선순위인 nice 값이라는 것을 가지고 있다. 우선순위가 높으면 그만큼 더 많은 시스템 자원을 우선 할당받기 때문에 실행속도가 더 빨라지게 된다. 우선순위는 19(제일 낮음)에서 -20(제일 높음)까지인데, 보통 명령어를 실행하면 기본으로 우선순위 0으로 실행한다. 기본 nice 값은 부모 프로세스의 것을 따르며 다음과 같이 nice 명령어를 실행하면 현재 우선순위를 출력해준다.

```
$ nice
0
```

다음과 같이 nice 명령어를 사용하여 실행 우선순위를 조정하여 명령어를 실행할 수 있다. 오직 root만이 음수(높은) 우선순위를 줄 수 있다.

> $ nice [-n 조정수치] 명령어 [인수들]
> 주어진 명령을 조정된 우선순위로 실행한다.

예를 들어, 다음과 같이 우선순위를 조정하여 ps 명령어를 실행할 수 있다.

```
$ nice -n 10 ps -ef
```

또한 renice 명령어를 이용하여 이미 수행 중인 프로세스의 우선순위를 변경하는 것도 가능하다.

> $ renice [-n] 우선순위 [-gpu] PID
> 이미 수행 중인 프로세스의 우선순위를 명시된 우선순위로 변경한다.
> -g : 해당 그룹명 소유로 된 프로세스를 의미한다.
> -u : 지정한 사용자명의 소유로 된 프로세스를 의미한다.
> -p : 해당 프로세스의 PID를 지정한다.

renice 명령어는 이미 수행 중인 프로세스의 우선순위 값을 변경한다. 따라서 어떤 프로세스를 다른 프로세스들보다 빠르게 실행하려면 renice 명령어로 nice 값을 변경하면 된다.

## 프로세스 관련 명령어 요약

지금까지 살펴본 프로세스 관련 명령어들은 표 6.2과 같이 요약 정리할 수 있다.

표 6.2 프로세스 관련 명령어

| 명령어 | 의미 |
|---|---|
| 명령어 & | 후면에서 명령어를 실행한다. |
| ps | 현재 프로세스들을 리스트한다. |
| ps -ef | 시스템 내의 모든 프로세스들을 리스트한다. |
| kill 프로세스번호<br>kill %작업번호 | 프로세스 번호 혹은 작업번호에 해당하는 작업을 강제 종료한다. |
| ^C | 전면 작업을 강제 종료한다. |
| ^Z | 전면 작업을 잠시 정지시킨다. |
| jobs [%작업번호] | 후면 작업을 모두 리스트한다.<br>작업 번호를 지정하면 해당 작업만 리스트한다. |
| bg [%작업번호] | 작업번호에 해당하는 정지된 작업을 후면 작업으로 전환하여 실행한다. |
| fg [%작업번호] | 작업번호에 해당하는 후면 작업을 전면 작업으로 전환시킨다. |
| wait [프로세스번호] | 프로세스 번호로 지정한 자식 프로세스가 종료될 때까지 기다린다. |
| nohup 명령어 [인수] & | 로그아웃한 후에도 명령어 실행이 계속되도록 실행한다. |
| nice [-n 조정수치] 명령어 [인수들] | 주어진 명령을 조정된 우선순위로 실행한다. |
| renice [-n] 우선순위 [-gpu] PID | 이미 수행 중인 프로세스의 우선순위를 변경한다. |

## 6.4 프로세스의 사용자 ID

### 실제 사용자 ID와 유효 사용자 ID

프로세스는 프로세스 ID 외에 그 프로세스를 실행시킨 사용자 ID와 그 사용자의 그룹 ID를 갖는데 이를 프로세스의 사용자 ID와 프로세스의 그룹 ID라고 한다. 프로세스의 사용자 ID와 그룹 ID는 프로세스가 수행할 수 있는 권한(예를 들어, 파일 사용 권한)을 검사하는 데 사용된다.

그런데 프로세스에서는 그림 6.4와 같이 실제 사용자 ID와 유효 사용자 ID라는 두 가지 사용자 ID를 사용한다. 프로세스의 **실제 사용자 ID(real user ID)**는 그 프로세스를 실행시킨 사용자의 사용자 ID로 설정된다. 예를 들어, chang이라는 사용자 ID로 로그인하여 어떤 프로그램을 실행시키면 그 프로세스의 실제 사용자 ID는 chang이 되며 그 프로세스의 실제 그룹 ID도 chang이 속한 그룹의 ID로 설정된다.

프로세스의 **유효 사용자 ID(effective user ID)**는 프로세스의 현재 유효한 사용자 ID로 새로 파일을 만들 때 그 파일의 소유자를 정하거나 파일에 대한 접근 권한을 검사할 때 주로 사용된다. 보통 유효 사용자 ID와 실제 사용자 ID는 특별한 실행파일을 실행할 때를 제외하고는 동일하다.

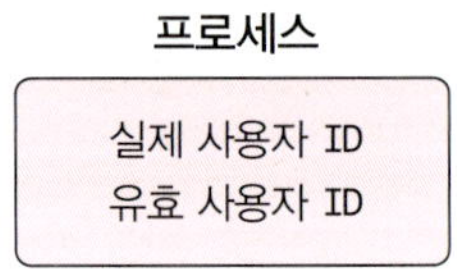


그림 6.4 프로세스의 실제 사용자 ID와 유효 사용자 ID

id 명령어는 사용자의 실제 사용자 ID와 유효 사용자 ID, 그룹 ID 등을 보여준다. 그룹 ID도 사용자 ID와 비슷하게 실제 그룹 ID와 유효 그룹 ID를 사용한다.

> $ id [사용자명]
> 사용자의 실제 사용자 ID와 유효 사용자 ID, 그룹 ID 등을 보여준다.

이 명령어는 사용자명을 명시하면 주어진 사용자에 대한 정보를 출력한다. 사용자명을 명시하지 않으면 실행 중인 프로세스(쉘)의 사용자에 대한 정보를 출력한다. 기본적으로 실제 사용자 ID와 실제 그룹 ID를 출력하는데, 만약 유효 사용자 ID와 유효 그룹 ID가 실제 사용자 ID와 다르다면 유효 사용자 ID와 유효 그룹 ID도 함께 출력한다. 그리고 사용자가 속한 추가 그룹들을 출력한다. 각 항목은 식별번호와 괄호 안에 해당 사용자 또는 그룹의 이름을 함께 표시한다.

```
$ id
uid=1000(chang) gid=1000(chang) 그룹들=1000(chang),4(adm),24(cdrom),
27(sudo),30(dip),46(plugdev),121(lpadmin),132(lxd),133(sambashare)
```

내부 bash 변수인 $UID, $EUID, $GROUPS 등을 이용하여 실제 사용자 ID, 유효 사용자 ID, 그룹 ID 별로 하나씩 출력하는 것도 가능하다. 예를 들어 다음과 같이 실제 사용자 ID와 유효 사용자 ID를 출력할 수 있다.

```
$ echo $UID $EUID
1000 1000
```

| 핵심 개념 |

각 프로세스는 실제 사용자 ID와 유효 사용자 ID를 갖는다.

## set-user-id와 set-group-id

특별한 경우를 제외하고는 프로세스의 유효 사용자 ID는 실제 사용자 ID와 동일하다. 그렇다면 어떤 실행파일을 실행하는 경우에 이 둘은 서로 달라질까? set user-id(set user ID upon execution)라는 특별한 실행권한이 설정된 실행파일을 실행하면 이 프로세스의 유효 사용자 ID는 그 실행파일의 소유자로 바뀌게 되어 결과적으로 이 프로세스는 실행되는 동안 그 파일의 소유자 권한을 갖게 된다. 이 기능은 일반 사용자가 root 권한으로 명령을 실행할 필요가 있을 때 주로 사용된다.

set-user-id 실행권한이 설정된 실행파일의 예로 패스워드를 변경하는 /bin/passwd 명령어를 살펴보자. set-user-id 실행권한이 다음과 같이 s로 표시된 것을 확인할 수 있다. 이 실행파일은 root만 접근할 수 있는 암호파일(/etch/shadow) 접근을 위해 이 실행권한이 필요하다.

```
$ ls -l /bin/passwd
-rwsr-xr-x. 1 root  root  59976  7월 14 14:57 /bin/passwd
```

이 실행파일을 실행하는 과정을 순차적으로 살펴보자. 이 과정은 그림 6.5와 같이 표현할 수 있다.

(1) 이 실행파일은 set-user-id 실행권한이 설정된 파일이며 소유자는 root이다.
(2) 일반 사용자가 쉘에서 다음과 같이 이 파일을 실행하게 되면 이 실행 파일의 소유자인 root가 이 프로세스의 유효 사용자 ID가 된다.

```
$ /bin/passwd
```

(3) 이제 이 프로세스는 유효 사용자 ID가 root이므로 root만 수정할 수 있는 암호 파일 /etc/shadow 파일을 접근하여 수정할 수 있다.

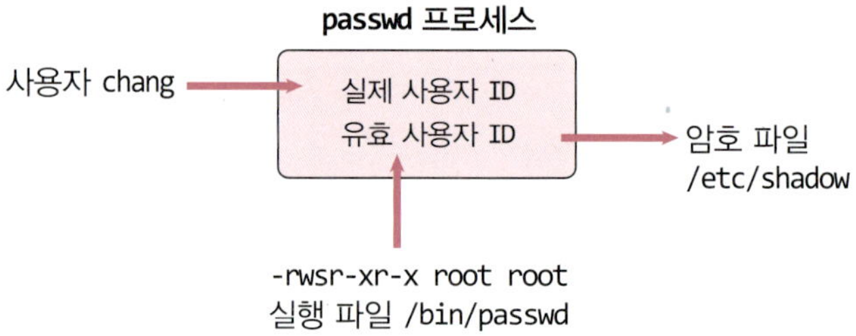


그림 6.5 set-user-id 실행 파일 /bin/passwd

그렇다면 set-user-id라는 특별한 실행권한이라는 것은 무엇일까? set-user-id 실행권한은 심볼릭 모드로 's'로 표현되고 8진수 모드로는 4000으로 표현된다. set-user-id 실행권한이 포함되어 있는 실행 파일을 ls -l 명령어로 확인해보면 앞에서 살펴본 것처럼 소유자 실행권한에 's'라고 되어 있는 것을 확인할 수 있다.

set-user-id 실행권한과 비슷하게 set-group-id(set group ID upon execution) 실행권한이 포함되어 있는 실행 파일은 실행되는 동안에 그 파일 소유자의 그룹이 프로세스의 유효 그룹 ID가 된다. set-group-id 실행권한은 8진수 모드로는 2000으로 표현된다. set-group-id 실행권한이 포함되어 있는 실행 파일을 ls -l 명령어로 확인하면 그룹의 실행 권한에 's'가 설정되어 있는 것을 확인할 수 있다.

예를 들어, wall 명령어의 경우에 이 실행권한이 설정되어 있는 것을 확인할 수 있다. 따라서 이 명령어는 실행 중에 유효 그룹 ID가 tty가 되어 tty 그룹 내의 어느 터미널이든 접근할 수 있게 한다.

```
$ ls -l /bin/wall
-r-xr-sr-x. 1 root tty 35200  2월 25  2021 /bin/wall
```

그렇다면 set-user-id와 set-group-id 실행권한을 어떻게 설정할 수 있을까? 예를 들어, 실행 파일에 set-user-id 실행권한을 다음과 같이 설정할 수 있으며 사용권한 제일 앞부분의 4가 set-user-id 실행권한을 의미한다. 혹은 소유자에 s 권한을 추가하여 설정할 수도 있다.

```
$ chmod 4755 파일    혹은      $ chmod u+s 파일
```

set-group-id 실행권한도 비슷하게 다음과 같이 설정할 수 있으며 사용권한 제일 앞부분의 2가 set-group-id 실행권한을 의미한다. 혹은 그룹에 s 권한을 추가하여 설정할 수도 있다.

```
$ chmod 2755 파일    혹은      $ chmod g+s 파일
```

## 6.5 시그널과 프로세스

### 시그널

프로그램 실행 도중에 예기치 않은 사건이 발생하면 이를 실행 중인 프로그램에 알려줄 수 있어야 한다. 예를 들어, 연산 중에 0으로 나누는 오류가 발생하거나 키보드로부터 인터럽트(Ctrl-C) 요청이 들어오면 재빨리 이를 프로그램에 알려야 하고 프로그램에서는 이를 적절히 처리해야 한다. 이렇게 예기치 않은 사건이 발생할 때 해당 프로세스에게 이를 알리는 시그널이 보내진다. 이러한 의미에서 시그널(signal)은 예기치 않은 사건이 발생할 때 이를 알리는 소프트웨어 인터럽트라고 할 수 있다.

**| 핵심 개념 |**

시그널은 예기치 않은 사건이 발생할 때 이를 알리는 소프트웨어 인터럽트이다.

예를 들어, 다음과 같은 경우에 시그널이 발생한다. 괄호 안은 리눅스에서 사용되는 해당 시그널의 이름이다.

- 부동소수점 오류(SIGFPE)
- 알람시계 울림(SIGALARM)
- 자식 프로세스 종료(SIGCHLD)
- 키보드로부터 인터럽트(Ctrl-C) 요청(SIGINT)
- 키보드로부터 정지(Ctrl-Z) 요청(SIGTSTP)
- 유효하지 않은 메모리 참조(SIGSEGV)

예를 들어, 다음과 같이 명령어 실행 중에 키보드에서 Ctrl-C(인터럽트)를 입력하면 실행 중인 명령어(프로세스)는 강제 종료된다. 내부적으로는 Ctrl-C를 입력하면 그림 6.6과 같이 인터럽트 시그널(SIGINT)이 실행 중인 명령어(프로세스)에 전달된다. 프로세스는 인터럽트 시그널을 받으면 별도로 처리하지 않는 한 종료하게 된다.

```
$ 명령어
^C
```

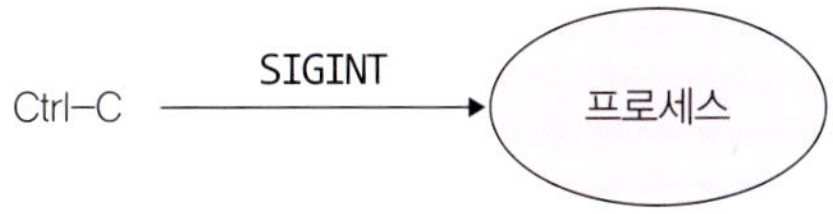


그림 6.6 프로세스에 인터럽트 시그널 전달

## 시그널 종류

리눅스에는 약 30여 개의 주요 시그널이 /usr/include/signal.h에 정의되어 있다. 각 시그널 이름은 SIG로 시작되며 주요 시그널과 그 의미는 표 6.3과 같다. 시그널이 발생할 때 별도로 처리하지 않으면 이 표에 있는 기본 동작에 따라 자동으로 처리하게 된다. 대부분의

표 6.3 주요 시그널

| 시그널 이름 | 의미 | 기본 동작 |
|---|---|---|
| SIGABRT | abort()에서 발생되는 종료 시그널 | 종료(코어 덤프) |
| SIGALRM | 자명종 시계 alarm() 울림 때 발생하는 알람 시그널 | 종료 |
| SIGCHLD | 프로세스의 종료 혹은 정지를 부모에게 알리는 시그널 | 무시 |
| SIGCONT | 정지된 프로세스를 계속시키는 시그널 | 무시 |
| SIGFPE | 0으로 나누기와 같은 심각한 산술 오류 | 종료(코어 덤프) |
| SIGHUP | 연결 끊김 | 종료 |
| SIGILL | 잘못된 하드웨어 명령어 수행 | 종료(코어 덤프) |
| SIGIO | 비동기화 I/O 이벤트 알림 | 종료 |
| SIGINT | 터미널에서 Ctrl-C 할 때 발생하는 인터럽트 시그널 | 종료 |
| SIGKILL | 프로세스 종료시키는 시그널(잡을 수 없음) | 종료 |
| SIGPIPE | 끊어진 파이프 | 종료 |
| SIGPWR | 전원고장 | 종료 |
| SIGSEGV | 유효하지 않은 메모리 참조 | 종료(코어 덤프) |
| SIGSTOP | 프로세스 정지 시그널 | 정지 |
| SIGTSTP | 터미널에서 Ctrl-Z 할 때 발생하는 정지 시그널 | 정지 |
| SIGSYS | 유효하지 않은 시스템 호출 | 종료(코어 덤프) |
| SIGTERM | 프로세스 종료 시그널(잡을 수 있음) | 종료 |
| SIGTTIN | 후면 프로세스가 제어 터미널을 읽을 때 발생 | 정지 |
| SIGTTOU | 후면 프로세스가 제어 터미널에 쓸 때 발생 | 정지 |

시그널의 경우에는 발생한 시그널을 별도로 처리하지 않으면 실행 중인 프로그램(프로세스)은 거기서 종료된다. 일부 시그널(SIGSTP, SIGTTIN, SIGTTOU 등)의 경우에는 시그널을 받으면 프로그램은 정지하게 되고 일부 시그널(SIGCHLD, SIGCONT)은 따로 처리하지 않으면 무시된다.

실제로 -l 옵션으로 kill 명령어를 실행해 보면 정의된 모든 가능한 시그널을 리스트 해준다. 이 시그널 리스트는 1번 시그널부터 순서대로 나열한다.

```
$ kill -l
 1) SIGHUP       2) SIGINT       3) SIGQUIT      4) SIGILL       5) SIGTRAP
 6) SIGABRT      7) SIGBUS       8) SIGFPE       9) SIGKILL     10) SIGUSR1
11) SIGSEGV     12) SIGUSR2     13) SIGPIPE     14) SIGALRM     15) SIGTERM
16) SIGSTKFLT   17) SIGCHLD     18) SIGCONT     19) SIGSTOP     20) SIGTSTP
21) SIGTTIN     22) SIGTTOU     23) SIGURG      24) SIGXCPU     25) SIGXFSZ
26) SIGVTALRM   27) SIGPROF     28) SIGWINCH    29) SIGIO       30) SIGPWR
```

### kill 명령어를 이용한 시그널 보내기

상황에 따라 자동적으로 시그널이 발생되기도 하지만 필요에 따라 특정 프로세스에 임의의 시그널을 강제적으로 보낼 필요가 있다. 이러한 기능은 한 프로세스가 다른 프로세스를 제어하는 데 매우 유용하게 사용될 수 있다.

kill 명령어는 시그널번호를 따로 명시하지 않으면 종료(SIGTERM) 시그널을 보내 해당 프로세스를 종료시킨다. 뿐만 아니라 kill 명령어는 그림 6.7과 같이 특정 프로세스에 원하는 시그널을 보내는 기능을 수행한다. kill 명령어의 사용법은 다음과 같으며 보낼 시그널은 시그널 번호 혹은 시그널 이름으로 명시할 수 있으며 따로 명시하지 않으면 SIGTERM 시그널을 보내 해당 프로세스를 강제 종료시킨다.

```
$ kill [-시그널] 프로세스번호
$ kill [-시그널] %작업번호
```

프로세스 번호(혹은 작업 번호)로 지정된 프로세스에 원하는 시그널을 보낸다. 시그널을 명시하지 않으면 SIGTERM 시그널을 보내 해당 프로세스를 강제 종료시킨다.

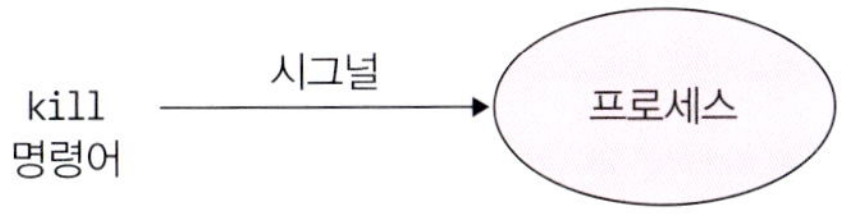


그림 6.7 kill 명령어 시그널 보내기

kill 명령어에서 위의 시그널을 특정 프로세스에게 보내고자 할 때 시그널 번호를 명시해도 되고 시그널 이름을 명시해도 된다. 예를 들어, kill 명령어를 이용하여 프로세스를 종료시킬 때에는 이 시그널 중에 9번 시그널인 SIGKILL 시그널을 보냄으로써 해당 프로세스를 강제 종료시킬 수 있다. 따라서 다음 두 명령어는 똑같다. kill 명령어에서 시그널 이름을 명시할 때 'SIG'는 생략함을 주의하기 바란다.

```
$ kill -9 프로세스번호
$ kill -KILL 프로세스번호
```

종료 시그널 외에 다른 시그널을 보내는 예를 살펴보자. 예를 들어, 후면 실행 중인 프로세스에 SIGSTOP 혹은 SIGCONT 시그널을 보냄으로써 해당 프로세스를 정지시키거나 정지된 프로세스의 실행을 재개할 수 있다. 다음과 같이 어떤 명령어를 후면 실행했을 때 만약 프로세스 ID가 1234라면 그 프로세스에 SIGSTOP 시그널을 보내 정지시킬 수 있으며 다시 SIGCONT 시그널을 보내 실행을 재개할 수 있다. 구체적인 예는 실습문제 5번을 참고하기 바란다.

```
$ 명령어 &
[1] 1234
$ kill -STOP 1234
[1]+ 정지됨     명령어
$ kill -CONT 1234
```

**| 핵심 개념 |**

kill 명령어를 이용하여 특정 프로세스에 원하는 시그널을 보낼 수 있다.

## | 핵심 개념 |

- 프로세스는 실행 중인 프로그램이다.
- 각 프로세스는 프로세스 ID를 갖는다. 각 프로세스는 부모 프로세스에 의해 생성된다.
- 쉘은 사용자와 운영체제 사이에 창구 역할을 하는 소프트웨어로 사용자로부터 명령어를 입력받아 이를 처리하는 명령어 처리기 역할을 한다.
- 전면 처리는 명령어가 전면에서 실행되므로 쉘이 명령어 실행이 끝나기를 기다리지만 후면 처리는 명령어가 후면에서 실행되므로 쉘이 명령어 실행이 끝나기를 기다리지 않는다.
- 각 프로세스는 실제 사용자 ID와 유효 사용자 ID를 갖는다.
- 시그널은 예기치 않은 사건이 발생할 때 이를 알리는 소프트웨어 인터럽트이다.
- kill 명령어를 이용하여 특정 프로세스에 원하는 시그널을 보낼 수 있다.

## | 핵심 명령어 |

| 명령어 | 의미 |
|---|---|
| 명령어 & | 후면에서 명령어를 실행한다. |
| ps | 현재 프로세스들을 리스트한다. |
| ps -ef | 시스템 내의 모든 프로세스들을 리스트한다. |
| kill 프로세스번호<br>kill %작업번호 | 프로세스 번호 혹은 작업번호에 해당하는 작업을 강제 종료한다. |
| ^C | 전면 작업을 강제 종료한다. |
| ^Z | 전면 작업을 잠시 정지시킨다. |
| jobs [%작업번호] | 후면 작업을 모두 리스트한다.<br>작업 번호를 지정하면 해당 작업만 리스트한다. |
| bg [%작업번호] | 작업번호에 해당하는 정지된 작업을 후면 작업으로 전환하여 실행한다. |
| fg [%작업번호] | 작업번호에 해당하는 후면 작업을 전면 작업으로 전환시킨다. |
| wait [프로세스번호] | 프로세스 번호로 지정한 자식 프로세스가 종료될 때까지 기다린다. |
| nohup 명령어 [인수] & | 로그아웃한 후에도 명령어 실행이 계속되도록 실행한다. |
| nice [-n 조정수치] 명령어 [인수들] | 주어진 명령을 조정된 우선순위로 실행한다. |
| renice [-n] 우선순위 [-gpu] PID | 이미 수행 중인 프로세스의 우선순위를 변경한다. |

## | 실습 문제 |

6.1 ps 실습

다음 명령을 실행하고 출력 결과에 대해 설명하시오.

```
$ ps
$ ps -f
$ ps aux
$ ps -ef
```

6.2 pgrep 실습

다음 명령을 실행하고 출력 결과에 대해 설명하시오.

```
$ pgrep -l sshd
```

6.3 전면처리, 후면처리 실습

다음 명령을 실행하고 출력 결과에 대해 설명하시오.

```
$ sleep 100 &
$ sleep 100 &
$ jobs
$ ps -f
$ kill %1
$ ps -f
```

출력된 프로세스들의 부모-자식 관계를 설명하시오.

6.4 작업제어 실습

다음 명령을 실행하고 출력 결과에 대해 설명하시오.

```
$ (echo START1; sleep 10; echo DONE1) &
$ fg %1
(echo START2; sleep 10; echo DONE2)
^Z
$ bg %1
```

6.5 작업제어 실습

다음 명령을 실행하고 출력 결과에 대해 설명하시오.

```
$ (echo START1; sleep 10; echo DONE1) &
$ (echo START2; sleep 10; echo DONE2) &
$ kill -KILL 첫 번째 프로세스
$ kill -STOP 두 번째 프로세스
$ kill -CONT 두 번째 프로세스
```

6.6 프로세스 기다리기 실습

다음 명령을 실행하고 출력 결과에 대해 설명하시오.

```
$ (echo START1; sleep 10; echo DONE1) &
$ (echo START2; sleep 10; echo DONE2) &
$ echo 1; wait; echo 2
```

## | 연습 문제 |

6.1 다음 설명 중 옳지 않은 것은 무엇인가?

① 프로세스는 실행 중인 프로그램이다.

② 각 프로세스는 프로세스 ID를 갖는다.

③ 후면 처리는 쉘이 명령어 실행이 끝나기를 기다린다.

④ 각 프로세스는 부모 프로세스에 의해 생성된다.

⑤ 쉘은 명령어 실행을 위해 자식 프로세스를 생성한다.

6.2 다음 괄호 안에 알맞은 말을 넣으시오.

| (　　)은 예기치 않은 사건이 발생할 때 이를 알리는 소프트웨어 인터럽트이다. |
|---|

6.3 다음 괄호 안에 알맞은 말을 넣으시오.

| (　　) 명령어를 이용하여 특정 프로세스에 원하는 시그널을 보낼 수 있다. |
|---|

6.4 전면 처리와 후면 처리에 대해서 비교해서 설명하시오. 후면 처리가 필요한 이유는 무엇인가?

6.5 특정 사용자가 실행시킨 프로세스들을 모두 찾기 위한 명령을 실행하고 결과를 설명하시오.

6.6 전면 처리 작업을 후면 처리로 전환하는 방법에 대해 예를 들어 설명하시오.

6.7 후면 처리 작업을 전면 처리로 전환하는 방법에 대해 예를 들어 설명하시오.

6.8 프로세스의 사용자 ID는 여러 가지가 있다. 다음 각 ID의 차이점을 중심으로 설명하시오.

(1) 실제 사용자 ID

(2) 유효 사용자 ID

(3) 실제 그룹 ID

(4) 유효 그룹 ID

6.9 프로세스와 관련된 ID는 여러 가지가 있다. 다음 각 ID의 차이점을 중심으로 설명하시오.

(1) 프로세스 ID

(2) 부모 프로세스 ID

(3) 프로세스 그룹 ID

6.10 종료 코드 혹은 종료 상태 코드(exit status code)가 어떤 용도로 사용되는지 설명하시오.

# CHAPTER 07

# 인터넷과 서버

contents

# 07 인터넷과 서버

유닉스는 네트워크 및 인터넷이 시작된 운영체제라고 할 수 있다. 지금 우리가 사용하고 있는 대부분의 인터넷 관련 서비스 역시 유닉스/리눅스를 기반으로 하여 발전하였으며 다른 시스템으로 확대되었다. 이 장에서는 유닉스/리눅스가 제공하는 네트워크 및 인터넷 관련 서비스를 중심으로 살펴본다.

## 7.1 네트워크 구성

컴퓨터 네트워크는 상호 협력하는 컴퓨터들이 연결된 시스템이라고 할 수 있다. 컴퓨터 네트워크 구성 및 관련 용어에 대해 살펴보자.

LAN(Local Area Network)은 근거리 통신망으로 집, 사무실, 학교 등의 건물과 같이 가까운 지역을 한데 묶는 컴퓨터 네트워크이다. LAN은 개념적으로 그림 7.1과 같이 쉽게 이해할 수 있다. 이더넷(Ethernet)은 제록스 PARC에서 개발된 LAN 구현 방법으로 현재 가장 일반적으로 사용되고 있다. 이더넷은 네트워크에 연결된 각 기기들이 48비트 길이의 고유의 MAC 주소를 가지고 이 주소를 이용해 상호간에 데이터를 주고받을 수 있도록 만들어졌다. 동작 과정을 살펴보면 각 컴퓨터는 LAN에 연결된 이더넷 카드(혹은 LAN 카드라고도 함)를 갖는다. 컴퓨터는 목적지 주소를 포함한 머리/꼬리 정보와 함께 메시지를 이더넷에 방송(broadcast)한다. 목적지 주소에 해당하는 이더넷 카드만 그 메시지를 받는다.

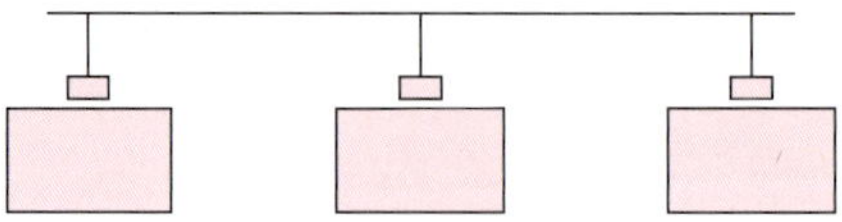

그림 7.1 LAN

**라우터**(router)는 그림 7.2와 같이 두 개 혹은 그 이상의 네트워크를 연결하는 장치로 데이터 패킷의 목적지를 추출하여 그 위치에 대한 최상의 경로를 지정하며 이 경로를 따라 데이터 패킷을 다음 장치로 보내주는 역할을 한다. 공유기 혹은 스위치라고도 한다.

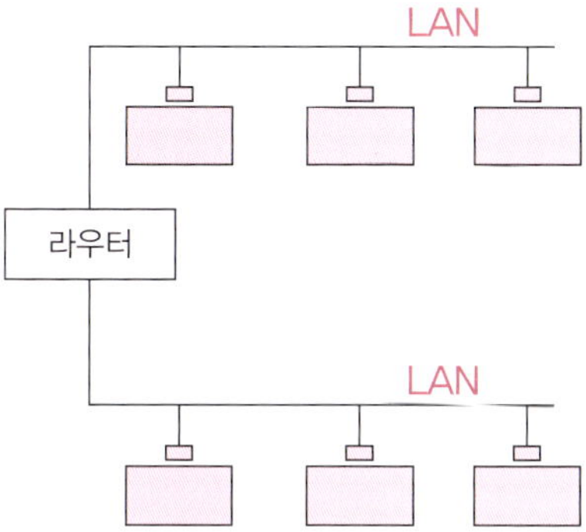


그림 7.2 라우터

**게이트웨이**(Gateway)는 고용량 라우터로 그림 7.3과 같이 LAN을 인터넷과 같은 외부 네트워크에 연결하는 컴퓨터나 장치이다. 넓은 의미로는 종류가 다른 네트워크 간의 통로의 역할을 하는 장치이다. 쉽게 예를 들자면 해외로 나가기 위해서 꼭 통과해야하는 국제공항이 게이트웨이와 같은 개념이다. 게이트웨이는 서로 다른 네트워크 상의 통신 프로토콜(protocol,통신규약)을 적절히 변환해주는 역할을 하므로 전송방식이 다른 통신망도 흡수하여, 서로 다른 기종끼리도 접속을 가능하게 한다.

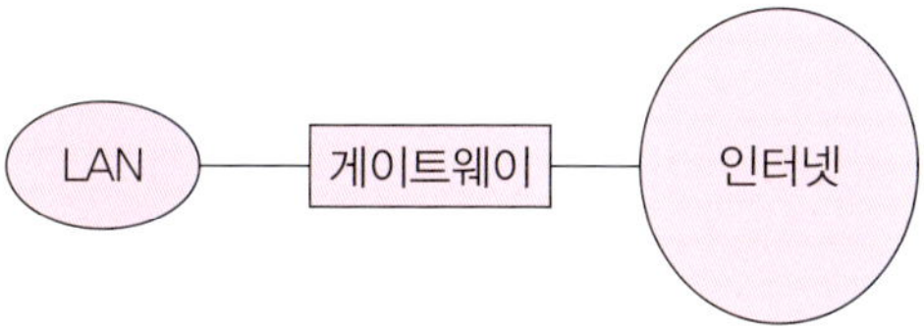


그림 7.3 게이트웨이

**무선 액세스 포인트**(Wireless Access Point, WAP)는 컴퓨터 네트워크에서 와이파이관련 표준을 이용하여 컴퓨터나 프린터와 같은 무선 장치들을 유선 장치에 연결할 수 있게 하는 장치를 가리킨다. 무선 액세스 포인트는 일반적으로 유선망 라우터에 연결되며 무선 장치와 네트워크 상의 다른 장치 간 데이터를 중계할 수 있다. 무선 액세스 포인트를 이용하면 네트워크 사용자들은 선 없이 네트워크에 접속할 수 있다.

## 7.2 인터넷

**인터넷**(Internet)은 전세계 컴퓨터가 서로 연결되어 TCP/IP 프로토콜을 이용해 정보를 주고받는 공개 컴퓨터 통신망이다. 통신 프로토콜(protocol)은 서로 다른 기종의 컴퓨터 사이에 어떤 자료를, 어떤 방식으로, 언제 주고, 언제 받을지 등을 정해놓은 규약이다. 프로토콜은 간단히 통신을 하기 위한 규약이라고 할 수 있다. 인터넷에서 사용하는 TCP/IP 프로토콜에 대해 알아보자.

| 핵심 개념 |

인터넷은 TCP/IP 프로토콜을 이용해 정보를 주고받는 전세계적인 공개 컴퓨터 통신망이다.

### TCP/IP 프로토콜

**IP**(Internet Protocol)는 인터넷 프로토콜로서 호스트의 주소 지정과 패킷 분할 및 조립 기능에 대한 규약이다. 인터넷 상의 각 컴퓨터는 자신의 IP 주소를 갖는데 IP 주소는 컴퓨터 네트워크에서 장치들이 서로를 인식하고 통신을 하기 위해서 사용하는 번호이다. IP 주소는 인터넷에서 사용되는 전화번호라고 생각할 수 있다. IP 주소를 이용하여 송신자를 대신하여 메시지가 전송되고 수신자를 향하여 예정된 목적지로 전달된다.

**TCP**(Transport Control Protocol)는 IP 위에서 동작하는 프로토콜로, 데이터의 전달을 보증하고 보낸 순서대로 받게 해준다. HTTP, FTP, SMTP 등 IP를 기반으로 한 많은 애플리케이션 프로토콜들이 TCP 위에서 동작하기 때문에, 묶어서 TCP/IP라고 부른다.

---

QnA QnA IPv4와 IPv6는 무엇인가요?

오늘날 주로 사용되고 있는 IP 주소는 IP 버전 4(IPv4) 주소이나 이 주소가 부족해짐에 따라 길이를 늘린 IP 버전 6(IPv6) 주소가 점점 널리 사용되는 추세이다.

---

### 호스트명과 IP 주소

**호스트명**(hostname)은 인터넷에 연결된 컴퓨터에게 부여되는 고유한 이름으로 특히 인터넷에서는 월드 와이드 웹, 전자 우편 등에서 호스트명을 흔히 사용한다. 호스트명은 보통 사람이 읽고 이해할 수 있는 이름으로 지어지며, 흔히 IP 주소와 같은 기계적인 이름 대신 쓸 수 있다. 호스트명을 도메인 이름(domain name)이라고도 한다. hostname 명령어를 이용하여 사용중인 시스템의 호스트명을 확인할 수 있다.

```
$ hostname
```
사용 중인 시스템의 호스트명을 출력한다.

예를 들어, 다음과 같이 사용중인 시스템의 호스트명을 확인할 수 있다.

```
$ hostname
linux
```

또한 다음과 같이 ip 명령어를 이용하여 사용중인 시스템의 IP 주소를 확인할 수 있다.

```
$ ip addr
```
사용 중인 시스템의 IP 주소를 출력한다.

예를 들어, 다음과 같이 실행했을 때 실행 결과에서 inet에 명시된 번호가 사용중인 시스템의 IP 주소이다.

```
$ ip addr
...
2: enp3s0: <BROADCAST,MULTICAST,UP,LOWER_UP> mtu 1500 qdisc ...
   link/ether e8:03:9a:6a:f8:a3 brd ff:ff:ff:ff:ff:ff
   inet 203.153.157.127/24 brd 203.153.157.255 scope global enp3s0
     valid_lft forever preferred_lft forever
```

예를 들어, 다음 각 호스트의 해당 IP 주소는 표 7.1과 같다.

표 7.1 호스트명과 IP 주소 예

| 호스트명 | IP 주소 |
|---|---|
| cs.sookmyung.ac.kr | 203.252.201.11 |
| www.sookmyung.ac.kr | 203.252.201.8 |
| www.kbs.co.kr | 211.233.32.11 |

| cs.kaist.ac.kr | 143.247.136.2 |
|---|---|
| www.mit.edu | 17.9.22.169 |
| cs.berkeley.edu | 127.32.247.172 |
| www.google.com | 77.127.127.99 |

### DNS 서비스

인터넷 상의 각 컴퓨터는 호스트명과 IP 주소를 가지고 있다. 호스트명은 사용자가 주로 사용하는 이름이고 IP 주소는 실제 통신에서 사용되는 주소이다. IP 주소는 사람이 외우기 어렵기 때문에 호스트명을 IP 주소로 번역하는 서비스가 필요한데 이러한 서비스를 DNS(Domain Name System)라고 한다. DNS는 마치 전화번호부와 같은 역할을 한다고 생각할 수 있다.

nslookup(name server lookup) 명령어는 지정한 호스트의 IP 주소를 DNS 서버에 질의하여 알려준다.

> $ nslookup 호스트명
> 지정된 호스트의 IP 주소를 알려준다.

예를 들어, 다음과 같이 질의하면 호스트명에 대응되는 IP 주소를 알려준다. 실행 결과에서 Server는 네임 서비스를 담당하는 DNS 서버를 나타내고 이어서 지정한 호스트의 IP 주소를 출력한다.

```
$ nslookup cs.sookmyung.ac.kr
Server:        203.252.192.1
Address:       203.252.192.1#53

Name:   cs.sookmyung.ac.kr
Address: 203.252.201.11
```

### 사용자 정보

finger 명령어는 현재 로그인된 사용자들에 대한 정보를 보여주는데 특히 사용자가 언제 어디서 로그인하였는지를 확인할 수 있다.

```
$ finger
Login   Name        TTY    Idle   Login Time    Office
chang   Ubuntu      tty2    4:52   Sep 14 12:15  (tty2)
...
```

또한 사용자 이름을 지정하여 사용자에 대한 보다 자세한 정보를 확인할 수 있다.

> $ finger 사용자명
> 지정된 사용자에 대한 보다 자세한 정보를 알려준다.

예를 들어, 다음과 같이 사용자 chang에 대한 정보를 확인할 수 있다.

```
$ finger chang
Login: chang                Name: Ubuntu
Directory: /home/chang      Shell: /bin/bash
On since Tue Sep 14 12:15 (KST) on tty2 from tty2
...
```

## 네트워크 설정

설치된 시스템을 제대로 사용하려면 무엇보다도 먼저 시스템이 인터넷에 연결되어야 한다. 인터넷에 연결하려면 먼저 네트워크를 설정해야 한다. 지금까지 배운 개념들을 이용하면 네트워크를 설정할 수 있다.

[프로그램 표시]에서 [설정] → [네트워크] 순서대로 선택하면 그림 7.4의 왼쪽과 같은 화면이 나타난다. 여기서 연결하고자 하는 유선 네트워크를 켜고 설정 아이콘(톱니바퀴 모양)을 클릭하면 그림 7.4의 오른쪽과 같은 네트워크 설정 창이 나타난다. 이 창은 네트워크의 현재 설정 상태를 자세히 보여주며 여기서 네트워크 연결과 관련된 설정을 편집할 수 있다. 시스템이 부팅될 때 이 네트워크에 자동으로 연결되고자 하면 여기서 [자동으로 연결]을 클릭하면 된다.

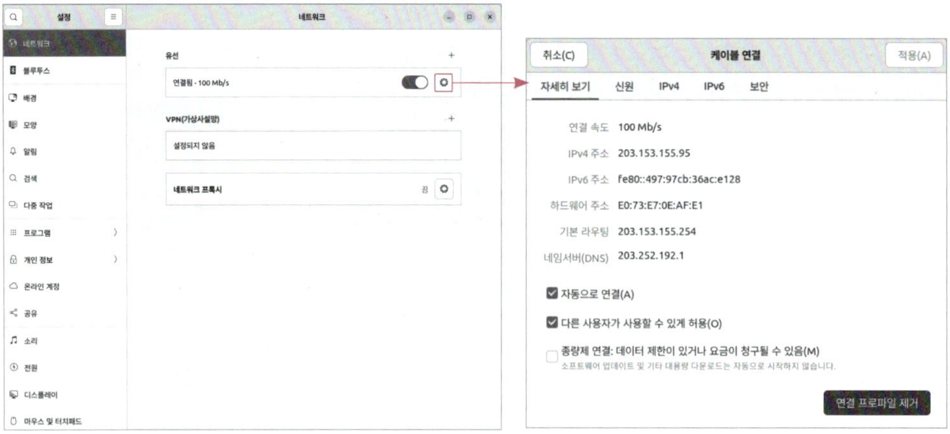


그림 7.4 네트워크 설정

그림 7.5는 설정 편집 창에서 IP를 설정하기 위해 IPv4를 선택한 화면이다. 이제 IP 주소를 설정해야 하는데 IP 주소 설정은 수동 설정과 DHCP를 이용한 자동 설정이 있다. 사용 환경에 따라 자동 설정이 지원되기도 하고 그렇지 않을 수도 있다.

그림 7.5 IPv4 수동 설정

먼저 수동 설정에 대해서 살펴보자. 그림 7.5의 왼쪽 화면에서처럼 IPv4 방식을 수동으로 선택한다. 이어서 IP 주소, 네트마스크, 게이트웨이 정보를 입력해야 한다. 수동 설정인 경우에는 소속 기관에서 IP 주소를 관리하므로 IP 주소를 요청하여 할당받아야 한다. 이 그림에서처럼 IP 주소가 203.153.155.71이라면 넷마스크는 255.255.255.0으로 입력하고 게이트웨이는 IP 주소의 마지막 번호를 254로 바꾸어 203.153.155.254로 입력하면 된다. 이어서 네임서버(DNS) 정보를 입력해야 한다. 소속 기관이 운영하는 네임서버가 있다면 해당 IP 주소를 입력하면 되고 그렇지 않으며 잘 알려진 네임서버 주소를 입력하면 된다(https://namu.wiki/w/DNS 참고) 모든 설정이 끝났다면 적용 버튼을 클릭한다.

DHCP를 이용한 자동 설정의 경우에는 특별히 할당받은 네트워크 정보가 필요 없고 자동으로 DHCP를 통해 네트워크 정보를 할당받아 설정한다. 이때는 그림 7.5의 오른쪽 화면에서 자동(DHCP)을 선택하면 된다. 네임서버(DNS)는 수동으로 입력하거나 자동 켬을 선택하면 된다. 모든 설정이 끝났다면 적용 버튼을 클릭한다.

그림 7.6 IPv4 자동 설정

## 7.3 서버 설치

리눅스는 네트워크 관련하여 웹, 파일 전송, 원격 접속 등의 서비스를 제공할 수 있다. 이러한 서비스를 사용하려면 먼저 해당 서비스를 제공하는 서버를 설치해야 한다. 이 절에서는 서버 설치에 대해서 살펴보고 다음 절들에서 사용법에 대해서 자세히 살펴본다.

### 아파치 웹 서버 설치

리눅스 시스템이 많이 사용되고 있는 분야 중의 하나는 웹 서비스(HTML로 작성된 웹 페이지 서비스)이다. 웹 서비스를 사용하려면 리눅스에 웹 서버가 설치되어 있어야 한다. 현재 가장 널리 사용되고 있는 웹 서버인 아파치 웹 서버는 리눅스에서 무료로 사용할 수 있으며 우분투에서 설치할 패키지 이름은 apache2이다(CentOS에서 패키지 이름은 httpd).

PHP는 웹 프로그래밍 언어로 웹 서버와 더불어 사용자의 요청에 따라 동적으로 웹 페이지(HTML 문서)를 생성하는 데 사용된다. 또한 PHP 프로그램에서 좀 더 광범위한 데이터를 서비스하기 위해서 MariaDB 데이터베이스와 연동하여 사용할 수 있다. Apachi 웹 서버, PHP, MariaDB를 총칭하여 APM이라고 한다. 이들의 설치 과정은 다음과 같다.

1. 필요에 따라 아파치 웹 서버 apache2, PHP, MariaDB를 설치한다. 아파치 웹 서버만 설치하는 경우에는 apache2만 설치하면 된다.

```
# apt install apache2
# apt install php
# apt install mariadb-server
```

2. 다음과 같이 아파치 웹 서버를 구동하고(start), 부팅할 때 자동으로 시작되도록 서비스를 활성화한다(enable). 그리고 실행 상태(status)를 확인한다.

```
# systemctl start apache2
# systemctl enable apache2
# systemctl status apache2
```

3. mariadb를 설치한 경우에는 mariadb를 구동하고(start), 부팅할 때 자동으로 시작되도록 서비스를 활성화한다(enable). 그리고 실행 상태(status)를 확인한다.

```
# systemctl start mariadb
```

```
# systemctl enable mariadb
# systemctl status mariadb
```

4. 서버에서 방화벽을 사용하는 경우에는 다음과 같이 방화벽에 허용하는 서비스로 http를 등록해야 한다.

```
# ufw allow http
```

5. httpd는 기본적으로 /var/www/html 디렉터리에서 index.html 파일을 읽어서 웹 브라우저에 디스플레이 한다.

(1) 이 디렉토리에 적당한 index.html을 만들어 넣어서 테스트 할 수 있다.

(2) PHP의 동작을 확인하기 위해서 다음과 같은 내용으로 phinfo.php 파일을 만든다.

```
<?php phpinfo(); ?>
```

6. 다음과 같이 IP 주소로 웹 서버에 접속하여 서비스를 확인할 수 있다. 웹 서버가 정상적으로 동작하면 웹 브라우저에서 (1)과 같이 웹 서버의 IP 주소를 입력하면 다음 그림과 같이 테스트 페이지가 나타난다. 또한 (2)와 같이 PHP의 동작을 확인할 수 있다.

(1) http://IP주소/index.html

(2) http://IP주소/phpinfo.php

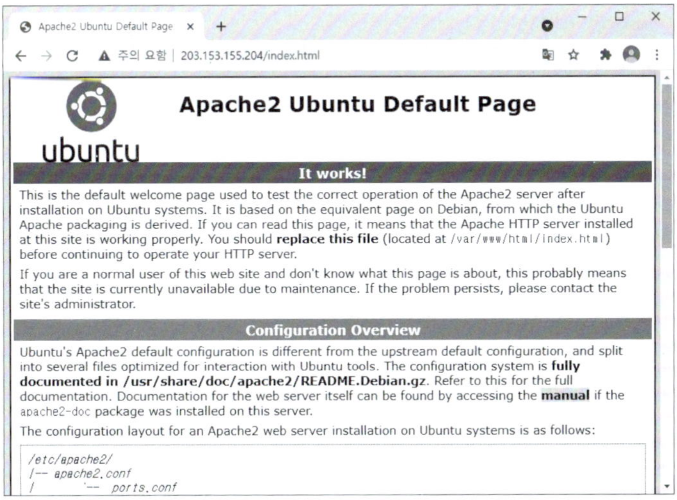


그림 7.7 아파치 웹 서버 테스트 페이지

## FTP 서버 설치

FTP(File Transfer Protocol)는 네트워크 상의 FTP 서버와 클라이언트 사이의 파일 전송을 위한 서비스로 주로 파일을 업로드하거나 다운로드하기 위하여 사용된다. 리눅스 시스템을 파일 전송 서버로 사용하려면 먼저 FTP 서버를 설치해야 한다. 리눅스에서 사용하는 대표적인 FTP 서버는 vsFTPD(Very Secure File Transfer Protocol Daemon)으로 설치 과정은 다음과 같다. ftp 사용법은 7.4절에서 자세히 살펴본다.

1. ftp 서버를 설치한다.

```
# apt install vsftpd
```

2. vsftpd를 다음과 같이 시작하고(start), 부팅할 때 자동으로 시작되도록 서비스를 활성화한다(enable).

```
# systemctl start vsftpd
# systemctl enable vsftpd
```

3. 서버에서 방화벽을 사용하는 경우에는 다음과 같이 방화벽에 ftp 서비스를 등록해야 한다.

```
# ufw allow ftp
```

## 원격 접속 서버 SSH 설치

원격 접속은 로컬 호스트에서 원격 호스트에 원격으로 접속하여 사용하는 것으로 telnet 혹은 ssh를 사용하여 원격 호스트에 접속할 수 있다. telnet은 보안 취약점으로 인해 별로 사용되지 않으며 대신에 보안을 강화한 원격 접속 서비스인 ssh(Secure Shell)가 주로 사용된다.

원격 접속 서버인 ssh 데몬(sshd)이 기본으로 설치되어 있지 않은 경우에는 다음과 같이 설치하여 서비스를 시작할 수 있다. 서버에서 방화벽을 사용하는 경우에는 다음과 같이 방화벽에 ssh 서비스를 등록해야 한다.

```
# apt install ssh
# systemctl start ssh
# systemctl enable ssh
# ufw allow ssh
```

ssh 데몬이 설치되면 안전한 파일 전송을 위한 sftp 명령어와 원격 접속을 위한 ssh 명령어를 사용할 수 있다. 각각에 대해서는 7.4절과 7.5절에서 자세히 살펴본다.

# 7.4 파일 전송

## 파일 전송 ftp

유닉스에서는 파일 전송을 위해서 전통적인 ftp 명령어를 사용하였다. ftp는 파일 전송 프로토콜(File Transfer Protocol, FTP)의 약자이며 네트워크 상의 FTP 서버와 클라이언트 사이의 파일 전송을 위한 서비스로 주로 파일을 업로드하거나 다운로드하기 위하여 사용된다. FTP 서버는 대용량의 하드 디스크에 파일 전송을 위한 자료를 제공하는 컴퓨터로서, 파일 전송을 위해서는 접속하려는 FTP 서버에 등록된 사용자 계정이 있어야 하며 전송하기에 앞서 사용자 이름과 암호를 묻는 로그인 과정을 거친다.

**| 핵심 개념 |**

ftp 혹은 sftp 명령어를 이용하여 파일을 전송할 수 있다.

vsftpd 서버를 설치하면 전통적인 ftp 명령어를 사용할 수 있다. ftp 명령어는 FTP 클라이언트로 이 명령어를 이용하여 FTP 서버에 접속하여 파일을 업로드 혹은 다운로드 할 수 있다.

$ ftp [호스트명]

호스트명으로 지정된 FTP 서버에 접속하여 파일을 업로드 혹은 다운로드 한다.

예를 들어, ftp 서버인 cs.sookmyung.ac.kr에 ftp 연결을 시도하면 다음과 같은 로그인 과정을 거치게 된다.

```
$ ftp cs.sookmyung.ac.kr
Connected to cs.sookmyung.ac.kr.
220 cs FTP server ready.
Name (cs.sookmyung.ac.kr:chang):
331 Password required for chang.
Password:
230 User chang logged in.
Remote system type is UNIX.
Using binary mode to transfer files.
ftp>
```

## 안전한 파일 전송 sftp

보통 ftp는 보안이 취약하기 때문에 최근에는 보안을 위해 인증 및 암호화 기법을 더욱 강화한 sftp(secure ftp)를 많이 사용한다. 대부분의 리눅스 시스템에서는 sftp를 지원한다.

> $ sftp [사용자명@]호스트명
> 호스트명으로 지정된 FTP 서버에 사용자명으로 접속하여 파일을 업로드 혹은 다운로드한다.

예를 들어, 원격 리눅스 호스트인 linux.sookmyung.ac.kr에 sftp 연결을 시도하면 다음과 같은 로그인 과정을 거치게 된다. 사용자명을 생략하고 호스트명만 사용하면 현재 로그인된 사용자명을 기본으로 사용한다.

```
$ sftp chang@linux.sookmyung.ac.kr
chang@linux.sookmyung.ac.kr's password:
Connected to linux.sookmyung.ac.kr...
sftp >
```

이제 sftp 명령어를 사용할 수 있으며 가장 기본적인 명령어는 파일을 다운로드 혹은 업로드하는 것이다. get 명령어를 사용하여 원격 호스트로부터 파일을 다운로드 할 수 있으며 put 명령어를 사용하여 원격 호스트에 파일을 업로드 할 수 있다.

```
sftp> get 파일이름          // 원격 호스트에 있는 파일을 다운로드
sftp> put 파일이름          // 로컬 호스트에 있는 파일을 업로드
```

예를 들어, 원격 호스트 linux.sookmyung.ac.kr의 test 디렉터리에 있는 cs1.txt 파일을 지정하여 다운로드 해보자. 먼저 test 디렉터리로 이동하여 ls 명령어로 해당 파일이 있는지 확인하고 get 명령어로 다운로드하면 된다.

```
sftp> cd test
sftp> ls
... cs1.txt ...
sftp> get cs1.txt
Fetching /home/chang/test/cs1.txt to cs1.txt
/home/chang/test/cs1.txt          100% 905   25.6KB/s   00:00
sftp> quit
```

이제 다운로드된 cs1.txt 파일을 확인해보자.

```
$ ls -sl cs1.txt
4 -rw-r--r-- 1 chang chang 905 11월 11 20:04 cs1.txt
```

또한 mget, mput 명령어를 이용하여 여러 파일들을 한 번에 다운로드 혹은 업로드 할 수도 있다. 여러 파일들을 지정할 때 *와 같은 대표문자를 사용할 수 있다. 예를 들어, 다음과 같이 지정하여 .c로 끝나는 C 프로그램 파일을 모두 다운로드 할 수 있다. 보통 대상이 되는 .c 파일에 대해 다운로드 여부를 차례로 물어 다운로드를 진행한다.

```
sftp> mget *.c
```

표 7.2 ftp/sftp 명령어

| 명령어 | 의미 |
|---|---|
| !command | 로컬 호스트에서 명령어를 실행한다. |
| lcd path | 로컬 호스트의 작업 디렉터리를 변경한다. |
| cd path | 원격 호스트의 작업 디렉터리를 변경한다. |
| get 파일명 | 해당 파일을 다운로드 한다. |
| mget 파일명* | 여러 파일들을 다운로드 한다. 대표문자 사용 가능 |
| put 파일명 | 해당 파일을 업로드 한다. |
| mput 파일명* | 여러 파일들을 업로드 한다. 대표문자 사용 가능 |
| help | 도움말 |
| ls [path] | 원격 호스트의 해당 디렉터리를 리스트 한다. |
| pwd | 원격 호스트에서 현재 작업 디렉터리를 프린트 한다. |
| quit | 종료 |
| ascii | 전송 모드를 아스키 모드(ascii mode)로 설정한다.<br>(기본 설정이며 텍스트 파일 전송 시 사용) |
| bin | 전송 모드를 이진 모드(binary mode)로 설정한다.<br>(실행 파일, 이진 파일 전송 시 사용) |

또한 cd나 ls 같은 기본적인 리눅스 명령어를 사용하여 원격 호스트의 현재 작업 디렉터리를 변경하거나 디렉터리 내용을 확인할 수 있다. 필요하면 lcd 명령어를 사용하여 로컬 호스트의 현재 작업 디렉터리를 변경할 수 있다. ftp 혹은 sftp에서 사용 가능한 주요 명령어들을 요약 정리하면 표 7.2와 같다.

### MS 윈도우에서 sftp 사용

MS 윈도우에서 리눅스 시스템에 원격 접속하기 위해서 OpenSSH 클라이언트를 추가 설치할 수 있으며 이 소프트웨어를 설치하면 명령어 창에서 ssh 명령어와 sftp 명령어 등을 바로 사용할 수 있다. OpenSSH 클라이언트가 설치되어 있지 않으면 다음과 같이 추가 설치할 수 있다.

[설정] → [앱] → [앱 및 기능] → [선택적 기능] → [OpenSSH 클라이언트] 설치

다음과 같이 sftp 명령어를 실행하면 그림 7.8과 같은 창이 열리며 패스워드 입력 후에 파일을 전송할 수 있다.

```
$ sftp chang@linux.sookmyung.ac.kr
```

그림 7.8 sftp 시작

### MS 윈도우에서 FileZilla 사용

GUI 방식의 파일 전송 소프트웨어로 리눅스 서버에 sftp 연결을 위해서는 FileZilla가 많이 사용되고 있다. FileZilla 홈페이지(https://filezilla-project.org)에서 FileZilla Client를 다운받아 설치하여 사용하면 된다. FileZilla 시작화면은 그림 7.9와 같다. sftp를 통해 리눅스 서버에 연결하기 위해서는 그림 7.9의 [파일] 메뉴 바로 아래에 있는 아이콘을 클릭하여 사이트 관리자를 열어야 한다. 사이트 관리자에서 그림 7.10과 같이 sftp 연결하고자 하는 서버의 호스트 이름을 입력하고 프로토콜을 SFTP로 선택한 후에 로그인하려는 사용자 ID와 비밀번호를 입력하고 [연결] 버튼을 누르면 된다. 연결되면 그림 7.9의 오른쪽 창에 서버에 로그인된 사용자의 파일들을 볼 수 있으며 원하는 파일을 마우스로 선택하여 원하는 곳으로 옮김으로써 간단하게 파일을 전송할 수 있다.

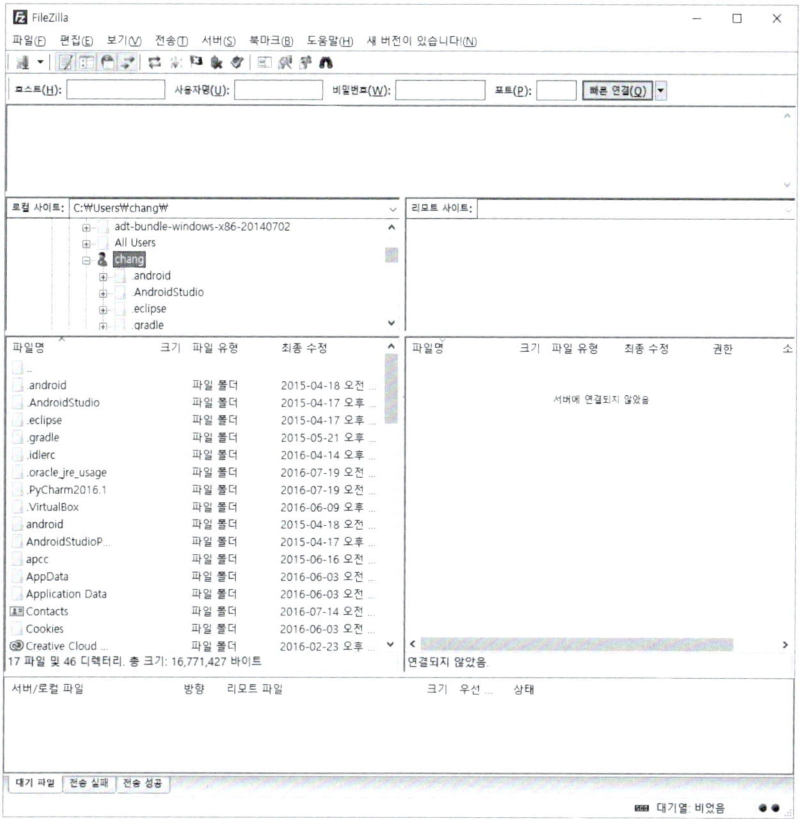

그림 7.9 FileZilla 시작 화면

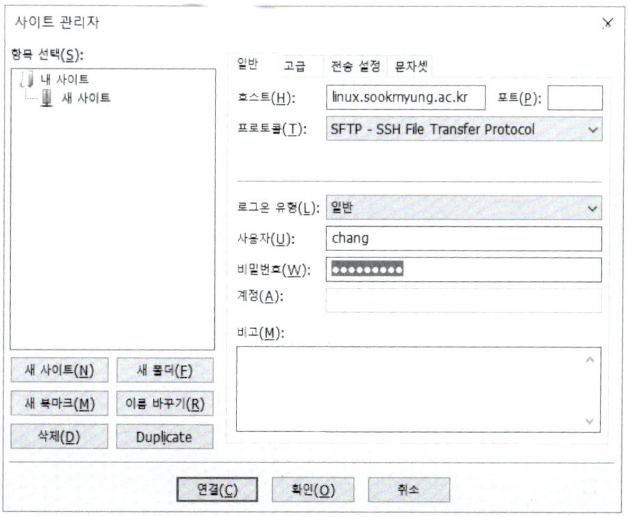

그림 7.10 FileZilla의 사이트 관리자

## 7.5 원격 접속

원격 접속은 자신이 사용하고 있는 로컬 호스트에서 원격으로 다른 호스트에 접속하여 사용하는 것이다. 유닉스/리눅스에서는 telnet 혹은 ssh를 이용하여 원격 호스트에 접속할 수 있다. 각각에 대해 자세히 살펴보자.

### 원격 접속 telnet

telnet은 원격지에 있는 컴퓨터에 연결하여, 자신의 컴퓨터가 마치 원격지 컴퓨터의 터미널인 것처럼 동작하게 해주는 서비스이다. 자신의 컴퓨터를 지역 호스트(local host)라고 하고 연결하고자 하는 원격지 컴퓨터를 원격 호스트(remote host)라고 한다. 이 기능을 이용하면 원격 호스트를 마치 자신의 컴퓨터처럼 이용할 수 있다. telnet을 이용하여 원격 접속하려면 원격 호스트에 사용자 계정이 있어야 한다.

> $ telnet 호스트명(혹은 IP 주소)
> 지정된 원격 호스트에 원격으로 접속한다.

예를 들어, 다음과 같이 원격 유닉스 시스템에 telnet을 이용하여 원격 접속을 시도하여 로그인 할 수 있다.

```
$ telnet cs.sookmyung.ac.kr
Trying 203.252.201.11...
Connected to cs.
Escape character is '^]'.

SunOS 5.9
login:
```

### 안전한 원격 접속 ssh

최근의 대부분의 리눅스 시스템들은 보안상의 이유로 telnet 접속을 허용하지 않는다. 시큐어 쉘(secure shel) ssh는 네트워크 상의 다른 컴퓨터에 원격 로그인하거나 원격 시스템에서 명령을 실행할 수 있도록 해주는 응용 프로그램으로 기존 유닉스의 rsh, rlogin, telnet 등을 대체하기 위해 설계되었으며, 보안을 위해 강력한 인증 및 암호화 기법을 사용한다.

먼저 ssh를 이용한 원격 로그인에 대해서 알아보자. 다음 두 명령은 원격 호스트에 사용자명으로 로그인을 시도하며 패스워드를 입력해야 로그인에 성공할 수 있다.

$ ssh 사용자명@호스트명
$ ssh -l 사용자명 호스트명
지정된 원격 호스트에 사용자명으로 원격으로 접속한다.

로컬 호스트와 원격 호스트에 같은 이름의 사용자명을 사용할 때는 다음과 같이 사용자명을 명시하지 않고 호스트명만으로 원격호스트에 로그인 할 수 있다.

$ ssh 호스트명

예를 들어, 다음 명령은 원격 호스트 linux.sookmyung.ac.kr에 chang을 사용자로 로그인한다.

```
$ ssh chang@linux.sookmyung.ac.kr
chang@linux.sookmyung.ac.kr's password:
```

또한 ssh를 이용하여 원격 명령어 실행도 가능한데 사용 방법은 위에서 설명한 원격 로그인 명령에 이어서 원격 실행할 명령어를 덧붙이면 된다. 예를 들어, 다음 명령은 who 명령어를 원격 호스트 linux.sookmyung.ac.kr에서 실행한다.

```
$ ssh linux.sookmyung.ac.kr who
chang@linux.sookmyung.ac.kr's password:
root    :0        2022-02-09 07:48
chang   pts/1     2022-02-10 09:53
```

**| 핵심 개념 |**

telnet 혹은 ssh 명령어를 이용하여 원격 호스트에 접속할 수 있다.

## MS 윈도우에서 원격 접속

앞서 설명한 것처럼 윈도우에서는 원격 접속을 위해 필요하면 OpenSSH 클라이언트를 추가 설치할 수 있으며 이 소프트웨어를 설치하면 명령 프롬프트 또는 실행 창에서 ssh 명령어를 실행할 수 있다. 예를 들어, 그림 7.11과 같이 ssh 명령어를 입력하면 그림 7.12와 같이 원격으로 리눅스 시스템에 로그인하여 사용할 수 있다.

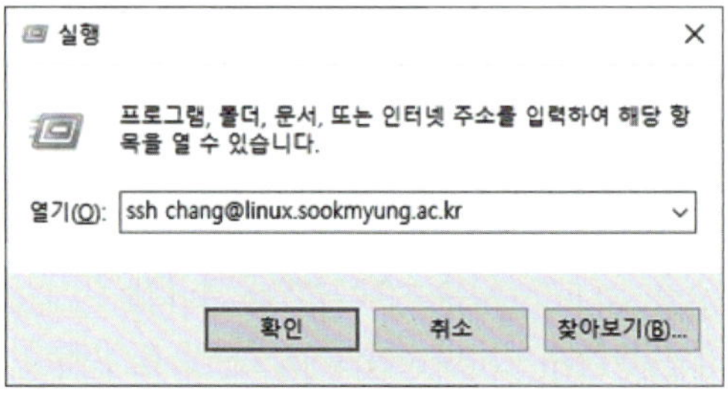


그림 7.11 실행 창을 통한 ssh 시작

그림 7.12 ssh를 통한 리눅스 접속

## 호스트 확인 ping

ping 명령어를 이용하여 IP 네트워크를 통해 원격 호스트가 도달 가능한지 테스트할 수 있으며 이를 통해 원격 컴퓨터의 연결 상태를 확인할 수 있다.

> $ ping 호스트명
> 지정된 원격 호스트가 도달 가능한지 테스트하여 상태를 확인한다.

예를 들어, 다음과 같이 www.kbs.co.kr 호스트의 상태를 확인할 수 있다.

```
$ ping www.kbs.co.kr
PING www.kbs.co.kr (211.233.32.11) 56(84) bytes of data.
64 bytes from 211.233.32.11: icmp_seq=1 ttl=245 time=2.22 ms
64 bytes from 211.233.32.11: icmp_seq=2 ttl=245 time=2.19 ms
64 bytes from 211.233.32.11: icmp_seq=3 ttl=245 time=2.85 ms
...
```

## 7.6 원격 데스크톱 연결

### 원격 데스크톱 프로토콜: RDP

원격 데스크톱 연결을 사용하면 동일한 네트워크나 인터넷에 연결된 다른 컴퓨터(원격 호스트)의 데스크톱 환경에 원격으로 로그인하여 사용할 수 있다. 원격 데스크톱 연결을 위한 원격 데스크톱 프로토콜(Remote Desktop Protocol, 줄여서 RDP)은 마이크로소프트사가 개발한 프로토콜로, 다른 컴퓨터에 그래픽 사용자 인터페이스를 제공하기 위한 프로토콜이다. 클라이언트는 대부분의 MS 윈도우 버전에 기본으로 포함되어 있고, 리눅스, 유닉스, 맥 OS X을 비롯한 여러 현대의 운영 체제에도 존재한다. 기본적으로 TCP 포트 3389을 사용한다.

### 원격 데스크톱 설치

MS 윈도우에서 원격 데스크톱 연결을 통해 우분투 리눅스 데스크톱에 원격으로 접속하여 사용하기 위해서는 우분투 리눅스에 다음과 같은 설치 과정이 필요하다.

- 자동설치 도구 apt를 이용하여 xrdp 서버를 설치한다.

```
# apt update
# apt install xrdp
```

- systemctl 명령으로 xrdp 서비스를 시작한다.

```
# systemctl start xrdp.service
```

- systemctl 명령으로 xrdp 서비스가 실행되었는지 확인한다.

```
# systemctl status xrdp.service
● xrdp.service - xrdp daemon
Loaded: loaded (/lib/systemd/system/xrdp.service; enabled; vendor preset: >
Active: active (running) since Mon 2021-08-30 12:01:20 KST; 1 day 4h ago
Docs: man:xrdp(8)
      man:xrdp.ini(5)
Main PID: 855 (xrdp)
    Tasks: 2 (limit: 9358)
    Memory: 22.4M
```

• systemctl 명령으로 부팅할 때 xrdp 서비스가 자동으로 실행되도록 설정한다.

```
# systemctl enable xrdp.service
```

• ufw 방화벽을 설치하고 활성화한 후에 xrdp의 포트를 열어준다.

```
# apt install ufw
# ufw enable
# ufw allow from any to any port 3389
```

## 원격 데스크톱 연결

이제 MS 윈도우의 원격 데스크톱 연결로 접속해 보자. 만약, 리눅스의 기본 언어가 한글로 설정되어 있다면 다음과 같이 /etc/xrdp/startwm.sh 파일 내의 언어 관련 설정을 추가해야 한다.

```
# vi /etc/xrdp/startwm.sh
export LANG=ko_KR.UTF-8      # 한글 설정 추가
```

이제 MS 윈도우의 시작버튼의 [Windows 검색]을 통해 원격 데스크톱 연결 프로그램을 검색하여 시작해 보자. 원격 데스크톱 연결의 시작화면은 그림 7.13과 같다. 연결하기 전에 [옵션 표시]를 선택하여 그림 7.14와 같이 [디스플레이]의 부분에서 원격 데스크톱의 크기와 색 농도를 선택한다.

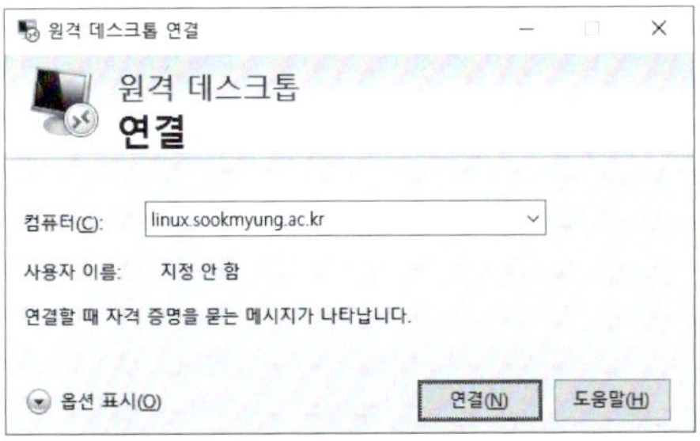


그림 7.13 원격 데스크톱 연결 시작

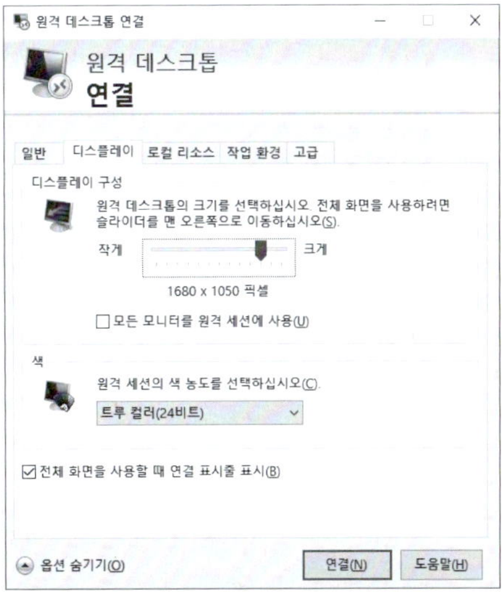


그림 7.14 원격 데스크톱 연결 옵션

원격 데스크톱 연결을 위해서 먼저 연결하고자 하는 컴퓨터의 도메인 이름을 입력하고 이어서 [연결] 버튼을 클릭하여 연결을 시도하면 그림 7.15와 같은 로그인 화면이 나타난다. 로그인에 성공하면 그림 7.16과 같이 GNOME 데스크톱 환경이 시작된다.

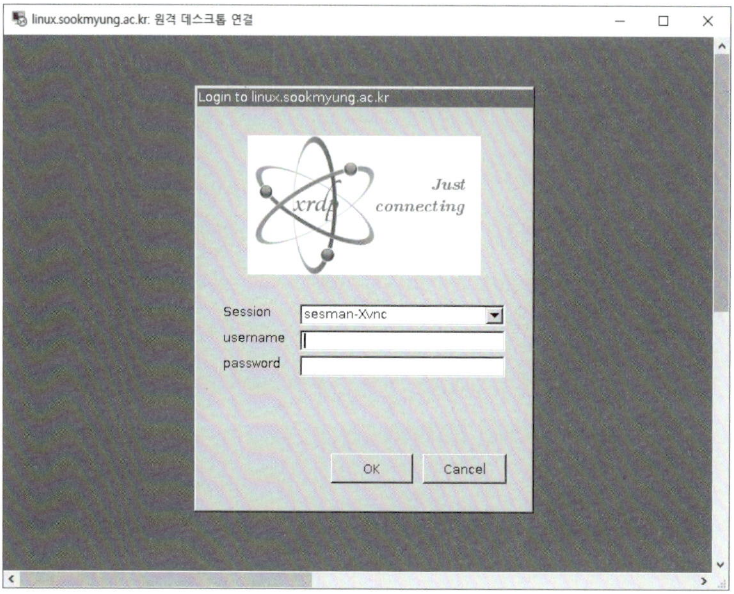


그림 7.15 원격 테스크톱 연결 로그인

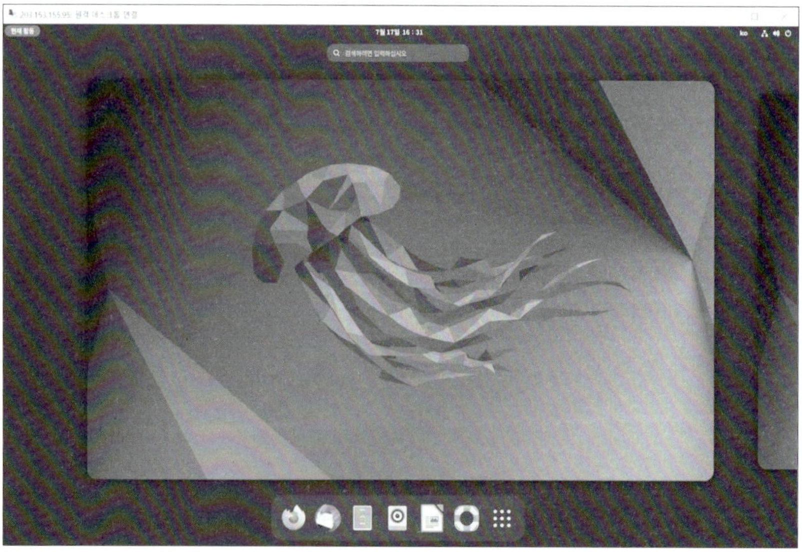

그림 7.16 원격 테스크톱 연결 로그인 후

## 7.7 월드 와이드 웹

### 웹의 기본 개념

유럽입자물리학연구소(CERN)의 연구원 팀 버너스 리(Tim Berners Lee)가 정보 공유를 쉽게 하기 위해 하이퍼텍스트의 개념을 처음 제안했고, 이것을 바탕으로 만들어진 것이 바로 월드 와이드 웹이다. **월드 와이드 웹**(World Wide Web, WWW, W3)은 인터넷에 연결된 컴퓨터들을 통해 사람들이 정보를 공유할 수 있는 전세계적인 정보 공간을 말하며 간단히 웹(Web)이라 부르는 경우가 많다. 이 용어는 인터넷과 동의어로 쓰이는 경우가 많으나 엄격히 말해 서로 다른 개념이다. 웹은 전자 메일과 같이 인터넷 상에서 동작하는 하나의 서비스일 뿐이다.

기술적으로는 HTTP 프로토콜, 하이퍼텍스트, HTML 형식 등을 사용하여 그림과 문자를 교환하는 전송방식으로 1993년 이래로 웹은 인터넷에서 절대적 위치를 차지하고 있다. 웹에서 사용되는 기본 용어에 대해서 알아보자.

**하이퍼텍스트**(hypertext)는 문서 내의 어떤 위치에서 하이퍼링크를 통하여 연결된 문서(같은 문서나 다른 문서의 특정 부분)나 미디어에 쉽게 접근할 수 있도록 해준다. 보통 특정한 단어나 그림을 선택하면 이들과 하이퍼링크로 연결된 다른 문서나 미디어로 자동으로 이동한다. 최근 웹에서는 문자에 대한 링크뿐만 아니라 음성, 영상, 동영상과 같은 다양한 종류의 미디어에 대한 링크도 유지한다. **HTML**(Hyper Text Markup Language)은 웹의 하이퍼텍스트 문서를 작성하고 표현하기 위하여 사용하는 표준 언어이다.

**HTTP**(Hyper Text Transfer Protocol)는 웹 서버와 클라이언트가 통신할 때에 사용하는 프로토콜이다. HTTP를 이용하여 웹 문서뿐만 아니라 일반 문서, 음성, 영상, 동영상 등 다양한 형식의 데이터를 전송할 수 있다.

**URL**(Uniform Resource Locator)은 인터넷에 존재하는 여러 가지 자원들에 대한 주소 체계로 통신할 때에 사용할 프로토콜과 호스트 이름, 해당 데이터 파일이 존재하는 경로와 파일 이름으로 구성된다. 서비스 종류에 따라 프로토콜이 달라지므로 필요한 프로토콜을 지정한 후 "//"로 도메인과 구분하여야 한다. 예를 들어, 다음 URL은 파이어폭스(Firefox) 웹 브라우저의 홈페이지로 파이어폭스에 대한 자세한 정보를 포함하고 있다.

http://www.mozilla.or.kr

웹 페이지(web page)는 월드 와이드 웹 상에 있는 개개의 문서를 가리킨다. 웹 사이트(web site)는 관련된 내용들이 모여 있는 웹 페이지들의 집합을 의미한다. 웹 "서핑" 또는 웹 "브라우징"을 통하여 사용자는 하이퍼링크를 따라 다른 문서로 이동하거나, 서버로 일련의 정보를 보낼 수도 있다.

## 웹 브라우저

웹 브라우저(web browser)는 인터넷망에서 정보를 검색하는 데 사용하는 응용 프로그램을 말한다. 웹 브라우저는 WWW에서 가장 핵심이 되는 소프트웨어라고 할 수 있으며 일반적인 기능으로는 웹 페이지 열기, 최근 방문한 URL 및 즐겨찾기 제공, 웹페이지 저장 기능 등이 있다. 또한 최근에는 이메일도 웹상에서 사용가능한 Gmail과 같은 웹 메일의 사용이 일반화되어 있다.

1993년에는 유닉스 상에서 최초의 그래픽 기반 웹브라우저인 모자이크(Mosaic)가 개발되었으며 1994년에는 최초의 상용 웹브라우저인 넷스케이프(Netscape)가 나타나 폭발적인 인기를 끌었으나 1995년에 등장한 마이크로소프트의 인터넷 익스플로러(Internet Explorer)와의 전쟁에서 패배한 후 역사의 뒤안길로 사라졌다. 최근에는 넷스케이프의 후계자격인 모질라(Mozilla) 재단의 파이어폭스(Firefox), 애플 고유의 웹브라우저 사파리(Safari), 구글의 크롬(Chrome) 등 경쟁자가 등장하면서 인터넷 익스플로러의 점유율은 점차 낮아지고 있는 추세다.

현재 유닉스/리눅스에서 사용할 수 있는 웹 브라우저들은 파이어폭스, 크롬, 사파리 등이며 대부분의 리눅스 배포판에서는 파이어폭스를 기본 웹 브라우저로 설치해 준다.

### ● 파이어폭스

모질라재단의 파이어폭스는 실행 속도나 안정성 면에서 매우 뛰어나며 웹 표준을 준수하고 다양한 부가기능을 제공한다. 파이어폭스의 주요 기능에 대해서는 뒤에서 소개하며 자세한 내용은 파이어폭스 홈페이지 http://www.mozilla.or.kr에서 확인할 수 있다.

### ● 구글 크롬

크롬은 구글에서 만든 웹 브라우저로 구글 사용자에게 특히 유용하다. 크롬은 모든 작업을 빠르게 수행하도록 설계되었다. 바탕화면에서 빠르게 시작할 수 있고, 웹페이지를 빠르게 로드할 수 있으며, 웹 애플리케이션도 빠르게 실행할 수 있다. 크롬 브라우저 창은 간결하고 정돈되어 있으며, 초보자도 편리하게 사용할 수 있다. 예를 들어, 주소창에서 검색과 탐색을 동시에 수행하고, 쉽게 탭을 정렬할 수 있다. 또한 크롬은 악성코드 및 피싱 방지 기능을 사용하여 더욱 안전하고 보호된 웹 환경을 유지한다.

크롬 홈페이지 http://www.google.com/chrome 화면은 그림 7.17과 같으며 리눅스용 크롬을 다운로드 할 수 있다.

그림 7.17 구글 크롬 시작화면

### ● 사파리

사파리는 애플이 만든 웹브라우저다. 빠른 속도를 제외하고는 특별한 장점은 없지만 모바일로 넘어가면 상황이 다르다. 아이팟, 아이폰, 아이패드가 폭발적인 인기를 끌면서 모바일용 사파리의 인기도 덩달아 치솟아 모바일 시장에서는 가장 인기가 있는 웹브라우저 중 하나가 됐다. 사파리 홈페이지는 그림 7.18과 같으며 자세한 관련 자료는 사파리 홈페이지 http://www.apple.com/safari에서 확인할 수 있다.

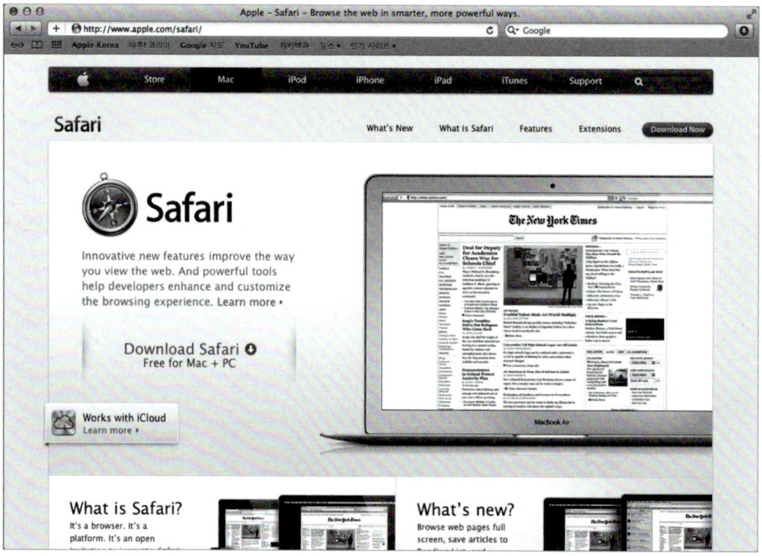


그림 7.18 사파리 홈페이지

## 파이어폭스

파이어폭스에서는 사용자 편의를 위해 스마트 주소창, 탭 브라우징, 라이브 북마크, 통합 검색, 다양한 검색 엔진 지원 등을 제공한다. 사용자 편의를 위한 주요 기능을 정리하면 다음과 같다.

### ● 스마트 주소창

긴 웹 사이트 주소를 기억하지 않더라도 이전에 방문한 사이트 목록을 주소창에서 바로 찾을 수 있다. 스마트 주소창은 주로 방문한 웹 사이트를 순위에 따라 보여 주어 더 빠르게 웹 서핑을 할 수 있도록 도와준다. 또한 북마크 및 탭 정보에서 한 두번의 타이핑으로 웹 서핑이 가능하다.

### ● 라이브 북마크

주소창에 있는 별표 아이콘을 한 번만 클릭하면 바로 북마크에 저장된다. 이를 통해 한 번 방문한 웹 페이지를 또 방문하려고 북마크에 저장하는 시간을 절약할 수 있다.

● 태그 이용하기

북마크에 자주 가는 사이트를 계속 추가하다 보면 관리하는 일이 매우 힘들어진다. 이를 효율적으로 관리하려면 각 사이트에 태그를 붙이는 것이 좋은데 주소창 오른쪽 별표를 한 번만 누르면 북마크와 동시에 태그를 달 수 있다.

● 탭 브라우징

한 번에 여러 웹 페이지를 띄울 수 있는 멀티탭 브라우징 기능을 제공한다. 북마크나 시작 페이지 설정을 통해 한 번에 여러 개 탭을 열어 웹 브라우징 시간을 단축할 수 있다.

● 다양한 검색 엔진 지원

파이어폭스 오른쪽 상단의 메뉴에서 [환경 설정]을 선택하여 다양한 설정을 할 수 있다. 예를 들어 시작 홈페이지를 설정할 수 있고, 검색창의 검색 엔진을 원하는 것으로 바꿀 수 있다.

리눅스를 설치하면 파이어폭스는 자동으로 설치된다. 필요에 따라 그림 7.19의 파이어폭스 홈페이지 `http://www.mozilla.org/kr`에서 다운로드 할 수 있으며 파이어폭스의 사용자 편의성, 성능, 보안, 접근성 등에 대한 보다 자세한 설명을 볼 수 있다.

그림 7.19 Firefox 기능 자세히 보기

## | 핵심 개념 |

- 인터넷은 TCP/IP 프로토콜을 이용해 정보를 주고받는 전세계적인 공개 컴퓨터 통신망이다.
- ftp 혹은 sftp 명령어를 이용하여 파일을 전송할 수 있다.
- telnet 혹은 ssh 명령어를 이용하여 원격 호스트에 접속할 수 있다.
- 웹 서버, FTP 서버, 원격 접속 서버를 설치할 수 있다.

## | 핵심 명령어 |

| 명령어 | 의미 |
|---|---|
| hostname | 사용중인 시스템의 호스트명을 출력한다. |
| ip addr | 사용중인 시스템의 IP 주소를 출력한다. |
| nslookup 호스트명 | 지정된 호스트의 IP 주소를 알려준다. |
| finger 사용자명 | 지정된 사용자에 대한 보다 자세한 정보를 알려준다. |
| ftp -n [호스트명]<br>sftp 사용자명@호스트명 | 호스트명으로 지정된 FTP 서버에 접속하여 파일을 업로드 혹은 다운로드 한다. |
| telnet 호스트명 | 지정된 원격 호스트에 원격으로 접속한다. |
| ssh 사용자명@호스트명 | 지정된 원격 호스트에 사용자명으로 원격으로 접속한다. |

## | 실습 문제 |

7.1 인터넷 명령어 실습

(1) hostname 명령어를 사용하여 사용중인 시스템의 호스트명을 확인한다.

(2) ip 명령어를 사용하여 사용중인 시스템의 IP 주소를 확인한다.

(3) ping 명령어를 사용하여 원격 시스템의 상태를 확인한다.

(4) nslookup 명령어를 사용하여 주요 원격 시스템들의 IP 주소를 확인한다.

7.2 파일 전송 실습

(1) 사용 중인 리눅스 시스템에서 sftp 명령어를 사용하여 사용 가능한 원격 호스트에 특정 파일을 업로드한다.

(2) sftp 명령어를 사용하여 사용 가능한 원격 호스트에서 특정 파일을 다운로드한다.

(3) sftp 명령어를 사용 가능한 원격 호스트에서 확장자가 .gz인 파일을 모두 다운로드 한다.

7.3 원격 접속 실습

(1) 사용 중인 리눅스 시스템에서 ssh 명령어를 사용하여 원격 호스트에 로그인한다.

(2) 2번 실습에서 업로드한 파일을 확인한다.

(3) 리눅스 시스템에 원격 데스크톱을 설치하고 MS 윈도우에서 원격 데스크톱 연결을 통해 연결한다.

7.4 크롬 브라우저 설치

(1) 구글 크롬 홈페이지 http://www.google.com/chrome을 방문하여 리눅스용 크롬 웹 브라우저를 다운로드하여 설치한다.

(2) 자신이 속한 학교의 홈페이지에 접속한다.

7.5 MS 윈도우에서 OpenSSH 클라이언트가 설치되어 있지 않으면 다음과 같이 추가 설치한다.

(1) [설정] → [앱] → [앱 및 기능] → [선택적 기능] → [OpenSSH 클라이언트] 설치

(2) 명령어 창에서 ssh 명령어와 sftp 명령어를 사용하여 리눅스 시스템에 접속한다.

## | 연습 문제 |

7.1 다음 괄호 안에 알맞은 말을 넣으시오.

> (    )는 인터넷 프로토콜로서 호스트의 주소지정과 패킷 분할 및 조립 기능에 대한 규약이다.

7.2 다음 괄호 안에 알맞은 말을 넣으시오.

> (    )는 (    ) 위에서 동작하는 프로토콜로, 데이터의 전달을 보증하고 보낸 순서대로 받게 해준다.

7.3 다음 괄호 안에 알맞은 말을 넣으시오.

> 인터넷 상의 각 컴퓨터는 자신의 (    )를 갖는데 이는 컴퓨터 네트워크에서 장치들이 서로를 인식하고 통신을 하기 위해서 사용하는 번호이다.

7.4 다음 설명 중 옳지 않는 것을 모두 고르시오.

① LAN은 게이트웨이를 통해 인터넷에 연결된다.
② DNS 서비스는 도메인명을 IP 주소로 변환한다.
③ 라우터는 LAN과 LAN를 연결하는 장치이다.
④ IP(Internet Protocol)는 데이터의 전달을 보증하고 보낸 순서대로 받게 해준다.
⑤ TCP(Transport Control Protocol)는 호스트의 주소 지정과 패킷 분할 및 조립 기능에 대한 규약이다.

7.5 다음 설명 중 옳지 않는 것을 모두 고르시오.

① 하이퍼텍스트는 HTML로 작성할 수 있다.
② FTP는 하이퍼텍스트 전달을 위한 프로토콜이다.
③ HTTP는 인터넷에 존재하는 여러 가지 자원들에 대한 주소이다.
④ 하이퍼텍스트는 하이퍼링크를 사용하여 연결된 문서나 미디어에 쉽게 접근할 수 있도록 해준다.
⑤ 웹 사이트는 관련된 내용들이 모여 있는 웹 페이지들의 집합을 의미한다.

7.6 다음 설명에 해당하는 명령어를 넣으시오.

| 명령어 | 설명 |
|---|---|
| | 사용중인 시스템의 호스트명을 출력한다. |
| | 사용중인 시스템의 IP 주소를 출력한다. |
| | 지정된 호스트의 IP 주소를 알려준다. |
| | 지정된 사용자에 대한 보다 자세한 정보를 알려준다. |

7.7 IP 주소에 대해서 설명하시오. IPv4의 경우에 가능한 IP 주소의 개수는 몇 개인가?

7.8 게이트웨이의 역할에 대해 설명하시오. 현재 사용하고 있는 LAN의 게이트웨이 주소는 무엇인가?

7.9 DNS 서비스의 역할에 대해 설명하시오. 자신의 PC가 사용하고 있는 DNS 서버의 주소는 무엇인가?

7.10 nslookup 명령어를 실행하고 그 결과에 대해 설명하시오.

7.11 ssh과 telnet의 차이점을 설명하시오. 특히 ssh의 보안 기능에 대해 조사하여 설명하시오.

7.12 ftp와 sftp의 차이점을 설명하시오. 특히 sftp의 보안 기능에 대해 조사하여 설명하시오.

7.13 하이퍼텍스트와 HTML에 대해 설명하시오.

7.14 HTTP와 URL에 대해 설명하시오.

# CHAPTER 08

# 파일 유틸리티

contents

# 08 파일 유틸리티

이 장에서는 파일의 다양한 속성에 대해서 살펴보고, 리눅스가 제공하는 대표적인 파일 관련 유틸리티들을 소개한다.

## 8.1 파일 속성으로 파일 찾기

### find 명령어

`find` 명령어는 파일 이름이나 속성을 이용하여 해당하는 파일을 찾는 데 사용된다. 이 명령어는 옵션으로 주어진 검색 조건에 따라 지정된 디렉터리 아래에서 해당되는 파일들을 모두 찾아 출력한다.

> $ find 디렉터리 [-옵션]
> 옵션의 검색 조건에 따라 지정된 디렉터리 아래에서 해당되는 파일들을 모두 찾아 출력한다.

그림 8.1 디렉터리에서 파일 찾기

파일을 찾는 가장 간단한 방법은 파일명을 명시하는 -name 옵션을 사용하는 것이다. 다음과 같이 파일명으로 해당 파일들을 찾아서 그 경로를 출력할 수 있다.

> $ find 디렉터리 -name 파일명 -print 혹은 -ls
> 지정된 디렉터리 아래에서 파일명에 해당되는 파일들을 모두 찾아 그 경로를 출력한다.

예를 들어, 다음과 같이 홈디렉터리 아래에서 src라는 이름의 파일(혹은 디렉터리)을 찾아서 그 절대 경로를 출력할 수 있다.

```
$ find ~ -name src  -print
/home/chang/linux/src
```

또한 찾은 파일에 대한 자세한 정보를 원하는 경우에는 -print 대신 -ls 옵션을 사용하면 찾은 파일에 대해 다음과 같이 ls -dils 명령어 실행 결과를 출력한다.

```
$ find ~ -name src  -ls
89090 4 drwxrwxr-x 13  chang chang  4096  9월22  /home/chang/linux/src
```

또한 파일명을 지정할 때 일반적인 이름뿐만 아니라 임의의 문자열을 나타내는 *와 같은 대표문자도 사용할 수 있다. 예를 들어 다음과 같이 파일명을 "*.c" 형태로 지정하여 /usr 아래에서 확장자가 .c인 파일들을 모두 검색할 수 있다.

```
$ find /usr -name "*.c" -print
```

**| 핵심 개념 |**

find 명령어는 파일명이나 속성을 이용하여 해당하는 파일을 찾는 데 사용된다.

## find 명령어의 검색 조건

파일명 외에 다른 파일 속성을 검색 조건으로 사용할 수 있는데 사용할 수 있는 검색 조건 및 찾은 파일을 처리하는 방법은 표 8.1과 같다.

**표 8.1** find 명령어의 검색 조건 및 처리 방법

| 검색 조건 및 처리 방법 | 설명 |
|---|---|
| -name 파일명 | 파일명으로 찾는다. |
| -atime +n | 접근 시간이 n일 이전인 파일을 찾는다. |
| -atime -n | 접근 시간이 n일 이내인 파일을 찾는다. |
| -mtime +n | n일 이전에 수정된 파일을 찾는다. |
| -mtime -n | n일 이내에 수정된 파일을 찾는다. |
| -perm nnn | 접근권한이 nnn인 파일을 찾는다. |
| -type x | 파일 종류가 x인 파일들을 찾는다. |
| -size n | 크기가 n 블록(512바이트)인 파일들을 찾는다. |
| -links n | 링크 개수가 n인 파일들을 찾는다. |
| -user 사용자명 | 파일의 소유자가 사용자명인 파일을 찾는다. |
| -group 그룹명 | 그룹명을 갖는 그룹에 속한 파일을 찾는다. |
| -print | 찾은 파일의 절대 경로명을 화면에 출력한다. |
| -ls | 찾은 파일에 대해 ls -dils 명령어 실행 결과를 출력한다. |
| -exec cmd {}; | 찾은 파일들에 대해 cmd 명령어를 실행한다. |

이제 find 명령어의 기본적인 사용법을 몇 가지 검색 조건으로 분류하고 그 예들을 살펴보자.

### ● 파일의 소유자를 이용한 검색

파일의 소유자(-user) 옵션을 이용해서 파일의 소유자 이름에 따라 검색할 수 있다. 다음 명령은 현재 디렉터리 아래에서 파일 소유자가 chang인 파일을 찾아 출력한다.

```
$ find . -user chang -print
```

### ● 파일의 크기를 이용한 검색

파일 크기(-size) 옵션을 이용해서 파일을 크기에 따라 검색할 수 있다. 다음 명령은 현재 디렉터리 아래에서 파일의 크기가 10 블록(512바이트)인 파일을 찾아 파일명을 출력한다.

```
$ find . -size 10 -print
```

또한 +n과 -n과 같이 사용하여 n 블록 이상인 파일들과 n 블록 이하인 파일들을 찾을 수 있다. 다음 명령은 현재 디렉터리 아래에서 파일의 크기가 100 블록 초과한 파일들을 찾아 출력한다.

```
$ find . -size +100 -print
```

### ● 파일 종류를 이용한 검색

파일 종류(-type) 옵션을 이용해서 파일의 종류에 따라 검색할 수 있다. 파일의 종류는 다음과 같이 한 문자로 표시한다.

| | | |
|---|---|---|
| d: 디렉터리 | f: 일반 파일 | l: 심볼릭 링크 |
| b: 블록 장치 파일 | c: 문자 장치 파일 | s: 소켓 파일 |

예를 들어 다음 명령은, 홈디렉터리 아래에 파일 종류가 디렉터리(d)인 파일을 찾아 경로명을 출력한다.

```
$ find ~ -type d -print
```

### ● 접근권한을 이용한 검색

파일의 접근권한(-perm) 옵션을 이용해서 파일의 접근권한에 따라 검색할 수 있다. 예를 들어 다음 명령은, 현재 디렉터리 아래에서 파일 접근권한이 700인 파일을 찾아 해당 파일에 대해 ls 명령어를 수행한다.

```
$ find . -perm 700 -ls
```

### ● 파일의 시간을 이용한 검색

파일의 접근 시간(-atime)이나 수정 시간(-mtime) 옵션을 이용해서 검색할 수 있다. 접근 시간이나 수정 시간을 다음과 같이 +n, n, 혹은 -n으로 기술하며 그 의미는 다음과 같다.

+n: 현재 시각을 기준으로 n일 이상 전
 n: 현재 시각을 기준으로 n일 전
-n: 현재 시각을 기준으로 n일 이내

예를 들어 다음 명령은 현재 디렉터리 아래에서 현재 시각을 기준으로 30일 이전에 접근되었던 파일을 찾아 출력한다.

```
$ find . -atime +30 -print
```

또한 다음 명령은 현재 디렉터리 아래에서 현재 시각을 기준으로 7일 이내에 수정된 적이 있는 파일을 찾는다.

```
$ find . -mtime -7 -print
```

### 검색 조건 조합 및 검색된 파일 처리

find 명령어는 지금까지 살펴본 여러 검색 옵션을 조합해서 사용할 수 있다. 예를 들어 다음과 같이 파일 종류(-type)와 접근권한(-perm) 검색 옵션을 조합해서 현재 디렉터리 아래에서 접근권한이 700인 디렉터리를 찾아 그 경로명을 출력할 수 있다.

```
$ find . -type d -perm 700 -print
```

또한 다음 명령은 현재 디렉터리 아래에서 파일명이 core이고 크기가 2048 블록 초과한 파일을 찾아 ls 명령어를 수행하여 출력한다.

```
$ find . -name core -size +2048 -ls
```

find 명령어의 -exec 옵션을 사용하면 검색한 모든 파일을 대상으로 동일한 작업(명령어)을 수행할 수 있다. 예를 들어, 다음 명령은 현재 디렉터리 아래에서 이름이 core인 파일을 검색하여 이 파일에 대해 rm 명령어를 수행한다. 아래 명령에서 "{ } \;"는 검색된 파일명을 의미한다.

```
$ find . -name core -exec rm -i {} \;
```

또한 다음 명령은 현재 디렉터리 아래에서 30일 이전에 접근된 파일 중 *.c를 찾아 이를 자세히 리스트하기 위해서 ls -l 명령어를 수행한다.

```
$ find . -name "*.c" -atime +30 -exec ls -l {} \;
```

## 8.2 파일 필터링

파일 관련 유틸리티들은 주로 파일 내용을 조작하는 데 사용되는데 주로 파일 내용을 필터링, 정렬, 자르기, 비교, 찾기 등을 하는 데 사용된다. 각각에 대해 자세히 살펴보자.

### grep 명령어

grep 명령어를 이용하여 텍스트 파일의 내용을 검색할 수 있다. 이 명령어는 파일을 대상으로 지정된 패턴의 문자열을 검색하고, 해당 문자열을 포함하는 줄들을 출력한다. 문자열 패턴은 일반적으로는 정규식(regular expression) 형태로 표현할 수 있으며 간단한 패턴은 문자열로 표현할 수 있다.

> $ grep 패턴 파일*
> 파일(들)을 대상으로 지정된 패턴의 문자열을 검색하고, 해당 문자열을 포함하는 줄들을 출력한다.

grep 명령어의 동작 원리는 그림 8.2와 같다. 대상 파일의 각 줄에 대해서 지정된 패턴의 문자열을 검색하여 해당 패턴의 문자열을 포함하고 있으면 그 줄을 출력한다.

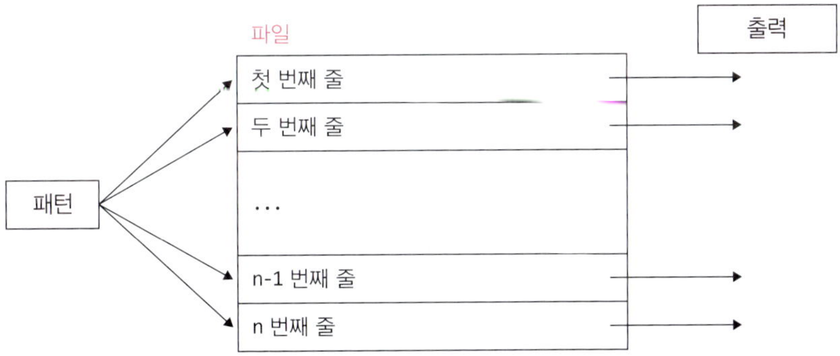


그림 8.2 grep의 동작 원리

grep 명령어의 기본적인 사용 예를 살펴보자. 다음 예제 파일 you.txt에 대해서 grep 명령어를 사용하여 지정된 패턴의 문자열을 검색해보자.

```
you.txt
When I am down and, oh my soul, so weary
When troubles come and my heart burdened be
Then, I am still and wait here in the silence
Until you come and sit awhile with me

You raise me up, so I can stand on mountains
You raise me up, to walk on stormy seas
I am strong, when I am on your shoulders
You raise me up, to more than I can be

There is no life - no life without its hunger;
Each restless heart beats so imperfectly;
But when you come and I am filled with wonder,
Sometimes, I think I glimpse eternity
```

```
실행결과
$ grep with you.txt
Until you come and sit awhile with me
There is no life - no life without its hunger;
But when you come and I am filled with wonder,
```

이 경우, grep은 you.txt라는 파일에서 with 문자열을 포함하는 모든 줄을 단어 경계와 상관없이 찾아서 출력한다. 따라서 without 문자열을 포함하는 줄도 출력된다.

**| 핵심 개념 |**

grep 명령어는 파일들을 대상으로 지정된 패턴의 문자열을 검색하고, 해당 문자열을 포함하는 줄들을 출력한다.

## grep 명령어의 옵션

grep은 여러 옵션을 사용할 수 있다. 각 옵션에 대한 간단한 설명은 표 8.2와 같다.

표 8.2 grep 명령어의 옵션

| 옵션 | 기능 |
|---|---|
| -i | 대소문자를 무시하고 검색한다. |
| -l | 해당 패턴이 들어있는 파일명을 출력한다. |
| -n | 각 줄의 줄번호도 함께 출력한다. |
| -v | 명시된 패턴을 포함하지 않는 줄을 출력한다. |
| -c | 패턴과 일치하는 줄 수를 출력한다. |
| -w | 패턴이 하나의 단어로 된 것만 검색한다. |

예를 들어, 몇 개의 옵션을 살펴보자.

- -w 옵션은 단어(word) 옵션으로 패턴을 검색할 때 양끝에 공백이 있는 단어 형태의 문자열만을 검색하여 해당 문자열을 포함하는 줄들을 출력한다. 따라서 다음 명령은 without 문자열은 출력하지 않고 with 문자열만을 출력한다.

```
$ grep -w with you.txt
Until you come and sit awhile with me
But when you come and I am filled with wonder,
```

- -n 옵션은 줄번호를 포함하여 출력한다.

```
$ grep -n with you.txt
4:Until you come and sit awhile with me
15:There is no life - no life without its hunger;
17:But when you come and I am filled with wonder,
```

- -i 옵션은 대소문자 무시(ignore) 옵션으로 대소문자 사용 여부와 관계없이 해당 단어를 검색하여 출력한다.

```
$ grep -i when you.txt
When I am down and, oh my soul, so weary
When troubles come and my heart burdened be
I am strong, when I am on your shoulders
But when you come and I am filled with wonder,
```

• -v 옵션은 역(reverse) 옵션으로 해당 패턴을 포함하지 않은 줄들을 출력한다.

```
$ grep -v raise you.txt
When I am down and, oh my soul, so weary
When troubles come and my heart burdened be
Then, I am still and wait here in the silence
Until you come and sit awhile with me
I am strong, when I am on your shoulders

There is no life - no life without its hunger;
Each restless heart beats so imperfectly;
But when you come and I am filled with wonder,
Sometimes, I think I glimpse eternity
```

### 정규식을 사용한 문자열 패턴

grep 명령어는 고정된 문자열 대신에 **정규식**(regular expression)을 이용하여 찾고자 하는 문자열 패턴을 기술할 수 있다. 정규식에서는 다음 문자들을 표 8.3과 같이 특별한 의미를 나타내는 기호로 사용한다.

표 8.3 정규식

| 문자 | 의미 | 예 |
|---|---|---|
| . | 임의의 한 문자를 의미한다. | 'a...b'는 a로 시작해서 b로 끝나는 5글자 문자열을 나타낸다. |
| * | 바로 앞의 것을 0번 이상 반복함을 의미한다. | 'a*b'는 b, ab, aab, aaab, ... 등의 문자열을 나타낸다. |
| [ ] | [과 ] 사이의 문자 중 하나를 의미한다. - 기호를 사용하여 문자의 범위를 지정할 수 있다. | '[abc]d'는 ad, bd, cd를 뜻한다. 또한 [a-z]는 a부터 z까지 중 하나, [1-9]는 1부터 9까지 중의 하나를 뜻한다. |
| [^...] | [^ 과 ] 사이의 문자를 제외한 나머지 문자 중 하나를 의미한다. | '[^abc]d'는 ad, bd, cd는 포함하지 않고 ed, fd 등을 포함한다. [^a-z]는 알파벳 소문자가 아닌 모든 문자를 나타낸다. |
| ^, $ | 각각 줄의 시작과 끝을 의미한다. | '^abc'은 abc로 시작하는 줄을 나타낸다. 'abc$'은 abc로 끝나는 줄을 나타낸다. |

찾고자 하는 문자열 패턴을 정규식을 이용하여 기술하는 예를 살펴보자. 첫 번째 예에서 'st...' 표현은 st로 시작하고 다음에 임의의 세 글자가 나타나는 문자열을 표현하는데 실행 결과에서 이를 확인할 수 있다.

```
$ grep 'st...' you.txt
Then, I am still and wait here in the silence
You raise me up, so I can stand on mountains
You raise me up, to walk on stormy seas
I am strong, when I am on your shoulders
Each restless heart beats so imperfectly;
```

두 번째 예에서는 -w 옵션을 사용하여 이 중에서 양 끝에 공백이 있는 단어 형태의 문자열만 출력하게 했는데 양 끝에 공백이 없는 것들은 제외되었음을 알 수 있다.

```
$ grep -w 'st...' you.txt
Then, I am still and wait here in the silence
You raise me up, so I can stand on mountains
```

세 번째 예에서 'st.*e' 표현은 st로 시작해서 임의의 문자열이 나오고 e로 끝나는 문자열들을 나타내는데 실행 결과에서 색칠된 문자열이 이 패턴에 매치되는 문자열이다.

```
$ grep 'st.*e' you.txt
Then, I am still and wait here in the silence
You raise me up, to walk on stormy seas
I am strong, when I am on your shoulders
Each restless heart beats so imperfectly;
```

네 번째 예에서 'st[aeiou]*'정규식 표현은 st로 시작해서 aeiou 문자가 0번 이상 반복되는 문자열을 나타내는데 다음 실행 결과에서 이를 확인할 수 있다.

```
$ grep 'st[aeiou]*' you.txt
Then, I am still and wait here in the silence
You raise me up, so I can stand on mountains
You raise me up, to walk on stormy seas
I am strong, when I am on your shoulders
Each restless heart beats so imperfectly;
```

## 파이프와 함께 grep 명령어 사용

grep 명령어는 파이프와 함께 자주 사용되는데 어떤 명령어를 실행하고 그 실행 결과 중에서 원하는 단어 혹은 문자열 패턴을 찾고자 할 때 사용할 수 있다. 예를 들어, 파일 리스트 중에서 특정 문자열 패턴을 포함한 파일들만 리스트할 수 있다. 다음 명령은 리스트한 파일들 중에서 소유자가 chang으로 표시된 파일들만 리스트한다.

```
$ ls -l | grep chang
```

또한 다음과 같이 /bin 디렉터리 내에 있는 명령어 중에서 tex 관련 명령어만을 출력할 수 있다.

```
$ ls /bin | grep tex
```

ls 명령어뿐만 아니라 모든 명령어의 출력에 대해서도 grep 명령어를 적용할 수 있다. 예를 들어, 다음과 같이 리스트한 모든 프로세스 중에서 소유자가 chang으로 표시된 프로세스만을 리스트할 수 있다.

```
$ ps -ef | grep chang
```

grep의 변형으로 egrep, fgrep 등이 있는데 egrep은 확장된 정규식을, 후자는 고정된 문자열을 이용하여 검색하는 기능을 가지고 있다. 최근에는 이와 같은 기능들이 grep 명령어 포함되어 -E, -F 옵션으로 이용할 수 있다. grep의 확장 기능에 대한 자세한 내용은 리눅스 시스템의 온라인 매뉴얼을 참조하기 바란다.

## 8.3 파일 정렬

### sort 명령어

sort 명령어를 이용하여 텍스트 파일의 내용을 정렬할 수 있다. 이 명령어는 텍스트 파일의 내용을 줄 단위로 정렬한다.

> $ sort [-옵션] 파일*
> 텍스트 파일(들)의 내용을 줄 단위로 정렬한다. 옵션에 따라 다양한 형태로 정렬한다.

이 유틸리티는 정렬 필드를 기준으로 텍스트 파일을 줄 단위로 오름차순으로 정렬한다. 기본적으로는 각 줄의 첫 번째 필드가 정렬 필드로 사용된다. 줄의 필드는 줄을 구성하는 단어라고 생각하면 된다. -r 옵션을 사용하여 내림차순으로 정렬할 수 있다.

**| 핵심 개념 |**

sort 명령어는 텍스트 파일의 내용을 줄 단위로 정렬하는 유틸리티이다.

예를 들어, 예제 파일 you.txt를 sort 명령어를 이용하여 정렬해보자. 첫 번째 필드를 기준으로 하여 오름차순으로 정렬한 경우와 -r 옵션을 사용하여 내림차순으로 정렬한 경우의 결과를 확인할 수 있다.

```
$ sort you.txt

But when you come and I am filled with wonder,
Each restless heart beats so imperfectly;
I am strong, when I am on your shoulders
Sometimes, I think I glimpse eternity
Then, I am still and wait here in the silence
There is no life - no life without its hunger;
Until you come and sit awhile with me
When I am down and, oh my soul, so weary
When troubles come and my heart burdened be
You raise me up, so I can stand on mountains
You raise me up, to more than I can be
You raise me up, to walk on stormy seas
```

```
$ sort -r you.txt
You raise me up, to walk on stormy seas
You raise me up, to more than I can be
You raise me up, so I can stand on mountains
When troubles come and my heart burdened be
When I am down and, oh my soul, so weary
Until you come and sit awhile with me
There is no life - no life without its hunger;
Then, I am still and wait here in the silence
Sometimes, I think I glimpse eternity
I am strong, when I am on your shoulders
Each restless heart beats so imperfectly;
But when you come and I am filled with wonder,
```

## 정렬 필드 지정

sort 명령어는 필요에 따라 정렬할 때 사용할 정렬 필드를 별도로 지정할 수 있는데 -k 필드번호 형식으로 정렬에 사용할 필드 번호를 -k 옵션에 명시하면 된다. 이 옵션을 사용할 때 필드번호는 1부터 시작된다. 또한 +시작필드 -종료필드 형식으로 정렬에 사용할 여러 개의 필드 번호를 지정할 수 있다. 정렬에는 **시작필드**부터 **종료필드-1**까지의 필드들이 사용된다. 이 때 필드 번호는 0부터 시작된다는 점을 주의하자.

표 8.4 sort 명령어의 옵션

| 필드 지정 | 기능 |
|---|---|
| -k 필드번호 | 필드번호에 해당하는 필드를 기준으로 정렬한다.<br>이 옵션에서 필드번호는 1부터 시작된다. |
| +시작필드<br>-종료필드 | 시작필드부터 종료필드-1까지의 필드들을 기준으로 정렬한다.<br>이 때 필드 번호는 0부터 시작된다. |

예를 들어, 세 번째 필드를 기준으로 정렬하고자 한다면 다음과 같이 정렬 필드를 명시하면 된다.

```
$ sort -k 3 you.txt  혹은
$ sort +2 -3 you.txt
Then, I am still and wait here in the silence
When I am down and, oh my soul, so weary
Until you come and sit awhile with me
When troubles come and my heart burdened be
Each restless heart beats so imperfectly;
You raise me up, so I can stand on mountains
You raise me up, to more than I can be
You raise me up, to walk on stormy seas
There is no life - no life without its hunger;
I am strong, when I am on your shoulders
Sometimes, I think I glimpse eternity
But when you come and I am filled with wonder,
```

## sort 명령어의 옵션

sort 명령어는 효과적인 정렬을 위해 다양한 옵션들을 제공하는데 주요 옵션들을 나열하면 표 8.5와 같다.

표 8.5 sort 명령어의 옵션

| 옵션 | 기능 |
|---|---|
| -b | 앞에 붙는 공백은 무시한다. |
| -c | 정렬이 되지 않은 상태로 출력한다. |
| -d | 숫자, 문자, 공백만 비교하여 사전식 순서로 정렬한다. |
| -f | 대소문자를 구분하지 않고 정렬한다. |
| -n | 숫자 문자열의 숫자 값에 따라 비교하여 정렬한다. |
| -r | 역순(내림차순)으로 정렬한다. |
| -t 문자 | 지정한 문자를 필드 구분자로 사용한다. |

예를 들어, 주요 옵션들을 살펴보면 다음과 같다.

- -o 출력파일 옵션을 이용하여 정렬된 내용을 지정된 파일에 저장할 수 있다. 예를 들어, 다음과 같이 정렬된 결과를 sort.txt 파일에 저장할 수 있다.

```
$ sort -o sort.txt you.txt
```

- -n 옵션을 사용하여 숫자 문자열의 경우에 숫자가 나타내는 값의 크기에 따라 비교하여 정렬할 수 있다. 예를 들어, "49"와 "100"을 문자로 비교하면 100이 앞에 있지만 숫자 값으로 비교하면 49가 앞에 있다.

- -t 옵션을 사용하여 필드와 필드 사이를 구분하는 필드 구분 문자를 지정된 문자로 정할 수 있다. 예를 들어, /etc/passwd 파일의 경우에는 필드와 필드 사이가 콜론(:)으로 구분되어 있다. 이러한 경우에는 다음과 같이 필드 구분 문자를 콜론(:)으로 지정할 수 있다. 다음은 필드를 콜론(:)으로 구분하고 세 번째 필드인 사용자 ID를 기준으로 번호 순으로 정렬한다.

```
$ sort -t: -k 3 -n /etc/passwd
root:x:0:0:root:/root:/bin/bash
bin:x:1:1:bin:/bin:/sbin/nologin
daemon:x:2:2:daemon:/sbin:/sbin/nologin
adm:x:3:4:adm:/var/adm:/sbin/nologin
lp:x:4:7:lp:/var/spool/lpd:/sbin/nologin
sync:x:5:0:sync:/sbin:/bin/sync
shutdown:x:6:0:shutdown:/sbin:/sbin/shutdown
halt:x:7:0:halt:/sbin:/sbin/halt
mail:x:8:12:mail:/var/spool/mail:/sbin/nologin
operator:x:11:0:operator:/root:/sbin/nologin
games:x:12:100:games:/usr/games:/sbin/nologin
ftp:x:14:50:FTP User:/var/ftp:/sbin/nologin
...
```

이 파일의 정렬 결과를 다음과 같이 passwd.sort 파일에 저장할 수 있다.

```
$ sort -t: -k 3 -n -o passwd.sort /etc/passwd
```

# 8.4 파일 비교

## 파일 비교: cmp

cmp 명령어는 두 파일이 같은지 비교한다. 두 파일이 완전히 같으면 아무것도 출력하지 않는다. 두 파일이 서로 다르면 두 파일이 서로 달라지는 위치(줄 수와 파일 시작부터 해당 지점까지의 문자 수)를 찾아 알려준다.

```
$ cmp 파일1 파일2
```
파일1과 파일2가 같은지 비교한다.

예를 들어, you.txt와 이와 비슷한 다음의 me.txt 파일을 비교해보자. 결과를 보면 이 두 파일이 10번째 행, 340번째 문자부터 다르다는 것을 알 수 있다.

**me.txt**

```
When I am down and, oh my soul, so weary
When troubles come and my heart burdened be
Then, I am still and wait here in the silence
Until you come and sit awhile with me

You raise me up, so I can stand on mountains
You raise me up, to walk on stormy seas
I am strong, when I am on your shoulders
You raise me up, to more than I can be

You raise me up, so I can stand on mountains
You raise me up, to walk on stormy seas
I am strong, when I am on your shoulders

There is no life - no life without its hunger;
Each restless heart beats so imperfectly;
But when you come and I am filled with wonder,
Sometimes, I think I glimpse eternity
```

**실행결과**

```
$ cmp you.txt me.txt
you.txt me.txt 다름: 340 자, 10 행
```

## 파일 비교: diff

diff 명령어는 두 파일이 서로 다른지 비교한다. 이 명령어는 두 파일을 줄 단위로 비교하여 그 차이를 출력한다. -i 옵션은 대소문자를 무시하여 비교한다.

> $ diff [-i] 파일1 파일2
> 파일1과 파일2를 줄 단위로 비교하여 그 차이점을 출력한다.
> -i 옵션은 대소문자를 무시하여 비교한다.

이 명령어는 두 파일의 차이를 첫 번째 파일을 두 번째 파일 내용과 같도록 바꾸는 편집 명령어 형태로 출력한다.

예를 들어, diff 명령어를 이용하여 두 개의 예제 파일을 비교해보자. 결과를 보면 첫 번째 파일의 9번째 줄 이후에 두 번째 파일의 10~13번째 줄들을 추가(a)하면 두 파일이 같아진다는 것을 알 수 있다. 이것은 첫 번째 파일과 비교해서 두 번째 파일이 10~13번째 줄들이 더 있다는 것을 의미한다.

```
$ diff you.txt me.txt
9a10,13
>
> You raise me up, so I can stand on mountains
> You raise me up, to walk on stormy seas
> I am strong, when I am on your shoulders
```

이 명령어에서 사용하는 편집 명령어는 다음과 같으며 n1,n2는 첫 번째 파일의 줄 번호를 n3,n4는 두 번째 파일의 줄 번호를 의미한다.

### ● 추가(a)

첫 번째 파일의 줄 n1 이후에 두 번째 파일의 n3부터 n4까지의 줄들을 추가하면 두 파일은 서로 같다. 이것은 첫 번째 파일보다 두 번째 파일에 n3부터 n4까지의 줄들이 더 있는 경우를 나타낸다.

```
n1 a n3,n4
> 추가할 두 번째 파일의 줄들
```

### ● 삭제(d)

첫 번째 파일의 n1부터 n2까지의 줄들을 삭제하면 두 번째 파일의 n3 줄까지 서로 같다. 이것은 첫 번째 파일의 n1부터 n2까지의 줄이 두 번째 파일보다 더 있는 경우를 나타낸다.

```
n1,n2 d n3
< 삭제할 첫 번째 파일의 줄들
```

예를 들어, 두 개의 파일을 순서를 바꿔서 비교해 보면 출력결과는 다음과 같으며, 이는 두 파일은 9번째 줄까지는 서로 같으며 첫 번째 파일(me.txt)의 10~13번째 줄이 두 번째 파일(you.txt)보다 더 있다는 것을 의미한다.

```
$ diff me.txt you.txt
10,13d9
<
< You raise me up, so I can stand on mountains
< You raise me up, to walk on stormy seas
< I am strong, when I am on your shoulders
```

### ● 변경(c)

첫 번째 파일의 n1부터 n2까지의 줄들을 두 번째 파일의 n3부터 n4까지의 줄들로 대치하면 두 파일은 서로 같다. 이것은 첫 번째와 두 번째 파일의 해당 줄들이 서로 다른 경우를 나타낸다.

```
n1,n2 c n3,n4
< 첫 번째 파일의 대치될 줄들
--
> 두 번째 파일의 대치할 줄들
```

간단한 예를 들어, 두 개의 파일을 비교했을 때 출력 결과가 다음과 같다면 이는 파일1과 파일2가 첫 번째 줄에서 다음과 같이 서로 다르다는 것을 보여준다.

```
$ diff 파일1 파일2
1 c 1
< This is the first file
--
> This is the second file.
```

## 8.5 기타 파일 조작

### 파일 분할: split

split 명령어를 사용하여 하나의 파일을 여러 개 파일로 나눌 수 있다. 이 명령어는 하나의 파일을 일정한 크기의 여러 개 작은 파일들로 분할하는 데 사용된다.

> $ split [-l n] 입력파일 [출력파일]
> 하나의 입력파일을 일정한 크기의 여러 개 작은 파일들로 분할한다. -l n 옵션을 이용하여 분할할 줄 수를 지정할 수 있다.

-l n 옵션을 이용하여 분할할 줄 수를 n 줄로 지정할 수 있다. 따로 지정하지 않으면 1000 줄씩 분할하여 출력파일에 저장하며 이때 저장되는 출력파일명에 aa부터 zz까지의 첨자가 붙는다. 출력파일명을 따로 지정하지 않으면 xaa, xab, ... 형태의 파일명으로 저장된다.

예를 들어, split 명령어를 이용하여 you.txt 파일을 10줄 단위로 분할하고 ls 명령어로 결과를 보면 xaa와 xab 두 개의 파일이 생성된 것을 확인할 수 있다.

```
$ split -l 10 you.txt
$ ls -l
-rw-rw-r--  1 chang  chang   341  2월 16일  14:36 xaa
-rw-rw-r--  1 chang  chang   177  2월 16일  14:36 xab
-rw-rw-r--  1 chang  chang   518  2월 15일  19:33 you.txt
```

### 파일 합병

● cat 명령어를 이용한 파일 합병

여러 파일을 합쳐서 하나의 파일을 만들려면 어떻게 하여야 할까? 이미 배웠던 cat 명령어와 출력 재지정 기능을 이용할 수 있다. 다음과 같이 사용하면 **파일1**과 **파일2**의 내용을 붙여서 **파일3**을 만들어준다.

> $ cat 파일1 파일2 > 파일3
> 파일1과 파일2의 내용을 붙여서 새로운 파일3을 만들어준다.

예를 들어, 다음과 같이 위에서 자르기 한 파일을 붙여서 원래 파일을 만들 수 있다.

```
$ cat xaa xab > xmerge
```

### ● paste 명령어를 이용한 줄 단위 파일 합병

paste 명령어를 사용하여 여러 파일들을 줄 단위로 합병하여 하나의 파일을 만들 수 있다. 이 명령어는 기본적으로 여러 파일들을 줄 단위로 합병하여 화면에 출력하는데, 구체적으로는 각 파일의 대응하는 각 줄을 하나로 연결하여 새로운 줄을 만들어 화면에 출력한다.

> $ paste [ -s ][ -d구분문자 ] 파일*
> 여러 파일들을 줄 단위로 합병하여 하나의 파일을 만들어준다.
> -s : 줄 단위로 합병하지 않고 한 파일 끝에 다음 파일 내용을 덧붙인다.

예를 들어, line.txt 파일의 내용이 다음과 같다고 가정하자.

```
line 1:
line 2:
...
line 13:
line 14:
```

다음 명령은 두 파일의 대응되는 각 줄을 합병하여 다음과 같이 출력한다. 줄을 합병할 때 줄과 줄 사이는 탭으로 구분한다.

```
$ paste line.txt you.txt
line 1:    When I am down and, oh my soul, so weary
line 2:    When troubles come and my heart burdened be
...
line 13:   But when you come and I am filled with wonder,
line 14:   Sometimes, I think I glimpse eternity
```

물론 출력 재지정 기능을 이용하면 다음과 같이 합병된 출력을 파일에 저장할 수 있다.

```
$ paste line.txt you.txt > lineyou.txt
```

파일을 합병하는 또 하나의 방법은 -s 옵션을 사용하는 경우로 한 파일의 끝에 다른 파일의 내용을 덧붙이는 것이다. 예를 들어, 다음과 같이 split 명령어로 분리한 파일을 합쳐서 원래 파일을 만들 수 있다.

```
$ paste -s xaa xab > xmerge
```

## | 핵심 개념 |

- find 명령어는 파일명이나 속성을 이용하여 해당하는 파일을 찾는 데 사용된다.
- grep 명령어는 파일들을 대상으로 지정된 패턴의 문자열을 검색하고, 해당 문자열을 포함하는 줄들을 출력한다
- sort 명령어는 텍스트 파일을 줄 단위로 정렬한다.
- cmp 명령어는 두 파일이 같은지 비교한다.
- diff 명령어는 두 파일이 서로 다른지 비교한다.

## | 핵심 명령어 |

| 명령어 | 의미 |
|---|---|
| find 디렉터리 [-옵션] | 옵션의 검색 조건에 따라 지정된 디렉터리 아래에서 해당되는 파일들을 모두 찾아 출력한다. |
| grep 패턴 파일* | 파일(들)을 대상으로 지정된 패턴의 문자열을 검색하고, 해당 문자열을 포함하는 줄을 출력한다. |
| sort [-옵션] 파일* | 텍스트 파일(들)의 내용을 줄 단위로 정렬한다. 옵션에 따라 다양한 형태로 정렬한다. |
| cmp 파일1 파일2 | 파일1과 파일2가 같은지 비교한다. |
| diff [-i] 파일1 파일2 | 파일1과 파일2를 줄 단위로 비교하여 그 차이점을 출력한다. |
| split [-l n] 입력파일 | 하나의 입력파일을 일정한 크기의 여러 개 작은 파일들로 분할한다. |
| cat 파일1 파일2 〉 파일3 | 파일1과 파일2의 내용을 붙여서 새로운 파일3을 만들어준다. |
| paste [ -s ]파일* | 여러 파일들을 합병하여 하나의 파일을 만들어준다. |

## | 실습 문제 |

### 8.1 grep 명령어 실습

(1) grep 명령어를 사용하여 /etc/services 파일에서 tcp 서비스들을 찾아 그 개수를 출력하시오.

(2) grep 명령어를 사용하여 /etc/services 파일에서 tcp 서비스들을 찾아 이를 sort 명령어를 사용하여 정렬하고 그 결과를 파일에 저장하시오.

(3) ls -sl 명령의 실행 결과에서 grep 명령어를 사용하여 자기 소유의 파일만을 출력한다.

(4) ps -ef 명령의 실행 결과에서 grep 명령어를 사용하여 root 소유의 프로세스만을 출력한다.

### 8.2 sort 명령어 실습

/etc/passwd 파일은 계정 정보를 저장하는 파일로 각 계정 정보는 다음과 같은 구조로 저장된다.

| 계정명:패스워드:UID:GID:계정설명:홈 디렉터리:로그인 쉘 |
|---|

(1) 이 파일을 계정명의 오름차순으로 정렬하여 파일에 저장한다.

(2) 이 파일을 계정명의 내림차순으로 정렬하여 파일에 저장한다.

(3) 이 파일을 UID의 알파벳순으로 정렬하여 파일에 저장한다.

(4) 이 파일을 UID의 번호순으로 정렬하여 파일에 저장한다.

(5) 이 파일을 계정설명의 오름차순으로 정렬하여 파일에 저장한다.

### 8.3 find 명령어 실습

(1) find 명령어를 사용하여 /etc 디렉터리의 모든 파일 중 심볼릭 링크 파일들만을 상세하게 리스트하시오.

(2) find 명령어를 사용하여 /etc 디렉터리의 모든 파일 중 확장자가 .conf인 파일들의 상세 리스트를 conf.out 파일에 저장하시오.

(3) ls, 파이프, grep 등을 사용하여 (2)와 같은 일을 하도록 하시오.

## | 연습 문제 |

8.1 다음 괄호 안에 알맞은 말을 넣으시오.

> grep 명령어는 파일들을 대상으로 지정된 패턴의 (　　)을 검색하고, 해당 (　　)을 포함하는 (　)들을 출력한다

8.2 리눅스 시스템의 사용자 정보를 포함하는 /etc/passwd 파일에서 bash를 사용하는 사용자의 리스트를 정렬하여 출력하도록 명령을 작성하시오.

8.3 find 명령어를 사용하여 홈 디렉터리의 모든 파일 중에서 접근권한이 755인 것들을 모두 검색하도록 작성하시오.

8.4 grep 명령어를 사용하여 /etc/services 파일에서 #으로 시작하는 줄은 코멘트 줄이다. #으로 시작하는 줄들만을 출력하시오. #으로 시작하지 않는 줄들만을 출력하시오.

8.5 다음은 find 명령어의 검색 조건 및 처리 방법을 설명한 것이다. 빈칸을 채우시오.

| 검색 조건 및 처리 방법 | 설명 |
|---|---|
| -name 파일명 | 파일명으로 찾는다. |
| -atime +n | |
| -atime -n | 접근 시간이 n일 이내인 파일을 찾는다. |
| -perm nnn | |
| -type x | 파일 종류가 x인 파일들을 찾는다. |
| -size n | |
| -links n | 링크된 개수가 n인 파일들을 찾는다. |
| -user 사용자명 | |
| -print | |
| -ls | 찾은 파일에 대해 ls -dils 명령어 실행 결과를 출력한다. |
| -exec cmd {}; | |

8.6 다음 텍스트 파일을 대상으로 하여 정규식을 이용하여 다음과 같이 grep 명령어를 수행할 때 매치되는 문자열에 밑줄을 그어 표시하시오.

(1) grep 'am.*e' you.txt

(2) grep -i 'when' you.txt

(3) grep -w 'st.*s' you.txt

(4) grep 'st.*s' you.txt

you.txt

```
When I am down and, oh my soul, so weary
When troubles come and my heart burdened be
Then, I am still and wait here in the silence
Until you come and sit awhile with me

You raise me up, so I can stand on mountains
You raise me up, to walk on stormy seas
I am strong, when I am on your shoulders
You raise me up, to more than I can be

There is no life - no life without its hunger;
Each restless heart beats so imperfectly;
But when you come and I am filled with wonder,
Sometimes, I think I glimpse eternity
```

8.7 grep 명령어의 옵션의 기능을 설명하시오.

| 옵션 | 기능 |
|---|---|
| -i | |
| -l | |
| -n | |
| -v | |
| -c | |
| -w | |

8.8 find 명령어를 사용하여 현재 디렉터리 아래에 있는 확장자가 .log 파일을 찾아서 삭제하도록 명령을 작성하시오.

8.9 find 명령어를 사용하여 현재 디렉터리 아래에서 30일 이내에 접근된 확장자가 .c인 파일을 찾아 그 내용을 출력하도록 명령을 작성하시오.

8.10 지정된 파일에 대해서 "the" 문자열을 단어 형태로 포함한 줄들을 알파벳 순서로 정렬해서 출력하도록 명령을 작성하시오.

8.11 지정된 파일에 대해서 "the" 문자열을 단어 형태로 포함한 줄들의 개수를 출력하도록 명령을 작성하시오.

8.12 ps aux 명령어는 시스템의 모든 프로세스를 출력한다. 그 결과 중에서 소유자가 root인 프로세스에 대한 정보만 출력하도록 명령을 작성하시오.

8.13 /bin 디렉터리 내의 명령어 중에서 zip 관련 명령어들만을 정렬해서 출력하도록 명령을 작성하시오.

8.14 /bin 디렉터리 내의 명령어 중에서 zip 관련 명령어들의 개수를 출력하도록 명령을 작성하시오.

# CHAPTER 09

# 유틸리티

contents

# 09 유틸리티

리눅스는 기본 명령어 외에 다양한 유틸리티 프로그램들을 제공한다. 이 장에서는 리눅스가 제공하는 대표적인 유틸리티들을 명령 스케줄링, 압축 및 아카이브, AWK 등으로 분류하여 각 절에서 소개한다.

## 9.1 명령 스케줄링

### 주기적 실행 cron

cron은 명령 스케줄링 시스템으로, crontab 파일에 설정된 대로 정해진 시간에 지정된 명령을 수행한다(그림 9.1 참조). 보통 정해진 시간에 주기적으로 어떤 명령을 수행하는 경우에 많이 사용된다. 예를 들어. 매주 월요일 아침 9시에 회의를 알리는 이메일을 보내도록 crontab 파일에 설정할 수 있다.

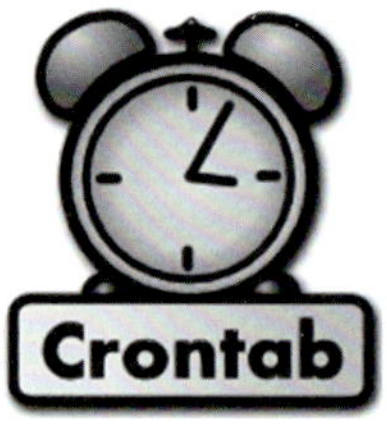


그림 9.1 cron 시스템

crontab 파일에는 실행할 명령과 시간 등을 기술한다. cron 시스템을 사용하기 위해서는 먼저 실행할 명령과 시간을 기록한 crontab 파일을 작성해서 cron 시스템에 등록해야 한다. crontab 명령어를 이용하여 다음과 같이 crontab 파일을 cron 시스템에 등록할 수 있다.

```
$ crontab 파일
crontab 파일을 cron 시스템에 등록한다.
```

또한 다음과 같은 옵션을 이용하여 등록된 crontab 파일을 리스트, 수정 혹은 삭제할 수 있다.

```
$ crontab -l [사용자]
사용자의 등록된 crontab 파일 리스트를 보여준다.
$ crontab -e [사용자]
사용자의 등록된 crontab 파일을 수정 혹은 생성한다.
$ crontab -r [사용자]
사용자의 등록된 crontab 파일을 삭제한다.
```

crontab 파일은 7개의 필드로 구성되어 있으며 사용자를 명시하는 6번째 필드는 생략가 능하다.

분 시 일 월 요일 [사용자] 명령

명령을 제외한 모든 필드에 와일드카드 문자(*)를 사용할 수 있고, - 기호를 사용해서 범위를 지정할 수도 있다. 또한 한 필드에 콤마(,)를 이용하여 여러 개를 기재할 수 있다. 요일은 0=일요일, 1=월요일, 2=화요일, 3=수요일, 4=목요일, 5=금요일, 6=토요일을 의미한다.

**| 핵심 개념 |**

cron은 유닉스의 명령 스케줄링 시스템으로 crontab 파일에 명시된 대로 주기적으로 명령을 수행한다.

예를 들어 다음과 같은 crontab 파일을 등록하면 cron 시스템은 매일 오후 6:30분에 /home/chang/tmp에 있는 모든 파일을 지울 것이다.

```
chang.cron
30  18  *   *   *    rm /home/chang/tmp/*
```

**실행결과**

```
$ crontab chang.cron
```

현재 등록되어 있는 crontab의 내용은 -l 옵션을 이용하여 다음과 같이 확인할 수 있다.

```
$ crontab -l
30 18 * * * rm /home/chang/tmp/*
```

또한 -r 옵션을 이용하여 이미 등록되어 있는 crontab의 내용을 삭제할 수 있으며 삭제 후에 -l 옵션을 사용하여 삭제된 것을 확인할 수 있다.

```
$ crontab -r
$ crontab -l
no crontab for chang
```

다른 crontab 파일의 예들과 이들에 대한 설명을 살펴보자.

```
0 * * * * echo "삐꾹" >> /tmp/x
```
매 시간 정각에 "삐꾹" 메시지를 /tmp/x 파일에 덧붙인다.

```
20 1 * * * root find /tmp -atime +3 -exec rm -f {} \;
```
매일 새벽 1시 20분에 3일간 접근하지 않은 /tmp 내의 파일을 삭제한다.

```
30 1 * 2,4,6,8,10,12 3-5 /usr/bin/wall /var/tmp/message
```
2개월마다 수요일부터 금요일까지 1시 30분에 wall 명령을 사용해서 시스템의 모든 사용자에게 메시지를 전송한다.

## 예약 실행 at

at 시스템은 미래의 특정 시간에 지정한 명령이 한 번 실행되도록 예약한다. at은 명령이 한 번 실행되도록 한다는 면에서 주기적으로 명령을 실행하는 cron 시스템과는 다르다.

at 명령어 사용법은 다음과 같으며 실행할 명령은 보통 표준입력을 통해서 받는다.

$ at [-f 파일] 시간
지정된 시간에 명령이 실행되도록 등록한다. 실행할 명령은 표준입력으로 받는다.
-f : 실행할 명령들을 파일로 작성해서 등록할 수도 있다.

예를 들어 다음과 같이 1월 31일 11시 45분에 sort 명령이 실행되도록 등록할 수 있다. 입력끝을 나타내는 Ctrl-D를 입력하면 〈EOT〉로 표시된다.

```
$ at 1145 jan 31
at> sort infile > outfile
at> <EOT>
```

atq 명령어를 이용하면 at 시스템의 큐에 등록되어 있는 at 작업을 볼 수 있다. 예를 들어 다음과 같이 atq 명령을 하면 앞에서 등록된 작업을 확인할 수 있다.

```
$ atq
Rank   Execution Date     Owner   Job            Queue  Job Name
 1st   Jan 31, 2012 11:45  chang  1327977900.a    a     stdin
```

등록된 at 작업을 제거할 수도 있는데 at 명령어의 -r 옵션을 이용하여 지정된 작업을 제거할 수 있다.

$ at -r 작업번호
지정된 작업번호에 해당하는 작업을 제거한다.

예를 들어 다음과 같이 작업 번호를 이용하여 이미 등록된 작업을 제거할 수 있다.

```
$ at -r 1327977900.a
```

## 9.2 디스크 및 아카이브

### 디스크 사용

#### ● df 명령어

df 명령어는 파일 시스템의 사용 중이거나 사용 가능한 디스크 공간에 대한 정보를 보여준다.

> $ df 파일시스템*
> 파일 시스템의 사용 중이거나 사용 가능한 디스크 공간에 대한 정보를 보여준다.

이 명령어는 파일 시스템을 명시하면 해당 파일 시스템에 대한 정보를 보여주고 명시하지 않으면 모든 파일 시스템에 대한 정보를 보여준다. 예를 들어 다음과 같이 실행하면 사용하고 있는 시스템 내의 모든 파일 시스템에 대한 정보를 보여준다. 각 파일 시스템은 파일 시스템 계층 구조에 있는 특정 지점(마운트 지점)에 붙어야, 즉 마운트되어야 접근하여 사용할 수 있다.

```
$ df
Filesystem   1K-blocks       Used  Available  Use%   Mounted on
udev           1479264          0    1479264    0%   /dev
tmpfs           302400       1684     300716    1%   /run
/dev/sda5    204856328   14082764  180297788    8%   /
/dev/sda1       523248          4     523244    1%   /boot
...
```

예를 들어, /dev/sda5 파일 시스템은 루트(/) 디렉터리에 마운트되어 있다. 이 루트 파일 시스템은 현재 8% 정도의 디스크 공간이 사용 중이다. /dev로 마운트된 파일 시스템은 장치 파일들을 위한 파일 시스템으로 현재 0% 정도 사용 중이다. /boot 파일 시스템은 리눅스 커널의 메모리 이미지와 부팅에 필요한 정보 파일들을 저장하며 현재 1% 정도 사용 중이다.

#### ● du 명령어

구체적인 파일이나 디렉터리가 사용하는 디스크 사용량도 알아볼 수 있는데 du 명령어는 지정된 파일이나 디렉터리가 사용하는 디스크 사용량(블록 수)을 알려준다.

$ du [-s] 파일*
파일이나 디렉터리가 사용하는 디스크 사용량(블록 수)을 알려준다.

파일 혹은 디렉터리를 명시하면 해당 파일의 사용량을 보여주고 다음과 같이 파일을 명시하지 않으면 현재 디렉터리 내의 모든 파일들의 사용 공간을 보여준다.

```
$ du
208   ./사진
4     ./.local/share/nautilus/scripts
8     ./.local/share/nautilus
144   ./.local/share/gvfs-metadata
4     ./.local/share/icc
. . .
```

-s 옵션을 사용하면 다음과 같이 각 파일에 대한 전체 합계만을 보여준다.

```
$ du -s
22164   .
```

## tar 아카이브

아카이브는 백업 또는 다른 장소로 이동시키는 등의 목적을 위해 컴퓨터 파일들을 묶어놓은 묶음을 말한다. 리눅스에서는, 아카이브를 만들거나 푸는데 tar(tape archive) 유틸리티가 사용된다.

tar 명령어는 그림 9.2와 같이 여러 개의 파일들을 하나의 타르파일로 묶어주는 프로그램이다. 유닉스 기반의 압축 프로그램들은 여러 개의 파일을 한 번에 묶어서 압축해주는 기능을 지원하지 않기 때문에, 일반적으로 tar 명령어를 사용하여 여러 파일들을 일단 하나로 묶은 후에 압축한다.

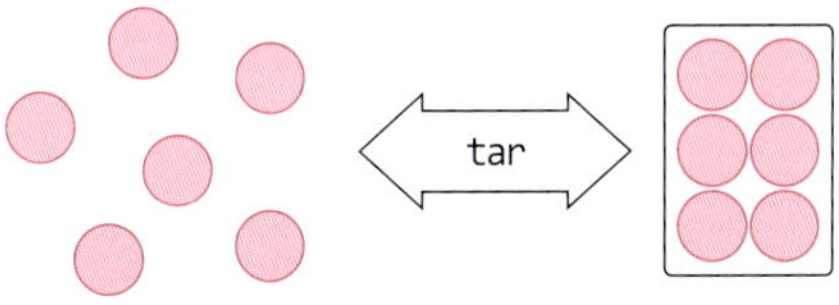


그림 9.2 tar의 역할

tar 명령어에는 다양한 옵션과 사용법이 있는데 그 중 가장 중요한 옵션은 c(create), v(verbose), x(extract), t(table of contents), f(file) 등이다. tar 명령어의 전형적인 사용 예는 다음과 같다. cvf 옵션을 사용하여 여러 파일들을 하나의 타르파일로 묶을 수 있으며 일반적으로 확장자로 .tar를 사용한다.

```
$ tar -cvf 타르파일 파일+
```
여러 파일들을 하나의 타르파일로 묶는다.

-xvf 옵션을 사용하여 하나로 묶인 타르파일을 풀어서 원래 파일들을 복원할 수 있다.

```
$ tar -xvf 타르파일
```
하나로 묶인 타르파일을 풀어서 원래 파일들을 복원한다.

-tvf 옵션을 사용하여 타르파일의 내용을 확인할 수 있다.

```
$ tar -tvf 타르파일
```
타르파일의 내용을 확인한다.

예를 들어 현재 디렉터리 밑에 있는 모든 파일을 다른 곳으로 옮기려는 상황을 생각해보자. 이를 위해서는 현재 디렉터리 밑에 있는 모든 파일을 다음과 같이 src.tar 이름의 타르파일로 묶는다.

```
$ tar -cvf src.tar *
```

이를 다른 곳으로 이동한 후에 필요하면 다음과 같이 타르파일의 내용을 확인하고 이를 풀어서 원래 파일들을 복원하면 된다.

```
$ tar -tvf src.tar
$ tar -xvf src.tar
```

**| 핵심 개념 |**

리눅스에서는 **tar** 명령어를 사용하여 여러 파일을 하나로 묶은 후에 **compress** 혹은 **gzip** 명령어를 이용하여 압축한다.

## 9.3 파일 압축

### 파일 압축 gzip

gzip 명령어는 MS 윈도우즈의 ZIP 프로그램과 비슷한 방법으로 압축하며 압축률과 속도 면에서 매우 우수하다. 어떠한 파일도 이 명령어를 이용하여 압축할 수 있다. 예를 들어, 앞에서 설명한 tar 파일을 그림 9.3과 같이 gzip를 이용하여 압축할 수 있다.

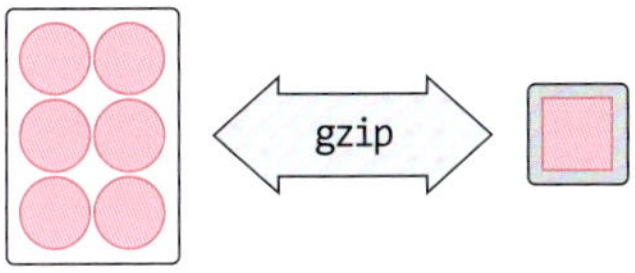


그림 9.3 gzip의 역할

gzip 명령어의 옵션은 다음과 같다.

```
$ gzip [옵션] 파일*
파일(들)을 압축하여 .gz 파일을 만든다.
-d : 압축을 해제한다.
-l : 압축파일 안에 있는 파일 정보(압축된 크기, 압축률)를 출력한다.
-r : 하위 디렉터리까지 모두 압축한다.
-v : 압축하거나 풀 때 압축률, 파일명을 출력한다.
```

압축된 파일의 확장자는 .gz이며 gzip -d 옵션을 이용하여 압축된 파일을 복원할 수 있다. gunzip 또한 gzip으로 압축된 파일을 압축 해제하여 복원하는 명령어이다.

```
$ gzip -d 파일.gz*
gzip으로 압축된 파일들을 복원한다.

$ gunzip 파일.gz*
gzip으로 압축된 파일들을 복원한다.
```

그림 9.4와 같이 먼저 여러 파일들을 하나의 타르파일로 묶은 후, 이 파일을 gzip을 사용해서 압축할 수 있다. 파일 복원 시에는 역으로 먼저 압축을 해제한 후, 타르파일을 풀어

서 원래 파일들을 복원할 수 있다.

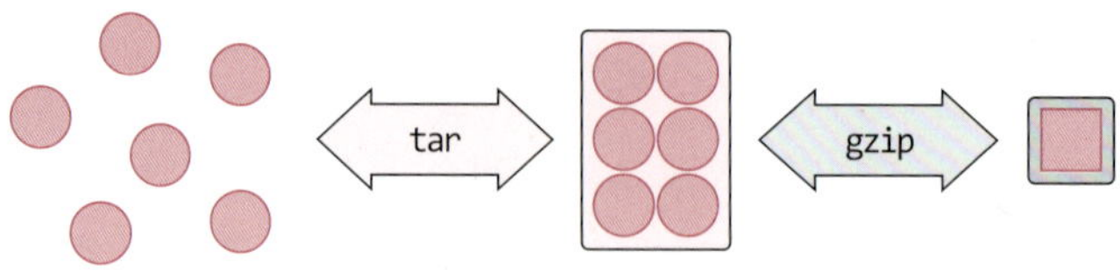


그림 9.4 tar 후에 gzip

압축을 이용하여 앞의 예를 다시 살펴보자. 먼저 현재 디렉터리 밑에 있는 모든 파일을 타르파일로 묶은 후에 gzip를 이용하여 압축하면 src.tar.gz 파일이 생성된다. 압축 전과 후의 파일 크기를 비교해보면 압축 전에 5892 KB짜리 파일이 압축 후에 무려 72 KB로 압축된 것을 확인할 수 있다.

```
$ tar -cvf src.tar *
$ ls -sl src.tar
5892 -rw-rw-r--. 1 chang chang 6031360 10월  4 09:15 src.tar

$ gzip src.tar
$ ls -sl src.tar.gz
72 -rw-rw-r--. 1 chang chang 71448 10월  4 09:15 src.tar.gz
```

이 파일을 원하는 곳으로 이동한 후에 다음과 같이 gzip의 -d 옵션을 이용하여 압축 해제하면 src.tar 타르파일이 복원된다. 이 타르파일을 다시 tar 명령어의 -xvf 옵션을 이용하여 풀면 원래 파일들을 복원할 수 있다.

```
$ gzip -d src.tar.gz
$ tar -xvf src.tar
```

### 파일 압축 compress

compress 명령어는 유닉스에서 기본적으로 제공하는 압축 프로그램으로 압축된 파일의 확장자는 대문자 Z이다. uncompress 명령어를 이용하여 압축된 파일들을 복원할 수 있다. 리눅스에서는 이 명령어를 더 이상 제공하지 않는다.

$ compress 파일*
파일(들)을 압축하여 .Z 파일을 만든다.

$ uncompress 파일.Z*
압축된 파일(들)을 복원한다.

예를 들어 다음과 같이 압축 전과 후의 파일 크기를 비교해보자. 5892 KB 크기의 파일이 압축 후에 1046 KB로 압축되었음을 확인할 수 있다.

```
$ ls -sl
 5892 -rw-rw-r--  1 chang   chang  6031360 10월  8  2012 src.tar
$ compress src.tar
$ ls -sl
  1046 -rw-rw-r--  1 chang   chang   1071000 10월  8  2012 src.tar.Z
$ uncompress src.tar.Z
$ ls -sl
 5892 -rw-rw-r--  1 chang   chang  6031360 10월  8  2012 src.tar
```

## 9.4 AWK

awk 유틸리티는 유닉스에서 처음 개발된 일반 스크립트 언어로 awk라는 이름은 개발자인 Alfred Aho, Peter Weinberger, Brian Kernighan의 첫 글자로 만들어졌다. awk 는 텍스트 파일을 대상으로 하여 각 줄을 처리하기 위한 유틸리티이다. 이 유틸리티는 텍스트 형태로 되어 있는 각 줄을 필드들로 구분하고 이들을 awk 프로그램이 지시하는 대로 처리하는 기능을 기본으로 한다. 필드는 줄을 구성하는 단어 정도로 생각하자.

### awk 유틸리티

awk 유틸리티를 사용할 때 간단한 awk 프로그램은 명령줄에 직접 작성하여 수행할 수 있으며 필요하면 awk 프로그램을 별도의 파일 형태로 작성해 -f 옵션을 사용하여 수행할 수도 있다. awk 프로그램의 적용 대상이 되는 텍스트 파일을 명령줄 인수로 지정해야 한다. 대상 파일을 따로 지정하지 않으면 awk 프로그램을 표준입력에 대해서 적용한다. 또한 여러 개 파일을 지정하면 지정된 파일들을 순차적으로 입력으로 받아 이를 처리한다.

```
$ awk 프로그램 파일*
$ awk [-f 프로그램파일] 파일*
```

텍스트 파일을 대상으로 하여 각 줄을 필드들로 구분하고 이들을 awk 프로그램이 지시하는 대로 처리하여 출력한다.

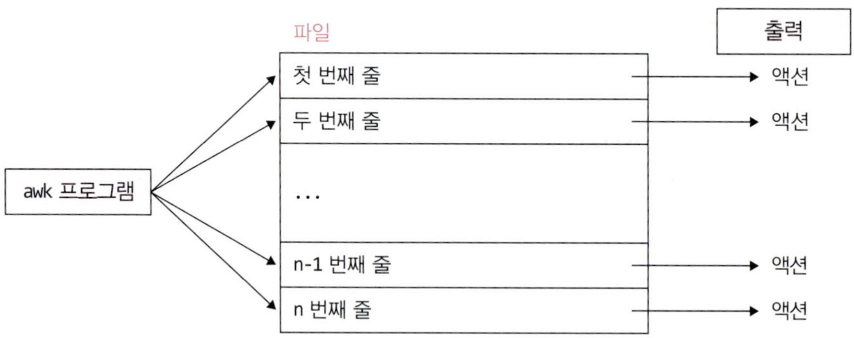


그림 9.5 awk 유틸리티 동작 원리

awk 프로그램은 다음과 같은 형태의 명령어들로 구성된다.

[ 조건 ] [ { 액션 } ]

그림 9.5와 같이 대상이 되는 텍스트 파일의 각 줄을 스캔하여 조건을 만족하는 줄에 대해 해당 액션을 수행한다. 조건을 생략하면 모든 줄이 해당되며, 액션을 생략하면 해당 줄에 아무 액션도 하지 않는다.

**| 핵심 개념 |**

awk 프로그램은 조건과 액션을 기술하는 명령어들로 구성되며 텍스트 파일의 각 줄을 스캔하여 조건을 만족하는 줄에 대해 액션을 수행한다.

## 간단한 awk 프로그램

awk 프로그램에서 사용 가능한 주요 빌트인 변수들을 정리하면 다음과 같다.

- $0 입력 줄
- FS 입력 필드 구분자로 디폴트는 공백문자
- $n 입력 줄의 n번째 필드
- NF 현재 줄의 필드 개수
- NR 현재 줄의 줄 번호
- ARGC 명령줄 인수 개수
- ARGV 명령줄 인수들을 포함하는 배열

예를 들어 명령줄에 다음과 같은 간단한 awk 프로그램을 작성할 수 있다. 이 프로그램은 조건 없이 액션만 사용하고 있다. NF(Number of Fields)는 필드의 개수를 나타내는 빌트인 변수이며 **$0**은 한 줄 전체를 나타낸다. 따라서 이 프로그램은 대상 파일 you.txt의 각 줄에 대해서 필드의 개수와 그 줄을 프린트한다.

```
$ awk '{ print NF, $0 }' you.txt
10 When I am down and, oh my soul, so weary
8 When troubles come and my heart burdened be
10 Then, I am still and wait here in the silence
8 Until you come and sit awhile with me
```

```
0
10 You raise me up, so I can stand on mountains
9 You raise me up, to walk on stormy seas
9 I am strong, when I am on your shoulders
10 You raise me up, to more than I can be
0
10 There is no life - no life without its hunger;
6 Each restless heart beats so imperfectly;
10 But when you come and I am filled with wonder,
6 Sometimes, I think I glimpse eternity
```

각 줄의 n번째 필드를 $n 형식으로 지정할 수 있다. 다음 프로그램 역시 조건이 없으므로 각 줄의 첫 번째 필드($1), 두 번째 필드($2) 마지막 필드($NF)를 프린트한다. NF가 필드의 개수를 나타내므로 $NF는 마지막 필드를 나타낸다.

```
$ awk '{ print $1, $3, $NF }' you.txt
When am weary
When come be
Then, am silence
Until come me

You me mountains
You me seas
I strong, shoulders
You me be

There no hunger;
Each heart imperfectly;
But you wonder,
Sometimes, think eternity
```

awk 유틸리티는 cat 명령어처럼 파일뿐만 아니라 표준입력을 통해 입력을 받을 수도 있다. 따라서 다음과 같이 실행하면 표준입력을 통해 입력된 줄들에 대해서 이 awk 프로그램을 수행한다.

```
$ awk '{ print $1, $3, $NF }'
```

뿐만 아니라 파이프를 통해서 표준입력을 받을 수도 있다. 따라서 다음과 같이 실행하면

ls -l 명령어의 출력에 대해서 이 awk 프로그램을 수행한다.

```
$ ls -l | awk '{ print $1, $3, $NF }'
```

## awk 프로그램의 조건

awk 프로그램의 조건으로 다음과 같은 연산자 및 패턴을 사용할 수 있으며 패턴에서서는 grep 유틸리티에서 사용한 정규식을 그대로 사용할 수 있다.

- BEGIN // 파일 시작
- END // 파일 끝
- 관계 혹은 논리 연산자를 포함한 조건식
- /패턴/ // 패턴에 해당하는 줄
- /패턴1/, /패턴2/ // 패턴1을 포함한 줄부터 패턴2를 포함한 줄까지

awk 프로그램의 조건으로 파일 시작과 파일끝을 나타내는 BEGIN 혹은 END와 같은 키워드를 사용할 수 있다. 간단한 예를 살펴보자. 다음 프로그램은 파일끝(END)을 만나면 지정한 파일의 줄 번호(NR)를 출력한다.

```
$ awk  'END { print NR }' 파일명
```

awk 프로그램의 조건으로 관계 혹은 논리 연산자를 포함한 조건식을 사용할 수 있다. 몇 개의 예를 살펴보자.

- 이 프로그램은 NR % 2가 줄 번호를 2로 나눈 나머지를 나타내므로 지정한 파일의 짝수 번째의 줄만을 출력한다.

  ```
  $ awk  'NR % 2 == 0 { print $0 }' 파일명
  ```

- 이 프로그램은 조건을 사용하고 있는데 NR은 현재 줄의 줄 번호를 나타내므로 이 조건은 줄 번호가 1보다 크고 4보다 작은 줄(즉 두 번째와 세 번째 줄)에 대해서만 액션을 수행하며 줄 번호, 첫 번째, 세 번째, 마지막 필드를 출력한다.

  ```
  $ awk 'NR > 1 && NR < 4 { print NR, $1, $3, $NF }' 파일명
  ```

- 이 프로그램은 다섯 개 이상의 필드를 가지는 줄을 모두 줄 번호와 함께 출력한다.

```
$ awk 'NF > 5{ print NR, $0}' 파일명
```

awk 프로그램의 조건으로 패턴을 사용할 수 있다. 패턴은 고정된 문자열뿐만 아니라 grep에서 사용했던 정규식(regular expression)을 사용할 수 있다. 몇 개의 예를 살펴보자.

- 이 프로그램은 raise라는 고정된 문자열을 포함하는 모든 줄을 줄 번호와 함께 출력한다.

```
$ awk '/raise/ { print NR, $0 }' 파일명
```

- 정규식에서 ?는 앞에 있는 것이 옵션이라는 것을 나타내므로 이 프로그램은 th 혹은 the라는 문자열을 포함하는 모든 줄을 줄 번호와 함께 출력한다.

```
$ awk '/the?/ { print NR, $0 }' 파일명
```

- 정규식에서 .은 임의의 한 문자를 나타내므로 이 프로그램은 a와 e 사이에 두 문자가 있는 문자열을 포함하는 모든 모든 줄을 줄 번호와 함께 출력한다.

```
$ awk '/a..e/ { print NR, $0 }' 파일명
```

- 정규식에서 *는 앞에 있는 것을 0번 이상 반복하는 것을 나타내므로 이 프로그램은 a로 시작해서 e로 끝나는 문자열을 포함하는 모든 줄을 줄 번호와 함께 출력한다.

```
$ awk '/a.*e/ { print NR, $0 }' 파일명
```

## awk 프로그램의 액션

awk 프로그램에서 사용할 수 있는 액션(action)으로는 C 언어의 문장과 비슷한 다음과 같은 실행문을 사용할 수 있다.

- if (조건) 실행문 [else 실행문]
- while (조건) 실행문
- for (식; 조건; 식) 실행문
- break
- continue
- 변수 = 식
- print [식들의 리스트]

- printf 포맷 [, 식들의 리스트]
- next　　　　　　　　　// 현재 줄에 대한 나머지 패턴 건너뛰기
- exit　　　　　　　　　// 현재 줄의 나머지 부분 건너뛰기
- {실행문 리스트}

아울러 액션을 위한 실행문 내에서 C 언어와 비슷하게 다음과 같은 산술, 논리, 비교 연산자들을 사용할 수 있다.

- 산술 연산자: +, -, *, /, %, ++, --
- 대입 연산자: =, +=, -=, *=, /=, %=
- 조건 연산자: ? :
- 논리 연산자: ||, &&, !
- 패턴 비교 연산자: ~, !~
- 비교 연산자: <, <=, >, >=, !=, ==
- 필드참조 연산자: $

위의 실행문과 연산자를 이용한 awk 프로그램을 예를 들어 살펴보자. 이 프로그램은 다음과 같이 현재 디렉터리 내의 파일들에 대한 정보를 파이프를 통해 입력받고 그 중에서 다섯 번째 필드인 파일 크기를 모두 합하여 파일끝을 만나면 전체 파일 크기를 출력한다. 여기서 사용한 변수 x는 자동으로 정수형 변수로 선언되고 0으로 초기화된다.

```
$ ls -l | awk '{x += $5}; END {print x}'
```

# 9.5 AWK 프로그램 작성

## awk 프로그램 예제

앞에서 배운 조건과 액션 등을 이용하여 awk 프로그램을 작성해보자.

[예제 1]

이 프로그램은 대상이 되는 텍스트 파일의 각 줄의 첫 번째 필드와 마지막 필드를 출력한다. 또한 파일 시작을 만나면 "파일 시작:"이라는 메시지와 파일 이름을 출력하고 파일 끝을 만나면 "파일 끝"이라는 메시지를 출력한다.

ex1.awk

```
BEGIN { print "파일 시작:", ARGV[1] }
{ print $1, $NF }
END { print "파일 끝" }
```

예를 들어 예제 프로그램 ex1.awk를 you.txt에 대해 수행하려면 -f 옵션을 이용하여 다음과 같이 수행하면 된다.

실행결과

```
$ awk -f ex1.awk you.txt
파일 시작: you.txt
When weary
When be
Then, silence
Until me

You mountains
You seas
I shoulders
You be

There hunger;
Each imperfectly;
But wonder,
Sometimes, eternity
파일 끝
```

[예제 2]

이 프로그램은 대상이 되는 텍스트 파일의 각 줄의 단어 수(NF)를 세서 출력하고 이를 단어 수 합산을 위한 변수 word에 더한다. 파일 끝에 도달하면 파일의 전체 줄 수(NR)와 단어 수(word)를 출력한다. 여기서 사용한 변수 word는 자동으로 정수형 변수로 선언되고 0으로 초기화된다.

**ex2.awk**

```
BEGIN { print "파일 시작" }
{
  printf "line %d: %d \n", NR, NF;
  word += NF
}
END { printf "줄 수 = %d, 단어 수 = %d\n", NR, word }
```

**실행결과**

```
$ awk -f ex2.awk you.txt
파일 시작
line 1: 10
line 2: 8
line 3: 10
line 4: 8
line 5: 0
line 6: 10
line 7: 9
line 8: 9
line 9: 10
line 10: 0
line 11: 10
line 12: 6
line 13: 10
line 14: 6
줄 수 = 14, 단어 수 = 106
```

[예제 3]

이 프로그램은 대상이 되는 텍스트 파일의 각 줄의 홀수 번째 필드(단어)들만 출력한다. 이를 위해 각 줄에 대해서 for 루프의 제어 변수 I 값을 1부터 시작해서 2씩 증가하여 해당 필드($I)를 출력한다.

```
ex3.awk
{
  for (I = 1; I <= NF; I += 2)
    printf "%s ", $I
  printf " \n"
}
```

**실행결과**

```
$ awk -f ex3.awk you.txt
When am and, my so
When come my burdened
Then, am and here the
Until come sit with

You me so can on
You me to on seas
I strong, I on shoulders
You me to than can

There no - life its
Each heart so
But you and am with
Sometimes, think glimpse
```

[예제 4]

이 프로그램은 대상이 되는 텍스트 파일에서 문자열 패턴을 사용하여 st로 시작하여 e로 끝나는 문자열을 포함하는 모든 줄을 찾아 줄 번호와 함께 출력한다.

**ex4.awk**

```
/st.*e/ {print NR, $0 }
```

**실행결과**

```
$ awk -f ex4.awk you.txt
3 Then, I am still and wait here in the silence
7 You raise me up, to walk on stormy seas
8 I am strong, when I am on your shoulders
12 Each restless heart beats so imperfectly;
```

[예제 5]

이 프로그램은 대상이 되는 텍스트 파일에서 문자열 패턴을 사용하여 strong을 포함한 줄에서부터 heart를 포함한 줄까지 줄 번호와 함께 출력한다.

**ex5.awk**

```
/strong/, /heart/ { print NR, $0 }
```

**실행결과**

```
$ awk -f ex5.awk you.txt
8 I am strong, when I am on your shoulders
9 You raise me up, to more than I can be
10
11 There is no life - no life without its hunger;
12 Each restless heart beats so imperfectly;
```

[예제 6]

이 프로그램은 raise라는 문자열을 포함하는 줄의 수를 계산하여 파일끝을 만나면 출력한다. 여기서 사용한 변수 line은 자동으로 정수형 변수로 선언되고 0으로 초기화된다.

ex6.awk

```
/raise/ { ++line }
END { print line }
```

실행결과

```
$ awk -f ex6.awk you.txt
3
```

[예제 7]

이 프로그램은 텍스트 파일에 대해서 각 단어별 출현 빈도수를 계산한다. 각 단어별 출현 빈도수를 저장하기 위해서는 배열이 필요한데 여기에서는 단어를 인덱스로 사용하는 사전(dictionary) 또는 연관 배열(associative array)을 사용한다.

이 프로그램에서는 파일 시작을 만나면 필드 구분자(FS: Field Separator)를 알파벳(a-zA-Z)이 아닌(^) 문자들로 설정한다. 또한 파일의 각 줄의 각 필드에 대해서 for 루프를 돌며 해당 필드를 tolower() 함수를 사용하여 소문자로 변환하고 이를 연관 배열 words의 인덱스로 사용하여 해당 단어의 출현 횟수를 1씩 증가시킨다. 마지막으로 파일 끝을 만나면 연관 배열 words의 모든 인덱스(소문자로 변환된 단어) i에 대해서 for 루프를 돌며 인덱스와 그 출현 횟수를 출력한다.

ex7.awk

```
BEGIN {
   FS="[^a-zA-Z]+"
}
{
   for (i=1; i<=NF; i++)
       words[tolower($i)]++
}
END {
   for (i in words)
      print i, words[i]
}
```

실행결과

```
$ awk -f ex7.awk you.txt
 9
stand 1
am 5
beats 1
to 2
you 5
...
```

## awk 내장 함수

awk는 awk 프로그램 내에서 사용할 수 있는 다양한 내장 함수들을 제공한다. 이들 함수들은 크게 문자열 함수, 입출력 함수, 수학 함수로 구분할 수 있다.

### ● 문자열 함수

문자열 연산을 위한 다양한 함수를 표 9.1과 같이 제공한다. 몇 개의 예를 살펴보자. tolower(s) 함수는 문자열 s를 소문자로 변환하여 반환한다. gsub(reg, s) 함수는 입력 문자열의 전반에 걸쳐 정규식 reg을 문자열 s로 대치한다. 예를 들어 gsub(/When/, "when") 같이 사용하면 입력 문자열의 전반에 걸쳐 "When" 문자열을 "when" 문자열로 대치한다. length([s]) 함수는 문자열 s의 길이를 반환하는데 인자가 없으면 $0의 길이를 반환한다.

match(s, r) 함수는 문자열 s에서 정규식 r과 매치되는 부분의 위치를 넘겨준다.

표 9.1 awk 문자열 함수

| 문자열 연산 | 설명 |
|---|---|
| gsub(r, s)<br>gsub(r, s1, s2) | 입력 문자열의 전반에 걸쳐 정규식 r을 문자열 s로 대치한다.<br>문자열 s2에서 정규식 r을 s1으로 대치한다. |
| index(s1, s2) | 문자열 s1에서 문자열 s2의 위치를 반환한다.<br>만약 없다면 0을 반환한다 |
| length([s]) | 문자열 s의 길이, 인자가 없으면 $0의 길이를 반환한다. |
| match(s, r) | 문자열 s에서 정규식 r과 매칭되는 부분의 위치를 넘겨준다. |
| split(s, array [,seperator]) | 구분자(지정하지 않으면 공백)를 기준으로 지정한 문자열 s를 구분하여 배열 array로 만든다. |
| sub(r, s)<br>sub(r, s1, s2) | gsub과 동일한데 단지 정규식과 일치하는 문자열이 여러 개라도 처음 문자열만 대치된다. |
| substr(s, m)<br>substr(s, m, n) | 문자열 s에서 m번째 위치에서 끝까지의 문자를 반환한다.<br>문자열 s에서 m번째 위치에서 n번째까지의 문자를 반환한다. |
| tolower(s) | 문자열 s를 소문자로 변환하여 반환한다. |
| toupper(s) | 문자열 s를 대문자로 변환하여 반환한다. |

예를 들어, 예제 2를 wc 명령어처럼 줄 수, 단어 수뿐만 아니라, 문자 수를 셀 수 있도록 length 함수를 이용하여 다음과 같이 확장할 수 있다. length($0)는 각 줄의 길이 즉 문자 수를 의미한다.

ex8.awk
```
BEGIN { print "파일 시작" }
{
  printf "line %d: %d %d\n", NR, NF, length($0);
  word += NF;
  char += length($0)
}
END { printf "줄 수 = %d, 단어 수 = %d, 문자 수 = %d\n", NR, word, char }
```

### ● 입출력 함수

입출력을 위한 다양한 함수를 표 9.2와 같이 제공한다. 지금까지 사용했던 print 함수도 이 함수 중에 하나이다. 입력을 위한 getline 함수는 다음 줄을 읽어서 $0, NF, NR 등을 설정한다.

예를 들어 다음과 같이 수행하면 첫 번째 줄을 만나면 두 번째 줄을 읽어서 출력하고 세 번째 줄을 만나면 네 번째 줄을 읽어서 출력한다. 따라서 대상 텍스트 파일의 짝수 번째 줄들만을 출력하게 된다.

```
$ awk '{getline; print $0}' 파일 이름
```

또한 system(command)를 사용하여 awk 프로그램 내에서 시스템 명령어를 실행할 수 있다. 예를 들어 다음과 같이 수행하면 시작하자마자 date 명령어를 시작하여 현재 날짜와 시간을 출력한다.

```
$ awk 'BEGIN{system("date")}'
```

표 9.2 awk 명령어의 검색 조건

| 입출력 함수 | 설명 |
|---|---|
| close(filename) | 지정한 파일을 닫는다. |
| close(cmd) | 지정한 명령어 파이프를 닫는다. |
| delete array[element] | 지정한 배열 원소를 지운다. |
| getline [var] [< "filename"] | 다음 줄을 읽어서 $0, NF, NR 등을 설정한다.<br>변수가 주어지면 $0 대신에 변수에 설정한다.<br>파일이 주어지면 그 파일에서 읽어 들인다. |
| next | 다음 줄을 입력받는다. getline()과 유사하지만 /패턴/동작을 새롭게 시작한다. |
| print [exprs] [> "filename"] | 수식들의 값을 출력한다.<br>파일이 주어지면 파일에 출력한다. |
| printf "format" [,exprs] [> "filename"] | 수식들의 값을 형식에 맞춰 출력한다.<br>파일이 주어지면 파일에 출력한다. |
| sprintf(format [,exprs]) | printf와 마찬가지로 사용하는데 값을 리턴하기만 하고 출력은 하지 않는다. |
| system(command) | 시스템 내부 명령어를 실행한다. |

### ● 수학 함수

기타 수학 연산을 위한 함수로 다음과 같은 함수들을 제공한다.

- 삼각함수 atan2(x,y), cos(x), sin(x)
- 지수로그 함수 exp(arg), log(arg)
- 제곱근 함수 sqrt(arg)
- 정수변환 함수 int(arg)
- 난수 발생 함수 rand(), srand(expr)

rand() 혹은 srand(expr) 함수는 인자를 가지고 난수를 발생시킨다. 예를 들어 다음과 같이 awk 프로그램을 실행하면 화면에 1 이상 100 이하의 난수 일곱 개를 출력한다.

```
$ awk  'BEGIN { for (i = 1;i<=7; i++)  print int(101*rand()) }'
```

## | 핵심 개념 |

- cron은 유닉스의 명령어 스케줄링 시스템으로 crontab 파일에 명시된 대로 주기적으로 명령을 수행한다.
- 유닉스에서는 tar 명령어를 사용하여 여러 파일을 하나로 묶은 후에 compress 혹은 gzip 명령어를 이용하여 압축한다.
- awk 프로그램은 조건과 액션을 기술하는 명령어들로 구성되며 텍스트 파일의 줄들을 스캔하여 조건을 만족하는 각 줄에 대해 액션을 수행한다.

## | 핵심 명령어 |

| 명령어 | 의미 |
|---|---|
| crontab 파일 | crontab 파일을 cron 시스템에 등록한다. |
| at [-f 파일] 시간 | 지정된 시간에 명령이 실행되도록 등록한다. 실행할 명령은 표준입력으로 받는다. |
| df 파일시스템* | 파일 시스템의 사용 중이거나 사용 가능한 디스크 공간에 대한 정보를 보여준다. |
| du [-s] 파일* | 파일이나 디렉터리가 사용하는 디스크 사용량(블록 수)을 알려준다. |
| tar -cvf 타르파일 파일+ | 여러 파일들을 하나의 타르파일로 묶는다. |
| tar -xvf 타르파일 | 하나로 묶인 타르파일을 풀어서 원래 파일들을 복원한다. |
| tar -tvf 타르파일 | 타르파일의 내용을 확인한다. |
| gzip [옵션] 파일* | 파일(들)을 압축하여 .gz 파일을 만든다. |
| gzip -d 파일.gz*<br>gunzip 파일.gz* | gzip으로 압축된 파일들을 복원한다. |
| compress 파일* | 파일(들)을 압축하여 .Z 파일을 만든다. |
| uncompress 파일.Z* | 압축된 파일(들)을 복원한다. |
| awk 프로그램 파일* | 텍스트 파일을 대상으로 하여 각 줄을 필드들로 구분하고 이들을 awk 프로그램이 지시하는 대로 처리한다. |

## | 실습 문제 |

### 9.1 파일 압축 실습

| 내 홈 디렉터리에 아래에 있는 모든 파일들을 다른 호스트로 옮기기 위해 다음 순서대로 수행한다. |
|---|

(1) 홈 디렉터리 아래에 있는 모든 파일들을 tar 파일로 묶는다.

(2) 이 tar 파일을 압축한다.

(3) 이 압축 파일을 다른 원격 호스트로 sftp 한다.

(4) 원격 호스트에 로그인하여 전송된 압축 파일을 풀어 tar 파일을 만든다.

(5) tar 파일을 풀어서 원래 파일들을 회복한다.

### 9.2 파일 정렬 실습

다음 내용으로 텍스트 파일을 작성하고 sort 명령어를 이용하여 이름 순으로, 급여 순으로 각각 정렬하여 저장하시오.

```
001 Thomas Manager      Sales         5000    thomas@gmail.com
002 Jason  Developer    Technology    5500    jason@yahoo.com
003 Sanjay Sysadmin     Technology    7000    sanj@sys.admin.com
004 Nisha  Manager      Marketing     9500    nisha@gmail.com
005 Randy  DBA          Technology    6000    randy@oracle.com
006 John   Staff        Sales         4000    john@macys.com
```

### 9.3 awk 프로그램 작성

2번에서 작성한 파일을 대상으로 하여 다음을 수행하는 awk 프로그램을 작성하시오.

(1) 이름과 이메일만을 출력한다.

(2) 가장 많은 급여를 받는 직원의 이름과 급여만을 출력한다

(3) 각 부처별 급여액을 계산하여 출력하고, 전체 급여액을 계산하여 출력한다.

(4) 급여가 6000 이상인 직원들의 이름과 급여를 출력한다.

(5) 이 파일의 각 줄을 역순으로 출력한다.

## | 연습 문제 |

9.1 다음 괄호 안에 알맞은 말을 넣으시오.

> cron은 리눅스의 명령어 스케줄링 시스템으로 (　　　) 파일에 명시된 대로 주기적으로 명령을 수행한다.

9.2 다음 괄호 안에 알맞은 말을 넣으시오.

> awk 프로그램은 (　　　)과 (　　　)을 기술하는 명령어들로 구성되며 텍스트 파일의 줄들을 스캔하여 (　　　)을 만족하는 각 줄에 대해 (　　　)을 수행한다.

9.3 다음 괄호 안에 알맞은 말을 넣으시오.

> 유닉스에서는 tar 명령어를 사용하여 여러 파일을 하나로 묶은 후에 (　　　) 혹은 (　　　) 명령어를 이용하여 압축한다.

9.4 다음과 같이 crontab 파일을 작성해서 등록하였다. 어떤 일이 일어나는가?

```
* * * * *  echo "hello" >> /tmp/x
```

9.5 compress와 gzip의 압축 방식에 대해 조사하여 설명하시오. 이 두 유틸리티를 사용했을 때 파일 압축율의 차이에 대해서 설명하시오.

9.6 grep 명령어와 똑같은 기능을 하도록 awk 프로그램을 작성하시오.

9.7 awk 프로그램에서 사용할 수 있는 정규식에 대해 조사하여 설명하시오.

9.8 기부자의 이름, 전화번호, 일자, 기부 금액으로 구성된 텍스트 파일을 생각해보자. 한 기부자가 여러 번 기부할 수 있으므로 한 기부자 이름이 여러 번 나타날 수 있다. 이 텍스트 파일에 대해서 다음과 같은 awk 프로그램을 작성하시오.

(1) 기부자 이름과 일자, 기부 금액 출력

(2) 10만원 이상 기부한 경우에 기부자 이름과 일자, 기부 금액 출력

(3) 각 기부자의 이름과 총 기부 회수, 총 기부 금액 출력

# CHAPTER 10

# Bash 쉘 스크립트

contents

# 10 Bash 쉘 스크립트

**Bash**(Borune-again shell) 쉘은 본 쉘을 대체하기 위한 자유 소프트웨어로서 GNU 프로젝트를 위해 브라이언 폭스(Brian Fox)가 개발한 쉘이다. 1989년 발표되어 리눅스, 맥 OS X 등의 운영 체제의 기본 쉘로 탑재되어 광범위하게 사용되고 있다. Bash 문법은 본 쉘의 문법을 대부분 수용하면서 확장되었다. 이 장에서 Bash에 대해서 자세히 살펴보자.

## 10.1 Bash 쉘 소개

Bash 쉘은 4장에서 배운 쉘의 핵심 기능들을 모두 포함하고 있으며 그 외에도 히스토리, 별명, 작업 제어 등의 새로운 기능들을 추가적으로 제공한다. 현재 Bash 쉘은 유닉스, 리눅스뿐만 아니라 맥 OS X 등에서도 널리 사용되고 있다. 그림 10.1은 리눅스에서 제공하는 Bash 쉘의 시작 예이다. 환경변수 SHELL의 값을 출력해서 bash 쉘이 수행되고 있음을 확인할 수 있다.

Bash 쉘의 긍정적인 측면 중 하나는 이 쉘의 내장 보안 기능이다. Bash 쉘은 사용자가 입력한 내용을 정확히 기록하여 유지하고 사용자의 홈 디렉터리 내에 있는 .bash_history라는 숨겨진 파일에 그 내용을 쓴다. 따라서 Bash를 사용하면 사용자를 훨씬 더 철저하고 손쉽게 추적할 수 있다.

Bash 명령 구문과 키워드는 콘 쉘(ksh) 및 C 쉘(csh)의 구조와 기술적 세부사항을 바탕으로 선택 및 개선되었다. 또한 Bash 구문은 다른 쉘에는 없는 다양한 확장 기능이 있다. Bash 쉘은 다른 쉘에서보다 정수 계산을 더 효율적으로 할 수 있고, 이전 쉘들에 비해 표준 출력(stdout)과 표준 오류(stderr)를 더 쉽게 재지정할 수 있다.

그림 10.1 Bash 쉘 시작

## Bash 쉘의 시작 과정

Bash 쉘에서는 사용자 고유의 로그인 시작 파일들을 편집하여 사용자가 자신의 환경을 정의할 수 있다. Bash이 시작되면 시작 파일(start-up file)이 자동으로 실행되며 시작 파일의 종류는 다음과 같다.

- /etc/profile
  전체 사용자에게 적용되는 환경을 설정하고 시작 프로그램을 정할 수 있다.

- /etc/bash.bashrc
  전체 사용자에게 적용되는 별명과 함수들을 정의할 수 있다.

- ~/.bash_profile
  각 사용자를 위한 환경을 설정하고 시작 프로그램을 정할 수 있다. 이 파일이 없으면 .profile 파일이 사용된다.

- ~/.bashrc
  각 사용자를 위한 별명과 함수들을 정의할 수 있다.

사용자가 로그인 대기화면에서 로그인을 하고 명령 프롬프트가 나오기까지는 시작 파일이 수행되면서 여러 가지 작업을 한다. 이들 시작파일이 수행되는 과정은 그림 10.2와 같다. 가장 먼저 /etc/profile이 실행되어 전체 사용자에게 적용되는 환경 설정을 하고 /etc/bash.bashrc 파일이 존재하면 실행된다. 그리고 사용자 홈에 있는 .bash_profile과 .bashrc 파일이 실행된다. 시작 파일이 모두 실행되면 쉘이 시작되어 쉘 프롬프트가 출력된다.

/etc/profile
|
/etc/bash.bashrc
|
~/.bash_profile
|
~/.bashrc
|
로그인 쉘 프롬프트

그림 10.2 Bash 시작 과정

각 사용자 계정에 있는 .bash_profile 파일은 사용자 각각의 환경변수를 정의하는데 사용된다. 전체 사용자에게 적용되는 /etc/profile에서 지정하는 전체 환경 설정과는 별도로, 사용자가 원하는 환경을 설정할 수 있다.

▸▸ 예제 10.1 .bash_profile

```
# .bash_profile
if [ -f ~/.bashrc ]
then
. ~/.bashrc
fi

# 사용자의 환경변수 설정 및 시작 프로그램
PATH=$PATH:$HOME/bin:.
BASH_ENV=$HOME/.bashrc
USERNAME="chang"
export USERNAME BASH_ENV PATH
```

예를 들어 예제 10.1의 시작 파일을 살펴보자. if 문에서는 홈 디렉터리에 위치한 .bashrc 파일이 있으면 이를 불러와서 실행한다. 이렇듯 .bash_profile 파일을 실행하면 .bashrc 파일도 함께 실행된다. 다음으로는 사용자의 환경변수를 설정한다. PATH, BASH_ENV, USERNAME 변수값을 설정하고 있으며, export를 사용하여 설정한 변수들을 어느 상황에서도 사용할 수 있도록 환경변수로 지정한다. PATH의 지정은 지정하고자 하는 디렉터리 사이를 ':'를 이용하여 구분해주면 된다. 위의 스크립트는 기존의 변수값 $PATH에 $HOME/bin 디렉터리와 현재 디렉터리(.)를 추가로 지정하고 있다.

각 사용자 계정에 있는 .bashrc 파일은 주로 별명(alias)을 설정하거나 함수를 정의하는데 사용된다. 별명에 대해서는 10.2절에서 자세히 살펴본다.

예를 들어 예제 10.2의 시작 파일을 살펴보자. 이 예에서는 히스트리 길이를 설정하고 6개의 별명(alias)을 정의한다. 이렇게 함으로써 rm, cp, mv와 같은 위험한 명령어는 대화형 모드(-i)를 사용하도록 하고 ls와 grep과 같은 색상을 표시할 수 있는 명령어는 자동으로 색상을 표시하도록 한다.

▸▸ 예제 10.2 .bashrc

```
# .bashrc
# 사용자 시작 파일
# 히스토리 길이 설정
HISTSIZE=1000
HISTFILESIZE=2000

# 사용자의 별명 설정
alias rm='rm-i'
alias cp='cp -i'
alias mv='mv-i'
alias ls=’ls --color=auto’
alias grep=’grep --color=auto’
alias ll='ls  -al --color=yes'
```

## 10.2 별명 및 히스토리 기능

셸의 핵심 기능은 아니지만 Bash 셸은 기존 명령에 새로운 이름을 부여하는 별명 기능과 입력된 명령들을 기억하는 히스토리 기능을 제공한다. 각각에 대해 살펴보자.

### 별명

alias 명령어를 사용하여 문자열이 나타내는 기존 명령에 대해 새로운 이름을 별명으로 정의할 수 있다.

> $ alias 이름=문자열
> 문자열이 나타내는 기존 명령에 대해 새로운 이름을 별명으로 정의한다.

예를 들어 다음과 같이 ls -aF 명령을 dir이라는 새로운 이름으로 정의하여 사용할 수 있다.

```
$ alias dir='ls -aF'
$ dir
```

또한 다음과 같은 새로운 별명을 정의할 수 있다.

```
$ alias h=history
$ alias ll='ls -l'
```

alias 명령어를 사용하여 현재까지 정의된 별명들을 다음과 같이 확인할 수 있다.

```
$ alias              # 별명 리스트
alias dir='ls -aF'
alias h='history'
alias ll='ls -l'
```

이미 정의된 별명을 unalias를 사용하여 해제할 수 있다.

> $ unalias 이름
> 이름으로 정의된 별명을 해제한다.

예를 들어 다음과 같이 이미 정의된 dir 별명을 해제할 수 있다.

```
$ unalias dir
```

### 히스토리

Bash 쉘은 입력된 명령들을 기억하는 히스토리 기능을 갖고 있다.

> $ history [-rh] [번호]
> 지금까지 입력된 명령들(히스토리)을 리스트한다.

이를 확인하기 위해 history 명령어를 입력하면 다음과 같이 지금까지 입력된 명령들(히스토리)을 리스트한다.

```
$ history
   1  ls
   2  who
   3  env
   4  vi test.sh
   5  chmod +x test.sh
   6  test.sh
   7  ls
   8  date
   9  history
      ...
```

기억할 히스토리의 크기를 변수 HISTSIZE를 사용하여 설정할 수 있는데 다음은 최근 명령 100개를 저장하라는 의미이다. 따로 설정하지 않을 때 기본값은 1000이다.

```
$ HISTSIZE=100
```

또한 다음과 같이 변수 HISTFIESIZE를 사용하여 로그아웃 후에도 히스토리가 저장되도록 크기를 설정할 수 있다. 이 경우에 히스토리 내용은 홈 디렉터리 내의 .bash_history 파일에 저장된다.

```
$ HISTFIESIZE=100
```

Bash 쉘에서는 히스토리 기능을 이용하여 이미 실행된 명령을 간단하게 재실행할 수 있다. 명령 재실행은 표 10.1과 같이 바로 전 명령, 이벤트 번호, 시작문자열, 서브문자열 등을 이용하여 할 수 있다.

표 10.1 명령 재실행

| 형태 | 의미 |
|---|---|
| !! | 바로 전 명령 재실행 |
| !n | 이벤트 번호가 n인 명령 재실행 |
| !시작문자열 | 시작문자열로 시작하는 최후 명령 재실행 |
| !?서브문자열 | 서브문자열을 포함하는 최후 명령 재실행 |

예를 들면 다음과 같이 이미 실행한 명령을 재실행할 수 있다.

```
$ !!            // 바로 전 명령 재실행한다.
$ !20           // 20번 이벤트에 해당하는 명령을 재실행한다.
$ !gcc          // gcc로 시작하는 가장 최근 명령을 재실행한다.
$ !?test.c      // test.c를 포함하는 가장 최근 명령을 재실행한다.
```

## 10.3 변수

다른 프로그래밍 언어에서처럼 쉘에서도 변수를 사용할 수 있다. 쉘 변수의 특징은 별도로 타입 선언을 할 필요가 없다는 점이다. 일단은 모든 변수가 문자열을 저장하는 문자열 타입이라고 생각할 수 있다.

### 단순 변수

다음과 같이 = 기호를 이용하여 변수를 생성하고 문자열을 값으로 대입할 수 있다. 이 이름의 변수가 이미 있으면 기존의 변수에 값을 대입한다. 이 변수는 하나의 값(문자열)만을 저장할 수 있다는 면에서 단순 변수(simple variable)라고 한다.

> $ 변수이름=문자열
> 새로운 이름으로 변수를 생성하고 문자열을 값으로 대입한다. 이 이름의 변수가 이미 있으면 기존 변수에 대입한다.

한 단어로 구성된 문자열을 대입하는 경우에는 따옴표 없이 사용할 수 있다. 예를 들어 다음 명령은 변수 city를 생성하고 이 변수에 seoul을 대입한다.

```
$ city=seoul
```

변수의 값을 사용하기 위해서는 변수 이름 앞에 $ 기호를 붙여야 한다. 예를 들어 다음 명령은 변수 city의 값을 프린트한다.

```
$ echo $city
seoul
```

city는 변수이므로 어느 때나 필요하면 다른 값을 대입할 수 있다. 다음 명령은 이 변수 city에 pusan을 대입한다. 이제 변수 city는 값으로 seoul 대신에 pusan을 갖고 있다.

```
$ city=pusan
```

또한 한 번에 여러 개의 변수를 생성하는 것도 가능하다. 예를 들어 다음 명령은 한 번에 두 개의 변수를 생성하며 country는 korea을 city는 seoul을 값으로 갖게 한다.

```
$ country=korea city=seoul
```

또한 한글 문자열을 값으로 사용할 수 있다. 따라서 다음과 같이 변수에 한글 문자열을 저장하고 프린트할 수 있다.

```
$ country=대한민국 city=서울
$ echo $country $city
대한민국 서울
```

또한 여러 단어로 구성된 문자열의 경우에는 다음과 같이 따옴표를 이용하면 한 변수에 저장하는 것도 가능하다.

```
$ address="서울시 용산구"
```

### 리스트 변수

단순 변수는 한 변수에 오직 하나의 값만 저장할 수 있었다. 경우에 따라 하나의 변수에 여러 개의 값을 저장할 수 있으면 편리할 것이다. 하나의 변수에 여러 개의 값(문자열)들을 저장할 수 있는 이러한 변수를 **리스트 변수**(list variable)라고 한다.

다음과 같이 별도의 선언 없이 리스트 변수를 생성하고 이 변수에 여러 개의 값(문자열)들을 저장할 수 있다.

> $ 변수이름=( 문자열리스트 )
> 새로운 이름으로 리스트 변수를 생성하고 여러 개의 문자열을 값으로 대입한다. 이 이름의 변수가 이미 있으면 기존 변수에 대입한다.

예를 들어 다음 명령은 cities 변수에 세 개의 값을 저장한다.

```
$ cities=(서울 부산 목포)
```

리스트 변수를 사용하기 위해서는 단순 변수처럼 $ 기호를 사용해야 한다. 또한 배열처럼 인덱스를 사용하여 몇 번째 원소를 사용할 수도 있다. 리스트의 인덱스는 0부터 시작한다. 리스트 변수 사용 방법을 정리해 보면 표 10.2와 같으며 반드시 괄호를 사용한다는 점을 주의해야 한다.

표 10.2 리스트 사용

| 리스트 사용 | 의미 |
|---|---|
| ${name[i]} | 리스트 변수 name의 i번째 원소 |
| ${name[*]}<br>${name[@]} | 리스트 변수 name의 모든 원소 |
| ${#name[*]}<br>${#name[@]} | 리스트 변수 name 내의 원소 개수 |

예를 들어 다음 명령의 실행 결과를 살펴보자. 리스트의 인덱스는 0부터 시작하기 때문에 인덱스가 1일 때 값은 서울이 아니고 부산이라는 점을 주의하자.

```
$ echo ${cities[*]}
서울 부산 목포

$ echo ${cities[1]}
부산
```

이 변수가 갖고 있는 리스트의 크기는 다음과 같이 확인할 수 있다.

```
$ echo ${#cities[*]}        # 리스트 크기
3
```

예를 들어 다음 명령처럼 리스트 크기보다 큰 인덱스를 사용하면 아무 값도 없는 것을 확인할 수 있다.

```
$ echo ${cities[3]}
```

이제 이 리스트 변수에 새로운 도시를 추가해보자. 다음 명령은 리스트 변수 cities에 새로운 도시 제주를 추가한다.

```
$ cities[3]=제주
```

이제 다음과 같이 네 번째 원소를 사용할 수 있다

```
$ echo ${cities[3]}
제주
```

**| 핵심 개념 |**

단순 변수는 하나의 값(문자열)을, 리스트 변수는 여러 개의 값(문자열)을 저장할 수 있다.

## 표준입력 읽기

read 명령어는 표준입력에서 한 줄을 읽어서 이 줄의 단어들을 변수들에 순서대로 저장한다. 마지막 변수에 남은 문자열을 모두 저장한다.

> $ read 변수1 ... 변수n
> **표준입력에서 한 줄을 읽어서 이 줄의 단어들을 변수들에 순서대로 저장한다.**

다음과 같이 두 개의 변수를 사용하면 첫 번째 단어는 첫 번째 변수에 나머지는 모두 두 번째 변수에 저장된다.

```
$ read x y
Merry Christmas !
$ echo $x
Merry
$ echo $y
Christmas !
```

다음과 같이 변수를 하나만 사용하면 이 변수가 마지막 변수가 되므로 읽은 한 줄이 모두 이 변수에 저장된다.

```
$ read x
Merry Christmas !
$ echo $x
Merry Christmas !
```

## 10.4 지역변수와 환경변수

쉘 변수는 크게 **환경변수**(environment variable)와 **지역변수**(local variable) 두 종류로 나눌 수 있다. 환경변수와 지역변수의 차이를 이해하기 위해서는 부모 쉘과 자식 쉘에 대한 이해가 필요하다. (부모) 쉘은 필요할 때마다 자식 쉘을 생성한다. 예를 들어 스크립트를 수행하거나, 후면 작업을 실행할 때, 명령어를 실행할 때 자식 쉘을 생성하여 자식 쉘로 하여금 해당 명령어를 실행하게 한다.

| 핵심 개념 |

쉘 변수는 크게 환경변수와 지역변수 두 종류로 나눌 수 있다. 환경 변수는 값이 자식 프로세스에게 상속되며 지역변수는 그렇지 않다.

그림 10.3과 같이 자식 쉘은 부모 쉘의 모든 변수를 상속 받는데 환경변수는 자식 쉘이 생성될 때 부모의 환경변수 값을 그대로 상속 받는다. 지역변수는 자식 쉘이 생성될 때 그 값이 상속되지 않고 빈 문자열로 초기화된다.

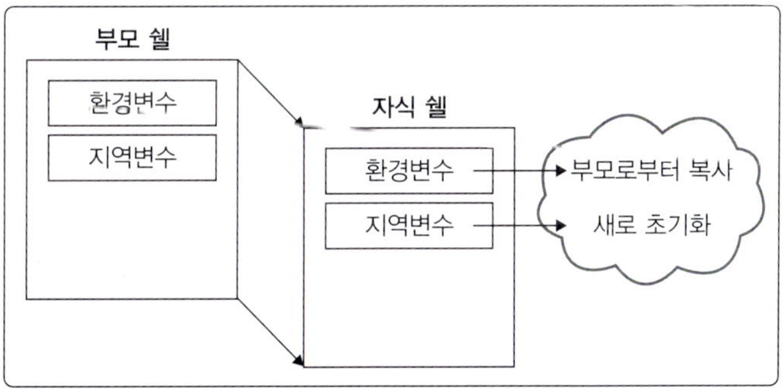


그림 10.3 부모 쉘과 자식 쉘

사용자가 쉘 변수를 생성하면 기본적으로 모두 지역변수가 된다. 그렇다면 환경변수는 어떻게 만들 수 있을까? 본 쉘에서 지역변수를 환경변수로 만들기 위해서는 그 변수를 export하면 된다.

```
$ export 변수이름
지정한 지역변수를 환경변수로 만든다.
```

다음 예에서 country는 환경변수가 되어 자식 쉘에 그 값이 상속되는데 반해 city는 지역변수이므로 자식 쉘에 그 값이 상속되지 않는 것을 확인할 수 있다.

```
$ country=대한민국 city=서울
$ export country
$ echo $country $city
대한민국 서울
```

이제 자식 쉘을 생성하고 변수 값을 확인해보자.

```
$ bash
$ echo $country $city
대한민국
$ ^D
```

자식 쉘이 끝나고 부모 쉘로 돌아오면 변수의 원래 값이 그대로 유지되고 있는 것을 확인할 수 있다.

```
$ echo $country $city
대한민국 서울
```

모든 쉘은 이미 그 의미가 미리 정해진 **사전 정의 환경변수**(predefined environment variable)들을 가지고 있다. 이 변수들은 보통 쉘이 시작될 때 시작 파일에 의해서 환경변수로 설정된다. 주요 사전 정의 환경변수들은 표 10.3과 같으며 사전 정의 환경변수들의 값을 프린트해보자.

```
$ echo 홈 = $HOME  사용자 = $USER  쉘 = $SHELL
홈 = /user/faculty/chang  사용자 = chang  쉘 = /bin/bash
$ echo 터미널 = $TERM  경로 리스트 = $PATH
터미널 = xterm  경로 리스트 = /bin:/usr/bin:/usr/local/bin
```

표 10.3 사전 정의 환경변수

| 이름 | 의미 |
|---|---|
| $USER | 사용자 이름 |
| $TERM | 터미널 타입 |
| $PATH | 명령어를 검색할 디렉터리들의 리스트 |
| $HOME | 홈 디렉터리 |
| $SHELL | 로그인 쉘의 경로명 |
| $MAIL | 메일 박스의 경로명 |
| $HOSTNAME | 호스트 이름 |

또한 쉘은 표 10.4의 **사전 정의 지역 변수**(predefined local variable)들을 내장하고 있으며 이러한 변수들은 주로 쉘 스크립트 내에서 사용된다.

표 10.4 사전 정의 지역 변수

| 이름 | 의미 |
|---|---|
| $$ | 쉘의 프로세스 번호 |
| $0 | 쉘 스크립트 이름 |
| $1 ~ $9 | 명령줄 인수 |
| $* | 모든 명령줄 인수 리스트 |
| $# | 명령줄 인수의 개수 |

예를 들어 다음과 같은 간단한 쉘 스크립트에서 이 빌트인 변수 값들을 프린트해보자. 쉘 스크립트 작성 및 실행 과정은 10.5절에서 설명한다.

▸▸ 예제 10.3 builtin.bash

```
#!/bin/bash
# builtin.bash
echo 이 스크립트 이름: $0
echo 첫 번째 명령줄 인수: $1
echo 모든 명령줄 인수: $*
echo 이 스크립트를 실행하는 프로세스 번호: $$
```

**실행결과**

```
$ builtin.bash hello shell
이 스크립트 이름: builtin.sh
첫 번째 명령줄 인수: hello
모든 명령줄 인수: hello shell
이 스크립트를 실행하는 프로세스 번호: 12596
```

## 10.5 Bash 쉘 스크립트

Bash 쉘 스크립트 작성 및 실행 과정은 다음과 같다.

(1) 에디터를 사용하여 Bash 스크립트 파일을 작성한다. 예를 들어 다음과 같은 스크립트 state.bash를 작성해보자. 첫 번째 줄은 이 스크립트가 Bash 스크립트라는 것을 나타내고 두 번째 줄은 주석으로 이 스크립트 이름을 표시하였다. 이 스크립트는 echo, date, who, uptime 등의 명령어를 순차적으로 실행한다.

▶▶ 예제 10.4 **state.bash**

```
1  #!/bin/bash
2  # state.bash
3  echo -n 현재 시간:
4  date
5  echo 현재 사용자:
6  who
7  echo 시스템 현재 상황:
8  uptime
```

(2) chmod를 이용하여 실행 모드로 변경한다.

```
$ chmod +x state.bash
```

(3) 스크립트 이름을 입력하여 실행한다.

```
$ state.bash
현재 시간:2022. 02. 23. (수) 17:16:17 KST
현재 사용자:
chang     tty2        2022-02-23 12:08 (tty2)
시스템 현재 상황:
 17:16:18 up  2:45, 1 user, load average:0.24, 0.06, 0.02
```

Bash 스크립트는 명령어와 유틸리티만 사용할 수 있을까? 그렇지 않다. Bash 쉘은 조건, 스위치, 반복 등을 위한 제어구조로 if, case, for, while 등의 문장을 제공한다. 변수와 이러한 제어구조를 이용하면 마치 일반 프로그래밍 언어를 사용하는 것처럼 스크립트를 작성할 수 있다.

**| 핵심 개념 |**

Bash 쉘은 조건, 스위치, 반복 등을 위한 제어구조로 **if**, **case**, **for**, **while** 등의 문장을 제공한다.

먼저 조건문에 대해서 살펴보자. 조건문을 이용하면 수식 값에 따라 명령들을 선택적으로 실행할 수 있다. 가장 간단한 형태는 조건에 따라 하나의 명령을 실행하는 **if-then** 문으로 이 구문은 조건을 나타내는 수식 값이 참이면 명령을 실행하고 거짓이면 실행하지 않는다.

```
if 조건식
then
    명령들
fi
```

본 쉘과 Bash 쉘에서는 다음과 같은 형태로 조건식을 표현할 수 있다.

```
if [ 수식 ]
    ...
```

예를 들어, wc 명령어를 실행하기 전에 다음과 같이 명령줄 인수의 개수가 한 개인지 확인 후에 실행할 수 있다.

```
if [ $# -eq 1 ]
then
   wc $1
fi
```

또한 **if-then-else** 구문을 이용하면 조건식의 결과에 따라 서로 다른 명령들을 실행시킬 수 있다.

```
if 조건식
then
    명령들
else
    명령들
fi
```

예를 들어, 예제 10.5 스크립트를 살펴보자. 이 스크립트는 명령줄 인수로 하나의 파일 이름을 받아 대상 파일에 wc 명령어를 수행하려고 한다. **if-then-else** 구문을 사용하여 명령줄 인수의 개수가 한 개인지 확인하고 아니면 적절한 사용법을 알려준다.

**▸▸ 예제 10.5** **wc1.bash**

```
#!/bin/bash
# 사용법: wc1.bash 파일
# 명령줄 인수 개수를 확인하고 wc 명령어를 실행한다.

if [ $# -eq 1 ]
then
    wc $1
else
    echo 사용법: $0 파일
fi
```

**실행결과**

```
$ wc1.bash
사용법: wc1.bash 파일

$ wc1.bash cs1.txt
    38    318    2088 cs1.txt
```

또 다른 예로 예제 10.6 스크립트는 대상 디렉터리 내에 있는 파일과 서브디렉터리의 개수를 계산하여 프린트한다. **if-then-else** 문을 이용하여 명령줄 인수의 개수를 검사하고 명령줄 인수가 없는 경우에는 현재 디렉터리를 대상으로 하고 그렇지 않으면 명령줄 인수로 받은 디렉터리를 대상으로 한다.

▸▸ 예제 10.6 count1.bash

```
#!/bin/bash
# 사용법: count1.bash [디렉터리]
# 대상 디렉터리 내의 파일과 서브디렉터리 개수를 프린트한다.

if [ $# -eq 0 ]
then
   dir="."
else
   dir=$1
fi

echo -n $dir 내의 파일과 서브디렉터리 개수:
ls $dir | wc -l
```

**실행결과**

```
$ count1.bash
. 내의 파일과 서브디렉터리 개수:      17
```

## 10.6 수식

Bash 쉘에서 사용할 수 있는 수식은 비교 연산, 파일 관련 연산, 산술 연산 등이 있다. 각각에 대해 순차적으로 살펴보자.

### 비교 연산

조건식에 사용될 수 있는 비교 연산은 산술 비교 연산, 문자열 비교 연산 등이 있다. 표 10.5의 산술 비교 연산자를 이용하여 두 개의 정수를 비교할 수 있다. 예를 들어 예제 10.5와 예제 10.6에서처럼 명령줄 인수의 개수($#)를 비교할 수 있다.

표 10.5 산술 비교 연산자

| 산술 비교 연산자 | 의미 |
|---|---|
| 정수1 -eq 정수2 | 두 정수가 같으면 참 아니면 거짓 |
| 정수1 -ne 정수2 | 두 정수가 다르면 참 아니면 거짓 |
| 정수1 -gt 정수2 | 정수1이 정수2보다 크면 참 아니면 거짓 |
| 정수1 -ge 정수2 | 정수1이 정수2보다 크거나 같으면 참 아니면 거짓 |
| 정수1 -lt 정수2 | 정수1이 정수2보다 작으면 참 아니면 거짓 |
| 정수1 -le 정수2 | 정수1이 정수2보다 작거나 같으면 참 아니면 거짓 |

쉘 변수는 기본적으로 문자열을 저장하는데 표 10.6의 문자열 비교 연산자를 이용하여 두 문자열을 서로 비교할 수 있다.

표 10.6 문자열 비교 연산자

| 문자열 비교 연산자 | 의미 |
|---|---|
| 문자열1 == 문자열2 | 두 문자열이 같으면 참 아니면 거짓 |
| 문자열1 != 문자열2 | 두 문자열이 다르면 참 아니면 거짓 |
| -n 문자열 | 문자열이 null이 아니면 참 |
| -z 문자열 | 문자열이 null이면 참 |

예제 10.7 스크립트는 문자열 비교 연산을 이용하여 사용자 입력이 "Y" 또는 "y"인지 판별한다. ||는 논리합(OR)의 의미이다.

▸▸ 예제 10.7 reply.bash

```
#!/bin/bash
# 사용법: reply.bash
# 계속 여부를 입력받아 프린트한다.

echo -n "계속 하겠습니까 ? "
read reply
if [ $reply == "Y" ] || [ $reply == "y" ]
then
   echo "계속합니다"
else
   echo "중지합니다"
fi
```

실행결과

```
$ reply.bash
계속 하겠습니까 ? y
계속합니다
```

## 파일 관련 연산

쉘 스크립트는 주로 파일이나 문자열을 다루는 데 사용된다. 파일을 다루는 경우에 파일에 대한 어떤 조작을 하기 전에 먼저 그 파일에 대한 특성을 검사해볼 필요가 있다. 가장 간단한 예는 그 파일이 존재하는지 검사하는 것이다.

Bash 쉘은 파일의 특성을 검사할 수 있는 **파일 관련 연산자**(file-oriented operator)를 제공한다. 파일 관련 연산자의 종류는 표 10.7과 같으며 이 연산자는 파일과 관련하여 참 거짓이 정해지며 주로 조건문이나 반복문 등에서 파일 관련 조건을 검사하는 데 사용된다.

표 10.7 파일 관련 연산자

| 파일 관련 연산자 | 의미 |
|---|---|
| -a 파일<br>-e 파일 | 해당 파일이 존재하면 참 |
| -r 파일 | 사용자가 해당 파일을 읽을 수 있으면 참 |
| -w 파일 | 사용자가 해당 파일을 쓸 수 있으면 참 |
| -x 파일 | 사용자가 해당 파일을 실행할 수 있으면 참 |
| -O 파일 | 사용자가 해당 파일의 소유자이면 참 |
| -z 파일 | 해당 파일의 크기가 0이면 참 |
| -f 파일 | 해당 파일이 일반 파일이면 참 |
| -d 파일 | 해당 파일이 디렉터리이면 참 |

파일 관련 연산을 이용하여 예제 10.5를 대상 파일이 존재하는 경우에만 wc를 수행하도록 수정해보자. 다음 조건문은 $file이 나타내는 이름의 파일이 존재하면 그 파일에 대해 wc 명령어를 수행하고 그렇지 않으면 오류 메시지를 낸다.

```
if [ -e $file ]
then
   wc $file              # 해당 파일이 존재하면
else
    echo "오류 ! 파일 없음"  # 해당 파일이 존재하지 않으면
fi
```

또한 파일 관련 연산을 이용하여 예제 10.6을 대상 디렉터리가 정말로 디렉터리인 경우에만 수행하도록 수정해보자. 다음 조건문은 $dir이 나타내는 이름이 디렉터리이면 해당 명령을 수행하고 그렇지 않으면 오류 메시지를 낸다.

```
if [ -d $dir ]
then
   echo -n $dir 내의 파일과 서브디렉터리 개수:
   ls $dir | wc -l
else
   echo $dir : 디렉터리 아님
fi
```

### 부울 연산

조건식에 다음과 같은 부울 연산자(Boolean operators)를 이용하여 여러 개의 조건식을 묶을 수 있다.

```
!  논리부정(negation)
&& 논리곱(logical and)
|| 논리합(logical or)
```

예를 들어 다음 조건문은 해당 파일이 일반 파일이고 그 파일에 대해 쓸 수 있으면 uptime의 실행 결과를 그 파일에 저장한다.

```
if [ -f $file ] && [ -w $file ]
then                                # 해당 파일이 일반 파일이고 쓸 수 있으면
   uptime > $file
fi
```

또한 다음 두 조건문은 해당 파일이 없거나 디렉터리가 아니면 이를 알리는 메시지를 출력한다.

```
if [ ! -e $file ]
then                                # 해당 파일이 존재하지 않으면
   echo $file : 파일 없음
fi

if [ ! -d $file ]
then                                # 해당 파일이 디렉터리가 아니면
   echo $file : 디렉터리 아님
fi
```

### let 명령어를 이용한 산술 수식

Bash 스크립트는 주로 문자열과 파일을 다루는 데 사용되지만 경우에 따라 간단한 산술 연산이 필요할 때가 있다. 다음과 같은 간단한 산술 연산을 수행하기 위해 다음 명령을 실행해보자.

```
$ a=2+3
```

우리 생각과 다르게 이 명령어는 산술 연산을 하지 않고 단지 문자열 "2+3"을 변수에 저장할 뿐이다.

Bash 쉘에서는 산술 연산을 하기 위해 let 명령어를 사용할 수 있다. 다음과 같이 let 명령어를 사용하여 수식 값을 계산하고 이 값을 변수에 저장할 수 있다. 이 명령어는 띄어쓰기에 민감하여 = 좌우에 공백이 있으면 구문 오류가 발생한다는 점을 주의하자.

> $ let 변수=수식
> 수식 값을 계산하고 이 값을 변수에 저장한다.

예를 들어 다음 명령의 결과를 살펴보자.

```
$ let a=2*3
$ echo $a
6
$ let a=$a+2
$ echo $a
8
```

또한 다음과 같이 C 언어에서 사용하는 ++나 --와 같은 증감연산자나 +=, -=, *=과 같은 복합대입연산자들을 역시 사용할 수 있다.

```
$ let a++          # let a=a+1 과 같음
$ echo $a
9
$ let a*=10        # let a=a*10 과 같음
$ echo $a
90
```

**| 핵심 개념 |**

Bash 쉘의 식은 비교 연산, 파일 관련 연산, 산술 연산 등을 할 수 있다.

### 변수 타입 선언

Bash 쉘에서는 declare나 typeset 내장 명령어를 사용하여 변수의 타입을 선언할 수 있다. 이 두 명령어는 동의어이다. declare 명령어는 bash 버전 2 이후부터 가능하며 이 책에서는 declare 명령어를 사용한다. 이 명령어를 이용한 변수 선언은 표 10.8과 같이 정리할 수 있다.

표 10.8 변수 선언

| 이름 | 의미 |
|---|---|
| declare -r 변수 | 읽기 전용 변수로 선언 |
| declare -i 변수 | 정수형 변수로 선언 |
| declare -a 변수 | 배열 변수로 선언 |
| declare -f | 스크립트 안에서 정의된 모든 함수들을 보여준다. |
| declare -f 함수이름 | 해당 함수 이름을 보여준다. |
| declare -x 변수 | 환경변수로 export |

변수의 타입이 선언되면 그 변수는 선언된 타입으로만 사용될 수 있으며 다른 타입으로 사용하려는 시도는 오류를 발생시킨다. 예를 들어 정수형 변수로 선언된 변수에 수식 값을 계산하여 대입하는 경우에도 let이 필요 없다. 또한 다음과 같이 정수형 변수에 실수 값을 대입하거나 읽기 전용 변수의 값을 변경하려는 시도는 모두 오류를 발생시킨다.

```
$ declare -i a          # a는 정수형 변수
$ a=12
$ a=a+1                 # 정수형 변수는 let이 필요 없음
$ echo $a
$ a=10.3                # 오류 메세지를 내고 값은 변하지 않음
bash: 10.3: syntax error in expression (error token is ".3")

$ declare -r b=23.4  # 읽기 전용 변수 b를 선언하고 값을 대입함
$ b=23.5                # 오류 메세지를 내고 값은 변하지 않음
bash: b: readonly variable
```

## 10.7 조건문

Bash 쉘은 조건, 스위치, 반복 등을 위한 제어구조로 `if`, `switch`, `for`, `while` 등의 문장을 제공한다. 이러한 제어구조를 이용하면 마치 일반 프로그래밍 언어를 사용하는 것처럼 스크립트를 작성할 수 있다. 각각에 대해 살펴보자.

### if 문

조건문을 이용하면 조건식 값에 따라 명령들을 선택하여 실행할 수 있다. 다음과 같은 형태의 `if` 문에 대해서 이미 살펴보았다.

- **if-then 문**

```
if 조건식
then
   명령들
fi
```

- **if-then-else 문**

```
if 조건식
then
   명령들
else
   명령들
fi
```

### if 문의 조건식

Bash 스크립트에서는 `if` 문의 조건식으로 두 가지 형태를 사용할 수 있다. 첫 번째는 지금까지 살펴본 것처럼 다음과 같은 형태의 수식을 사용하는 것이다.

```
if [ 수식 ]
   ...
```

첫 번째 형태의 조건식은 익숙하지 않아서 다소 불편한 면이 있다. 이러한 문제점을 개선한 두 번째 조건식은 다음과 같이 새로운 형태의 수식을 `if` 문의 조건식으로 사용하는 것이다.

```
if ((수식))
    ...
```

이와 같은 조건식에서 사용할 수 있는 연산자는 C 언어와 거의 비슷하며 우선순위에 따라 정리하면 표 10.9와 같다.

**표 10.9** 수식 연산자

| 수식 연산자 | 의미 |
|---|---|
| - | 단일항 음수 |
| ! | 논리 부정 |
| * / % | 곱셈, 나눗셈, 나머지 |
| + - | 덧셈, 뺄셈 |
| << >> | 비트 좌이동, 비트 우이동 |
| <= >= < > | 관계 연산 |
| == != | 동등, 비동등 |
| \|\| && | 논리합, 논리곱 |
| & ^ \| | 비트 and, 비트 xor, 비트 or |

예를 들어, 수식 연산자를 이용하여 예제 10.5 스크립트를 예제 10.8처럼 재작성할 수 있다.

▸▸ 예제 10.8 wc2.bash

```
#!/bin/bash
# 사용법: wc2.bash
# 명령줄 인수의 개수를 확인하고 wc 명령어를 실행한다.

if (( $# == 1 ))
then
    wc $1
else
    echo 사용법: $0 파일
fi
```

## 중첩 if 문

또한 필요에 따라 다음과 같이 조건문을 중첩하여 사용할 수 있다. 중첩된 if 문에서는 else if가 합쳐져서 elif가 됨을 주의하자.

```
if 조건식
then
   명령들
elif 조건식
then
   명령들
else
   명령들
fi
```

중첩된 if 문을 사용하는 예제 10.9 스크립트를 살펴보자. 이 예제는 점수를 입력 받아 그 점수에 따라 학점을 프린트한다. 예를 들어 85점을 입력 받으면 B 학점을 출력한다.

▸▸ 예제 10.9 score1.bash

```
#!/bin/bash
# 사용법: score1.bash
# 점수에 따라 학점을 결정하여 프린트한다.

echo -n '점수 입력: '
read score
if (( $score >= 90 ))
then
    echo A
elif (( $score >= 80 ))
then
    echo B
elif (( $score >= 70 ))
then
    echo C
else
    echo 노력 요함
fi
```

**실행결과**

```
$score1.bash
점수 입력: 85
B
```

## case 문

여러 개의 if 문을 위와 같이 중첩해야 하는 경우에는 다음과 같이 case 문을 사용하여 보다 간결하게 표현할 수 있다. 변수의 값이 case의 패턴값과 일치하면 해당 case가 실행되고 case 문을 벗어나게 된다. 일치하는 패턴값이 없는 경우에는 디폴트에 해당하는 * 표시된 부분을 실행한다.

```
case $변수 in
   패턴1) 명령들;;
   패턴2) 명령들;;
     ...
  *) 명령들;;
esac
```

예를 들어, 예제 10.9 스크립트를 case 문을 이용하면 예제 10.10과 같이 간단하게 재작성할 수 있다. score 값을 10으로 나눈 grade 값에 따라 case 문을 사용하여 학점이 결정된다. 패턴 "10" | "9"는 grade 값이 10 혹은 9이면 echo A 명령이 실행된다는 것을 의미한다.

**▸▸ 예제 10.10** **score2.bash**

```
#!/bin/bash
# 사용법: score2.bash
# 점수에 따라 학점을 결정하여 프린트한다.

echo -n '점수 입력: '
read score
let grade=$score/10
case $grade in
    "10" | "9") echo A;;
    "8") echo B;;
    "7") echo C;;
    *) echo 노력 요함;;
esac
```

## 10.8 반복문

### for 문

for 문은 리스트의 각 값에 대해서 명령들을 반복적으로 실행하는 데 사용한다. 이 루프는 변수가 리스트의 각 값을 가지면서 명령들을 반복적으로 실행한다.

```
for 변수이름 in 리스트
do
   명령들
done
```

예를 들어 예제 10.11 스크립트는 변수 person이 invitee 리스트 내의 각 값을 가지면서 반복적으로 echo 명령어의 출력을 메일로 보내도록 한다. echo 명령어 끝의 \ 기호는 한 줄이 끝나지 않고 계속됨을 나타낸다.

▸▸ 예제 10.11 **invite.bash**

```
#!/bin/bash
# 사용법: invite.bash
# 저녁 초대 메일을 보낸다.

invitee=(lee kim choi)
for person in ${invitee[*]}
do
   echo "초대의 글 : 오늘 저녁 식사 모임에 초대합니다." | \
   mail "${person}@gmail.com"
done
```

### for 문을 이용한 명령줄 인수에 대한 반복 처리

모든 명령줄 인수에 대해서 어떤 명령을 반복적으로 실행하고자 하는 경우를 생각해보자. 다음과 같이 for 구문과 $*를 이용하여 이러한 경우를 쉽게 표현할 수 있다. 표 10.4에 있는 것처럼 $*가 모든 명령줄 인수들의 리스트를 나타내므로 for 구문과 $*를 이용하면 각 명령줄 인수에 대해 원하는 명령을 반복적으로 실행할 수 있다. 예를 들어 명령줄 인수로 파일 이름을 받는다면 다음과 같이 각 파일 이름을 출력할 수 있다.

```
for file in $*
do
    echo $file
done
```

예를 들어, 예제 10.12 스크립트는 명령줄 인수로 받은 각 파일에 대해서 파일의 접근권한과 이름을 프린트하기 위해서 위의 구문을 사용한다. 각 파일에 대해 `ls -l` 명령어를 실행하고 `cut` 명령어를 사용하여 그 결과 중에 첫 번째 항목인 접근권한을 추출하여 프린트한다.

**▸▸ 예제 10.12 perm1.bash**

```
#!/bin/bash
# 사용법: perm1.bash 파일*
# 파일의 접근권한과 이름을 프린트한다.

if [ $# -eq 0 ]
then
    echo 사용법: $0 파일*
    exit 1
fi

echo " 접근권한      파일"
for file in $*
do
    if [ -f $file ]
     then
        fileinfo=`ls -l $file`
        perm=`echo $fileinfo | cut -d' ' -f1`
        echo "$perm   $file"
     fi
done
```

**실행결과**

```
$ perm1.bash cs1.txt cs2.txt
 접근권한    파일
-rw-rw-r--   cs1.txt
-rw-rw-r--   cs2.txt
```

## while 문

while 문은 조건이 만족되는 동안 명령들을 반복적으로 실행하는 데 사용된다. 다음 구문은 조건식 값이 참인 동안 명령들을 반복적으로 실행한다.

```
while 조건식
do
   명령들
done
```

if 문의 조건식과 마찬가지로 while 문의 조건식도 두 가지 형태를 사용할 수 있다. 첫 번째는 앞에서 살펴본 것처럼 다음과 같은 형태의 비교 수식 혹은 파일 관련 수식을 사용하는 것이다.

```
while [ 수식 ]
   ...
```

두 번째 조건식은 다음과 같은 형태의 수식을 while 문의 조건식으로 사용하는 것이다.

```
while ((수식))
   ...
```

예를 들어, 2의 n 승을 프린트하는 예제 10.13 스크립트를 살펴보자. 이 스크립트에서 $j 값이 10보다 작거나 같은 동안에 while 문 내의 명령들을 반복적으로 실행한다. 먼저 2 ^ 1 = 2를 프린트한 후에 i 값에 2를 곱하고 j 값은 1씩 증가시킨다. 이 과정을 반복하면서 2 ^ 1 = 2부터 시작하여 2 ^ 10 = 1024까지 프린트한다.

▶▶ 예제 10.13 power.bash

```
#!/bin/bash
# 사용법: power.bash
# 2의 1승부터 10승까지 프린트한다.

let i=2
let j=1
while (( $j <= 10 ))
```

```
do
    echo '2 ^' $j = $i
    let i*=2
    let j++
done
```

**실행결과**

```
$ power.bash
2 ^ 1 = 2
2 ^ 2 = 4
2 ^ 3 = 8
2 ^ 4 = 16
2 ^ 5 = 32
2 ^ 6 = 64
2 ^ 7 = 128
2 ^ 8 = 256
2 ^ 9 = 512
2 ^ 10 = 1024
```

## 명령어 메뉴 스크립트

이제 지금까지 배운 case, while 등의 문장을 이용하여 간단한 명령어 메뉴 스크립트를 작성해보자. 예제 10.14 스크립트는 사용자가 명령어 메뉴 중에 원하는 것을 한 문자로 선택하면 해당하는 명령어를 실행시킨다. 입력 문자에 따라 case 문에서 실행시킬 명령어가 결정되어 실행된다. while 문을 이용하여 이러한 과정이 문자 'q'가 입력될 때까지 반복된다.

**▸▸ 예제 10.14** menu.bash

```
#!/bin/bash
# 사용법: menu.bash
# 메뉴에 따라 해당 명령어를 실행한다.

echo 명령어 메뉴
cat << MENU
        d       : 날짜 시간
```

```
        l      : 현재 디렉터리 내용
        w      : 사용자 보기
        q      : 끝냄
MENU
stop=0
while (($stop == 0))
do
   echo -n '? '
   read reply
    case $reply in
       "d") date;;
       "l") ls;;
       "w") who;;
       "q") stop=1;;
       *) echo 잘못된 선택;;
    esac
done
```

**실행결과**

```
$ menu.bash
명령어 메뉴
      d      : 날짜 시간
      l      : 현재 디렉터리 내용
      w      : 사용자 보기
      q      : 끝냄
? d
2022. 02. 23. (수) 17:33:27 KST
? q
```

## 10.9 고급 기능

### 함수

Bash 쉘에서는 일반 프로그래밍 언어처럼 함수를 정의하고 호출하여 사용할 수 있다. 다음과 같이 함수를 정의할 수 있다.

```
함수이름()
{
    명령들
}
```

함수의 매개변수는 별도의 이름 없이 명령줄 인수처럼 **$1**, ..., **$n**을 이용하여 사용할 수 있다. 즉 **$1**은 첫 번째 매개변수를 나타내고 **$n**은 n번째 매개변수를 나타낸다.

정의된 함수는 다음과 같이 함수이름을 이용하여 호출할 수 있으며 필요에 따라 함수에 매개변수들을 전달할 수 있다.

```
함수이름 [매개변수들]
```

예제 10.15 스크립트는 함수 lshead()를 정의하고 이를 /tmp 매개변수와 함께 호출하고 있다. 호출된 함수는 함수 시작과 전달된 매개 변수를 프린트하고 현재 날짜를 프린트한 후에 매개변수로 받은 디렉터리 내의 처음 3개 파일만을 리스트한다.

▸▸ 예제 10.15 lshead.bash

```
#!/bin/bash
# 사용법: lshead.bash

lshead() {
  echo "함수 시작, 매개변수 $1"
  date
  echo "디렉터리 $1 내의 처음 3개 파일만 리스트"
  ls -l $1 | head -4
}
```

```
echo "안녕하세요"
lshead /tmp
```

**실행결과**

```
$lshead.bash
안녕하세요
함수 시작, 매개변수 /tmp
2022. 02. 23. (수) 17:43:27 KST
디렉터리 /tmp 내의 처음 3개 파일만 리스트
합계 1184
-rw-------  1 chang  chang  11264 3월 28 12:08 Ex01378
-rw-------  1 chang  chang  12288 5월 18 10:18 Ex02004
-rw-------  1 root   root    8192 5월 14 15:28 Ex02504
```

## 디버깅

Bash 쉘은 간단한 디버깅 기능을 내장하고 있는데 이러한 디버깅 기능을 이용하여 스크립트의 실행 과정을 추적하면서 디버깅 할 수 있다.

> $ bash -vx 스크립트 [명령줄 인수]
> 스크립트를 실행하고 실행과정을 추적한다.

-v 옵션을 사용하여 실행하면 쉘 스크립트의 줄을 읽을 때 그 줄을 보여준다. -x 옵션은 스크립트의 실행과정을 한 줄씩 보여주는데 변수는 그 값으로 대치되고 대표문자는 해당하는 파일 이름으로 대치된 상태를 확인할 수 있다.

예를 들어 menu.bash 스크립트를 -v 옵션을 사용하여 실행하면 다음과 같이 각 줄의 실행 과정 및 실행 결과를 보여준다. 파란색으로 표시된 부분이 입력 혹은 출력 부분이다.

```
$ bash -v menu.bash
#!/bin/bash
echo 명령어 메뉴
명령어 메뉴
cat << MENU
```

```
        d      : 날짜 시간
        l      : 현재 디렉터리 내용
        w      : 사용자 보기
        q      : 끝냄
MENU
        d      : 날짜 시간
        l      : 현재 디렉터리 내용
        w      : 사용자 보기
        q      : 끝냄
stop=0
while (($stop == 0))
do
   echo -n '? '
   read reply
   case $reply in
      "d") date;;
      "l") ls;;
      "w") who;;
      "q") stop=1;;
      *) echo 잘못된 선택;;
   esac
done
? d
2022. 02. 23. (수) 17:43:27 KST
? q
```

또한 이 menu.bash 스크립트를 -vx 옵션을 사용하여 실행하면 각 줄의 실행 과정 및 실행 결과를 보다 자세히 보여준다.

### shift

**shift** 명령어는 리스트 변수 내의 원소들을 하나씩 왼쪽으로 이동한다. 대상을 명시하지 않으면 명령줄 인수들을, 명시하면 해당 리스트 변수의 원소들을 하나씩 왼쪽으로 이동한다.

```
shift [리스트변수]
```

이 기능을 이용하면 for 문을 사용하여 리스트를 처리하는 것을 while 문을 사용하여 구현할 수 있다. 예를 들어 예제 10.12 스크립트를 예제 10.16과 같이 while 문을 사용하여 구현할 수 있다. 명령줄 인수를 하나 처리할 때마다 shift 명령어를 실행하여 명령줄 인수들을 하나씩 왼쪽으로 이동한다. 따라서 $1이 나타내는 첫 번째 인수가 항상 처리할 대상이 된다.

▶▶ 예제 10.16 **perm2.bash**

```
#!/bin/bash
# 사용법: perm2.bash 파일*
# 파일의 사용권한과 이름을 프린트한다.
if [ $# -eq 0 ]
then
   echo 사용법: $0 files
   exit 1
fi

echo "  허가권      파일"
while [ $# -gt 0 ]
do
   file=$1
   if [ -f $file ]
   then
      fileinfo=`ls -l $file`
      perm=`echo "$fileinfo" | cut -d' ' -f1`
      echo "$perm   $file"
   fi
   shift
done
```

### 디렉터리 내의 모든 파일 처리

디렉터리 내의 모든 파일에 대해서 어떤 명령어를 반복적으로 실행하려면 어떻게 하여야 할까? 다음과 같이 해당 디렉터리로 이동하고 for 문과 대표 문자 *를 사용하면 이러한 경우를 쉽게 표현할 수 있다. 대표 문자 *는 현재 디렉터리 내의 모든 파일 이름들로 대치된다. 따라서 다음은 해당 디렉터리 내의 각 파일 이름을 출력한다.

```
cd $dir
for file in *
do
   echo $file
done
```

예를 들어, 디렉터리 내의 파일과 서브디렉터리 개수를 세서 프린트하는 예제 10.17 스크립트를 살펴보자. 이 스크립트는 시작하면 먼저 인수의 수($#)를 검사하고 명령줄 인수가 없는 경우에는 현재 디렉터리를 대상으로 하고 인수가 있는 경우에는 인수로 받은 디렉터리($1)를 대상으로 한다. 그리고 대상이 디렉터리인지 검사한다. 그 후 대상 디렉터리로 이동하고 `for file in *` 구문을 이용하여 해당 디렉터리 내의 모든 파일에 대해서 일반 파일과 디렉터리로 구분하여 개수를 1씩 증가한 후에 최종적으로 결과를 프린트한다.

▸▸ 예제 10.17 **count2.bash**

```
#!/bin/bash
# 사용법: count2.bash [디렉터리]
# 대상 디렉터리 내의 파일, 서브디렉터리, 기타 개수를 세서 프린트한다.

if [ $# -eq 0 ]
then
   dir="."
else
   dir=$1
fi

if [ ! -d $dir ]
then
   echo $0\: $dir 디렉터리 아님
   exit 1
fi

let fcount=0
let dcount=0
let others=0
echo $dir\:
```

```
cd $dir
for file in *
do
    if [ -f $file ]
    then
        let fcount++
    elif [ -d $file ]
    then
        let dcount++
    else
        let others++
    fi
done
echo 파일: $fcount  디렉터리: $dcount  기타: $others
```

**실행결과**

```
$ count2.bash
/home/chang:
파일: 4 디렉터리: 45 기타: 0
```

## 리커전

C 언어는 **리커전**(recursion)을 제공한다. 따라서 필요하면 함수가 자신을 호출할 수 있다. 비슷하게 Bash 쉘에서도 리커전을 사용할 수 있다. 따라서 Bash 스크립트도 필요에 따라서 자기 자신을 호출하여 실행시킬 수 있다. 이 기능은 어떤 디렉터리의 모든 하위 디렉터리에 대해 동일한 작업을 수행할 때 매우 유용하게 사용될 수 있다.

예를 들어 `ls -sR` 명령어처럼 어떤 디렉터리의 모든 하위 디렉터리 내에 있는 각 파일들의 크기를 리스트하는 쉘 스크립트를 작성해보자. 이 문제는 하위 디렉터리의 깊이가 얼마나 될지 미리 알 수 없기 때문에 상당히 어려운 문제처럼 보인다. 그러나 이 문제는 리커전을 이용하면 간단하게 해결할 수 있다. 예제 10.18 스크립트는 다음과 같이 진행한다.

- 예제 10.17처럼 일단 명령줄 인수가 디렉터리인지 확인한다. 명령줄 인수가 없을 때는 현재 디렉터리를 대상으로 한다.
- 해당 디렉터리 내로 이동하여 `ls -s` 명령어를 사용하여 디렉터리 내에 있는 파일들을

파일 크기와 함께 리스트한다.

- 각 서브디렉터리에 대해서도 똑같은 일을 해야 하기 때문에 각 서브디렉터리에 대해서 리커전을 이용하여 스크립트 자신을 실행시킨다.

이 예제에서 스크립트 자신을 실행시킬 때는 스크립트의 절대 경로명을 사용해야 한다는 점을 주의하자. 이는 스크립트가 실행될 때마다 명령줄 인수로 받은 디렉터리로 현재 디렉터리를 이동하기 때문에 스크립트 이름만으로는 해당 스크립트를 찾을 수 없기 때문이다. 만약 이 스크립트의 절대 경로가 /home/chang/bash/lssr.bash이라면 호출할 때도 이 경로를 사용하여야 한다.

**▸▸ 예제 10.18 lssr.bash**

```
#!/bin/bash
# 사용법 lssr.bash [디렉터리]
# 대상 디렉터리와 모든 하위 디렉터리 내에 있는 파일들의 크기를 리스트한다.

if [ $# -eq 0 ]
then
   dir="."
else
   dir=$1
fi

if [ ! -d $dir ]
then
   echo $0\: $dir 디렉터리 아님
   exit 1
fi

cd $dir
echo -e "\n $dir :"
ls -s

for x in *
do
   if [ -d $x ]
```

```
    then
        /home/chang/bash/lssr.bash $x
    fi
done
```

### 터미널에서 실행

스크립트 없이 터미널에서 while 혹은 for 문도 실행할 수 있다. 예를 들어 다음과 같이 실행하면 현재 디렉터리 내의 모든 파일 이름들이 출력된다.

```
$ for f in *
> do
> echo $f
> done
```

또한 다음과 같이 앞에서 스크립트로 작성한 예도 직접 터미널에서 입력하여 실행할 수도 있다.

```
$ let i=2
$ let j=1
$ while (( $j <= 10 ))
> do
> echo '2 ^' $j = $i
> let i*=2
> let j++
> done
2 ^ 1 = 2
2 ^ 2 = 4
2 ^ 3 = 8
2 ^ 4 = 16
2 ^ 5 = 32
2 ^ 6 = 64
2 ^ 7 = 128
2 ^ 8 = 256
2 ^ 9 = 512
2 ^ 10 = 1024
```

### | 핵심 개념 |

- 단순 변수는 하나의 값(문자열)을, 리스트 변수는 여러 개의 값(문자열)을 저장할 수 있다.
- 쉘 변수는 크게 환경변수와 지역변수 두 종류로 나눌 수 있다. 환경 변수는 값이 자식 프로세스에게 상속되며 지역변수는 그렇지 않다.
- Bash 쉘은 조건, 스위치, 반복 등을 위한 제어구조로 `if`, `case`, `for`, `while` 등의 문장을 제공한다.
- Bash 쉘의 식은 비교 연산, 파일 관련 연산, 산술 연산 등을 할 수 있다.

## | 실습 문제 |

10.1 다음과 같은 파일 명령어 메뉴 시스템을 Bash 스크립트로 작성해보자.

(1) 시작하면 다음과 같은 메인 메뉴 화면이 나온다.

```
---------------------------------------------------------------
        나의 명령어 메뉴에 오신 것을 환영합니다!
---------------------------------------------------------------
  1. 파일 리스트.
  2. 파일 삭제.
  3. 에디터 시작.
  4. 파일 내용 보기.
  5. 종료.
---------------------------------------------------------------
  메뉴 번호 입력:
```

(2) 메인 메뉴에서 사용자가 "1"을 입력하면, 다음과 같은 화면이 나온다.

```
리스트할 디렉터리 입력:
```

사용자가 디렉터리 이름을 입력하면 해당 디렉터리 내용을 다음과 같이 화면에 출력한다.

```
---------------------------------------------------------------
              디렉터리 이름
---------------------------------------------------------------

     디렉터리 내용 출력

---------------------------------------------------------------
```

(3) 메인 메뉴에서 사용자가 "2"를 입력하면, 다음과 같은 화면이 나온다.

```
삭제할 파일 이름 입력:
```

사용자가 파일 이름을 입력하면, 해당 파일을 지운 후에 메시지를 출력한다.

(4) 메인 메뉴에서 "3"을 입력하면, 다음과 같은 화면이 나온다.

```
편집할 파일 이름 입력:
```

사용자가 파일 이름을 입력하면, 에디터를 사용하여 해당 파일을 연다.

(5) 메인 메뉴에서 "4"를 입력하면,

```
파일 이름 입력:
```

사용자가 파일 이름을 입력하면, 해당 파일 내용을 페이지 단위로 보여준다.

(6) 메인 메뉴에서 "5"를 입력하면, 종료한다.

(7) 또한 각자 필요에 따라 예를 들어 컴파일 또는 프로그램 실행 등과 같은 원하는 메뉴를 추가한다.

### 10.2 파일과 서브디렉터리 삭제

명령줄 인수로 받은 디렉터리 내의 각 파일과 서브디렉터리에 대해서 삭제 여부를 물은 후 yes로 답한 것들은 지우는 Bash 스크립트를 작성하시오(rm -i 사용하지 않음). 명령줄 인수가 없을 때는 현재 디렉터리를 대상으로 한다.

```
사용법: delete [디렉터리]
```

## | 연습 문제 |

10.1 별명 기능을 이용하여 del 명령어를 작성하시오. del 명령은 실제로 파일을 삭제하지 않고 특정 디렉터리(휴지통)로 옮긴다.

10.2 휴지통 관리 프로그램을 Bash 스크립트로 작성하시오. 이 스크립트는 명령줄 인수로 받은 파일을 휴지통으로 옮긴다. -p 옵션은 휴지통을 비운다. -l 옵션은 휴지통의 내용을 보여준다.

```
사용법: trash [-pl] 파일이름*
```

10.3 while 문은 중첩이 허용된다. 이 기능을 이용하여 구구단을 프린트하는 Bash 스크립트를 작성하시오.

10.4 다음 bash 스크립트의 출력을 쓰시오.

```
#!/bin/bash
let i=2
let j=1
while (( $j <= 10 ))
do
   echo '2 *' $j = $i
   let i+=2
   let j++
done
```

10.5 rm -ir 명령어처럼 명령줄 인수로 받은 디렉터리 내의 모든 파일과 하위 디렉터리들의 삭제 여부를 물은 후 yes로 답한 것들을 지우는 Bash 스크립트를 작성하시오. 명령줄 인수가 없을 때는 현재 디렉터리를 대상으로 한다.

```
사용법: rmir [디렉터리]
```

10.6 리커전을 사용하여 명령줄 인수로 받은 디렉터리 아래에 있는 모든 실행 파일들만을 리스트하는 Bash 스크립트를 작성하시오. 명령줄 인수가 없을 때는 현재 디렉터리를 대상으로 한다.

```
사용법: listexe [디렉터리]
```

# CHAPTER 11

# 프로그래밍 환경

contents

# 11 프로그래밍 환경

이 장에서는 리눅스에서 사용할 수 있는 프로그래밍 환경에 대해서 설명한다. 먼저 gedit를 이용한 프로그램 편집과 gcc 컴파일러를 이용한 프로그램 컴파일 및 실행에 대해서 설명한다. 그리고 자동 빌드 도구인 make 시스템과 gdb를 이용한 디버깅 과정에 대해 설명한다. 또한 리눅스를 위한 통합개발환경인 Eclipse에 대해서 간략히 소개한다. 추가로 참고를 위해 유닉스의 가장 전통적인 문서편집기는 vi 에디터에 대해 소개한다.

## 11.1 프로그램 작성과 컴파일

이 절에서는 C 프로그램 작성과 컴파일하는 방법을 살펴본다. 리눅스에서는 C 컴파일러로 공개된 자유 소프트웨어인 gcc(GNU cc) 컴파일러가 널리 사용되고 있다. gcc 컴파일러는 대부분의 리눅스 배포판에 포함되어 있으며 설치되어 있지 않은 경우에는 다음과 같이 설치할 수 있다.

```
$ sudo apt install gcc
```

### 단일 모듈 프로그램

프로그램도 일종의 텍스트 파일이다. 따라서 프로그램도 다른 텍스트처럼 텍스트 편집기를 사용하여 작성할 수 있다. 여기서는 C 프로그램을 작성하기 위해서 테스트 편집기 gedit를 사용한다. 개인적인 선호도에 따라 vi, emacs 등의 다른 편집기를 사용할 수도 있다. gedit를 사용하여 C 프로그램을 편집할 때는 먼저 C 언어 강조모드를 선택하는 것이 좋다. 그림 11.1과 같이 하단에서 텍스트의 종류를 C로 선택하거나 [보기] 메뉴에서 C 언어 강조 모드를 선택할 수 있다. C 언어 강조모드를 사용하면 작성한 C 프로그램 코드를 키워드를 중심으로 색으로 강조한다.

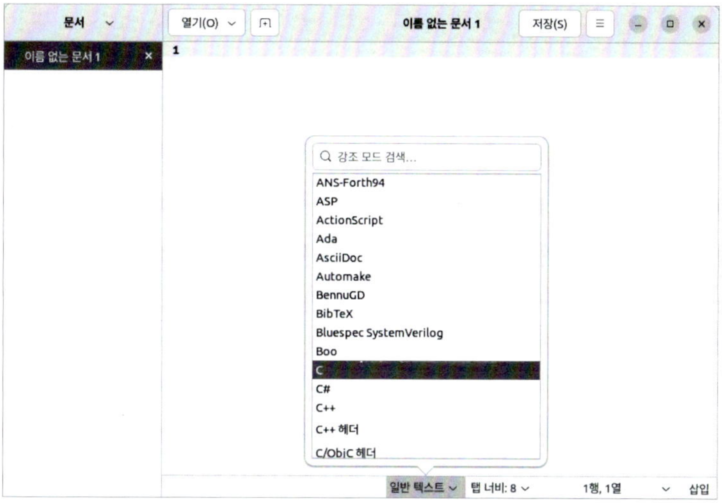


그림 11.1 C 프로그램 편집

그림 11.2는 C 프로그램(프로그램 11.1)을 편집하는 화면이다. #include 같은 전처리 지시자는 황색, 주석은 파란색, int와 같은 자료형 이름은 초록색, if나 while 같은 문장 키워드는 브라운 색으로 강조하고 있다.

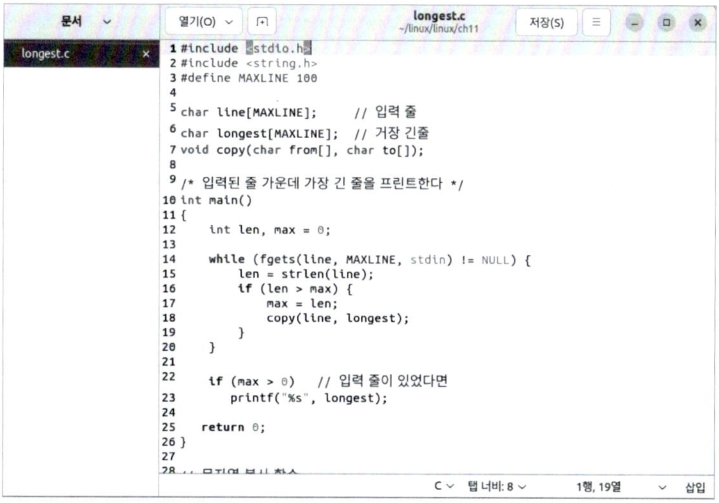


그림 11.2 C 프로그램 편집

단일 모듈 프로그램은 하나의 파일로 이루어진 C 프로그램으로 간단한 프로그램인 경우에 하나의 모듈(파일)로 작성할 수 있다. 예를 들어, 프로그램 11.1은 입력을 받으면서 입력된 줄 중에서 가장 긴 줄을 longest[] 배열에 복사한다. 최종적으로 입력된 모든 줄 중에서 가장 긴 줄을 프린트한다.

▸▸ 프로그램 11.1 longest.c

```
#include <stdio.h>
#include <string.h>
#define MAXLINE 100

char line[MAXLINE];    // 입력 줄
char longest[MAXLINE]; // 가장 긴 줄
void copy(char from[], char to[]);

/* 입력된 줄 가운데 가장 긴 줄을 프린트한다. */
int main()
{
   int len, max = 0;

   while (fgets(line, MAXLINE, stdin) != NULL) {
      len = strlen(line);
      if (len > max) {
         max = len;
         copy(line, longest);
      }
   }

   if (max > 0)   // 입력 줄이 있었다면
      printf("%s", longest);

   return 0;
}

/* copy: from을 to에 복사; to가 충분히 크다고 가정*/
void copy(char from[], char to[])
{
   int i;
```

```

    i = 0;
    while ((to[i] = from[i]) != '\0')
        ++i;
}
```

## 단일 모듈 프로그램 컴파일

단일 모듈 프로그램을 컴파일하기 위한 C 컴파일러(gcc) 사용법은 다음과 같다.

> $ gcc [-옵션] 파일
> C 프로그램을 컴파일한다. 옵션을 사용하지 않으면 실행파일 a.out를 생성한다.

가장 간단한 사용법은 옵션을 사용하지 않고 컴파일하는 것이다. 예를 들어, longest.c를 컴파일하면 실행 파일(executable file)로서 a.out를 만든다. 실행파일 a.out를 입력하여 프로그램을 실행할 수 있다.

```
$ gcc longest.c
$ a.out
```

다음과 같은 gcc 컴파일러의 옵션을 사용하여 목적 파일을 생성하거나 실행 파일의 이름을 지정할 수 있다.

- **-c 옵션**: 이 옵션을 사용하여 목적 파일을 만들 수 있다. **목적 파일**(object file)은 컴파일은 되었지만 링크되지 않아 아직 실행될 수 없는 파일이다. 예를 들어 이 옵션을 사용하여 longest.c를 컴파일하면 목적 파일인 longest.o를 만들어 준다.

  ```
  $ gcc -c longest.c
  ```

- **-o 옵션**: 이 옵션을 사용하여 **실행 파일**(executable file) 이름을 지정하여 만들 수 있다. 예를 들어, 다음과 같이 목적 파일로부터 지정한 이름의 실행 파일을 만들 수 있고

  ```
  $ gcc -o longest longest.o
  $ longest
  ```

원시 파일로부터 바로 실행 파일을 만들 수도 있다.

```
$ gcc -o longest longest.c
```

- **-S 옵션**: 이 옵션을 사용하여 어셈블리어 프로그램 longest.s 파일을 생성할 수 있다.

```
$ gcc -S longest.c
```

- **-l 옵션**: 이 옵션을 사용하여 특정 라이브러리를 링크할 수 있다. -lxxx는 (보통 /usr/lib 디렉토리에 있는) 라이브러리 libxxx.a를 링크하라는 의미이다. 예를 들어 test.c 프로그램이 수학 라이브러리(libm.a)를 사용한다면 다음과 같이 -lm 옵션을 이용하여 libm.a을 링크할 수 있다.

```
$ gcc -o test -lm test.c
```

### 다중 모듈 프로그램

단일 모듈 프로그램의 문제점은 코드의 재사용(reuse)이 어렵고, 여러 사람이 참여하는 프로그래밍이 어렵다는 것이다. 예를 들어, 위 프로그램의 문제점은 다른 프로그램에서 copy 함수를 사용하기 힘들다는 점이다. 다른 프로그램에서 이 함수를 사용하고자 할 경우에는 이 부분을 자르고 원하는 프로그램에 붙여서 사용해야 할 것이다.

이러한 문제점을 해결하기 위해 그림 11.3과 같이 여러 개의 .c 파일들로 이루어진 다중 모듈 C 프로그램을 작성할 수 있다. 일반적으로 큰 프로그램인 경우에 다중 모듈 프로그램으로 작성한다.

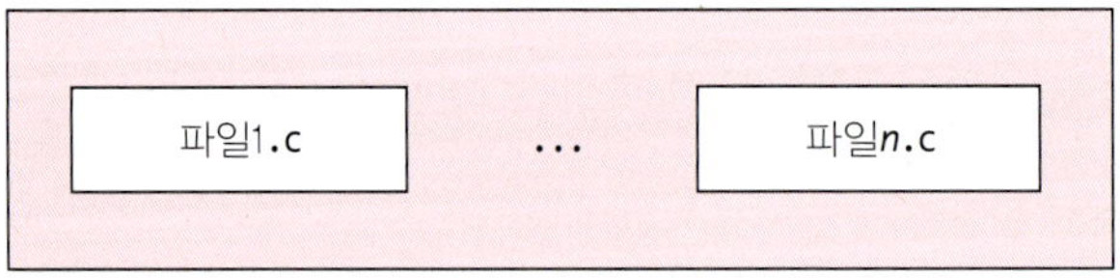


그림 11.3 다중 모듈 프로그램

예를 들어, 프로그램 11.1의 copy 함수를 공유하는 방법은 main 프로그램에서 해당 함수를 따로 분리하여 별도 파일로 작성한 후, 해당 파일을 컴파일한 후 원하는 프로그램에 링크하여 사용하는 것이다. 이러한 기법은 많은 다른 프로그램들이 이 함수를 재사용할 수 있도록 해준다. 재사용할 수 있는 함수를 준비하기 위해서는,

(1) 함수의 소스 코드를 포함하는 소스 코드 파일(.c 파일)과
(2) 함수의 프로토타입을 포함하는 헤더 파일(.h 파일)을 함께 작성해야 한다.

일반적으로 헤더 파일은 함수의 프로토타입 선언, 상수에 대한 정의, 전역 변수 선언 등을 포함할 수 있다. 예를 들어, copy.h에는 copy() 함수에 대한 프로토타입과 상수 MAXLINE이 정의되어 있다.

프로그램 11.2는 프로그램 11.1을 다중 모듈 프로그램으로 재작성한 것이다.

▸▸ 프로그램 11.2 main.c

```
#include <stdio.h>
#include <string.h>
#include "copy.h"

char line[MAXLINE];        // 입력 줄
char longest[MAXLINE];     // 가장 긴 줄

/* 입력 줄 가운데 가장 긴 줄을 프린트한다. */
int main()
{
   int len, max = 0;

   while (fgets(line, MAXLINE, stdin) != NULL) {
      len = strlen(line);
      if (len > max) {
         max = len;
         copy(line, longest);
      }
   }

   if (max > 0)   // 입력 줄이 있었다면
     printf("%s", longest);

  return 0;
}
```

```
copy.h
#define MAXLINE 100
void copy(char from[], char to[]);
```

```
copy.c
#include <stdio.h>

/* copy: from을 to에 복사; to가 충분히 크다고 가정*/
void copy(char from[], char to[])
{
  int i;

  i = 0;
  while ((to[i] = from[i]) != '\0')
     ++i;
}
```

### 다중 모듈 프로그램 컴파일

다중 모듈 프로그램은 어떻게 컴파일해야 할까? 가장 기본적인 방법은 각 소스 파일을 각각 컴파일하고 그들을 링크하여 실행 파일을 만드는 것이다. 각 소스 코드 파일을 개별적으로 컴파일하기 위해서는 gcc의 -c 옵션을 사용하면 되는데 각 소스 코드 파일에 대해 .o 확장자를 갖는 목적 파일이 생성된다. 생성된 목적 파일들을 gcc의 -o 옵션을 이용하여 링크하여 실행 파일을 생성하면 된다.

```
$ gcc -c main.c
$ gcc -c copy.c
$ gcc -o main main.o copy.o
```

혹은 위의 과정을 다음과 같이 단번에 하고 실행할 수도 있다.

```
$ gcc -o main main.c copy.c
$ main
```

## 11.2 자동 빌드 도구

### make 시스템

다중 모듈 프로그램을 컴파일하여 실행 파일을 만드는 작업을 보통 빌드라고 한다. 많은 파일로 구성된 다중 모듈 프로그램을 빌드하는 작업은 매우 번거롭다. 뿐만 아니라 일부 파일이 변경된 경우에는 변경된 파일만 컴파일하고, 파일들의 의존 관계(dependency)에 따라서 필요한 파일만 다시 컴파일하여 실행 파일을 만드는 것이 효과적이다.

예를 들어, copy.c 소스 코드를 수정한다면, 이 파일을 컴파일하여 목적 파일 copy.o를 생성하고 이 목적 파일을 사용한 다른 목적 파일과 다시 링크하여 실행파일을 생성해야 한다. 이러한 작업은 간단한 프로그램에 대해서는 쉽지만, 많은 소스 파일들로 구성된 대규모 프로그램의 경우에는 헤더, 소스 파일, 목적 파일, 실행 파일의 모든 관계를 기억하고 관리해야 하므로 매우 힘든 작업이다. make 시스템은 리눅스가 제공하는 대표적인 자동 빌드 도구로 이 시스템을 이용하면 이러한 작업을 보다 효과적으로 할 수 있다.

make 시스템을 사용하여 실행 파일을 관리하기 위해서는 먼저 메이크파일을 만들어야 하는데 이 파일에 실행 파일을 만들기 위해 필요한 파일들과 그들 사이의 의존 관계, 만드는 방법 등을 기술한다. make 시스템은 메이크파일을 이용하여 파일의 상호 의존 관계를 파악하여 실행 파일을 쉽게 빌드할 수 있다.

다음과 같이 make 시스템을 실행하면 메이크파일 내의 일련의 의존 규칙들에 근거하여 실행 파일을 최신 버전으로 빌드한다. -f 옵션을 이용하여 make 시스템의 대상(입력)이 되는 메이크파일 이름을 명시할 수 있으며 별도로 명시하지 않으면 Makefile 혹은 makefile을 기본으로 사용한다.

> $ make [-f 메이크파일]
> make 시스템은 메이크파일(makefile 혹은 Makefile)을 이용하여 보통 실행 파일을 빌드한다. 옵션을 사용하여 별도의 메이크파일을 지정할 수 있다.

### 메이크파일

메이크파일은 make 시스템이 실행 파일을 만드는 등의 빌드 작업을 하기 위해서 사용하는 일종의 명세 파일로 파일들 사이에 상호 의존 관계 및 실행 파일을 만드는 방법 등을 기술한다. 이 파일은 주로 makefile 혹은 Makefile이라는 이름으로 만든다. 다른 이름으로 만드는 경우에는 .make(혹은 .mk)라는 확장자를 붙여 다른 파일들과 구분하면 좋다. 메이크 파일의 일반적인 구성 형식은 다음과 같다.

```
목표(target): 의존리스트(dependencies)
        명령리스트(commands)
```

목표는 생성하고자 하는 목표 파일(일반적으로 목적 파일 혹은 실행 파일)이고, 의존리스트는 목표 파일을 생성하기 위해 필요한 파일들이며, 명령리스트는 목표 파일을 생성하기 위한 일련의 명령들이다. 명령리스트 줄은 탭(tab) 문자로 들여쓰기 해야 한다.

예를 들어, 다음 Makefile은 실행파일 main을 만들기 위해서는 main.o와 copy.o가 필요하며 만드는 방법은 gcc -o main main.o copy.o 명령이라는 점을 나타내고 있다. 또한 main.o을 만들기 위해서는 main.c와 copy.h가 필요하며 만드는 방법은 gcc -c main.c 명령이며 copy.o을 만들기 위해서는 copy.c가 필요하며 만드는 방법은 gcc -c copy.c 명령이라는 점을 나타내고 있다.

**Makefile**

```
main:  main.o  copy.o
    gcc -o main main.o copy.o
main.o: main.c copy.h
    gcc -c main.c
copy.o: copy.c
    gcc -c copy.c
```

위의 Makefile의 파일 의존 관계를 그래프로 그리면 그림 11.4와 같다. 실행파일 main을 생성하기 위해서는 main.o와 copy.o가 필요하며 main.o를 생성하기 위해서는 main.c와 copy.h가 필요하다. 또한 copy.o를 생성하기 위해서는 copy.c가 필요하다.

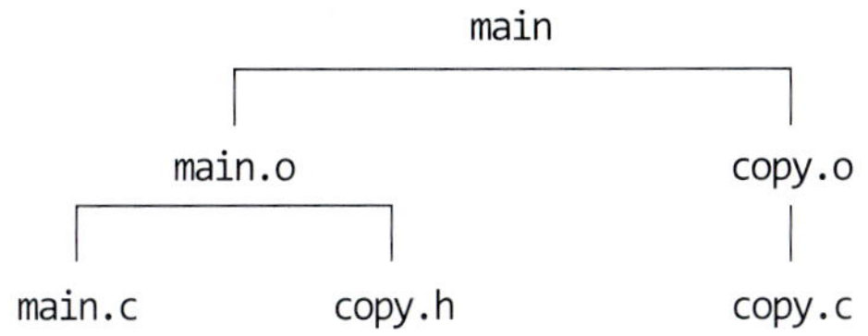


그림 11.4 파일 의존 그래프

### make 시스템 실행

이제 다음과 같이 make 시스템을 실행시키면 Makefile를 이용하여 실행파일 main를 생성하게 되는데 Makefile에 기술된 의존 관계에 따라 먼저 main.o와 copy.o를 생성한 후에 실행파일 main를 최종적으로 생성한다.

```
$ make   혹은   $ make main
gcc -c main.c
gcc -c copy.c
gcc -o main main.o copy.o
```

만일 copy.c 파일이 변경된 후에 다시 make 시스템을 실행시키면 make 시스템은 파일 사이의 의존 관계를 파악하여 이번에는 copy.o만을 새로 생성하고 이를 이용하여 실행 파일 main을 다시 생성한다.

```
$ make
gcc -c copy.c
gcc -o main main.o copy.o
```

## 11.3 gdb 디버거

유닉스/리눅스 시스템에서 프로그램을 디버깅하기 위한 가장 대표적인 디버거로 GNU 디버거 gdb가 있다. gdb는 다양한 유닉스 기반의 시스템에서 동작하는 이식성 있는 디버거로, Ada, C, C++, 포트란 등의 여러 프로그래밍 언어를 지원한다. gdb는 1988년 리처드 스톨만이 처음 작성한 것으로, 무료로 사용할 수 있는 자유 소프트웨어이다.

### gdb 사용

gdb 디버거를 이용하여 다음과 같은 일을 할 수 있으며 이를 통해 디버깅을 훨씬 쉽게 할 수 있다.

- 정지점(breakpoint) 설정
- 한 줄씩 실행
- 변수 접근 및 수정
- 함수 탐색
- 추적(tracing)

gdb 디버거를 사용하여 디버깅 하기 위해서는 먼저 gcc -g 옵션을 포함하여 컴파일하여야 한다. 이렇게 컴파일하면 목적 파일 내에 여러 디버깅 정보를 포함하게 된다. 예를 들어, 단일 모듈 프로그램인 경우에는 다음과 같이 컴파일하고

```
$ gcc -g -o longest longest.c
```

다중 모듈 프로그램인 경우에는 다음과 같이 컴파일할 수 있다.

```
$ gcc -g -o main main.c copy.c
```

이제 다음과 같이 실행파일을 이용하여 gdb 디버거를 실행할 수 있다.

> $ gdb [실행파일]
> gdb 디버거는 실행파일을 이용하여 디버깅 모드로 실행한다.

## gdb 기능

gdb의 기본 기능은 소스 보기, 정지점 설정, 프로그램 수행, 변수 값 프린트 등으로 구분할 수 있다. 각각에 대한 사용법을 다음과 같이 정리할 수 있다.

- 소스보기 : l(ist)

| | |
|---|---|
| l [줄번호] | 지정된 줄을 프린트 |
| l [파일명]:[함수명] | 지정된 함수를 프린트 |
| set listsize n | 출력되는 줄의 수를 n으로 변경 |

- 정지점 : b(reak), clear, d(elete)

| | |
|---|---|
| b [파일:]함수 | 파일의 함수 시작 부분에 정지점을 설정 |
| b n | n번 줄에 정지점을 설정 |
| b +n | 현재 줄에서 n개 줄 이후 지점에 정지점 설정 |
| b -n | 현재 줄에서 n개 줄 이전 지점에 정지점 설정 |
| info b | 현재 설정된 정지점을 출력 |
| clear 줄번호 | 해당 정지점을 삭제 |
| d | 모든 정지점을 삭제 |

- 프로그램 수행

| | |
|---|---|
| r(un) 인수 | 명령줄 인수를 받아 프로그램 수행 |
| k(ill) | 프로그램 수행 강제 종료 |
| n(ext) | 멈춘 지점에서 다음 줄을 수행하고 멈춤 |
| s(tep) | n과 같은 기능이나 함수 호출 시 함수 내부로 들어감 |
| c(ontinue) | 정지점을 만날 때 까지 계속 수행 |
| u | 반복문에서 빠져나옴 |
| finish | 현재 수행하는 함수의 끝으로 이동 |
| return | 현재 수행중인 함수를 빠져나옴 |

- 변수 값 프린트: p(rint)

| | |
|---|---|
| p /[출력형식] [변수명] | 해당 변수 값 프린트 |

출력형식: t(2진수), o(8진수), d(10진수), u(부호 없는 10진수),
x(16진수), c(최초 1바이트를 문자형), f(부동 소수점 값 형식)

| | |
|---|---|
| p 파일명::[변수명] | 특정 파일의 전역변수 프린트 |

p [함수명]::[변수명]　　특정 함수의 정적 변수 프린트
info locals　　　　　현재 상태의 지역변수 리스트

- 종료: quit

## gdb를 이용한 디버깅

gdb를 이용하여 디버깅하는 가장 전형적인 방법은 정지점을 설정한 후 프로그램을 실행시켜 프로그램의 실행 과정을 추적하는 것이다. 예를 들어, gdb를 이용하여 main 프로그램을 실행시킨 후에 copy 함수에 정지하여 실행 과정을 추적해 보자.

```
$ gdb main
GNU gdb (Ubuntu 10.1-2ubuntu2) 10.1.90.20210411-git
Copyright (C) 2021 Free Software Foundation, Inc.
License GPLv3+: GNU GPL version 3 <http://gnu.org/licenses/gpl.html>
This is free software: you are free to change and redistribute it.
There is NO WARRANTY, to the extent permitted by law.
. . .
Reading symbols from /home/chang/바탕화면/src/long...done.
```

먼저 l(ist) 명령어를 이용하여 copy 함수를 리스트해 보자.

```
(gdb) l copy
1      #include <stdio.h>
2
3      /* copy: copy 'from' into 'to'; assume to is big enough */
4      void copy(char from[], char to[])
5      {
6        int i;
7
8        i = 0;
9        while ((to[i] = from[i]) != '\0')
10           ++i;
```

copy 함수에 정지점을 설정하고 info b 명령을 이용하여 브레이크 포인트에 대한 정보를 확인한 후에 프로그램을 실행시켜 보자. 입력으로 “Merry X-mas”를 입력하면 프로그램 실행이 1번 정지점인 copy 함수에서 멈추는 것을 확인할 수 있다.

```
(gdb) b copy
Breakpoint 1 at 0x804842a: file copy.c, line 9.
(gdb) info b
Num     Type           Disp Enb Address    What
1       breakpoint     keep y   0x0804842a in copy at copy.c:9
(gdb) r
Starting program: /home/chang/바탕화면/src/long
Merry X-mas !

Breakpoint 1, copy (from=0x8049b60 "Merry X-mas !", to=0x8049760 "")
   at copy.c:9
8       i = 0;
```

이 상태에서 형식 매개변수인 from 배열의 값을 프린트해 확인해 보자. n(ext) 명령어를 이용하여 한 줄씩 두 번 실행한 후에 to 배열의 값을 프린트해 보자. 첫 번째 글자인 "M"이 복사되었음을 확인할 수 있다.

```
(gdb) p from
$1 = 0x8049b60 "Merry X-mas !"
(gdb) n
9       while ((to[i] = from[i]) != '\0')
(gdb) n
10          ++i;
(gdb) p to
$2 = 0x8049760 "M"
```

이어서 c(ontinue) 명령어를 이용하여 계속 실행시키면 복사가 완료되고 다음 입력 "Happy New Year"을 받게 된다. 이 상태에서 다시 형식 매개변수인 from 배열의 값을 프린트해 확인해 보자. 다시 n(ext) 명령어를 이용하여 한 줄씩 두 번 실행한 후에 to 배열의 값을 프린트하면 to 배열이 가지고 있는 이전 문자열에 "H"가  복사되었음을 확인할 수 있다.

```
(gdb) c
Continuing.
Happy New Year !

Breakpoint 1, copy (from=0x8049b60 "Happy New Year !",
   to=0x8049760 "Merry X-mas !") at copy.c:9
8       i = 0;
```

```
(gdb) p from
$3 = 0x8049b60 "Happy New Year !"
(gdb) n
9     while ((to[i] = from[i]) != '\0')
(gdb) n
10       ++i;
(gdb) p to
$4 = 0x8049760 "Herry X-mas !"
```

c(ontinue) 명령어를 이용하여 계속 실행시키면 복사가 완료되고 다음 입력을 받게 된다. 다음 입력으로 입력끝를 표시하는 Ctrl-D를 입력하면 가장 긴 줄 "Happy New Year"을 프린트하고  프로그램 실행이 끝난다.

```
(gdb) c
Continuing.
Happy New Year !
Program exited normally.
```

## 11.4 이클립스 통합개발환경

이클립스(Eclipse)는 윈도우, 리눅스, 맥 등의 다양한 플랫폼에서 사용할 수 있는 다양한 언어(C/C++, Java 등)를 지원하는 통합개발환경(IDE)이며 자유 소프트웨어이지만 막강한 기능을 자랑하며 언어에 따라 배포판이 존재한다.

C/C++ 프로그램 개발을 위해서는 이클립스 홈페이지(https://www.eclipse.org/)에서 C/C++ 개발자를 위한 리눅스용 이클립스(Eclipse IDE for C/C++ Developers)를 다운받아 설치하면 된다. 이클립스가 제대로 동작하기 위해서는 사전에 make 시스템과 g++ 컴파일러 등이 설치되어야 하는데 설치되어 있지 않은 경우에는 apt 명령어를 이용하여 이들을 간단하게 설치할 수 있다.

이 책에서는 이클립스의 자세한 사용법을 설명하지는 않으며 간단하게 설명할 것이다. 이미 윈도우 환경 등에서 사용해 본 사용자들은 쉽게 사용할 수 있을 것이다. 이클립스가 시작되면 그림 11.5와 같은 시작화면이 나타나는데 이 화면에 있는 각 아이콘을 선택하면, 처음 시작하는 사용자를 위한 설명을 볼 수 있다.

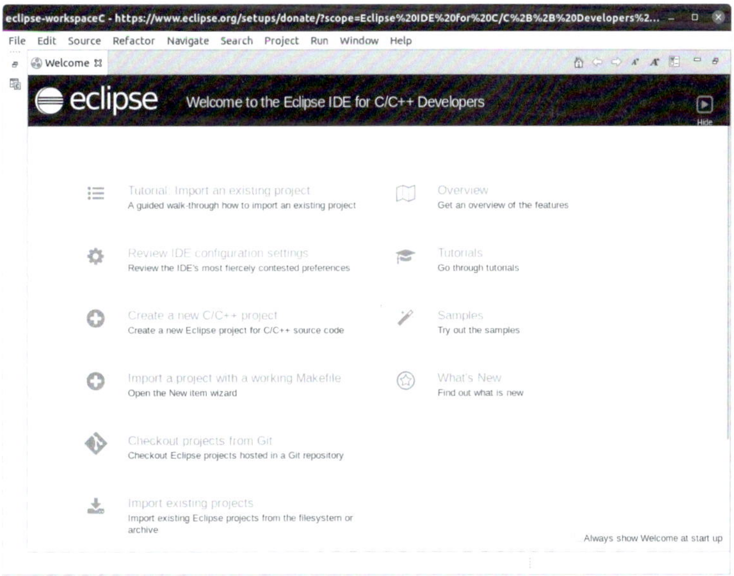


그림 11.5 이클립스 시작화면

새로운 C 프로젝트를 생성하기 위해서는 그림 11.5의 시작화면에서 [Create a new C/C++ project]를 선택하거나 메뉴에서 [File] → [New] → [C/C++ Projects]를 선택하면 된다. 이어서 그림 11.6처럼 프로젝트 선택 화면에서 [C Managed Build]를 선택하고 C 프로젝트 생성 화면에서 프로젝트 이름을 지정하고 프로젝트 타입으로 [Hello World ANSI C Project]를 선택하고 사용할 컴파일러를 선택한 후에 [Finish] 버튼을 클릭하면 된다.

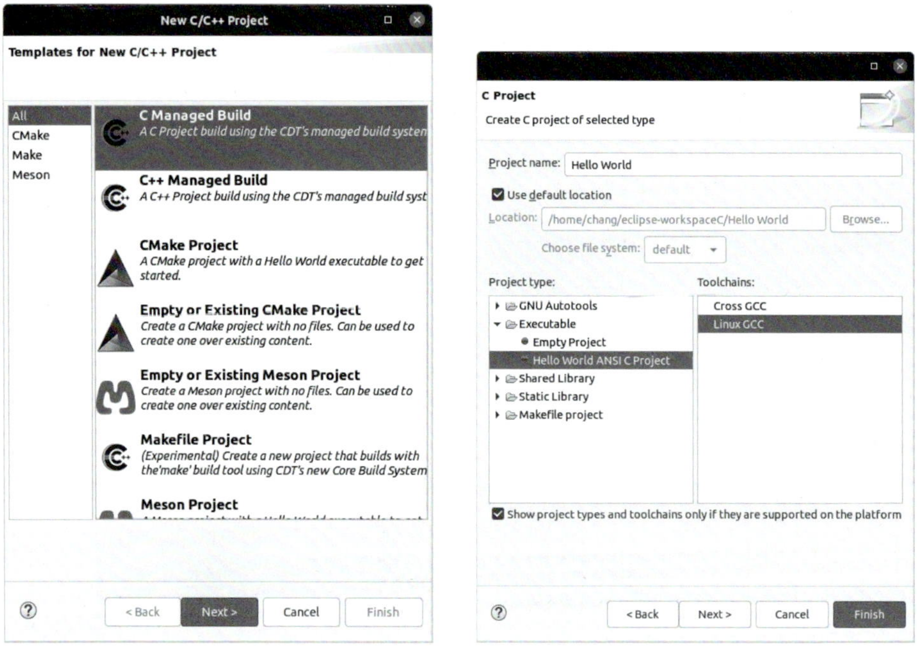


그림 11.6 프로젝트 선택과 프로젝트 생성

이후 그림 11.7과 같은 간단한 'HelloWorld.c' 프로그램이 자동으로 생성된다. 만약 프로젝트 타입으로 [Empty Project]를 선택하면 빈 프로젝트가 생성될 것이다. 그림 11.7 메인화면의 좌측 [Project Explorer] 탐색 창에서 새로 생성된 프로젝트를 확인하고 프로젝트 및 파일들을 탐색할 수 있다. 소스 파일은 src 폴더에 헤더 파일은 include 폴더에 저장된다. 중앙의 창은 소스 파일 등을 편집할 수 있는 창이다. 우측 창의 [Outline] 탭은 이 프로그램에서 사용하는 소스 파일들을 리스트하며 해당 파일을 선택하여 파일 내용을 확인하거나 편집할 수 있다. 하단은 C 파일을 컴파일 혹은 실행한 결과를 보여주는 창들이다.

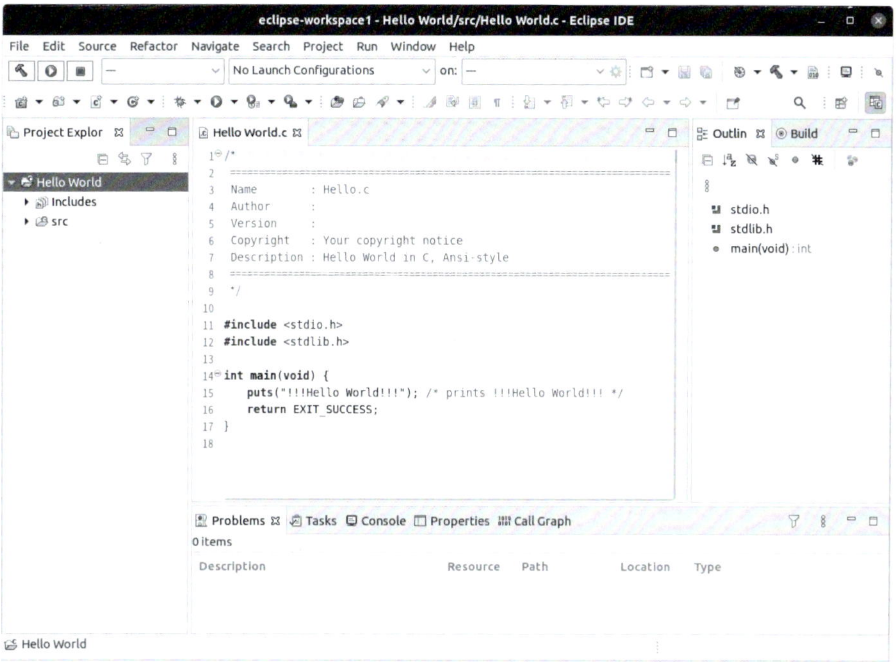


그림 11.7 이클립스 메인화면

작성한 프로그램의 컴파일은 그림 11.7의 메뉴에서 [Project] → [Build Project] 혹은 [Project] → [Build Automatically] 선택하여 할 수 있다. 컴파일 관련 오류가 있는 경우에는 하단의 [Problems] 탭에 표시된다. 제대로 컴파일 된 프로그램은 그림 11.7의 메뉴에서 [Run] 메뉴를 선택하여 실행할 수 있으며 실행 결과는 하단의 [Console] 탭에 출력된다.

# 11.5 vi 에디터

## 시작

vi는 모든 유닉스/리눅스 시스템에서 사용할 수 있는 기본 텍스트 에디터로 매우 강력한 기능을 가지고 있으나 배우는 데 상당한 시간과 노력이 필요하다. 다음과 같이 vi를 시작할 수 있다. 현재 리눅스에서 많이 사용되는 vi는 향상된 버전인 vim이며 vi라는 이름으로 사용할 수 있다.

```
$ vi 파일*
```

터미널에서 vi를 시작할 때 파일을 나타내는 명령줄 인수 없이 시작할 수도 있다. 이 경우에는 그림 11.8과 같은 화면으로 시작되는데 vi에 대한 기본적인 정보를 보여준다. 파일 이름 없이 시작하면 편집이 끝난 후에 편집 내용을 저장할 때 저장할 파일 이름을 지정하여 저장하면 된다.

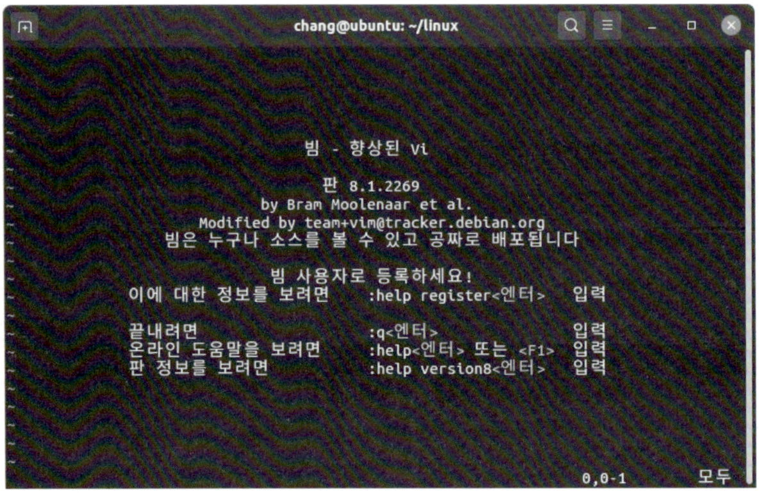


그림 11.8 vi 시작 화면

명령줄 인수로 파일 이름을 주고 시작하면 해당 파일을 열어서 보여준다. 해당 파일이 없으면 새로운 파일을 생성하게 된다. 예를 들어, 이미 작성한 C 예제 파일 longest.c를 열면 그림 11.9와 같다.

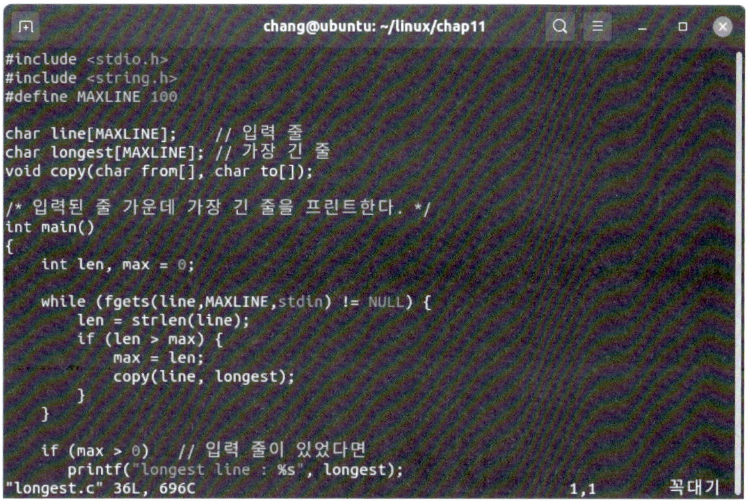


그림 11.9 vi 화면

## 명령 모드와 입력 모드

vi 에디터의 가장 큰 특징은 **명령 모드**(command mode)와 **입력 모드**(input mode)가 구분되어 있다는 점이다. 명령 모드는 다양한 vi 명령어를 사용할 수 있는 상태이며 입력 모드는 말 그대로 텍스트를 입력할 수 있는 상태이다. vi는 시작되면 바로 명령 모드가 된다. 이점은 시작하면 바로 입력 모드가 되는 GUI 기반 에디터와 크게 다른 점으로 주의해야 한다.

명령 모드에서는 입력하는 모든 것이 vi 명령어로 해석된다. vi 명령어는 커서를 움직이는 명령, 입력 모드로 전환하는 명령, 수정 삭제 명령 등이 있다. 입력 모드에서는 입력하는 모든 것이 입력 텍스트가 된다. 자신이 입력하는 내용이 화면에 보이고, 그 입력 내용은 편집 버퍼에 저장된다.

텍스트를 입력하기 위해서 명령 모드에서 텍스트를 입력하고자 하는 곳으로 커서를 옮긴 후 입력 모드 전환 명령어(i, I, o, O, a, A 등)를 이용하여 입력 모드로 전환하고 텍스트 입력 후에 ESC 키를 이용하여 다시 명령 모드로 되돌아온다. 보통 이러한 과정을 반복적으로 수행하면서 편집을 하게 된다. 그림 3.14는 명령 모드와 입력 모드 사이의 이러한 과정을 보여주고 있다. 입력 모드 전환에 대해서는 vi 명령어에 대한 부분에서 자세히 설명할 것이다.

편집을 완료한 후에 명령모드에서 다음 명령어를 입력하면 에디터의 마지막 줄로 이동하고 에디터를 종료할 수 있다. 그림 11.10은 명령 모드와 마지막 줄 모드 사이의 이러한 관계를 보여주고 있다.

ZZ 작업 내용을 저장하고 종료
:wq 작업 내용을 저장하고 종료(ZZ와 동일한 기능)

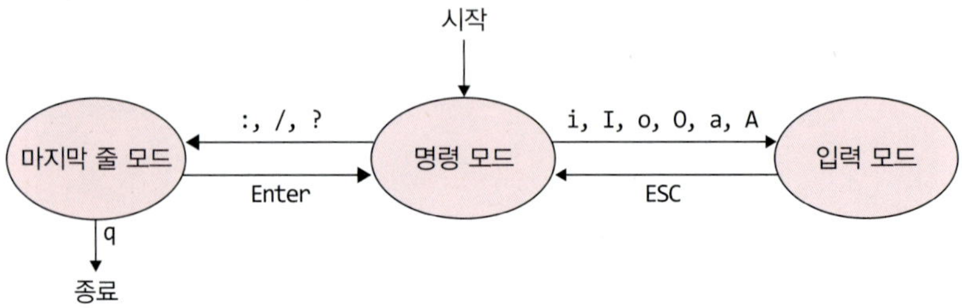


그림 11.10 vi의 모드

| 핵심 개념 |

vi 에디터는 명령 모드와 입력 모드가 구분되어 있으며 시작하면 명령 모드이다.

vi 명령 모드에서 사용할 수 있는 명령어는 다음과 같이 크게 5 가지로 분류할 수 있다.

(1) 원하는 위치로 이동하는 명령어
(2) 입력모드로 전환하는 명령어
(3) 수정 혹은 삭제 명령어
(4) 복사 및 붙이기
(5) 기타 명령어

각각에 대해 자세히 살펴보자.

## 원하는 위치로 이동

편집하기 위해서는 일단 원하는 위치로 커서 혹은 화면을 이동할 수 있어야 한다. 다양한 방법으로 원하는 위치로 이동할 수 있는데 이와 관련된 명령어는 다음과 같이 커서 이동, 화면 이동, 특정 줄로 이동, 탐색 등으로 분류할 수 있다.

- 커서 이동

| | |
|---|---|
| h, ← | 한 칸 왼쪽으로 이동 |
| j, ↓ | 한 칸 아래쪽으로 이동 |
| k, ↑ | 한 칸 위쪽으로 이동 |
| l, → | 한 칸 오른쪽으로 이동 |
| BACKSPACE | 왼쪽으로 한 칸 이동 |
| SPACE | 오른쪽으로 한 칸 이동 |
| | |
| - | 이전 줄의 처음으로 이동 |
| + | 다음 줄의 처음으로 이동 |
| RETURN | 다음 줄의 처음으로 이동 |
| | |
| 0 | 현재 줄의 맨 앞으로 이동 |
| $ | 현재 줄의 끝으로 이동 |
| ^ | 현재 줄의 첫 글자로 이동 |
| | |
| w | 다음단어의 첫 글자로 이동 |
| b | 이전단어의 첫 글자로 이동 |

- 화면 이동

| | |
|---|---|
| ^F | 한 화면 아래로 이동 |
| ^B | 한 화면 위로 이동 |
| ^D | 반 화면 아래로 이동 |
| ^U | 반 화면 위로 이동 |

- 특정 줄로 이동

| | |
|---|---|
| nG | n번째 줄로 이동 |
| 1G | 첫 줄로 이동 |
| G | 마지막 줄로 이동 |
| :n | n번째 줄로 이동 |

- 탐색(search)

/ 혹은 ? 기호를 사용하여 단어나 문장을 찾을 수 있다. / 혹은 ? 기호를 입력하면 마지막 줄 모드로 이동한다. 이때 원하는 탐색패턴을 입력하고 엔터키를 치면 검색을 수행하여 해당 위치로 커서 이동한다.

| | |
|---|---|
| /탐색패턴 | 커서 이후에 대해 검색을 수행하여 해당 위치로 커서 이동 |
| ?탐색패턴 | 커서 이전에 대해 검색을 수행하여 해당 위치로 커서 이동 |

### 입력 모드로 전환하는 명령어

입력을 하기 위해서는 입력을 원하는 위치로 이동한 후 다음 키를 사용하여 명령 모드에서 입력 모드로 전환해야 한다. 각 키에 대한 설명은 다음과 같다.

```
i  : 커서 위치 앞에 삽입(insert)
a  : 커서 위치 뒤에 삽입(append)
I  : 현재 줄의 앞에 삽입(Insert)
A  : 현재 줄의 뒤에 삽입(Append)
o  : 현재 줄의 아래에 전개
O  : 현재 줄의 위에 전개
```

입력이 끝나면 ESC 키를 쳐서 입력모드에서 명령모드로 돌아와야 한다는 점을 주의해야 한다.

예를 들어, 새 파일을 열어서 i 명령어를 사용하여 입력 모드로 전환하면 그림 11.11과 같이 좌측 하단에 "-- 끼 워 넣 기 --"라고 표시하여 입력 모드임을 나타낸다. 또한 우측 하단에 현재 커서의 위치가 "1,1"처럼 표시되어 커서가 1행1열에 있음을 나타낸다.

그림 11.11 vi 입력 모드

예를 들어, 그림 11.12와 같이 예제 파일을 열어서 while 문 앞에서 i 명령어를 사용하여 끼워넣기 입력 모드로 전환하여 "//한 줄씩 입력"이라는 주석을 추가해 보자. 추가 후에 명령어 모드로 돌아가기 위해서는 ESC 키를 사용해야 한다.

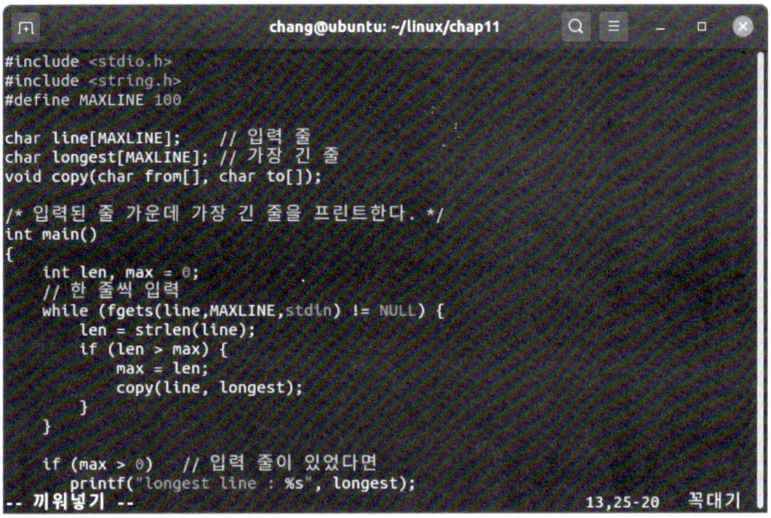


그림 11.12 vi 키워넣기 입력 모드로 주석 입력

## 수정 혹은 삭제 명령어

파일 내용을 수정 혹은 삭제하는 것은 에디터의 기본 기능이다. 수정 및 삭제와 관련된 명령은 크게 현재 커서를 중심으로 수정하는 명령, 대치 명령, 삭제 명령 등으로 구분할 수 있다.

### ● 현재 커서를 중심으로 수정

이 명령들은 현재 커서를 중심으로 현재 단어(cw), 현재 줄(cc 혹은 C), 현재 글자(r) 등을 수정하는 데 사용된다. r을 제외하고는 명령 수행 후 바로 입력 모드로 변경된다. 따라서 수정한 후에는 ESC 키를 쳐서 다시 명령 모드로 복귀해야 한다.

| | |
|---|---|
| cw | 현재 단어를 삭제하고 삽입 상태로 변경 |
| cc | 현재 줄 전체를 삽입에 의해 변경 |
| C | 커서의 위치로부터 줄 끝까지 삽입에 의한 변경 |
| r | 현재 글자를 r 다음에 입력한 한 글자로 변경(입력 모드로 바뀌지 않음) |
| R | 입력하는 대로 겹쳐 써서 변경 |
| s | 현재 글자를 삭제하고 삽입 상태로 변경 |

### ● 대치

대치 명령 s는 특정 패턴을 원하는 스트링으로 대치할 때 사용된다. 명령 모드에서 사용하며, 수행 후에도 명령 모드로 남는다. 다음과 같이 대치 명령 s를 사용하면 각 줄의 해당되는 첫 번째 단어에 대해서만 대치를 수행한다.

| | |
|---|---|
| :s/패턴/스트링 | 현재 줄에서 대치 |
| :n,m s/패턴/스트링 | 지정된 줄 범위(n부터 m까지)에서 대치 |
| :n s/패턴/스트링 | 지정된 줄(n)에서 대치 |

또한 대치할 때 "/g"를 추가하여 "s/패턴/스트링/g" 형태를 사용하면 각 줄의 해당되는 모든 단어에 대해서 대치를 수행한다.

줄 범위는 줄번호를 이용하거나 현재 줄(.)을 기준으로 상대 범위를 지정할 수 있다. $는 마지막 줄을 의미한다. 예를 들면 다음과 같이 줄 범위를 지정할 수 있다.

| | |
|---|---|
| 3,100 | 세 번째 줄부터 100번째 줄까지 |
| 1,$ | 첫 번째 줄부터 마지막 줄까지 |
| .,.+10 | 현재 줄 이후 10개 줄을 범위로 지정 |
| .,$ | 현재 줄부터 마지막 줄까지를 범위로 지정 |

예를 들어, 다음과 같이 대치를 수행하면 파일 시작에서 끝까지 "line"를 "LINE"으로 모두 대치한다.

```
1,$ s/line/LINE/g
```

### ● 수행취소/재수행

이 명령들은 방금 전에 수행했던 내용을 취소하거나 반복하는데 사용된다.

| | |
|---|---|
| u | 방금 전에 수행했던 내용을 취소(Undo) |
| U | 현재 줄에서 수행했던 모든 내용을 취소 |
| . | 방금 전에 수행했던 내용을 반복하여 수행(Redo) |

### ● 삭제

이 명령들은 현재 커서를 중심으로 현재 줄(dd 혹은 D), 현재 문자(x), 특정 줄들을 지우는 데 사용된다.

| | |
|---|---|
| x | 커서가 있는 문자 지우기 |
| X | 커서의 왼쪽 문자 지우기 |
| D | 커서부터 줄의 끝까지 지우기 |
| dw | 현재 단어 지우기 |
| dd | 현재 줄의 전체를 지우기 |
| :n,m d | n번째 줄에서 m번째 줄까지 모두 지우기 |

삭제한 내용은 편집기의 버퍼에 저장되며, 추후 실행취소, 재시도, 복사 등을 위하여 사용될 수 있다.

### 복사 및 붙이기

삭제하거나 복사한 내용을 원하는 위치로 가서 다시 붙이기 할 수 있다. 이를 위해서는 보통 다음과 같이 줄 내용을 복사한 후세

| | |
|---|---|
| nY | 현재 줄에서부터 n개의 줄을 복사 |
| :n,m y | n번째 줄에서 m번째 줄까지를 버퍼에 복사함 |

원하는 위치로 이동한 후 다음과 같이 삭제 혹은 복사한 내용을 붙인다.

| | |
|---|---|
| p | 버퍼 내용을 커서의 뒤(혹은 아래)에 삽입 |
| P | 버퍼 내용을 커서의 앞(혹은 위)에 삽입 |

### 파일에 저장 및 끝내기

일반적으로 편집한 후에는 편집한 내용을 파일에 저장하고 에디터를 끝내게 된다. 각각을 위한 명령어를 살펴보자.

#### ● 파일에 저장

현재까지 편집한 내용을 다음과 같이 파일에 저장(write)한다.

| | |
|---|---|
| :w | 현재 파일에 저장한다. |
| :w 파일 이름 | 지정된 파일에 저장한다. |

#### ● 파일에 저장하고 끝내기

| | |
|---|---|
| :wq | 현재 파일에 저장하고 종료한다(그림 11.13 참조). |
| ZZ | 현재 파일에 저장하고 종료한다. |

#### ● 저장하지 않고 끝내기

| | |
|---|---|
| :q | 아무런 작업을 하지 않은 경우의 종료 |
| :q! | 작업 내용을 저장하지 않고 종료<br>위험한 명령어로 작업 내용을 미리 저장했는지 꼭 확인할 것 |

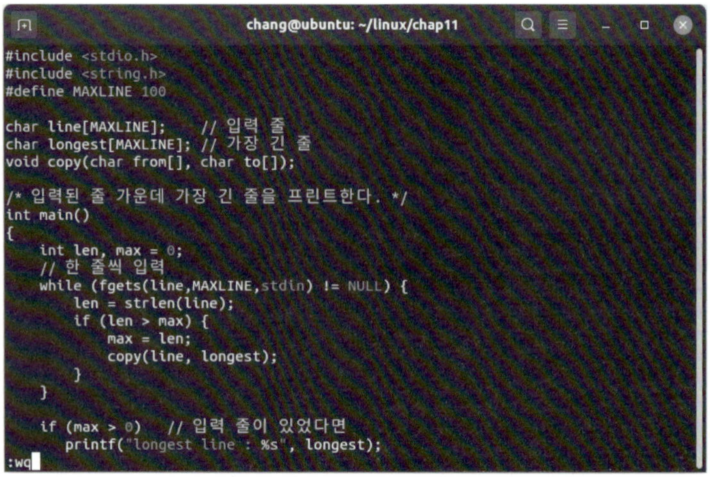


그림 11.13 수정한 내용을 파일에 저장

## 기타 기능

기타 유용한 기능으로 파일에 저장, 다른 파일 편집, 줄번호 붙이기, 쉘 명령어 수행 등의 기능을 제공한다.

### ● 다른 파일 편집

현재 편집하고 있던 파일 대신에, 다른 파일을 불러서 편집을 수행한다.

| | |
|---|---|
| :e 파일 이름 | 현재 파일 대신에 주어진 파일을 연다. |
| :e# | 편집했던 이전 파일을 다시 연다. |

### ● 줄 번호 붙이기

줄 번호를 붙이거나 없앨 수 있다.

| | |
|---|---|
| :set number | 줄번호 붙이기 |
| :se nu | 줄번호 붙이기 |
| :set nonumber | 줄번호 없애기 |
| :se non | 줄번호 없애기 |

## 쉘 명령어 수행

vi 편집기 내에서 쉘 명령어를 수행할 수 있는데 다음과 같이 :! 다음에 쉘 명령어를 입력하여 수행할 수 있다. 명령어를 수행한 후에 Enter 키를 치면 vi 편집기로 복귀한다.

| | |
|---|---|
| :!ls | 쉘로 돌아가 ls 명령을 수행한다. |
| :!cat test.c | 쉘로 돌아가 cat test.c 명령을 수행한다. |

## | 핵심 개념 |

- gedit는 GNU가 제공하는 대표적인 텍스트 편집기이다.
- gcc 컴파일러는 C 프로그램을 컴파일한다. 옵션을 사용하지 않으면 실행파일 a.out를 생성한다.
- make 시스템은 메이크파일(makefile 혹은 Makefile)을 이용하여 보통 실행파일을 빌드한다.
- gdb 디버거는 실행파일을 이용하여 디버깅 모드로 실행한다.
- vi 에디터는 명령 모드와 입력 모드가 구분되어 있으며 시작하면 명령 모드이다.

## | 핵심 명령어 |

| 명령어 | 의미 |
|---|---|
| gedit [파일이름] | gedit 편집기를 실행한다. |
| gcc [-옵션] 파일 | C 프로그램을 컴파일한다. 옵션을 사용하지 않으면 실행파일 a.out를 생성한다. |
| make [-f 메이크파일] | make 시스템은 메이크파일(makefile 혹은 Makefile)을 이용하여 보통 실행파일을 빌드한다. |
| gdb [실행파일] | gdb 디버거는 실행파일을 이용하여 디버깅 모드로 실행한다. |

## | 실습 문제 |

### 11.1 문서편집

gedit 혹은 vi 에디터를 사용하여 자기를 소개하는 글을 작성하시오. 작성한 파일(intro)에 대해서 다음 명령을 실행하시오.

```
$ cat  intro
$ cat  -n intro
$ more intro
$ tail  intro
$ tail -5 intro
```

### 11.2 프로그램 작성

입력으로 받은 텍스트를 줄의 길이에 따라 정렬하여 출력하는 C 프로그램을 작성하시오. 이 프로그램을 copy.c 파일을 사용하여 여러 개의 파일로 구성하시오.

### 11.3 컴파일 및 실행

2번에서 작성한 프로그램을 컴파일하고 생성된 파일의 상태 정보를 확인하시오. 실행파일을 실행하시오.

### 11.4 gdb 사용

(1) copy 함수에 정지점을 설정하고 프로그램을 실행시킨다.

(2) 정지한 지점에서 copy 함수의 매개변수인 from과 to의 값을 출력한다.

(3) n(ext) 명령어를 사용하여 한 줄씩 실행시킨다.

(4) c(ontinue) 명령어를 사용하여 계속 실행하고 (2) (3) 과정을 반복한다.

### 11.5 make 사용

(1) 2번에서 작성한 프로그램을 컴파일하기 위한 메이크파일을 작성하고 이를 이용하여 컴파일하시오.

(2) 파일 중 하나를 수정한 후에 다시 make 명령어를 수행하고 그 진행과정을 설명하시오.

## | 연습 문제 |

11.1 다음 괄호 안에 알맞은 말을 넣으시오.

> gcc 컴파일러는 C 프로그램을 컴파일 한다. 옵션을 사용하지 않으면 실행파일 (    )를 생성한다.

11.2 make 시스템이 기본으로 사용하는 메이크파일 이름은 무엇인가?

11.3 다음 괄호 안에 알맞은 말을 넣으시오.

> vi 에디터는 (    )와 (    )가 구분되어 있으며 시작하면 (    )이다.

11.4 gdb를 사용하기 위해서는 gcc 컴파일러로 컴파일할 때 어떤 옵션을 사용해야 하는가?

① -o ② -g
③ -c ④ -s
⑤ -O

11.5 gcc 컴파일러로 컴파일할 때 실행파일 이름을 지정하려면 어떤 옵션을 사용해야 하는가?

① -o ② -g
③ -c ④ -s
⑤ -O

11.6 gdb 명령어 중에서 멈춘 지점에서 다음 줄을 수행하고 멈추는 명령어는 무엇인가?

11.7 gdb 명령어 중에서 정지점을 만날 때까지 계속 수행시키는 명령어는 무엇인가?

11.8 gdb 명령어 중에서 n과 s의 차이점은 무엇인가?

11.9 vi 편집기에서 현재까지 편집한 내용을 이름을 지정하여 파일에 저장하는 명령어는 무엇인가?

11.10 vi 편집기에서 현재 줄에서부터 n개의 줄을 복사하여 마지막 줄로 이동하여 복사한 내용을 붙이는 명령어를 순서대로 쓰시오.

# CHAPTER 12

# 파일 시스템과 파일 입출력

contents

# 12 파일 시스템과 파일 입출력

지금까지는 주로 명령어를 이용하여 파일을 사용하거나 파일을 조작하는 법에 대해서 살펴보았다. 이 장에서는 리눅스가 제공하는 파일 시스템의 내부 구조를 살펴보고, 파일 시스템으로부터 실제 파일 입출력을 어떻게 하는지 프로그래밍 관점에서 살펴본다.

## 12.1 파일 시스템

### 파일 시스템 보기

파일 시스템(File system)은 컴퓨터에서 파일이나 자료를 쉽게 찾고 접근할 수 있도록 보관 또는 조직하는 체계이다. 운영체제가 파일들을 일정한 규칙을 사용하여 저장장치의 파티션 상에 저장하게 되면 저장장치 내에서 파일을 저장하는 것이 용이해지고 파일을 효율적으로 검색하고 관리할 수 있다. 리눅스는 ext 파일 시스템을 주로 사용하는데 현재 리눅스는 ext4 파일 시스템을 사용하고 있다. ext4 파일 시스템은 1EB(엑사바이트, 1EB=1024×1024TB) 이상의 볼륨과 16TB 이상의 파일을 지원한다. 한 블록의 크기는 보통 4KB이다. 이 장에서는 대표적인 리눅스 파일 시스템인 ext4 파일 시스템을 중심으로 살펴본다.

리눅스 시스템 내의 파일 시스템의 디스크 사용 정보 확인하려면 df 명령어를 사용하면 된다.

```
$ df 파일시스템*
```
파일 시스템에 대한 디스크 사용 정보를 보여준다.

이 명령어는 파일 시스템을 명시하면 해당 파일 시스템에 대한 디스크 사용 정보를 보여주고 명시하지 않으면 시스템 내의 모든 파일 시스템에 대한 디스크 사용 정보를 보여준다. 예를 들어, 다음과 같이 실행하면 사용하고 있는 시스템 내의 모든 파일 시스템에 대한 정보를 보여준다. 이 실행 결과를 보면 이 시스템 내에는 여러 개의 파일 시스템이 있는 것을 알 수 있다. 각 파일 시스템은 파일 시스템 계층 구조에 있는 특정 지점(마운트 지점)에 붙어야 즉 마운트되어야 접근하여 사용할 수 있다.

```
$ df
Filesystem     1K-blocks      Used   Available   Use%   Mounted on
udev             1479264         0     1479264     0%   /dev
tmpfs             302400      1684      300716     1%   /run
/dev/sda5      204856328  14082764   180297788     8%   /
/dev/sda1         523248         4      523244     1%   /boot
...
```

예를 들어, /dev/sda5 파일 시스템은 루트(/) 디렉터리에 마운트되어 있다. 이 루트 파일 시스템은 현재 8% 정도의 디스크 공간이 사용 중이다. /dev로 마운트된 파일 시스템은 장치 파일들을 위한 파일 시스템으로 현재 0% 정도 사용 중이다. /boot 파일 시스템은 리눅스 커널의 메모리 이미지와 부팅에 필요한 정보 파일들을 저장하며 현재 1% 정도 사용 중이다.

특정 파일 시스템에 대한 정보를 확인할 수 있는데, 예를 들어 루트 파일 시스템에 대한 정보는 다음과 같이 마운트 지점을 명시하여 확인할 수 있다.

```
$ df /
Filesystem     1K-blocks      Used   Available   Use%   Mounted on
/dev/sda5      204856328  14082764   180297788     8%   /
```

마운트 설정은 시스템 관리자가 mount 명령어를 이용하여 하며 마운트 정보는 /etc/fstab 파일에 저장된다. 이 파일 내의 한 줄은 하나의 파일 시스템을 나타내며, 구체적으로 파일 시스템의 장치명, 마운트 지점, 파일 시스템의 여러 옵션 등을 포함한다.

## 디스크 사용량 보기

구체적인 파일이나 디렉터리가 사용하는 디스크 사용량도 알아볼 수 있는데 du 유틸리티는 구체적인 파일이나 디렉터리가 사용하는 디스크 사용량(블록 수)을 알려준다.

$ du [-s] 파일명*
파일 혹은 디렉터리의 사용량을 보여준다. 파일을 명시하지 않으면 현재 디렉터리 내의 모든 파일들의 사용 공간을 보여준다.

파일 혹은 디렉터리를 명시하면 해당 파일 혹은 디렉터리의 사용량을 보여주고 다음과 같이 파일을 명시하지 않으면 현재 디렉터리 내의 모든 파일들의 사용 공간을 보여준다.

```
$ du
208  ./사진
4    ./.local/share/nautilus/scripts
8    ./.local/share/nautilus
144  ./.local/share/gvfs-metadata
4    ./.local/share/icc
...
```

-s 옵션을 사용하면 다음과 같이 파일들에 대한 전체 합계만을 보여준다.

```
$ du -s
22164   .
```

## 파일 시스템 구조

그렇다면 앞에서 살펴본 파일 시스템은 어떠한 구조로 구현될까? 표준 리눅스 파일 시스템의 전체적인 구조는 그림 12.1과 같으며 크게 부트 블록, 슈퍼 블록, i-리스트, 데이터 블록 부분으로 구성된다. 각각에 대한 설명은 다음과 같다.

• **부트 블록**(Boot block)
파일 시스템 시작부에 위치하고 일반적으로 첫 번째 섹터를 차지한다. 리눅스가 처음 시작될 때 사용되는 부트 코드가 저장되는 블록이다.

• **슈퍼 블록**(Super block)
전체 파일 시스템에 대한 정보를 저장한다. 이 정보는 파일 시스템 내의 총 블록 수, 사용 가능한 i-노드 개수, 사용 가능한 블록들을 나타내는 비트 맵, 블록의 크기, 사용 중인 블록 수, 사용 가능한 블록 수 등을 포함한다.

• **i-리스트**(i-list)

각 파일에 대한 상태정보를 저장하는 i-노드들의 리스트로 한 블록은 약 40개 정도의 i-노드를 포함한다.

• **데이터 블록**(Data block)

파일의 내용(데이터)을 저장하기 위한 블록이다.

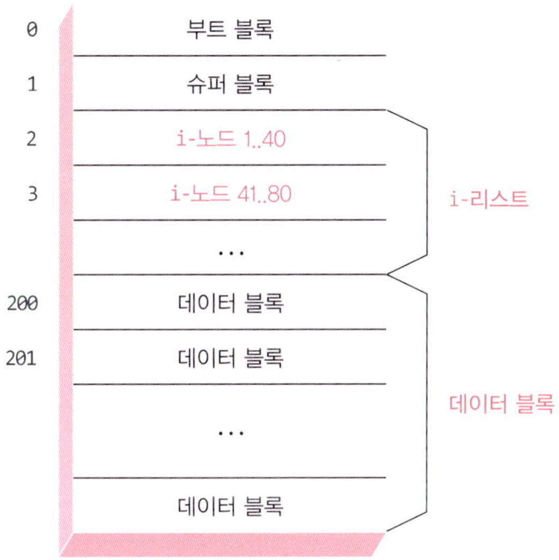


그림 12.1 파일 시스템의 구조

| 핵심 개념 |

리눅스 파일 시스템은 부트 블록, 슈퍼 블록, i-리스트, 데이터 블록 부분으로 구성된다.

리눅스는 ext라는 고유의 파일 시스템을 사용하는데 현재는 ext4 파일 시스템이 사용되고 있다. 한 블록은 4KB이고 1EB(엑사바이트, 1EB=1024 × 1024TB) 이상의 볼륨과 최대 16TB 파일을 지원한다. 디스크를 효율적으로 사용하기 위해 저장장치를 블록 그룹으로 구분하며 그림 12.1의 파일 시스템 구조에 그룹 디스크립터, 데이터 블록 비트맵, i-노드 비트맵 등이 추가되었다. 그룹 디스크립터는 슈퍼블록의 확장으로 파일 시스템에 대한 다양한 정보가 저장되며 데이터 블록 비트맵과 i-노드 비트맵은 각각 데이터 블록과 i-노드의 사용 여부를 표시한다.

## 12.2 파일 상태 정보와 i-노드

### 파일 상태 정보

**파일 상태**(file status) 정보는 파일에 대한 모든 정보라고 생각할 수 있는데 블록 수, 파일 종류, 접근권한, 링크 수, 파일 소유자의 사용자명 및 그룹명, 파일 크기, 최종 수정 시간 등이다. 사실 `ls -sl` 명령은 파일 상태 정보를 보여주는 것인데 예를 들어, 다음 명령의 출력을 보면 이를 확인할 수 있다.

```
$ ls -sl cs1.txt
 4 - rw-rw-r--  1   chang    chang    2088  10월 23 13:37  cs1.txt
 ① ②    ③       ④     ⑤        ⑥        ⑦         ⑧           ⑨
```

① 블록 수 ② 파일 종류 ③ 접근권한 ④ 링크 수 ⑤ 소유자명 ⑥ 그룹명 ⑦ 파일 크기 ⑧ 최종 수정 시간 ⑨ 파일 이름

또한 파일의 더 자세한 상태 정보는 `stat` 명령어를 이용하여 확인할 수 있다.

> $ stat [옵션] 파일
> 파일의 자세한 상태 정보를 출력한다.

예를 들어, 다음과 같이 cs1.txt 파일의 자세한 상태 정보를 확인할 수 있다. 파일 이름, 파일 크기, 블록 수, 파일 종류, i-노드 번호, 링크 수, 접근권한, 사용자 ID, 그룹 ID, 접근 시간, 수정 시간 등도 보다 자세히 확인할 수 있다.

```
$ stat cs1.txt
  File: cs1.txt
  Size: 2088        Blocks: 8          IO Block: 4096   일반 파일
Device: 803h/2051d  Inode: 1196554     Links: 1
Access: (0600/-rw-------)  Uid: ( 1000/   chang)   Gid: ( 1000/   chang)
Access: 2021-10-04 01:28:01.726822341 -0700
Modify: 2021-10-04 01:28:01.726822341 -0700
Change: 2021-10-04 01:28:01.726822341 -0700
Birth: 2021-10-04 01:28:01.726822341 -0700
```

## i-노드와 블록 포인터

그렇다면 이러한 상태 정보는 어디에 저장되어 있을까? 리눅스 파일 시스템에서 각 파일에 대한 정보는 **i-노드**(i-node)라고 불리는 자료구조로 표현된다. 각 i-노드는 표 12.1과 같이 한 파일에 대한 거의 모든 정보 즉 파일 종류, 파일 크기, 접근권한, 소유자명, 접근 및 수정 시간, 데이터 블록에 대한 포인터(주소) 등을 갖고 있다. 결과적으로 i-노드는 파일에 대한 모든 정보를 저장하고 있는 파일을 대표하는 노드라고 할 수 있다.

표 12.1 i-노드 내의 파일 상태 정보

| 파일 상태 정보 | 의미 |
|---|---|
| 블록 수 | 파일을 구성하는 블록의 개수(K 바이트 단위) |
| 파일 종류 | 파일 종류를 나타낸다. |
| 접근권한 | 파일에 대한 소유자, 그룹, 기타 사용자의 읽기/쓰기/실행 권한 |
| 하드 링크 수 | 파일에 대한 하드 링크 개수 |
| 소유자 및 그룹 | 파일의 소유자 ID 및 소유자가 속한 그룹 |
| 파일 크기 | 파일의 크기(바이트 단위) |
| 최종 접근 시간 | 파일에 최후로 접근한 시간 |
| 최종 수정 시간 | 파일을 생성 혹은 최후로 수정한 시간 |
| 데이터 블록 주소 | 실제 데이터가 저장된 데이터 블록의 주소 |

다음과 같이 ls 명령어의 -i 옵션을 이용하여 파일의 i-노드 번호를 확인할 수 있다.

```
$ ls -i cs1.txt
1196554 cs1.txt
```

| 핵심 개념 |

파일 하나당 하나의 i-노드가 있으며 i-노드 내에 파일에 대한 모든 상태 정보가 저장되어 있다.

i-노드 내에 있는 블록 포인터(데이터 블록에 대한 포인터)는 파일의 내용을 저장하기 위해 할당된 데이터 블록의 주소로 하나의 i-노드 내에는 그림 12.2에서 보는 것처럼 직접 블록 포인터 12개, 간접 블록 포인터 1개, 이중 간접 블록 포인터 1개, 삼중 간접 블록 포인

터 1개가 존재한다. 그림 12.2는 이러한 블록 포인터들을 이용하여 데이터 블록들을 접근하는 구조를 보여준다.

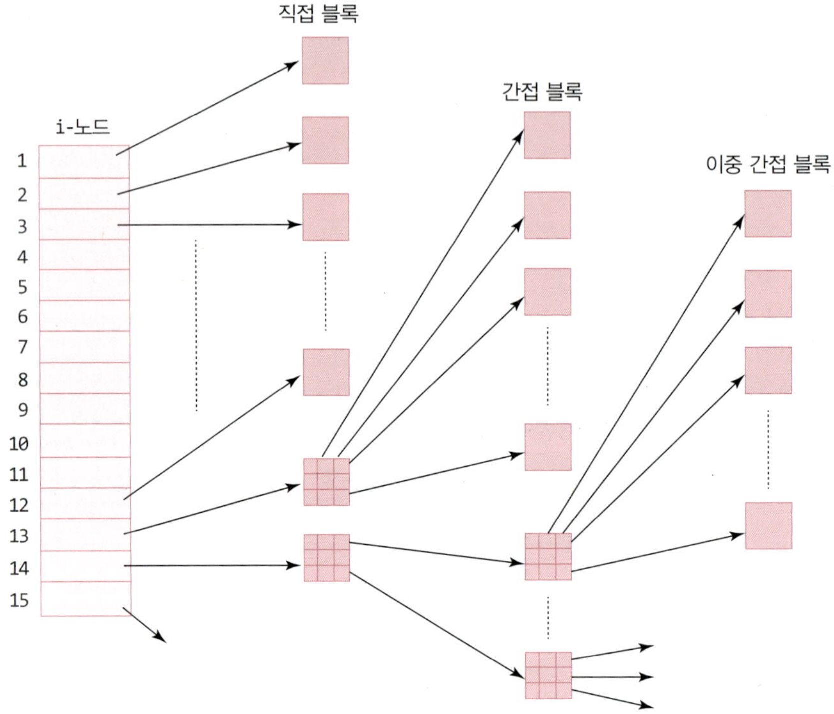


그림 12.2 i-노드 내의 블록 포인터

**직접 블록 포인터**(direct block pointer)는 파일의 내용(데이터)이 저장될 데이터 블록의 주소이다. 그림 12.2와 같이 한 i-노드 내에는 12개의 직접 블록 포인터가 존재하므로 12 블록짜리 파일까지는 이 직접 블록 포인터만을 사용하여 구현할 수 있다. 그러나 그 이상이 되는 파일은 직접 블록 포인터만을 사용해서는 구현할 수 없다. 이를 해결하기 위한 것이 간접 블록 포인터이다.

그림 12.2와 같이 **간접 블록 포인터**(indirect block pointer)가 가리키는 데이터 블록에는 파일의 내용이 저장되는 것이 아니라 직접 블록 포인터들이 저장된다. 만약 하나의 블록 포인터(주소) 크기가 4바이트이고 한 블록의 크기가 4096바이트라면 간접 블록 포인터가 가리키는 하나의 데이터 블록 내에는 1024개의 직접 블록 포인터(주소)들을 저장할 수

있다. 따라서 간접 블록 포인터를 사용하면 총 1024개의 데이터 블록들을 가리킬 수 있으며 직접 블록 포인터 12개와 하나의 간접 블록 포인터를 사용해서 1036개 블록짜리 파일까지는 구현할 수 있다. 그러나 그 이상 크기의 파일을 구현할 수 없으며 이를 해결하기 위한 것이 이중 간접 블록 포인터이다.

**이중 간접 블록 포인터**(double indirect block pointer)는 간접 블록 포인터의 개념을 한 단계 더 확장한 것으로 그림 12.2와 같이 이중 간접 블록 포인터가 가리키는 데이터 블록에는 역시 파일 내용이 아니라 1024개의 간접 블록 포인터들이 저장되며 이 간접 블록 포인터가 가리키는 블록에 1024개의 직접 블록 포인터들이 저장된다.

최근 파일 시스템에는 이중 블록 포인터 개념을 한 단계 더 확장한 **삼중 간접 블록 포인터**(triple indirect block pointer)를 포함한다. 그림 12.2에서 15번째 포인터가 삼중 간접 블록 포인터인데 이 그림에서는 간단한 설명을 위해 이중 블록 포인터까지만 설명하였다.

# 12.3 디렉터리

디렉터리는 여러 파일들과 다른 디렉터리들을 계층적으로 조직하는 데 사용된다. 보통 한 디렉터리 내에 여러 파일 혹은 디렉터리들을 저장하고 관리하는데 한 디렉터리 내의 디렉터리를 그 디렉터리의 서브디렉터리(subdirectory)라고 한다. 디렉터리들은 루트 디렉터리부터 시작하여 트리 형태의 계층구조를 형성한다. 디렉터리는 폴더(folder)라고도 한다.

## 디렉터리 구현

ls 명령어는 디렉터리의 내용을 보여주었다. 이제 디렉터리가 어떻게 구현되는지 디렉터리 내에는 어떤 내용이 저장되는지 살펴보자. 디렉터리도 일종의 파일이다. 그렇다면 디렉터리 내에는 무엇이 저장되어 있을까?

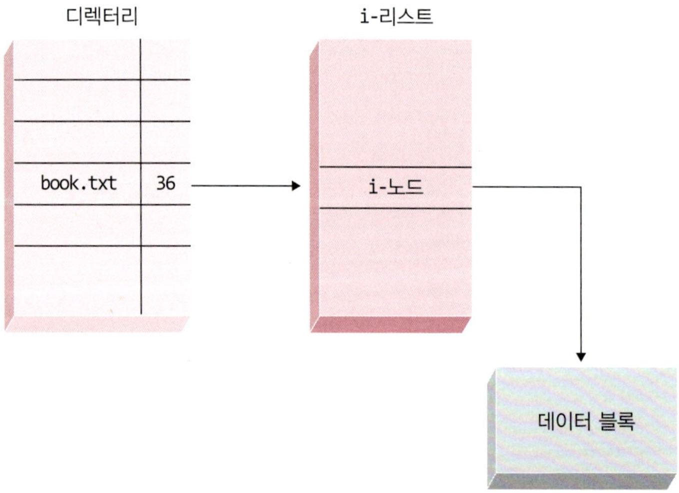


그림 12.3 디렉터리의 내용

디렉터리 내에는 그림 12.3과 같이 일련의 디렉터리 엔트리가 저장되어 있는데 각 디렉터리 엔트리는 디렉터리 내에 있는 하나의 파일을 나타낸다. 디렉터리 엔트리는 다음과 같은 구조체로 정의될 수 있는데 하나의 디렉터리 엔트리는 파일 이름과 그 파일의 i-노드 번호로 구성된다.

```
#include <dirent.h>
struct dirent {
  ino_t d_ino;                 // i-노드 번호
  char  d_name[NAME_MAX + 1];  // 파일 이름
}
```

이 그림이 보여주는 디렉터리 내에는 book.txt라는 파일이 있고 그 파일의 i-노드 번호는 36번이라는 뜻이다. 이 i-노드 내에는 이 파일에 대한 모든 상태 정보가 저장되어 있으며 또한 이 파일의 내용이 저장된 데이터 블록들의 주소도 가지고 있다.

**| 핵심 개념 |**

디렉터리는 일련의 디렉터리 엔트리들을 포함하고 각 디렉터리 엔트리는 파일 이름과 그 파일의 i-노드 번호로 구성된다.

그림 12.1의 파일 시스템 구조를 보면 디렉터리를 위한 구조는 따로 없는데 그렇다면 파일 시스템 내에서 디렉터리를 어떻게 구현할 수 있을까? 리눅스에서는 디렉터리도 일종의 파일로 다른 파일처럼 구현된다. 따라서 디렉터리도 다른 파일처럼 하나의 i-노드로 표현된다. 그러나 디렉터리의 내용은 다른 파일과 달리 그 디렉터리 내에 있는 파일(서브디렉터리 포함)의 이름과 그 파일의 i-노드 번호로 구성된 디렉터리 엔트리들이다.

## 디렉터리 계층구조 구현

하나의 디렉터리 내에 서브디렉터리들이 있으면 트리 모양의 디렉터리 계층구조가 형성된다. 예를 들어, 그림 12.4의 디렉터리 계층구조를 생각해보자. 디렉터리 옆에 붙은 번호는 그 디렉터리를 나타내고 있는 i-노드 번호이다.

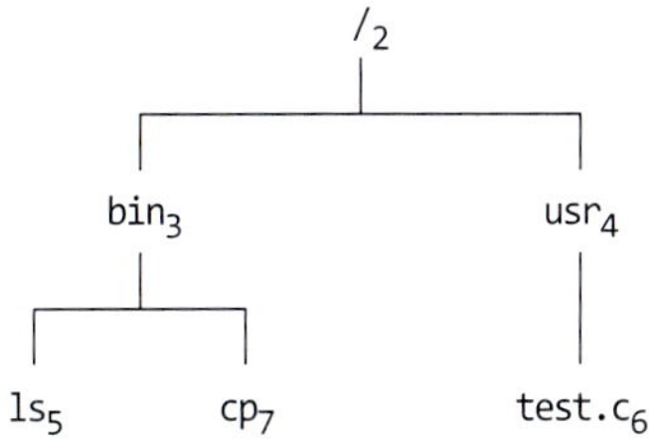


그림 12.4 디렉터리 계층구조 예

이 디렉터리 계층구조는 실제로는 그림 12.5와 같이 구현된다. 이 그림을 보면 /, bin, usr 디렉터리는 각각 2번, 3번, 4번 i-노드로 표현된다. 각 디렉터리의 내용은 그 디렉터리 내에 있는 파일의 이름과 그 파일의 i-노드 번호로 구성된 디렉터리 엔트리들이다.

예를 들어, 루트 디렉터리를 생각해보자. 루트 디렉터리의 i-노드는 2번이고 루트 디렉터리의 내용은 이 2번 i-노드의 직접 블록 포인터가 가리키는 200번 데이터 블록에 저장된다. 루트 디렉터리의 내용이 저장된 200번 데이터 블록에는 bin과 usr 디렉터리를 나타내는 디렉터리 엔트리들이 저장되어 있고 또한 모든 디렉터리에는 현재 디렉터리(.)와 부모 디렉터리(..)를 나타내는 디렉터리 엔트리들이 저장되어 있다.

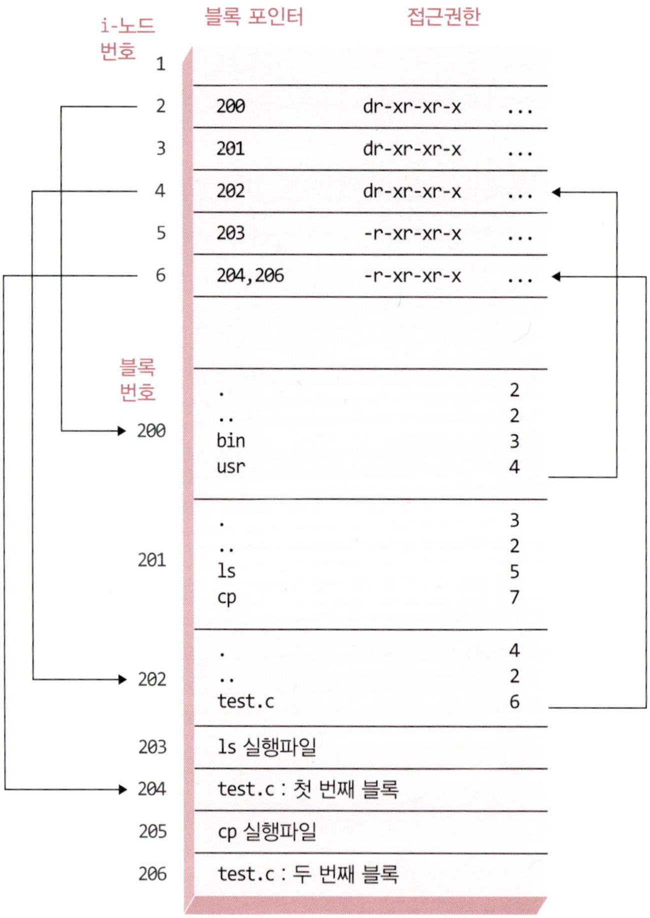


그림 12.5 파일 시스템 내에서 디렉터리 구현

이번에는 일반 파일의 예를 살펴보자. /usr/test.c 파일을 어떻게 찾아 그 내용을 읽어올 수 있을까? 루트 디렉터리의 내용이 저장된 200번 데이터 블록 내의 usr 디렉터리 엔트리를 보면 usr의 i-노드 번호는 4번임을 알 수 있다. usr 디렉터리의 내용은 이 4번 i-노드의 직접 블록 포인터가 가리키는 202번 데이터 블록에 저장되고 이 블록 내에 test.c 파일을 나타내는 디렉터리 엔트리가 있다. 이 디렉터리 엔트리를 보면 test.c 파일의 i-노드 번호는 6번이고 이 파일의 내용은 6번 i-노드의 직접 블록 포인터가 가리키는 204번과 206번 데이터 블록에 저장되어 있다는 것을 알 수 있다. 이러한 과정을 통해서 파일의 내용이 저장된 데이터 블록을 찾고 이를 읽어올 수 있다.

# 12.4 링크의 구현

## 하드 링크

링크는 기존 파일에 대한 또 다른 이름으로 하드 링크와 심볼릭 링크가 있다. 링크를 이용하면 하나의 파일에 대해 여러 개의 이름들을 가질 수 있다.

| 핵심 개념 |

링크는 기존 파일에 대한 또 다른 이름으로 하드 링크와 심볼릭 링크가 있다.

**하드 링크**(hard link)는 ln 명령어를 이용하여 만들 수 있었다. 예를 들어, 다음 명령어를 수행하면 파일명 hi.txt는 hello.txt의 또 다른 이름(링크)가 된다.

```
$ ln hello.txt hi.txt
```

ls -l 명령어를 이용하여 원본 파일과 하드 링크를 확인해보자. 원본인 hello.txt 파일과 하드 링크인 hi.txt 파일은 하나의 파일을 공유하는 두 개의 이름이다. 따라서 hello.txt 파일 내용을 변경한 후 hi.txt 파일의 내용을 살펴보면 그 내용이 바뀌어 있는 것을 확인할 수 있다. 반대의 경우도 마찬가지이다.

```
$ ls -l
-rw-------   2 chang   chang     15 11월  7  15:31 hello.txt
-rw-------   2 chang   chang     15 11월  7  15:31 hi.txt
```

또한 원본인 hello.txt 파일을 지우더라도 hi.txt 파일은 그대로 존재한다. 반대로 hi.txt 파일을 지우더라도 hello.txt 파일은 존재한다.

이제 하드 링크를 어떻게 구현하는지 살펴보자. 기존 파일 이름 hello.txt에 대한 새로운 하드 링크 hi.txt를 만들면 그림 12.6처럼 새롭게 디렉터리 엔트리가 만들어지며 새로 만들어진 디렉터리 엔트리는 기존 이름과 같은 i-노드 즉 같은 파일을 가리킨다. 이렇게 해서 하나의 파일이 여러 개의 이름 즉 링크를 가질 수 있다. 각 파일은 i-노드 내에 자신의 링크 수(link count)를 유지한다.

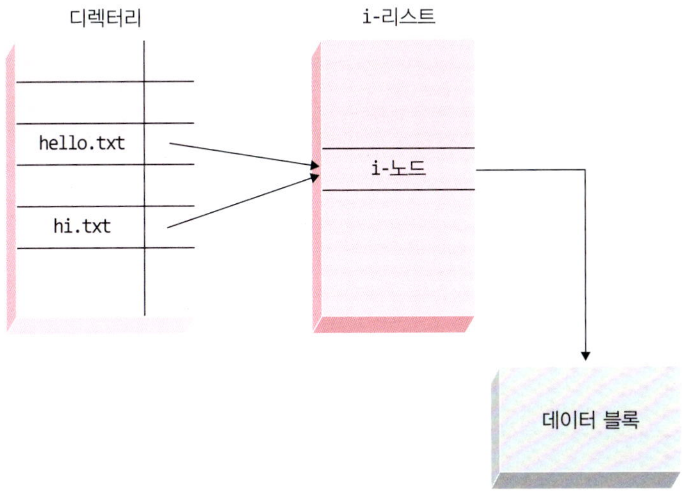


그림 12.6 하드 링크의 구현

하드 링크는 그림 12.6에서 보는 것처럼 i-노드에 직접 연결되어 만들어지는 링크이다. 파일의 i-노드 번호를 출력해주는 ls -i 명령어를 사용하면 이를 직접 확인할 수 있다. 예를 들어, 앞에서 링크한 두 개의 파일을 확인해보면 이 둘은 같은 i-노드 번호를 갖고 있다는 것을 알 수 있다.

```
$ ls -i hello.txt hi.txt
537384090 hello.txt  537384090 hi.txt
```

## 심볼릭 링크

지금까지 살펴본 링크는 **하드 링크**(hard link)이다. 하드 링크는 그림 12.6에서 보는 것처럼 한 파일 시스템 내에서 같은 i-노드를 가리키므로 한 파일 시스템 내에서만 사용될 수 있다. 이러한 단점을 보완한 링크가 **심볼릭 링크**(symbolic link)이다.

심볼릭 링크도 파일에 또 다른 이름을 부여하지만, 하드 링크처럼 i-노드를 사용하여 링크하지는 않는다. 대신에 심볼릭 링크는 실제 파일의 경로명을 (데이터 블록에) 저장하고 있는 일종의 특수 파일을 만든다. 이 경로명이 다른 파일에 대한 간접적인 포인터 역할을 한다. 따라서 다른 파일 시스템에 있는 파일도 경로명을 이용하여 얼마든지 링크할 수 있다.

ln -s 명령어를 이용하여 심볼릭 링크를 만들 수 있다. 이 명령어는 기존 파일에 대해 새로운 이름의 심볼릭 링크를 만든다. 다음 실행 결과를 통해서 기존 파일에 대해 새로운 심볼릭 링크가 만들어진 것을 확인할 수 있다. 그림 12.7과 같이 새롭게 만들어진 cc 파일은 심볼릭 링크로 기존의 파일에 대한 경로명 /usr/bin/gcc를 저장하여 이 파일을 가리킨다. 특히 심볼릭 링크 cc의 파일 타입이 l로 표시되어 있고 cc -> /usr/bin/gcc 표시를 통해서 cc가 /usr/bin/gcc를 가리키는 심볼릭 링크라는 것을 나타낸다. 따라서 심볼릭 링크를 사용하면 링크되어 있는 파일을 찾기가 용이하다.

```
$ ln -s /usr/bin/gcc cc
$ ls -l cc
2 lrwxrwxrwx  1 chang  faculty  7  4월  8  19:58 cc -> /usr/bin/gcc
```

ls -i 명령어를 사용하면 이 두 파일이 전혀 다른 i-노드를 갖는 별개의 파일이라는 것을 확인할 수 있다.

```
$ ls -i /usr/bin/gcc cc
270531743 /usr/bin/gcc  537386726 cc
```

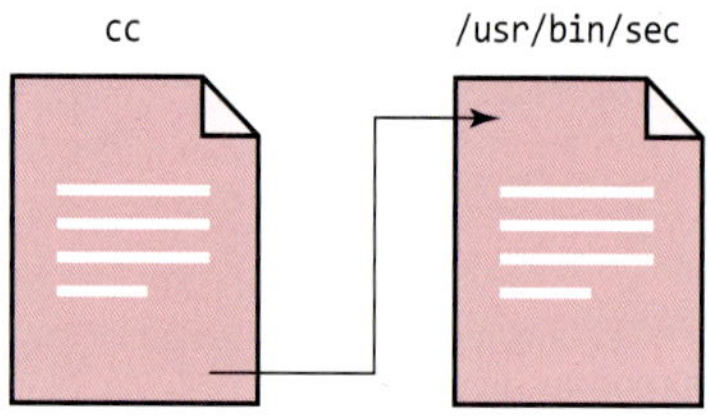


그림 12.7 심볼릭 링크

## 12.5 파일 입출력

이 절에서는 실제로 파일로부터 입출력하는 과정을 자세히 살펴본다. 먼저 프로그램 내에서 파일 입출력하는 과정과 파일 입출력을 위한 파일 입출력 함수를 살펴본다. 또한 파일 입출력 함수를 이용해서 cat과 cp 같은 간단한 파일 관련 명령어를 구현해본다.

### 시스템 호출과 C 라이브러리 함수

**시스템 호출**(system call)은 리눅스가 제공하는 서비스에 대한 프로그래밍 인터페이스이다. 그림 12.8처럼 응용 프로그램은 시스템 호출을 통해 필요할 때마다 커널에 서비스를 요청할 수 있으며 결과적으로 시스템 호출은 응용 프로그램과 커널 사이의 인터페이스 역할을 한다. 응용 프로그램에서 파일 입출력을 하기 위해서는 파일에 직접 접근할 수 없으며 반드시 커널에 파일 열기, 읽기, 쓰기 등을 요청해야 한다. 커널은 이러한 서비스 요청을 받으면 요청에 따라 파일을 열거나, 읽기, 쓰기 등을 수행한 후 결과를 응용 프로그램에 돌려준다.

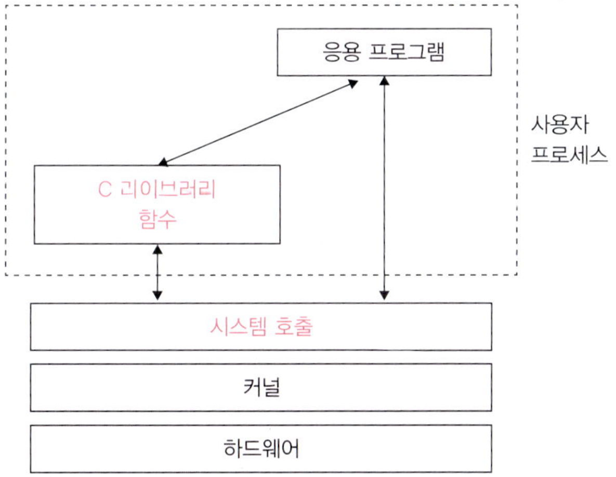


그림 12.8 시스템 호출

따라서 응용 프로그램은 사용자 모드에서 실행하다가 시스템 호출을 하면 커널 모드로 이동하여 커널 내의 코드를 실행한 후 다시 사용자 모드로 돌아온다. 사용자 모드에서 실행 중인 프로세스를 **사용자 프로세스**(user process)라고 하고, 커널 모드로 실행 중인 프로세스를 **커널 프로세스**(kernel process)라고 한다.

| 핵심 개념 |

시스템 호출은 유닉스 커널에 서비스를 요청하기 위한 프로그래밍 인터페이스로 응용 프로그램은 시스템 호출을 통해서 유닉스 커널에 서비스를 요청한다.

응용 프로그램은 그림 12.8처럼 시스템 호출을 통해 필요할 때마다 커널에 서비스를 요청할 수 있지만 C 언어가 제공하는 라이브러리 함수를 사용할 수도 있다. 사실 C 라이브러리 함수는 함수 내에서 관련 시스템 호출을 한다. 따라서 **C 라이브러리 함수**는 시스템 호출을 보다 쉽게 사용할 수 있도록 포장한 보다 높은 수준의 프로그래밍 인터페이스라고 볼 수 있다. 예를 들어, 파일 열기 함수인 fopen( ) 함수는 내부에서 open() 시스템 호출을 한다. 이 장에서는 C 표준 라이브러리에서 제공하는 입출력 함수들을 중심으로 파일 및 표준 입출력에 대해서 살펴본다.

## C 파일 입출력

C 파일 입출력을 이해하기 위해서는 먼저 파일에 대한 이해가 필요하다. 그림 12.9에서 보는 것처럼 리눅스에서 파일은 모든 데이터를 연속된 바이트 형태로 저장하는데 저장된 데이터에 따라 텍스트 파일과 이진 파일로 구분할 수 있다.

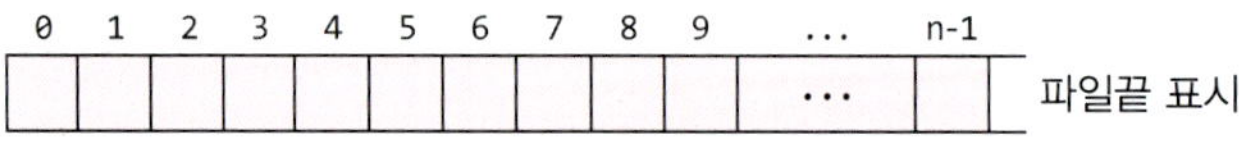


그림 12.9 리눅스 파일의 논리적 구조

| 핵심 개념 |

리눅스에서 파일은 모든 데이터를 연속된 바이트 형태로 저장한다.

**텍스트 파일**(text file)은 문자들만으로 이루어진 파일로 그 내용에 따라 한글, 영문, 숫자 등을 포함하고 있다. 텍스트 파일은 매 줄마다 줄의 끝을 나타내는 개행문자('\n')를 포함하고 있다. **이진 파일**(binary file)은 모든 데이터를 컴퓨터 내부의 이진수 표현 그대로 저장한 파일로 실행 파일이나 이미지 파일, 동영상 파일 등이 이진 파일이다. 또한 이진 파일을 이용하여 메모리에 저장된 변수 값을 이진수 표현 그대로 파일에 저장할 수도 있다.

C 언어의 파일 입출력은 보통 다음과 같은 과정으로 이루어진다. C 언어에서 파일을 사용하기 위해서는 반드시 파일 열기 fopen()를 먼저 해야 한다. 파일 열기를 하는 것은 시스템에게 이제부터 이 파일을 사용하겠으니 준비해달라고 요청하는 것이다. 파일을 열지 않고서는 그 파일에 접근할 수 없다. 또한 파일을 사용한 후에는 파일 닫기 fclose()를 해야 한다.

1. 파일 열기: fopen( ) 함수 사용
2. 파일 입출력: 다양한 파일 입출력 함수 사용
3. 파일 닫기: fclose( ) 함수 사용

**| 핵심 개념 |**

파일을 사용하기 위해서는 반드시 fopen() 함수를 이용하여 파일을 열어야 하며 성공하면 열린 파일을 나타내는 FILE 포인터가 반환된다.

## 파일 열기

어떤 파일에 대해서 fopen()을 하여 파일을 열면 열린 파일에 대한 정보가 FILE 구조체 형태로 시스템 내에 저장되고 이 FILE 구조체에 대한 포인터가 반환된다. 이 FILE 구조체에 대한 포인터는 열린 파일을 가리키는 포인터로서 열린 파일을 나타내는 데 사용된다. 보통 FILE 구조체에 대한 포인터를 간단히 **FILE 포인터**(FILE pointer)라고 한다.

파일을 여는 함수 fopen()은 다음과 같다. 다른 입출력 함수들과 마찬가지로 fopen()을 사용하려면 stdio.h 헤더 파일을 포함해야 한다.

```
FILE *fopen(const char *filename, const char *mode);
```

파일을 연다. 열린 파일을 나타내는 FILE 포인터를 반환한다. 오류가 발생하면 NULL을 반환한다.

첫 번째 매개변수 const char *filename은 파일명에 대한 포인터이고, 두 번째 매개변수 const char *mode는 파일을 여는 형식 즉 파일 입출력 모드를 나타낸다. 표 12.2는 텍스트 파일에 대해 사용할 수 있는 다양한 입출력 모드를 보여준다. fopen() 함수는 파일을 열고 그 열린 파일에 대한 정보를 FILE 구조체에 채운 다음 그 FILE 포인터를 반환한다. 파일을 열 때 오류가 발생하면 NULL을 반환한다. 이제 프로그램 내에서 열린 파일을 사용할 때는 파일 이름 대신 이 FILE 포인터를 사용한다.

표 12.2 텍스트 파일 입출력 모드

| 모드 | 의미 | 파일이 없으면 | 파일이 있으면 |
|---|---|---|---|
| "r" | 읽기 전용(read) | NULL 반환 | 정상 동작 |
| "w" | 쓰기 전용(write) | 새로 생성 | 기존 내용 삭제 |
| "a" | 추가 쓰기(append) | 새로 생성 | 기존 내용 뒤에 추가 |
| "r+" | 읽기와 쓰기 | NULL 반환 | 정상 동작 |
| "w+" | 읽기와 쓰기 | 새로 생성 | 기존 내용 삭제 |
| "a+" | 추가를 위한 읽기와 쓰기 | 새로 생성 | 기존 내용 뒤에 추가 |

파일을 열기 위해서는 다음과 같이 FILE 포인터 변수를 미리 선언하고 fopen() 함수를 호출해야 한다. 또한 읽기 전용으로 파일을 여는 경우에 fopen() 함수는 대상 파일이 없으면 NULL을 반환하므로 fopen() 함수 호출 후에 다음과 같이 파일이 정상적으로 열렸는지 검사하는 것이 좋다.

```
FILE *fp;

fp = fopen("파일경로명", "r");
if (fp == NULL)
    printf("파일 열기 오류\n");
```

다음과 같이 fopen() 함수를 호출하여 쓰기 전용으로 파일을 열 때는 파일이 이미 존재하면 존재하는 파일을 열고 기존 파일 내용을 삭제한다. 파일이 존재하지 않으면, 해당 파일을 새로 생성한다. 보통 이 경우에는 함수의 호출 결과를 따로 검사하지 않는다.

```
fp = fopen("파일경로명", "w");
```

다음과 같이 추가(append) 모드로 파일을 열 때는 파일이 이미 존재하면, 기존 파일의 끝에 붙여서 쓴다. 파일이 존재하지 않으면, 파일을 새로 생성한다.

```
fp = fopen("파일경로명", "a");
```

표 12.1에는 텍스트 파일에 대해 가능한 입출력 모드를 모두 보여주고 있다. "r+", "w+", "a+"는 기본적으로 수정(읽기와 쓰기)을 위한 입출력 모드로 대상 파일이 있을 때나 없을 때의 동작은 각각 "r", "w", "a" 모드와 같다. "r"과 "r+" 모드의 경우에는 대상 파일이 존재하지 않으면 fopen() 함수가 NULL를 반환하므로 반환값을 검사하여 적절한 오류 메시지를 내는 것은 좋다. 나머지 입출력 모드의 경우에는 대상 파일이 없으면 새로 생성하므로 꼭 그렇게 할 필요는 없다.

## 스트림

fopen()에 의해서 파일이 열리면 이를 **스트림**(stream)이라고 하는데 스트림은 버퍼형 파일 입출력을 위한 논리적 인터페이스라고 할 수 있다. 파일 열기를 하면 스트림이 생성되고 스트림에 대한 정보는 FILE 구조체에 저장되며 이 FILE 구조체에 대한 포인터가 반환된다. 결국 FILE 포인터가 열린 파일 즉 스트림을 나타낸다.

FILE 구조체는 stdio.h 헤더파일에 정의되어 있으며 FILE 구조체 안에는 열린 파일을 위한 여러 가지 필드 변수들이 선언되어 있다. 주로 입출력 버퍼에 대한 정보와 파일 접근 모드, 파일 디스크립터(열린 파일을 나타내는 번호) 등을 포함한다. 특히 파일 입출력에 사용되는 버퍼에 관련된 변수들이 선언되어 있다. 파일 입출력 함수들은 보통 입출력 최적화를 위해서 버퍼를 사용하는데 이 버퍼는 파일 입출력의 중간에서 입출력하는 데이터를 중간에 모아두었다가 효율적으로 처리하는 데 사용된다.

```
typedef struct {
    int cnt;                  // 버퍼의 남은 문자 수
    unsigned char *base;      // 버퍼 시작
    unsigned char *ptr;       // 버퍼의 현재 포인터
    unsinged flag;            // 파일 접근 모드
   int fd;                    // 열린 파일 디스크립터
} FILE;                       // FILE 구조체
```

파일을 열어서 사용한 후에는 파일을 닫아야 한다. 파일을 닫는 fclose() 함수의 프로토타입은 다음과 같다. fclose() 함수의 인수는 fopen() 호출에서 반환받은 FILE 포인터이며 닫기에 성공하면 0, 오류일 때는 -1를 반환한다.

```
int fclose(FILE *fp );
```
fp가 가리키는 파일을 닫는다. 성공하면 0, 오류일 때는 -1을 반환한다.

표준 헤더 파일 stdio.h에는 표 12.3과 같이 표준 입출력을 위한 3개의 스트림 stdin, stdout, stderr가 정의되어 있는데 각각 표준입력, 표준출력, 표준오류를 위한 스트림으로 이들은 모두 FILE 포인터이다. 표준입력은 입력을 위한 키보드를 가리키고 표준출력은 출력을 위한 모니터를 가리킨다. 또한 표준오류는 오류 출력(주로 오류 메시지)을 위한 모니터를 가리킨다. 이들은 프로그램이 실행되면 자동적으로 열리고 프로그램이 종료될 때 자동으로 닫힌다.

표 12.3 표준 입출력 스트림

| 표준 입출력 스트림 | 설명 | 가리키는 장치 |
|---|---|---|
| stdin | 표준입력에 대한 FILE 포인터 | 키보드 |
| stdout | 표준출력에 대한 FILE 포인터 | 모니터 |
| stderr | 표준오류에 대한 FILE 포인터 | 모니터 |

## 파일 입출력 함수

C 언어는 표준 입출력함수와 비슷하게 파일에 입출력하기 위한 표준 파일 입출력 함수들을 표 12.4와 같이 제공한다. 각 입출력 함수에 대해 자세히 살펴보자.

표 12.4 파일 입출력 함수

| 표준 입출력 함수 | 파일 입출력 함수 | 기능 |
|---|---|---|
| getchar() | fgetc(), getc() | 문자단위로 입력하는 함수 |
| putchar() | fputc(), putc() | 문자단위로 출력하는 함수 |
| gets() | fgets() | 문자열을 입력하는 함수 |
| puts() | fputs() | 문자열을 출력하는 함수 |
| scanf() | fscanf() | 자료형에 따라 자료를 입력하는 함수 |
| printf() | fprintf() | 자료형에 따라 자료를 출력하는 함수 |

텍스트 파일은 모든 데이터를 연속된 문자 형태로 저장한다. 따라서 파일에 대한 모든 입출력 함수들도 데이터를 문자 혹은 문자열 형태로 읽거나 쓴다. 가장 간단한 파일 입출력 방법은 한 문자씩 입출력하는 것이다. fgetc() 함수와 fputc() 함수를 사용하여 파일에 문자 단위 입출력을 할 수 있다. 각 함수에 대한 설명은 다음과 같다.

```
int fgetc(FILE *fp);
```
fgetc 함수는 fp가 가리키는 파일에서 한 문자를 읽어서 반환한다. 파일 끝에 도달했을 경우에는 EOF(-1)를 반환한다.

```
int fputc(int c, FILE *fp);
```
fputc 함수는 fp가 가리키는 파일에 한 문자씩 출력하는 함수이다. 이 함수는 반환값으로 출력된 문자를 반환한다. 출력시 오류가 발생하면 EOF(-1)를 반환한다.

**| 핵심 개념 |**

fgetc() 함수와 fputc() 함수를 사용하여 파일에 문자 단위 입출력을 할 수 있다.

C 언어는 fgetc() 함수와 같은 기능을 하는 함수로서 getc() 함수를 fputc() 함수와 같은 기능을 하는 함수로서 putc() 함수를 제공한다. 사실 C 프로그램에서 많이 사용되는 표준 입출력 함수 getchar(), putchar() 함수는 다음과 같이 매크로 함수로 정의된다.

```
#define getchar()  getc(stdin)
#define putchar(x)  putc((x), stdout)
```

## cat 명령어 구현

파일 내용을 표준출력(모니터)에 출력하는 cat 명령어를 getc() 함수와 putc() 함수를 이용하여 작성해보자. 이 프로그램은 다음과 같이 명령줄 인수로 받은 파일의 내용을 표준출력에 출력한다. 명령줄 인수가 없는 경우에는 표준입력으로부터 입력받은 내용을 표준출력에 출력한다.

```
$ cat [파일]
```

프로그램 12.1은 다음과 같이 진행한다.

- 9번 줄에서 명령줄 인수 개수(argc)를 확인한다(명령줄 인수가 1개이면 argc는 2가 된다).
- 12번 줄에서 명령줄 인수(argv[1])로 받은 파일을 읽기 전용으로 연다.

- 명령줄 인수가 없는 경우에는 표준입력을 사용한다(10번 줄).
- 이후에 14~17번 줄에서 getc(fp)를 호출하여 이 파일로부터 한 문자씩 입력받아 읽은 문자를 putc(c, stdout)를 호출하여 표준출력에 출력한다.
- 이 과정을 파일끝(EOF)을 만날 때까지 반복한다(15번 줄).

▸▸ 프로그램 12.1 cat.c

```
1  #include <stdio.h>
2
3  /* 텍스트 파일 내용을 표준출력에 프린트 */
4  int main(int argc, char *argv[])
5  {
6     FILE *fp;
7     int c;
8
9     if (argc < 2)
10       fp = stdin;                   // 명령줄 인수가 없으면 표준입력 사용
11    else
12       fp = fopen(argv[1],"r");      // 읽기 전용으로 파일 열기
13
14    c = fgetc(fp);                   // 파일로부터 문자 읽기
15    while (c != EOF) {               // 파일끝이 아니면
16       fputc(c, stdout);             // 읽은 문자를 표준출력에 출력
17       c = fgetc(fp);                // 파일로부터 문자 읽기
18    }
19    fclose(fp);
20    return 0;
21 }
```

**실행결과**

```
$ cat 텍스트파일
```

## cp 명령어 구현

프로그램 12.1을 확장해서 파일을 복사하는 cp 명령어를 구현할 수 있다. 프로그램 12.2는 명령줄 인수로 다음과 같이 두 개의 파일 이름을 받는다.

```
$ cp 파일1 파일2
```

다음과 같이 첫 번째 파일(argv[1])은 읽기 전용으로 두 번째 파일(argv[2])은 쓰기 전용으로 연다(각각 14번, 20번 줄). 첫 번째 파일을 읽기 전용으로 열 때는 반환값이 NULL인지 확인하여 오류 메시지를 출력한다.

```
fp1 = fopen(argv[1],"r");
fp2 = fopen(argv[2],"w");
```

두 개의 파일이 정상적으로 열린 후에는 21, 22번 줄에서 fgetc(fp1) 함수를 호출하여 첫 번째 파일로부터 한 문자씩 읽어서 읽은 문자를 fputc(c,fp2)를 이용하여 두 번째 파일에 쓴다. 이 과정을 파일끝까지 반복하면서 첫 번째 파일 내용을 모두 두 번째 파일에 복사한다.

▸▸ 프로그램 12.2 cp.c

```
1   #include <stdio.h>
2
3   /* 파일 복사 프로그램 */
4   int main(int argc, char *argv[])
5   {
6     char c;
7     FILE *fp1, *fp2;
8
9     if (argc !=3) {
10       fprintf(stderr, "사용법: %s 파일1 파일2\n", argv[0]);
11       return 1;
12    }
13
14    fp1 = fopen(argv[1], "r");
15    if (fp1 == NULL) {
16       fprintf(stderr, "파일 %s 열기 오류\n", argv[1]);
17       return 2;
18    }
19
20    fp2 = fopen(argv[2], "w");
21    while ((c = fgetc(fp1)) != EOF)
```

```
        fputc(c, fp2);

    fclose(fp1);
    fclose(fp2);
    return 0;
}
```

**실행결과**

```
$ cp 파일1 파일2
```

## 줄 단위 입출력

gets() 함수는 표준입력인 키보드로부터 한 줄씩 읽는 함수이다. fgets() 함수는 텍스트 파일로부터 한 줄씩 읽어 들인다. gets() 함수는 엔터키를 쳐서 입력을 끝내면 새줄문자('\n')는 포함되지 않고 널 문자('\0')만을 붙여주는데 fgets() 함수는 새줄문자('\n')를 읽으면 새줄문자를 포함하여 그 뒤에 널 문자('\0')를 붙여준다.

fgets() 함수는 새줄문자('\n')나 EOF를 만날 때까지 최대 n-1 개의 문자를 읽고 읽어온 데이터의 끝에는 널 문자('\0')를 붙여준다. 파일을 읽는 중 오류가 발생하면 NULL 포인터를 리턴한다.

```
char* fgets(char *s, int n, FILE *fp);
```
파일로부터 한 줄을 읽어서 문자열 포인터 s에 저장하고 s를 리턴한다.

fputs() 함수는 텍스트 파일에서 한 줄씩 출력하며 문자열 끝을 나타내는 널 문자('\0')는 출력하지 않는다. 성공적으로 출력한 경우에는 출력한 바이트 수를 리턴하고 오류가 발생하면 EOF 값을 리턴한다.

```
int fputs(const char *s, FILE *fp);
```
문자열 s를 fp가 나타내는 파일에 출력한다. 성공하면 출력한 바이트 수를, 실패하면 EOF 값을 리턴한다.

**| 핵심 개념 |**

fgets() 함수와 fputs() 함수를 이용하여 텍스트 파일에서 한 줄씩 읽거나 쓸 수 있다.

프로그램 12.3은 마치 cat -n 명령어처럼 명령줄 인수로 받은 텍스트 파일의 내용을 줄번호를 붙여 프린트한다. 이 프로그램은 다음과 같이 진행한다.

- 먼저 12번 줄에서 명령줄 인수 개수를 확인하고 17번 줄에서 첫 번째 명령줄 인수로 받은 파일을 읽기 전용으로 연다.
- 22번 줄에서 fgets() 함수를 이용하여 이 파일로부터 한 줄씩 읽는다.
- 읽을 때마다 23,24번 줄에서 줄번호(line)를 증가시키고 읽은 줄을 줄번호와 함께 프린트한다.
- 이 과정을 파일끝을 만날 때까지 반복한다.

읽은 줄이 새줄문자를 포함하고 있으므로 printf() 함수로 프린트할 때 새줄문자를 사용하지 않았다. 이 프로그램을 이 프로그램 소스 파일에 대해서 실행하면 아래와 같이 모든 줄 앞에 줄번호가 함께 프린트된다.

**▸▸ 프로그램 12.3** **line.c**

```
1  #include <stdio.h>
2  #include <stdlib.h>
3  #define MAXLINE 80
4
5  /* 텍스트 파일에 줄 번호 붙여 프린트한다. */
6  int main(int argc, char *argv[])
7  {
8      FILE *fp;
9      int line = 0;
10     char buffer[MAXLINE];
11
12     if (argc != 2) {
13         fprintf(stderr, "사용법:line 파일이름\n");
14         exit(1);
15     }
```

```
    if ( (fp = fopen(argv[1],"r")) == NULL) {
        fprintf(stderr, "파일 열기 오류");
        exit(2);
    }

    while (fgets(buffer, MAXLINE, fp) != NULL) {  // 한 줄 읽기
        line++;
        printf("%3d %s", line, buffer);    // 줄번호와 함께 프린트
    }
    exit(0);
}
```

**실행결과**

```
$ line line.c
```

## 문자열과 포인터(참고)

포인터란 메모리 공간의 주소이다. 따라서 포인터 변수는 주소 값(포인터)을 저장하는 변수로 다른 메모리 공간을 가리킨다. 배열 이름은 실제로는 배열의 시작주소를 나타내는 상수 즉 포인터 상수이다. 따라서 포인터 변수에 배열 이름을 대입할 수 있으며 이 경우에 포인터 변수는 배열의 시작을 가리킨다. 예를 들어, 다음과 같이 포인터 변수 p에 배열 이름 a를 대입하면 포인터 변수 p는 그림 12.8과 같이 배열 a의 시작부분을 가리킨다. 따라서 *p는 배열 a의 주소를 참조하여 이 배열의 첫 번째 원소를 접근한다. p+1은 p가 가리키는 배열 a에서 다음 원소의 주소를 나타낸다는 점을 유의하자. 따라서 *(p+1)은 p가 가리키는 배열 a의 두 번째 원소를 나타낸다. p[1]는 *(p+1)에 대한 일종의 단축 표현으로 같은 원소를 나타낸다. *(p+2)와 p[2]도 비슷하게 이해할 수 있다.

```
int *p, a[4] = {10,20,30,40};
p=a;
printf("%d %d %d\n", *p, *(p+1), p[1], *(p+2), p[2]);
```

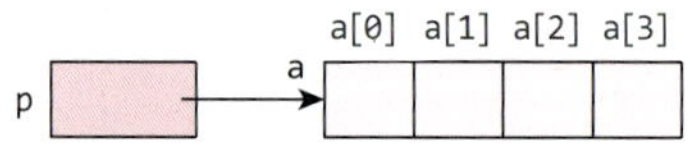


그림 12.8 배열과 포인터

문자열은 문자형(char) 배열(array)이라고 할 수 있다. 포인터 변수가 배열을 가리킬 수 있으므로 다음과 같이 선언한 char 포인터 변수가 문자열을 가리킬 수 있다.

```
char *변수명 [= 문자열];
```

예를 들어, 포인터 변수 p는 "Hello" 문자열을 가리키고, m은 문자 배열로 "world"로 초기화 되도록 선언해보자(그림 12.9 참조). printf 함수의 문자열 포맷 %s를 사용해서 p와 m의 문자열을 출력할 수 있다.

```
char *p = "Hello";
char m[]= "world";
printf("%s %s \n", p, m);
```

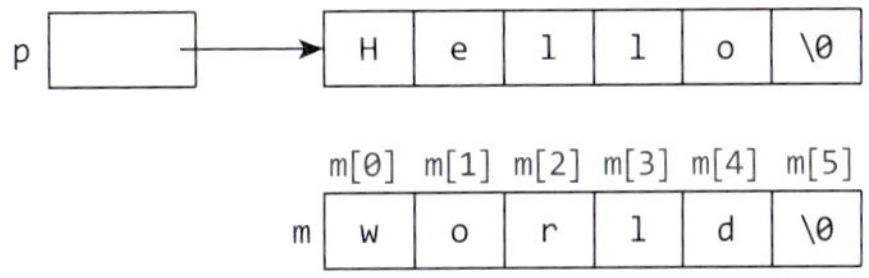


그림 12.9 포인터와 문자 배열

포인터 변수 p에 문자 배열 m을 대입하면 그림 12.10과 같이 p가 배열 m을 가리키게 된다. 포인터 변수 p를 이용하여 m의 문자열 "world"를 출력할 수 있다.

```
p = m;
printf("%s\n", p),
```

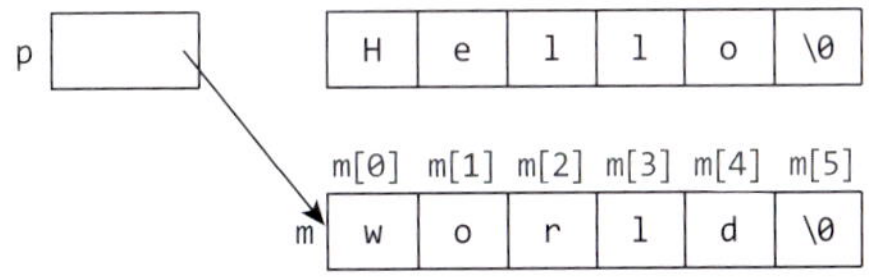


그림 12.10 p = m 수행 후 문자 배열에 대한 포인터

여러 개의 문자열을 저장하기 위해 배열의 각 원소가 char 포인터인 포인터 배열을 선언할 수 있다. 이 포인터 배열 ptr의 각 원소는 그림 12.11과 같이 문자열을 가리키는 포인터이다. 명령줄 인수들을 받는 main 함수의 매개변수 argv도 char *argv[] 형태의 포인터 배열로 선언되어 있다(13.5절 참조).

```
char *ptr[3] = {"red", "cian", "black"};
```

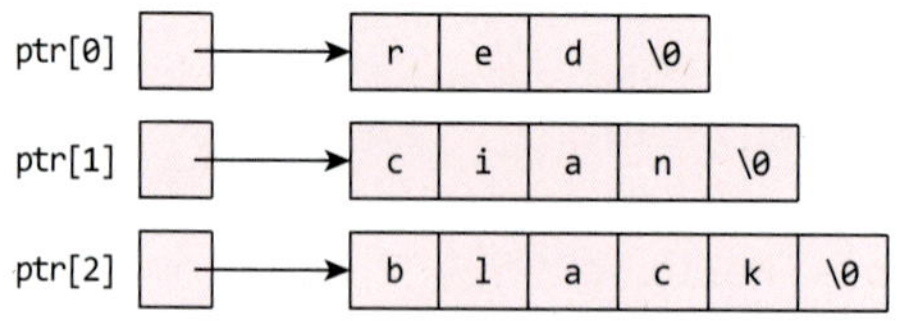


그림 12.11 포인터 배열

## | 핵심 개념 |

- 표준 유닉스 파일 시스템은 부트 블록, 슈퍼 블록, i-리스트, 데이터 블록 부분으로 구성된다.
- 파일 하나당 하나의 i-노드가 있으며 i-노드 내에 파일에 대한 모든 상태 정보가 저장되어 있다.
- 디렉터리는 일련의 디렉터리 엔트리들을 포함하고 각 디렉터리 엔트리는 파일 이름과 그 파일의 i-노드 번호로 구성된다.
- 링크는 기존 파일에 대한 또 다른 이름으로 하드 링크와 심볼릭(소프트) 링크가 있다.
- 시스템 호출은 유닉스 커널에 서비스를 요청하기 위한 프로그래밍 인터페이스로 응용 프로그램은 시스템 호출을 통해서 유닉스 커널에 서비스를 요청한다.
- 리눅스에서 파일은 모든 데이터를 연속된 바이트 형태로 저장한다.
- 파일을 사용하기 위해서는 반드시 fopen() 함수를 이용하여 파일을 열어야 하며 성공하면 열린 파일을 나타내는 FILE 포인터가 반환된다.
- fgetc() 함수와 fputc() 함수를 사용하여 파일에 문자 단위 입출력을 할 수 있다.
- fgets() 함수와 fputs() 함수를 이용하여 텍스트 파일에서 한 줄씩 읽거나 쓸 수 있다.

## | 핵심 명령어 |

| 명령어 | 의미 |
|---|---|
| df 파일시스템* | 파일 시스템에 대한 디스크 사용 정보를 보여준다. |
| du [-s] 파일명* | 파일 혹은 디렉터리의 사용량을 보여준다. |
| stat [옵션] 파일 | 파일의 자세한 상태 정보를 출력한다. |
| FILE *fopen(const char *filename, const char *mode) | 파일을 연다. 열린 파일을 나타내는 FILE 포인터를 반환한다. 오류가 발생하면 NULL을 반환한다. |
| int fclose(FILE *fp) | fp가 가리키는 파일을 닫는다. 성공하면 0, 오류일 때는 -1을 반환한다. |
| int fgetc(FILE *fp) | fgetc 함수는 fp가 가리키는 파일에서 한 문자를 읽어서 반환한다. |
| int fputc(int c, FILE *fp) | fputc 함수는 fp가 가리키는 파일에 한 문자씩 출력하는 함수이다. 반환값으로 출력된 문자를 반환한다. |

## | 실습 문제 |

12.1 파일 상태 정보

(1) test.txt 파일을 만들어 이 파일에 대해 ls -sl 명령어를 사용하고 그 출력 결과를 설명하시오.

(2) test.txt 파일에 대해 stat 명령어를 사용하고 그 출력 결과를 설명하시오.

(3) test.txt 파일에 대해 ls -i 명령어를 이용하여 i-노드 번호를 확인한다.

(4) test.txt 파일에 대해서 touch 명령어 사용하고 사용 전후의 파일 속성을 비교하여 설명하시오.

12.2 링크

(1) test.txt 파일에 대한 하드 링크와 심볼릭 링크를 만든다.

(2) 만들어진 하드 링크와 심볼릭 링크의 차이점을 설명한다.

(3) ls -i 명령어를 이용하여 각각의 i-노드 번호를 확인한다.

12.3 cat 명령어 확장

(1) cat 명령어는 매개변수로 여러 개의 파일을 받으면 순차적으로 파일 내용을 출력한다. 프로그램 12.1을 확장하여 이 기능을 구현하시오.

(2) cat 명령어를 확장하여 줄 수, 단어 수, 문자 수를 출력하는 wc 명령어를 구현하시오.

## | 연습 문제 |

12.1 다음 괄호 안에 알맞은 말은 무엇인가?

> 파일 하나당 하나의 (　　)가 있으며 (　　) 내에 파일에 대한 모든 상태 정보가 저장되어 있다.

12.2 다음 괄호 안에 알맞은 말은 무엇인가?

> 리눅스 파일 시스템은 (　　), (　　), (　　), (　　) 부분으로 구성된다.

12.3 다음 리눅스 파일 시스템에 대한 설명 중 옳지 않은 것은?

① 파일 하나 당 하나의 i-노드가 있다.
② 슈퍼 블록은 전체 파일 시스템에 대한 정보를 저장한다.
③ 직접 블록 포인터는 데이터 블록을 가리킨다.
④ 하나의 파일을 위한 데이터 블록은 연속적으로 할당된다.
⑤ 파일 디스크립터는 열린 파일을 나타내는 번호이다.

12.4 다음 괄호 안에 알맞은 말은 무엇인가?

> 디렉디리 내의 파일 엔트리에는 (　　)과 (　　)가 저장된다.

12.5 파일 디스크립터와 파일 포인터의 차이는 무엇인가?

12.6 파일의 i-노드가 포함하고 있는 정보는 무엇인가? 각각에 대해서 설명하시오.

12.7 하드 링크와 심볼릭 링크의 차이점은 무엇인가? 심볼릭 링크가 필요한 이유는 무엇인가?

12.8 하나의 i-노드를 이용해 표현할 수 있는 파일의 최대 크기는 얼마인가? 하나의 i-노드 내에는 직접 블록 포인터 12개, 간접 블록 포인터 1개, 이중 간접 블록 포인터 1개가 존재하고 하나의 데이터 블록의 크기는 4K 바이트이고 블록 주소는 4바이트라고 가정한다.

12.9 일반 파일, 디렉터리, 심볼릭 링크의 데이터 블록에 저장되는 내용은 각각 무엇인가? 이들을 비교해서 설명하시오.

# CHAPTER 13

# 프로세스 원리

contents

# 13 프로세스 원리

리눅스 시스템을 이해하기 위해서는 프로세스에 대해 보다 깊이 있게 이해해야 한다. 이 장에서는 프로세스의 원리를 보다 깊이 있게 이해하기 위해서 프로세스의 내부구조, 프로세스를 생성하는 원리, 프로세스에 프로그램을 실행시키는 원리, 시스템 부팅 과정 등에 대해서 자세히 살펴본다.

## 13.1 프로세스 이미지

일반적으로 프로그램은 하드디스크에 저장되며 프로그램을 실행하여 프로세스가 되기 위해서는 먼저 하드디스크로부터 프로그램의 실행 파일(executable file)을 읽어서 주메모리인 RAM 공간에 적재시켜야 한다. 이렇게 프로그램의 실행 파일을 주메모리에 적재시켜 실행하기 위해서, 즉 프로세스를 만들기 위해서는 무엇이 필요할지 생각해보자. 먼저 프로

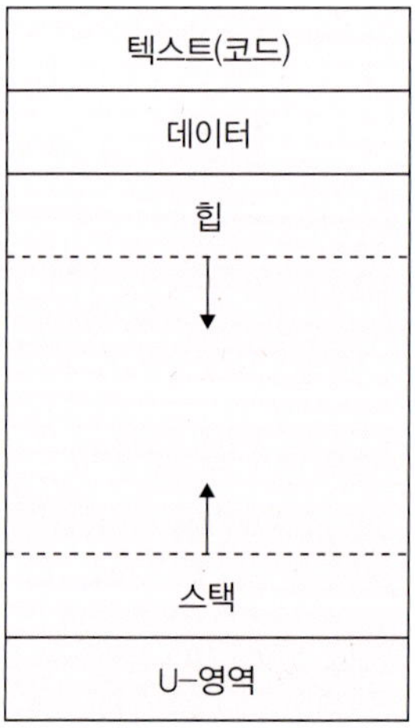


그림 13.1 프로세스 이미지

세스를 관리하기 위해서 커널 내에 프로세스에 대한 정보가 필요한데 이러한 정보를 보통 PCB(Process Control Block)라고 한다. 또한 프로그램을 실행하기 위해서는 그림 13.1과 같이 텍스트(실행 코드), 데이터, 힙, 스택 등의 영역(segment)들을 위한 메모리를 할당해야 한다. 이러한 메모리 배치를 **프로세스 이미지**(process image)라고 한다.

| 핵심 개념 |

프로세스 이미지는 텍스트(코드), 데이터, 힙, 스택 등의 영역으로 구성된다.

프로세스 이미지를 구성하는 각 영역의 역할은 다음과 같다.

- **텍스트**(text)

프로세스가 실행하는 실행 코드를 저장하는 영역으로 텍스트 영역 혹은 코드 영역이라고 한다.

- **데이터**(data)

프로그램 내에 선언된 전역 변수(global variable) 및 정적 변수(static variable) 등을 위한 메모리 영역이다. 프로그램에서 초기화된 데이터를 저장하는 영역(보통 bss 영역이라고 함)과 초기화되지 않는 데이터를 저장하는 영역으로 구분할 수 있다.

- **힙**(heap)

동적 메모리 할당을 위한 영역이다. C 프로그램에서 malloc 함수를 호출하면 이 영역에서 동적으로 메모리를 할당해준다.

- **스택**(stack area)

함수 호출을 구현하기 위한 실행시간 스택(runtime stack)을 위한 영역으로 함수가 호출될 때마다 해당 함수의 지역 변수, 매개변수, 반환주소, 반환값 등을 포함하는 스택 프레임(stack frame)이 할당되고 함수가 반환될 때마다 할당된 스택 프레임을 회수한다.

- **U-영역**(user-area)

열린 파일의 파일 디스크립터, 현재 작업 디렉터리 등과 같은 프로세스의 내부 정보를 저장하는 영역이다.

size 명령어를 이용하면 실행파일의 텍스트, 데이터 등의 영역(segment) 크기를 알 수 있다.

> $ size [실행파일]
> 실행파일의 각 영역의 크기를 알려준다. 실행파일을 지정하지 않으면 a.out를 대상으로 한다.

예를 들어, 다음과 같이 실행파일인 /bin/ls를 대상으로 size 명령어를 실행하면 텍스트, 데이터, bss 등의 영역의 크기를 알려준다. bss 세그먼트는 정적으로 할당된 변수를 포함하는 데이터 세그먼트의 한 부분이다. 4번째와 5번째 열은 앞의 세 열의 합을 10진수와 16진수로 표현한 것이다.

```
$ size /bin/ls
   text    data     bss     dec     hex filename
 128069    4688    4824  137581   2196d /bin/ls
```

## 13.2 프로세스 ID

### 쉘의 명령어 처리과정

6장에서 살펴본 바와 같이 쉘은 보통 사용자가 입력한 명령어를 실행하기 위해 새로운 자식 프로세스를 생성하여 이 프로세스로 하여금 입력된 명령어(프로그램)를 실행하게 한다. 따라서 쉘은 명령어를 실행하는 자식 프로세스의 부모 프로세스가 된다. 특히 후면 처리의 경우에는 다음과 같이 명령어 실행을 위해 생성된 자식 프로세스의 번호를 알려준다.

```
$ 명령어 &
[1] 프로세스번호
```

전면 처리의 경우에도 쉘 프로세스는 자식 프로세스를 생성하고 이 자식 프로세스가 입력된 명령어를 실행하고 쉘은 자식 프로세스의 실행이 끝날 때까지 기다린다. 쉘은 자식 프로세스의 실행이 끝나면 기다렸다가 다시 쉘 프롬프트를 출력하고 다음 명령어를 기다린다.

쉘의 이러한 명령어 처리과정은 그림 13.2와 같이 나타낼 수 있으며 전면처리는 부모 쉘 프로세스가 자식 프로세스가 끝나기를 기다리고 후면처리는 부모 쉘 프로세스가 자식 프로세스가 끝나기를 기다리지 않는다.

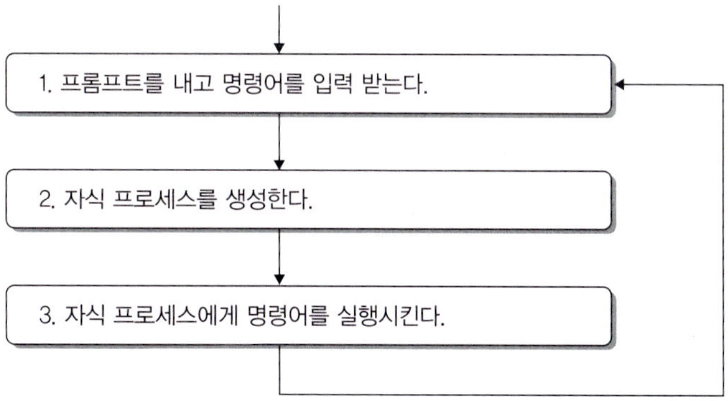


그림 13.2 쉘의 명령어 처리 과정

## 프로세스 ID

각 프로세스는 프로세스를 구별하는 번호인 프로세스 ID를 갖고 있다. 실행 중인 프로그램 즉 프로세스 내에서 getpid() 시스템 호출을 하면 실행 중인 프로세스의 ID를 반환한다. 또한 getppid() 시스템 호출을 하면 실행 중인 프로세스의 부모 프로세스의 ID를 반환한다.

```
#include <unistd.h>
int getpid( );
```
프로세스의 ID를 반환한다.

```
int getppid( );
```
부모 프로세스의 ID를 반환한다.

다음 hello 프로그램을 살펴보자. 이 프로그램은 실행되면 "Hello !" 메시지를 출력한 후에 자신의 프로세스 ID와 부모 프로세스 ID를 출력한다. getpid() 시스템 호출은 자신의 프로세스 ID를 반환하고 getppid() 시스템 호출은 부모 프로세스 ID를 반환한다. system("ps") 함수는 프로그램 내에서 쉘 명령어를 실행하기 위한 함수로 여기서는 ps 명령어를 실행시켜 실행 중인 프로세스들을 확인하기 위한 것이다.

▸▸ 프로그램 13.1 hello.c

```c
#include <stdio.h>
#include <unistd.h>
#include <stdlib.h>

int main()
{
   printf("Hello !\n");
   printf("나의 프로세스 번호 : [%d] \n", getpid());
   printf("내 부모 프로세스 번호 : [%d] \n", getppid());
   system("ps");
}
```

프로그램 내에서 ps 명령어를 실행하여 해당 프로세스들을 확인해보자. 이 경우에 9045번 프로세스는 bash 프로세스로 부모 프로세스이며 16165번 프로세스는 hello 프로그램을 후면에서 실행시키는 자식 프로세스이다. 16167번 프로세스는 ps 명령어를 실행시키기 위한 자식 프로세스이다.

```
$ hello
Hello !
나의 프로세스 번호 : [16165]
내 부모 프로세스 번호 : [9045]
  PID TTY          TIME CMD
 9045 pts/1    00:00:00 bash
16165 pts/1    00:00:00 hello
16166 pts/1    00:00:00 sh
16167 pts/1    00:00:00 ps
```

## 13.3 프로세스 생성

### 프로세스 생성: fork()

그렇다면 쉘 프로세스는 어떻게 자식 프로세스를 생성하고 자식 프로세스에게 새로운 명령어(프로그램)를 실행하게 할 수 있을까? 이 절에서는 새로운 프로세스를 생성하는 원리와 프로세스로 하여금 새로운 프로그램을 실행하게 하는 원리에 대해서 살펴본다.

보통 새로운 명령어 혹은 프로그램을 실행하기 위해서 먼저 새로운 프로세스를 생성하는데 리눅스 시스템에서는 fork() 시스템 호출이 새로운 프로세스를 생성하는 유일한 방법이다. 이렇게 생성된 새로운 프로세스를 **자식 프로세스**(child process)라고 하고 자식 프로세스를 생성한 프로세스는 **부모 프로세스**(parent process)라고 한다(그림 13.3 참조).

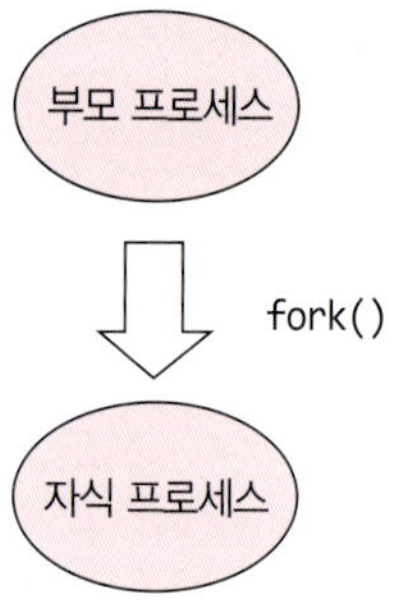


그림 13.3 프로세스 생성

```
#include <unistd.h>
pid_t fork(void);
```
새로운 자식 프로세스를 생성한다. 자식 프로세스에게는 0을 반환하고 부모 프로세스에게는 자식 프로세스 ID를 반환한다.

자식 프로세스 생성 원리를 살펴보자. fork() 시스템 호출은 부모 프로세스를 똑같이 복제하여 새로운 자식 프로세스를 생성한다. 이 프로세스 생성 원리를 간단히 요약하면 자기복제(自己複製)라고 할 수 있다. 그림 13.4와 같이 자식 프로세스는 부모 프로세스(코드, 데이터, 스택, 힙 등)를 똑같이 복제해 만들어진다. 따라서 부모 프로세스와 자식 프로세스는 fork() 이후에는 똑같은 코드를 실행하게 된다. 이 그림에서 화살표는 다음 실행할 코드를 가리키는 PC(Program Counter)이다.

fork() 시스템 호출을 하면 새로운 자식 프로세스가 즉시 생성되며 부모 프로세스와 자식 프로세스에게 각각 반환한다. 자식 프로세스에게는 0을 반환하고 부모 프로세스에게는 자식 프로세스의 PID를 반환한다는 점을 주의하자. 결과적으로 fork() 시스템 호출은 한 번 호출되면 두 번 반환한다. 예를 들어, 그림 13.4의 경우에 부모 프로세스는 fork() 시스템 호출을 하면 자식 프로세스의 PID인 15066을 반환값으로 받으며 자식 프로세스는 반환값으로 0을 받는다. fork() 시스템 호출 후에 부모 프로세스와 자식 프로세스는 각각 독립적으로 실행을 계속하는데 그림 13.4의 PC가 가리키는 것처럼 fork() 시스템 호출 바로 다음 코드부터 실행을 계속한다.

**| 핵심 개념 |**

fork() 시스템 호출은 부모 프로세스를 똑같이 복제하여 새로운 자식 프로세스를 생성한다.

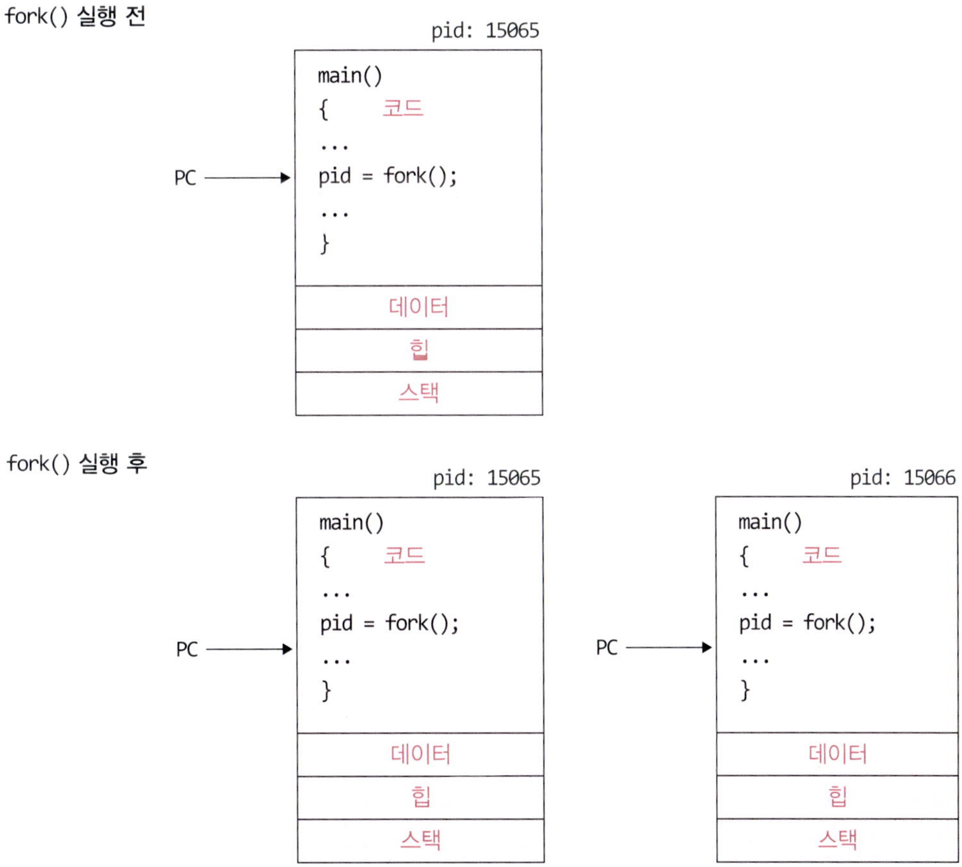


그림 13.4 프로세스 생성 전과 후

프로그램 13.2를 통해 fork() 호출 후에 반환값과 실행 흐름을 살펴보자. 이 프로그램에서 8번 줄 프린트문은 부모 프로세스만 실행한다. 실행결과를 보면 15065번 부모 프로세스가 fork() 호출을 하여 15066번 자식 프로세스를 생성한 것을 알 수 있다(이 프로세스 ID는 실행할 때마다 다른 번호가 부여된다). fork() 바로 뒤의 10번 줄은 부모 프로세스와 자식 프로세스에 의해 각각 실행되며 부모 프로세스에게는 생성된 자식 프로세스의 ID(15066)가 반환되고 자식 프로세스에게는 0이 반환됨을 확인할 수 있다.

▸▸ 프로그램 13.2 **fork1.c**

```
1  #include <stdio.h>
2  #include <unistd.h>
3
4  /* 자식 프로세스를 생성한다. */
5  int main()
6  {
7     int pid;
8     printf("[%d] 프로세스 시작 \n", getpid());
9     pid = fork();
10    printf("[%d] 프로세스 : 반환값 %d\n", getpid(), pid);
11 }
```

**실행결과**

```
$ fork1
[15065] 프로세스 시작
[15065] 프로세스 : 반환값 15066
[15066] 프로세스 : 반환값 0
```

### 부모-자식 프로세스

앞에서 살펴본 것처럼 자식 프로세스는 부모 프로세스를 복제하여 만들어지기 때문에 부모 프로세스와 자식 프로세스는 기본적으로 똑같은 코드를 실행하게 된다. 그렇다면 부모 프로세스와 자식 프로세스가 서로 다른 일을 하게 하려면 어떻게 하여야 할까? fork() 호출의 반환값이 다르므로 이 반환값을 이용하면 부모 프로세스와 자식 프로세스를 구별하고 서로 다른 일을 하도록 할 수 있을 것이다. 따라서 다음과 같은 형태의 코드를 수행하면 fork() 호출 후에 자식 프로세스는 자식을 위한 코드 부분을 실행하고 부모 프로세스는 부모를 위한 코드 부분을 실행한다.

```
pid = fork();
if ( pid == 0 )
{ 자식 프로세스의 실행 코드 }
else
{ 부모 프로세스의 실행 코드 }
```

프로그램 13.3은 부모 프로세스가 fork() 호출을 하여 자식 프로세스를 생성하며 각 프로세스가 메시지와 자신의 프로세스 ID를 프린트한다. 실행결과를 보면 자식 프로세스는 반환값으로 0을 받았으므로 if 문의 then 부분을 실행했고 부모 프로세스는 반환값으로 자식 프로세스 ID(15066)를 받았으므로 if 문의 else 부분을 실행했음을 확인할 수 있다.

▸▸ 프로그램 13.3 **fork2.c**

```c
#include <stdio.h>
#include <unistd.h>

/* 부모 프로세스가 자식 프로세스를 생성하고 서로 다른 메시지를 프린트한다 */
int main()
{
  int pid;

   pid = fork();
   if(pid ==0) {   // 자식 프로세스
     printf("[Child] Hello, world! pid=%d\n",getpid());
   }
   else {          // 부모 프로세스
     printf("[Parent] Hello, world! pid=%d\n",getpid());
   }
}
```

**실행결과**

```
$ fork2
[Parent] : Hello, world ! pid=15065
[Child] : Hello, world ! pid=15066
```

## 프로세스 기다리기: wait()

부모 프로세스는 wait() 시스템 호출을 이용하여 자식 프로세스 중의 하나가 종료할 때까지 기다릴 수 있다. 자식 프로세스가 종료하면 자식 프로세스의 종료코드가 *status에 저장되며 종료한 자식 프로세스의 ID를 반환한다.

```
#include <sys/types.h>
#include <sys/wait.h>
pid_t wait(int *status);
```
자식 프로세스 중의 하나가 종료할 때까지 기다린다. 자식 프로세스가 종료하면 종료코드가 *status에 저장된다. 종료한 자식 프로세스의 ID를 반환한다.

부모 프로세스가 wait() 시스템 호출을 이용하여 자식 프로세스가 종료하기를 기다리는 과정은 그림 13.5와 같이 표현할 수 있다. 이에 대한 구체적인 예는 프로그램 13.5를 참고하기 바란다.

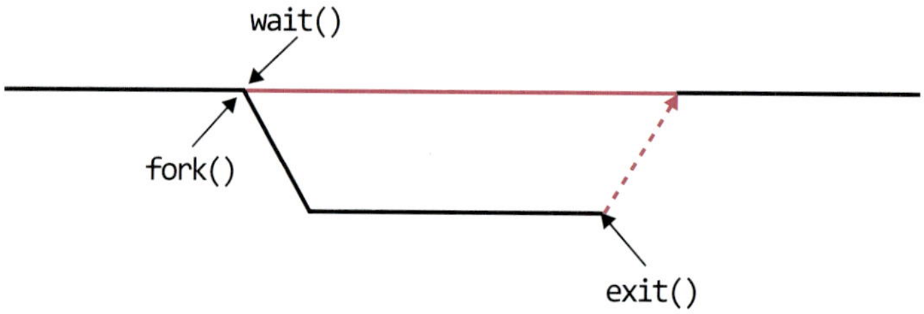


그림 13.5 프로세스 생성 및 기다리는 과정

exit() 시스템 호출은 프로세스를 종료시킨다. 프로세스의 종료 상태를 알리는 **종료 상태 코드**(exit status code)를 부모 프로세스에게 전달한다.

```
#include <stdlib.h>
void exit(int status);
```
뒷정리를 한 후 프로세스를 정상적으로 종료시킨다.

# 13.4 프로그램 실행

## 프로그램 실행의 원리

앞에서 살펴본 것처럼 부모 프로세스와 자식 프로세스는 똑같은 코드를 실행한다. 그렇다면 그림 13.2의 쉘 프로세스는 어떻게 자식 프로세스에게 새로운 명령어(프로그램)를 실행시킬 수 있을까? 이를 위해서는 자식 프로세스에게 새로운 프로그램을 실행시킬 수 있는 방법이 있어야 한다.

구체적으로 앞의 예를 다시 한 번 살펴보자. 이 예에서 9045번 bash 프로세스가 생성한 16165번 자식 프로세스는 fork 시스템 호출에 의해 생성되었으므로 기본적으로 부모와 같은 bash 프로세스이다. 그렇다면 이 자식 프로세스에게 어떻게 하여 hello 프로그램을 실행시킬 수 있을까?

```
$ hello
Hello !
나의 프로세스 번호 : [16165]
내 부모 프로세스 번호 : [9045]
  PID TTY          TIME CMD
 9045 pts/1    00:00:00 bash
16165 pts/1    00:00:00 hello
16166 pts/1    00:00:00 sh
16167 pts/1    00:00:00 ps
```

리눅스 시스템에서는 exec() 시스템 호출을 이용하여 프로세스 내에서 새로운 프로그램을 실행시킬 수 있으며 이 시스템 호출이 프로세스 내에서 새로운 프로그램을 실행시키는 유일한 방법이다. 이 시스템 호출이 새로운 프로그램을 실행시키는 원리를 간단히 요약하면 자기대치(自己代置)라고 할 수 있다. 그림 13.6과 같이 프로세스가 exec() 호출을 하여 새로운 프로그램(newpgm)을 실행하면, 그 프로세스 내의 프로그램은 완전히 새로운 프로그램(코드, 데이터, 힙, 스택 등)으로 대치된다. 그리고 그림 13.6의 PC가 가리키는 것처럼 새 프로그램의 main()부터 실행이 시작된다.

**| 핵심 개념 |**

exec() 시스템 호출은 프로세스 내의 프로그램을 새로운 프로그램으로 대치하여 새로운 프로그램을 실행시킨다.

그림 13.6에서 보는 것처럼 exec() 시스템 호출이 성공하면 그 프로세스 내에 기존의 프로그램은 없어지고 새로운 프로그램으로 대치되므로 exec() 호출은 반환(복귀)할 곳이 없어진다. 따라서 성공한 exec() 호출은 절대 반환하지 않으며 실패할 경우에만 반환한다는 점을 유의하자. 따라서 exec() 호출 다음에 오는 코드는 exec() 호출이 성공한 경우에는 실행되지 않고 실패한 경우에만 실행된다. 이러한 이유로 exec() 호출 다음에는 보통 오류메시지를 내는 코드가 온다.

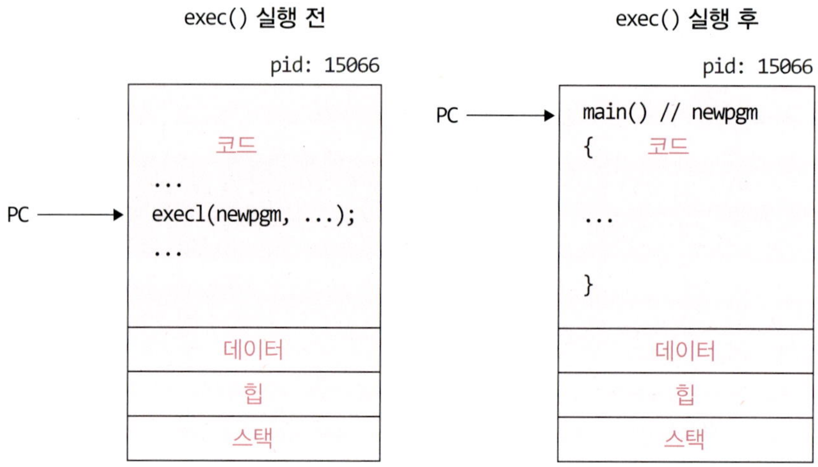


그림 13.6 프로그램 실행

## exec() 시스템 호출

exec() 시스템 호출에는 execl()과 execv()가 있다. path는 실행할 프로그램(실행파일)의 경로명을 나타내며 arg0은 실행파일의 이름이다.

- execl() 시스템 호출은 명령줄 인수(arg1, ...,argn)를 하나씩 나열하고 NULL은 인수 끝을 나타낸다.
- execv() 시스템 호출을 할 때는 arg0부터 argn까지의 실행파일 이름과 명령줄 인수를 하나씩 나열하지 않고 이들을 포인터 배열 argv[] 형태로 만들어 이 배열 이름을 전달한다.
- execlp()와 execvp()는 각각 execl()과 execv()와 같으며 첫 번째 인자로 실행파일의 경로명 대신에 실행파일의 이름을 사용하며 해당 실행파일을 환경변수 PATH가 지정한 디렉터리에서 자동으로 찾아준다는 점만 다르다.

```
#include <unistd.h>
int execl(char* path, char* arg0, char* arg1, ... , char* argn, NULL)
int execlp(char* file, char* arg0, char* arg1, ... , char* argn, NULL)
int execv(char* path, char* argv[ ])
int execvp(char* file, char* argv[ ])
```

호출한 프로세스의 코드, 데이터, 힙, 스택 등을 path(혹은 file)가 나타내는 새로운 프로그램으로 대치한 후 새 프로그램을 실행한다. 성공한 exec( ) 호출은 반환하지 않으며 실패하면 -1을 반환한다.

예를 들어, 프로그램 13.4는 execl() 시스템 호출을 통해 echo 명령어를 실행하여 "hello" 메시지를 출력한다. 첫 번째 매개변수는 echo 명령어의 경로명이고 두 번째는 명령어 이름이며 세 번째는 echo 명령어의 명령줄 인수로 "hello" 스트링을 주고 네 번째 NULL은 인수 끝을 나타낸다.

```
execl("/bin/echo", "echo", "hello", NULL);
```

이 프로그램이 echo 명령어를 정상적으로 실행(execl)하면 이 프로세스의 프로그램은 echo 프로그램으로 완전히 대치된다. 따라서 9번 줄은 실행되지 않으며 echo 프로그램의 실행이 끝나면 이 프로세스는 종료하게 된다. 9번 줄은 execl 시스템 호출이 실패할 때만 실행된다는 점을 주의하자.

▸▸ 프로그램 13.4 **exec1.c**

```
1  #include <stdio.h>
2  #include <unistd.h>
3
4  /* echo 명령어를 실행한다. */
5  int main( )
6  {
7      printf("시작\n");
8      execl("/bin/echo", "echo", "hello", NULL);
9      printf("exec 실패!\n");
10 }
```

실행결과

```
$ exec1
시작
hello
```

exec는 시스템 호출뿐만 아니라 쉘의 명령어 형태로도 제공되는데 다음과 같이 새로운 명령어 혹은 프로그램의 실행을 위해 사용할 수 있다.

```
$ exec 명령어 [인수]
```

exec 명령어는 새로운 프로세스를 만드는 것이 아니라 쉘 프로세스를 명령어(혹은 프로그램)로 대치하고 실행한다. 인수는 실행할 명령어(혹은 프로그램)의 인수가 된다. 예를 들어, 다음과 같이 실행하면 쉘은 date 명령으로 대체되어 실행되고 끝나게 된다.

```
$ exec date
2022. 01. 22. (토) 16:04:41 KST
```

## 쉘의 명령어 처리 원리

앞에서 설명한 것처럼 쉘은 명령어를 입력받으면 새로운 자식 프로세스를 생성하여 명령어를 실행하게 하고 자식 프로세스가 끝날 때까지 기다린다. 쉘은 이를 위해서 명령어를 입력받으면 보통 다음 코드와 같이 fork() 시스템 호출 후에 자식 프로세스로 하여금 exec() 시스템 호출을 하여 그 명령어를 실행하게 한다. 일반적으로 새로 실행할 프로그램(혹은 명령어)에 대한 정보를 arguments 형태로 전달한다. exec() 시스템 호출이 성공하면 자식 프로세스는 새로운 프로그램(명령어)을 실행하게 되고 실패하면 exit(1)를 호출하여 종료한다. 이러한 과정은 그림 13.7과 같이 표현될 수 있다.

```
int pid, child, status;

pid = fork();
if (pid == 0 ) {
   exec(arguments);
   exit(1);
} else {
   child = wait(&status);
}
```

그림 13.7에서 보는 것처럼 보통 부모 프로세스(이 경우에는 쉘 프로세스)는 wait() 시스템 호출을 이용하여 자식 프로세스가 종료할 때까지 기다릴 수 있다. 자식 프로세스가 종료하면 자식 프로세스의 종료코드가 status에 저장되며 종료한 자식 프로세스의 ID를 반환한다.

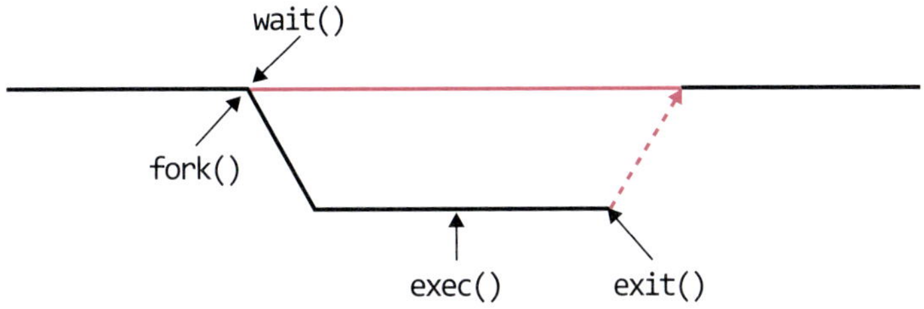


그림 13.7 프로그램 실행 및 기다리는 과정

### 명령어 실행 예제

부모 프로세스가 자식 프로세스를 생성하여 자식 프로세스로 하여금 echo 명령어를 실행하게 하는 프로그램을 작성해 보자. 프로그램 13.5는 다음과 같이 진행한다.

- 부모 프로세스가 자식 프로세스를 생성하고 자식 프로세스는 execl() 시스템 호출을 통해 echo 명령어를 실행하여 "hello" 메시지를 출력한다.
- 첫 번째 매개변수는 echo 명령어의 경로명이고 두 번째는 명령어 이름이며 세 번째는 echo 명령어의 명령줄 인수로 "hello" 스트링을 주고 네 번째 NULL은 인수 끝을 나타낸다.
- 자식 프로세스가 echo 명령어를 정상적으로 실행하면 15,16번 줄은 실행되지 않는다는 점을 주의하자.
- 부모 프로세스는 자식 프로세스가 끝나기를 기다리고 끝나면 종료 메시지를 출력한다. 실행결과를 보면 15066번 자식 프로세스가 echo 명령어를 실행했음을 알 수 있다.

▸▸ 프로그램 13.5 exec2.c

```
1  #include <stdio.h>
2  #include <stdlib.h>
3  #include <unistd.h>
4  #include <sys/wait.h>
5
6  /* 자식 프로세스를 생성하여 echo 명령어를 실행한다. */
```

```
int main( )
{
   int pid, child, status;

   printf("부모 프로세스 시작\n");
   pid = fork();
   if (pid == 0) {
      execl("/bin/echo", "echo", "hello", NULL);
      fprintf(stderr,"첫 번째 실패");
      exit(1);
   }
   else {
      child = wait(&status);
      printf("자식 프로세스 %d 끝\n", child);
      printf("부모 프로세스 끝\n");
   }
}
```

**실행결과**

```
$ exec2
부모 프로세스 시작
hello
자식 프로세스 15066 끝
부모 프로세스 끝
```

이 프로그램은 echo 명령어만 실행시키고 있는데 쉘은 사용자가 입력한 명령어를 이와 같은 방식으로 실행시킨다. 쉘의 명령어 실행에 대해서는 이 장의 실습문제에서 자세히 다룬다.

## 13.5 프로그램 실행 과정

프로그램은 exec 시스템 호출에 의해 실행된다. 이 호출은 실행될 프로그램의 시작 루틴에게 명령줄 인수(command-line arguments)를 전달한다. C 프로그램을 컴파일하면 실행 파일에는 C 프로그램의 코드와 더불어 C 시작 루틴(start-up routine)이 포함된다. 이 시작 루틴은 exec 시스템 호출로부터 전달받은 명령줄 인수를 다음과 같이 main 함수를 호출하면서 main 함수에 다시 전달한다. main 함수에서부터 프로그램이 실행되고 실행이 끝나면 반환값을 받아 exit 한다.

```
exit( main( argc, argv) );
```

exec 시스템 호출에서부터 C 시작 루틴, main 함수로 프로그램 실행이 시작되는 과정은 그림 13.8과 같다.

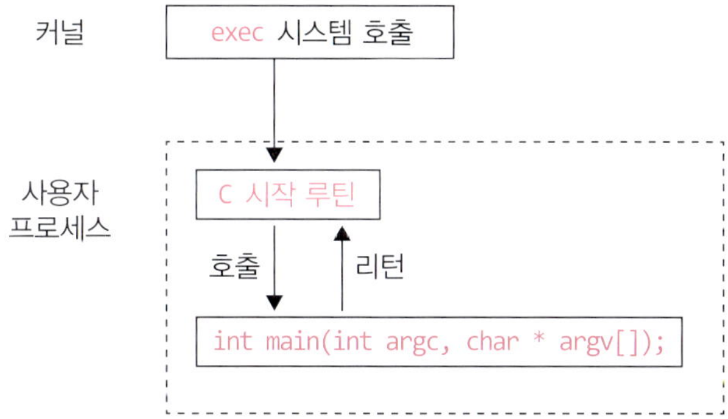


그림 13.8 프로그램 실행의 시작

exec() 시스템 호출은 실행되는 프로그램에게 명령줄 인수를 전달하는데 실행되는 프로그램의 main 함수는 argc와 argv 매개변수를 통해서 명령줄 인수의 수와 명령줄 인수 리스트를 나타내는 포인터 배열을 전달받는다.

```
int main(int argc, char *argv[]);
argc  :  명령줄 인수의 수
argv[] :  명령줄 인수 리스트를 나타내는 포인터 배열
```

명령줄 인수 리스트를 나타내는 포인터 배열 argv의 구성은 그림 13.9와 같다.

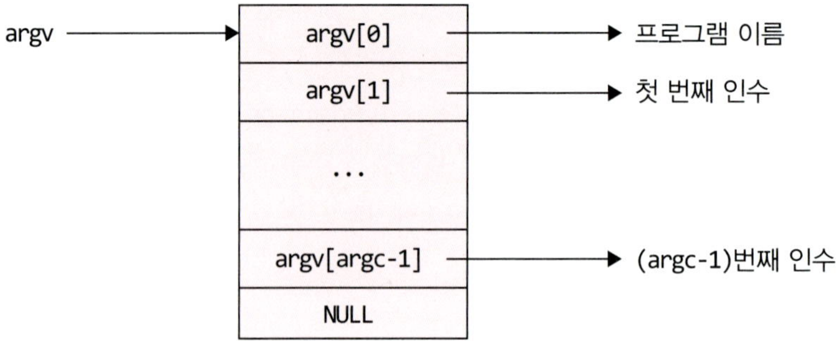


그림 13.9 명령중 인수 리스트 argv 구성

프로그램 13.6은 모든 명령줄 인수를 프린트한다. 명령줄 인수의 개수 argc와 for 루프를 이용하여 명령줄 인수를 하나씩 프린트한다.

▸▸ 프로그램 13.6 printarg.c

```
#include <stdio.h>
#include <stdlib.h>

/* 모든 명령줄 인수를 프린트한다. */
int main(int argc, char *argv[])
{

   for (int i = 0; i < argc; i++)          /* 모든 명령줄 인수 프린트 */
      printf("argv[%d]: %s \n", i, argv[i]);

   exit(0);
}
```

**실행결과**

```
$ printargv hello world
argv[0]: printargv
argv[1]: hello
argv[2]: world
```

이제 프로그램이 종료하는 방법에 대해서 알아보자.

- 이 프로그램처럼 main() 실행을 마치고 리턴하면 C 시작 루틴은 이 리턴값을 가지고 exit()을 호출한다.

```
exit( main( argc, argv) );
```

- 프로그램 내에서 직접 exit()을 호출하여 종료할 수 있다.

exit() 시스템 호출은 프로세스를 정상적으로 종료시키는데 종료 전에 모든 열려진 스트림을 닫고(fclose), 출력 버퍼의 내용을 디스크에 쓰는(fflush) 등의 뒷정리를 한다. 그리고 프로세스의 종료 상태를 알리는 종료 코드(exit code)를 부모 프로세스에게 전달한다.

## 13.6 시스템 부팅과 프로세스

### 시스템 부팅 과정

리눅스 시스템 부팅 과정을 생각해보자. 시스템이 부팅되면서 여러 개의 프로세스가 생성되는데 이 과정은 어떻게 이루어질까? 시스템 부팅 과정에서 앞에서 배운 fork/exec 시스템 호출은 매우 유용하게 사용된다.

**| 핵심 개념 |**

시스템 부팅은 fork/exec 시스템 호출을 통해 이루어진다.

리눅스 시스템 부팅은 부트로더에 의해서 시작된다. 리눅스 운영체제의 경우에는 GNU GRUB(GRand Unified Bootloader)에 의해 부팅이 시작된다. GRUB 부트로더는 실행과 함께 /boot/grub/grub.conf(혹은 /boot/grub2/grub.cfg) 파일을 읽어서 어떤 부팅메뉴(커널)로 부팅을 할 것인가를 결정하고 부팅이 시작되면 커널(kernel) 이미지를 로딩하고 시스템 제어권을 커널에게 넘겨준다.

커널은 커널 내부에서 프로세스 ID가 0인 첫 번째 프로세스 swapper를 만든다. swapper는 커널이 사용할 각 장치 드라이브들을 초기화하고 fork/exec를 수행하여 1번 프로세스인 init 프로세스를 생성한다.

init 프로세스는 /etc/inittab 파일을 읽어 들여서 그 내용들을 차례대로 실행하는데 보통 fork/exec를 반복적으로 수행하여 시스템 운영에 필요한 다양한 프로세스들(주로 서버 데몬 프로세스)을 새로 생성한다. 따라서 init 프로세스는 많은 프로세스의 조상이 된다. 최근 리눅스 배포판에서는 systemd 프로세스가 init 시스템을 대치하여 시스템 부팅을 담당하고 있다. 자세한 사항은 14.4절을 참고하기 바란다.

그림 13.10은 이러한 부팅 과정을 단순화하여 보여주고 있는데 예를 들어, sshd와 같은 ssh 데몬 프로세스나 getty 프로세스를 생성한다. 이 그림에서 괄호 안의 번호는 프로세스 ID를 나타낸다. 실제 실행해보면 sshd과 getty 프로세스의 번호는 실제 시스템의 상황에 따라 다를 것이다.

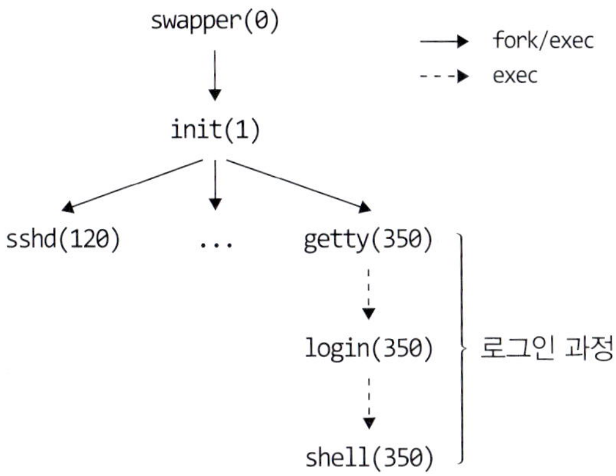


그림 13.10 부팅 및 로그인 과정

ps 명령어를 실행하여 부팅 과정을 통해 생성된 관련 프로세스들의 리스트를 확인해볼 수 있다. 이 리스트를 보면 init(실제로는 systemd에 대한 링크)이 1번 프로세스이며 init의 부모 프로세스는 0번 프로세스임을 알 수 있다. sshd 프로세스와 getty 프로세스가 생성되어 있으며 이들의 부모 프로세스는 1번 프로세스인 것을 확인할 수 있다. kthreadd은 커널 쓰레드 데몬 프로세스로 migration, watchdog 등과 같은 다른 모든 커널 쓰레드의 부모 프로세스이다.

```
# ps -ef | more
UID        PID   PPID  C STIME TTY       TIME CMD
root         1      0  0 9월30 ?     00:00:23 /sbin/init auto noprompt
root         2      0  0 9월30 ?     00:00:00 [kthreadd]
root         3      2  0 9월30 ?     00:00:00 [rcu_gp]
root         4      2  0 9월30 ?     00:00:00 [rcu_par_gp]
root         6      2  0 9월30 ?     00:00:00 [kworker/0:0H-events_highpri]
root         9      2  0 9월30 ?     00:00:00 [mm_percpu_wq]
root        10      2  0 9월30 ?     00:00:00 [rcu_tasks_rude_]
root        11      2  0 9월30 ?     00:00:00 [rcu_tasks_trace]
root        12      2  0 9월30 ?     00:00:03 [ksoftirqd/0]
root        13      2  0 9월30 ?     00:01:07 [rcu_sched]
root        14      2  0 9월30 ?     00:00:02 [migration/0]
...
root        24      2  0 9월30 ?     00:00:00 [netns]
root        25      2  0 9월30 ?     00:00:00 [inet_frag_wq]
root        26      2  0 9월30 ?     00:00:00 [kauditd]
--More--
```

데몬 프로세스 중에는 getty 프로세스가 있는데 이 프로세스로부터 로그인 과정이 시작된다. 이 프로세스는 화면에 로그인 프롬프트를 띄우고 사용자의 ID가 입력되기를 기다린다. 입력이 들어오면 fork() 시스템 호출은 하지 않고 바로 exec() 시스템 호출을 하여 login 프로그램(/bin/login)을 실행한다. 이 프로그램이 패스워드 등을 검사하고 성공하면 다시 exec() 시스템 호출을 하여 shell 프로그램(예를 들어, /bin/bash)을 실행한다.

그림 13.9는 이러한 로그인 과정을 개략적으로 보여주고 있는데 getty 프로세스가 login 프로세스, shell 프로세스로 변화하지만 fork() 시스템 호출은 하지 않고 exec() 시스템 호출만 하기 때문에 프로세스 ID는 모두 같다는 점을 유의하자.

## 부팅 관련 프로세스

시스템 부팅 과정에서 생성된 각 프로세스에 대해 보다 자세히 살펴보자.

### ● swapper(스케줄러 프로세스)

0번 프로세스인 swapper는 커널 내부에서 최초로 만들어진 프로세스로 프로세스 스케줄링을 담당한다. 이 프로세스는 커널 내의 코드를 실행하기 때문에 별도의 실행 파일이 존재하지 않는다.

### ● init(초기화 프로세스)

init 프로세스(/etc/init 혹은 /sbin/init)는 /etc/inittab 파일에 기술된 대로 시스템을 시작하고 초기화한다. 시스템 초기화 시 어떤 레벨로 초기화할지 /etc/inittab 파일에 0~6의 레벨 중 하나로 명시할 수 있다. 이 레벨을 런레벨(runlevel)이라고 하고 이 런레벨에 따라 다른 부팅 과정을 거친다. 부팅 및 런레벨에 대한 보다 자세한 설명은 14장 시스템 관리를 참고하기 바란다.

init 프로세스에 의한 실제 시스템 초기화는 시스템 초기화를 처리해 주는 명령들을 포함하고 있는 쉘 스크립트들을 수행하여 이루어진다. 이러한 쉘 스크립트를 rc(run command) 스크립트라고 하며 이 스크립트들은 런레벨에 따라 /etc/rc1.d /etc/rc2.d /etc/rc3.d /etc/rc4.d /etc/rc5.d /etc/rc6.d 등의 서브디렉터리에 나누어 저장되어 있다. 예를 들어, 부팅 레벨이 5이면 해당 디렉터리는 /ect/rc5.d이며 부팅 레벨에 따라 해당 디렉터리 내에 있는 쉘 스크립트들을 실행하게 된다. 이러한 쉘 스크립트 실행 과정을 통해서 파일 시스템 마운트, 서비스 데몬 프로세스 생성, getty 프로세스 생성 등의 작업을 수행하여 시스템을 초기화한다.

**| 핵심 개념 |**

init 프로세스는 /etc/inittab 파일에 기술된 대로 시스템을 시작하고 초기화한다.

### ● 서비스 데몬 프로세스

부팅되는 컴퓨터에서 제공하는 서비스들을 위한 다양한 데몬 프로세스들이 생성된다. 예를 들어, ftpd(file transfer protocol daemon) 프로세스는 파일 전송 서비스를 위한 데몬 프로세스이며, sshd 프로세스는 시큐어 쉘(Secure Shell, SSH)을 서비스하기 위한 데몬 프로세스이다. 시큐어 쉘은 네트워크 상의 원격 컴퓨터에 로그인하거나 원격으로 명령을 실행할 수 있도록 해주는 프로토콜이다.

### ● getty 프로세스

getty 프로세스(/etc/getty)는 가상 콘솔을 가능하게 해주는 프로세스이다. 이 프로세스는 로그인 프롬프트를 내고 키보드 입력을 감지한다. 아이디, 패스워드를 입력하면 로그인 절차를 진행하기 위해 로그인 프로그램(/bin/login)을 실행(exec) 한다.

### ● login 프로세스

login 프로세스는 /etc/passwd 파일을 참조하여 사용자의 로그인 아이디 및 패스워드를 검사한다. 로그인 절차가 성공하면 쉘 프로그램(/bin/sh, /bin/bash 등)을 실행(exec) 한다.

### ● shell 프로세스

shell 프로세스는 시작 파일을 실행한 후에 쉘 프롬프트를 내고 사용자로부터 명령어를 기다린다. 명령어가 입력되면 자식 프로세스를 생성하여 입력된 명령어를 실행(exec)시킨다. 명령어 실행 후에 다시 쉘 프롬프트를 내고 이 과정을 반복한다.

## 프로세스 트리 출력

/proc 디렉터리에는 현재 메모리에 존재하는 모든 프로세스들이 파일형태로 존재한다. 활성 프로세스의 이미지는 여기에 해당 프로세스 ID 번호로 저장된다. 프로세스 관련 명령어를 사용하여 /proc 디렉터리에 나열된 프로세스에 대한 자세한 정보를 표시할 수 있다.

pstree 명령어는 부팅 과정에서 생성되어 실행 중인 프로세스들의 부모, 자식 관계를 트리 형태로 출력한다.

```
$ pstree
```
실행 중인 프로세스들의 부모, 자식 관계를 트리 형태로 출력한다.

예를 들어, pstree 명령어를 실행하면 그림 13.11과 같이 실행 중인 프로세스들의 부모, 자식 관계를 트리 형태로 출력한다. 실행 결과를 보면 systemd의 자식 프로세스로 많은 서비스 데몬 프로세스들이 생성된 것을 알 수 있다.

$ pstree

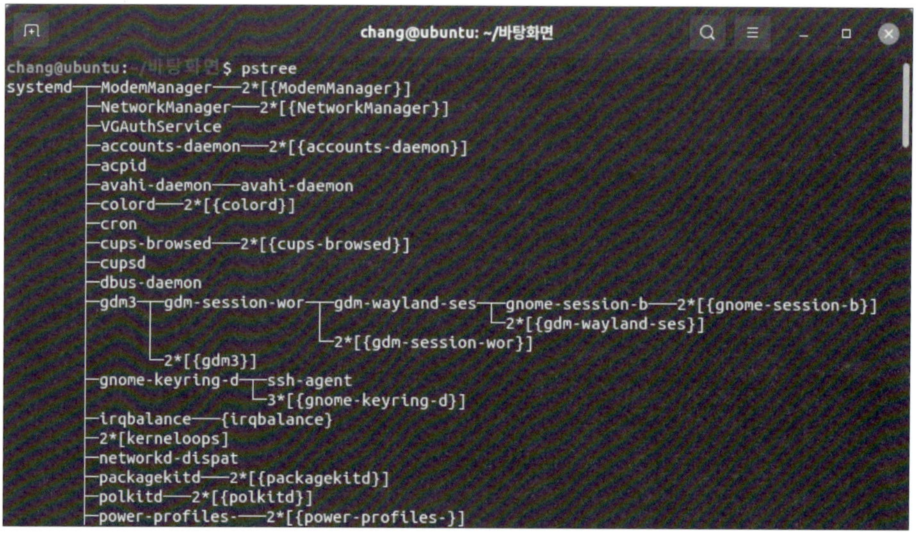


그림 13.11 pstree 명령어 출력

### 로그인한 사용자 정보 출력

w 명령어를 사용하여 로그인한 사용자의 자세한 작업 정보를 출력할 수 있다.

```
$ w
```
로그인한 사용자의 자세한 작업 정보를 출력한다.

예를 들어 다음과 같이 w 명령어를 실행하면 로그인 되어 있는 사용자와 그 사용자와 관련된 프로세스를 확인할 수 있다.

```
$ w
 22:43:20 up  4:30,  1 user,  load average: 0.18, 0.06, 0.01
USER     TTY    FROM     LOGIN@   IDLE   JCPU   PCPU WHAT
chang   :0     :0       18:13   ?xdm?  10:09   0.01s /usr/lib/gdm3/gdm-x-session
```

w 명령어의 출력에 파이프와 grep 명령어를 사용해서 특정 사용자나 특정 프로세스를 찾을 수 있다. 예를 들어, 다음과 같이 사용자 chang에 대한 정보를 찾을 수 있다.

```
$ w | grep chang
```

## | 핵심 개념 |

- 프로세스 이미지는 텍스트(코드), 데이터, 힙, 스택 등으로 구성된다.
- fork() 시스템 호출은 부모 프로세스를 똑같이 복제하여 새로운 자식 프로세스를 생성한다.
- exec() 시스템 호출은 프로세스 내의 프로그램을 새로운 프로그램으로 대치하여 새로운 프로그램을 실행시킨다.
- 시스템 부팅은 fork/exec 시스템 호출을 통해 이루어진다.
- init 프로세스는 /etc/inittab 파일에 기술된 대로 시스템을 시작하고 초기화한다.

## | 핵심 명령어 |

| 명령어 | 의미 |
|---|---|
| size [실행파일] | 실행파일의 각 영역의 크기를 알려준다. |
| int getpid( ) | 프로세스의 ID를 반환한다. |
| int getppid( ) | 부모 프로세스의 ID를 반환한다. |
| pid_t fork(void) | 새로운 자식 프로세스를 생성한다. 자식 프로세스에게는 0을 반환하고 부모 프로세스에게는 자식 프로세스 ID를 반환한다. |
| pid_t wait(int *status) | 자식 프로세스 중의 하나가 종료할 때까지 기다린다. 자식 프로세스가 종료되면 종료코드가 *status에 저장된다. 종료한 자식 프로세스의 ID를 반환한다. |
| void exit(int status) | 뒷정리를 한 후 프로세스를 정상적으로 종료시킨다. |
| int execl(char* path, char* arg0, char* arg1, ... , char* argn, NULL)<br>int execv(char* path, char* argv[ ]) | 호출한 프로세스의 코드, 데이터, 힙, 스택 등을 path가 나타내는 새로운 프로그램으로 대치한 후 새 프로그램을 실행한다. 성공한 exec( ) 호출은 반환하지 않으며 실패하면 -1을 반환한다. |
| pstree | 실행 중인 프로세스들의 부모, 자식 관계를 트리 형태로 출력한다. |
| w | 로그인한 사용자의 자세한 작업 정보를 출력한다. |

## | 실습 문제 |

### 13.1 쉘 인터프리터 작성

프로그램 13.5를 참고하여 다음과 같은 기능을 포함하는 쉘 인터프리터를 작성하시오. 프로그램 13.5는 무조건 echo 명령어를 실행하고 있다. 여기에서는 실행할 명령어를 다음과 같은 형태로 입력 받는다.

(1) 명령어 전면 실행

[shell] 명령어

(2) 명령어 후면 실행

[shell] 명령어 &

이 인터프리터를 구현하기 위해서 다음과 같이 진행한다.

- 먼저 strtok_r() 함수와 execvp() 시스템 호출의 기능에 대해서 조사한다.
- 쉘 인터프리터는 다음과 같이 동작한다.

(1) 프롬프트를 내주고 명령어를 입력으로 받는다.

(2) strtok_r() 함수를 이용하여 이를 명령줄 인수로 분리한다.

분리된 명령줄 인수를 다음 배열에 순차적으로 대입한다.

```
char *args[MAXARG];
```

(3) 자식 프로세스를 생성하여 자식 프로세스로 하여금 execvp() 시스템 호출을 이용하여 명령어를 실행하게 한다.

(4) 부모 프로세스는 자식 프로세스가 끝나기를 기다린다.

(5) (1)로 돌아가서 같은 과정을 반복한다.

## | 연습 문제 |

13.1 다음 프로세스 이미지에 대한 설명 중 옳지 않은 것은 무엇인가?

① 텍스트 영역은 프로세스가 실행하는 실행 코드를 저장하는 영역이다.

② 지역 변수와 정적 변수는 데이터 영역에 저장된다.

③ 힙은 동적 메모리 할당을 위한 영역이다.

④ 매개변수는 스택 영역에 저장된다.

⑤ 열린 파일의 파일 디스크립터는 u-영역에 저장된다.

13.2 다음 괄호 안에 알맞은 말은 무엇인가?

| 프로세스 이미지는 ( ), ( ), ( ), ( ) 등으로 구성된다. |
|---|

13.3 다음은 프로세스 이미지의 어떤 영역에 대한 설명이다. 이 영역은 무엇인가?

| 동적 메모리 할당을 위한 영역이다. C 프로그램에서 malloc 함수를 호출하면 이 영역에서 동적으로 메모리를 할당해준다. |
|---|

13.4 다음은 시스템 호출에 대한 설명이다. 해당하는 시스템 호출은 무엇인가?

| 시스템 호출 | 설명 |
|---|---|
| | 프로세스의 ID를 반환한다. |
| | 부모 프로세스의 ID를 반환한다. |
| | 새로운 자식 프로세스를 생성한다. |
| | 자식 프로세스 중의 하나가 종료할 때까지 기다린다. |

13.5 다음 fork() 시스템 호출에 대한 설명 중 옳지 않은 것은 무엇인가?

① 부모 프로세스를 똑같이 복제하여 새로운 자식 프로세스를 생성한다.

② 자식 프로세스는 main()부터 실행이 시작된다.

③ 부모 프로세스에게는 자식 프로세스의 PID를 반환한다.

④ 자식 프로세스에게는 0을 반환한다.

⑤ 부모 프로세스와 자식 프로세스는 fork() 이후에는 똑같은 코드를 실행하게 된다.

13.6 다음 exec() 시스템 호출에 대한 설명 중 옳지 않은 것은 무엇인가?

① 프로세스가 이 호출을 하여 새로운 프로그램을 실행한다.

② 이 호출이 성공하면 그 프로세스 내의 프로그램은 완전히 새로운 프로그램으로 대치된다.

③ 새 프로그램의 main()부터 실행이 시작된다.

④ 이 호출은 성공하면 반환하지 않는다.

⑤ 이 호출은 실패할 경우에만 0을 반환한다.

13.7 다음 프로그램의 출력은 무엇인가? 이 출력으로부터 판단하면 fork() 시스템 호출은 어떤 일을 하였는지 설명하시오.

```
#include <stdlib.h>
#include <stdio.h>
int main( )
{
   int pid1, pid2;

   printf("[1] = %d\n", getpid());

   if ((pid1 = fork()) == 0)
      printf("[2] = %d, %d\n", getpid(), getppid());

   sleep(1);
}
```

13.8 다음 프로그램의 출력은 무엇인가? 이 프로그램은 100번 프로세스에 의해 수행되고 새로 생성된 자식 프로세스의 번호는 생성된 순서에 따라 1씩 증가한다고 가정한다.

```
#include <stdlib.h>
#include <stdio.h>
int main( )
{
   int pid1, pid2;
   pid1 = fork();
   printf("Hello, world ! pid=%d\n", pid1);

   pid2 = fork();
   printf("Goodbye, world ! pid=%d\n", pid2);
}
```

13.9 다음 프로그램은 몇 개의 자식 프로세스를 생성하는가? 생성된 프로세스들 사이의 관계를 설명하시오.

```
#include <stdlib.h>
#include <stdio.h>
int main( )
{
   int pid;
   pid = fork();
   pid = fork();
   pid = fork();
}
```

13.10 종료 코드 혹은 종료 상태 코드(exit status code)가 어떤 용도로 사용되는지 설명하시오.

13.11 다음 프로그램의 출력은 무엇인가? 이 프로그램은 100번 프로세스에 의해 수행되고 새로 생성된 자식 프로세스의 번호는 생성된 순서에 따라 1씩 증가한다고 가정한다.

```
#include <stdlib.h>
#include <stdio.h>
int main( )
{
   int pid1, pid2;
   pid1 = fork();
   if (pid1 == 0) {
      printf("[A] pid=%d\n",pid1);
      execl("/bin/echo", "echo", "hello", NULL);
      printf("[B]");
      exit(1);
   }

   printf("[C] pid=%d\n",pid1);
   pid2 = fork();
   if (pid2 == 0) {
      printf("[D] pid=%d\n",pid1);
      execl("/bin/echo", "echo", "world", NULL);
      printf("[E]");
      exit(1);
   }
}
```

# CHAPTER 14

# 시스템 관리

contents

# 14 시스템 관리

## 14.1 시스템 관리자

### 슈퍼유저

유닉스 계열의 운영체제는 시스템을 관리할 수 있는 시스템 관리자가 필요하며 이를 슈퍼유저(superuser)라고 한다. 시스템 관리자는 시스템 관리를 위해 주로 다음과 같은 역할을 수행한다.

- 사용자 등록 및 삭제
- 소프트웨어 설치, 업그레이드, 삭제
- 하드웨어 추가 설치
- 시스템 보안
- 데이터 백업

슈퍼유저가 사용하는 계정이 root이다. 슈퍼유저로 로그인하기 위해서는 직접 root 계정으로 로그인하면 된다. root 계정으로 로그인하면 프롬프트 모양이 #이 된다. root의 홈 디렉터리는 /root 디렉터리이다. 이 디렉터리 내에 다른 사용자의 홈 디렉터리와 같이 bash 쉘의 시작 파일들이 존재한다.

```
# pwd
/root
```

슈퍼유저는 root 계정으로 로그인하여 사용자 계정을 추가 및 삭제하고 사용자 패스워드를 변경할 수 있을 뿐만 아니라 시스템 설정, 소프트웨어 설치 등의 시스템 관리의 모든 측면을 수행할 수 있다. 그러나 root 계정은 사용이나 보안상의 어떠한 제약도 받지 않기 때문에 매우 조심해서 사용해야 한다. 결국 시스템은 root가 요청하는 대로 실행하게 되며 만일 명령어를 잘못 입력하여 실수를 하게 되면 시스템에 큰 문제를 야기할 수도 있다.

**| 핵심 개념 |**

슈퍼유저는 root 계정으로 로그인하여 시스템 관리의 모든 측면을 수행할 수 있다.

## sudo

리눅스에서는 root 계정으로 로그인하지 않고 다음과 같이 일반 사용자가 sudo(superuser do) 명령어를 이용하여 원하는 명령어를 관리자 권한으로 실행할 수 있다. 이렇게 하기 위해서는 일반 사용자 계정을 생성할 때 계정 종류를 관리자로 선택해야 한다.

```
$ sudo 명령어
```

예를 들어 다음과 같이 관리자 권한으로 패키지 설치 명령어 apt를 이용하여 C 컴파일러인 gcc를 설치할 수 있다. 패키지 설치 명령어에 대해서는 14.6절을 참고하기 바란다.

```
$ sudo apt install gcc
```

또한 다음과 같이 sudo 명령이를 이용하여 root 계정의 암호를 설정한 후에 root 계정을 이용하는 것도 가능하다.

```
$ sudo passwd root
[sudo] chang의 암호:
새 암호:
새 암호 재입력:
passwd: 암호를 성공적으로 업데이트했습니다
```

슈퍼유저로 로그인하기 위해서는 직접 root 계정으로 로그인하면 된다. 또한 일반 사용자 계정으로 로그인한 경우에는 다음과 같이 su(switch user) 명령어를 사용하여 root 계정으로 다시 로그인할 수도 있다.

```
$ su
암호:
#
```

## 설정

관리자가 처음 할 일은 시스템이 정상적으로 동작하도록 시스템의 여러 부분을 설정하는 것이다. 시스템 설정은 [프로그램 표시]에서 [설정] 메뉴를 선택하여 할 수 있다. [설정]은 MS 윈도우즈의 제어판과 같은 역할을 하며 그림 14.1과 같이 [네트워크], [배경], [모양], [프로그램], [개인 정보], [소리], [전원], [디스플레이], [지역 및 언어], [사용자] 등을 위한 다양한 설정 기능을 갖고 있다. 몇 가지 기능을 살펴보자.

- [네트워크]는 네트워크 연결을 위한 설정 기능이다.
- [배경]은 배경 화면을 설정하고 [모양]은 윈도우 색 및 모양을 설정한다.
- [프로그램]은 설치된 프로그램을 설치하고 업데이트 한다.
- [전원]은 절전 및 대기모드 관련한 설정을 한다.
- [디스플레이]는 화면 해상도를 조정한다.
- [날짜 및 시간]은 현재 날짜 및 시간을 설정한다.
- [지역 및 언어]는 사용 지역 및 입력 언어를 설정한다
- [사용자]는 사용자를 추가 또는 제거한다(자세한 사항은 14.2절 참조).

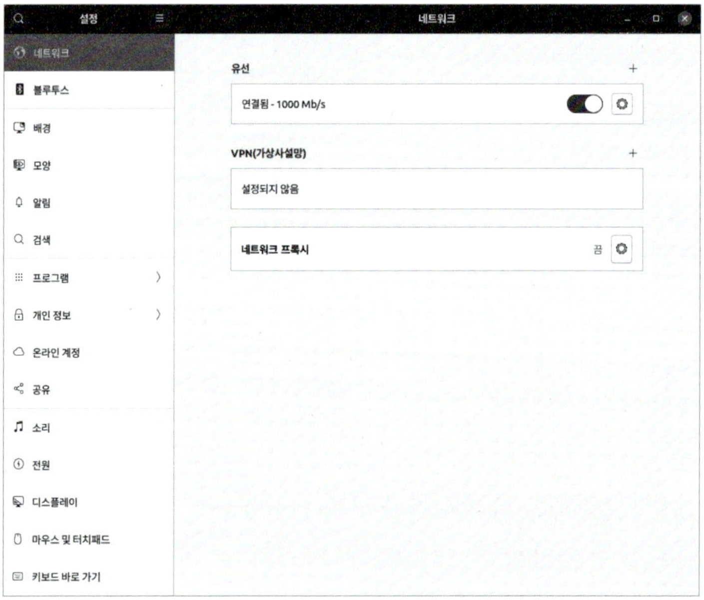


그림 14.1 시스템 설정

## 네트워크 설정

설치된 리눅스 시스템을 제대로 사용하려면 무엇보다도 먼저 시스템이 인터넷에 연결되어야 한다. 인터넷에 연결하려면 먼저 네트워크를 설정해야 한다. 지금까지 배운 개념들을 이용하여 네트워크를 설정할 수 있다.

[프로그램 표시]에서 [설정] → [네트워크] 순서대로 선택하면 그림 14.1과 같은 화면이 나타난다. 여기서 연결하고자 하는 유선 네트워크를 켜고 설정 아이콘(톱니바퀴 모양)을 클릭하면 그림 14.2와 같은 네트워크 설정 창이 나타난다. 이 창은 네트워크의 현재 설정 상태를 자세히 보여주며 여기서 네트워크 연결과 관련된 설정을 편집할 수 있다. 시스템이 부팅될 때 이 네트워크에 자동으로 연결되고자 하면 여기서 [자동으로 연결]을 클릭하면 된다.

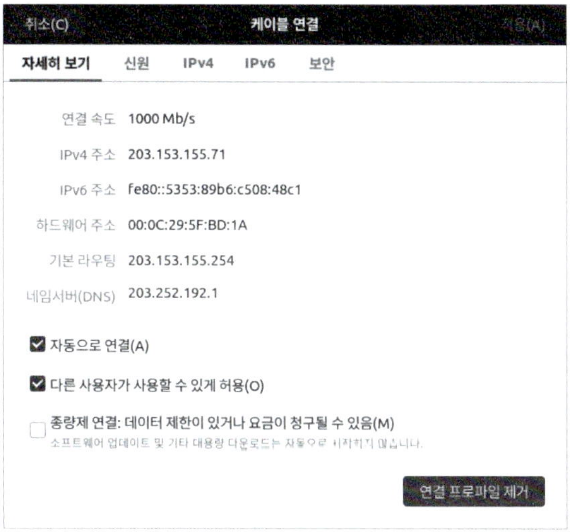


그림 14.2 네트워크 설정 창

그림 14.3은 설정 편집 창에서 IP를 설정하기 위해 IPv4를 선택한 화면이다. 이제 IP 주소를 설정해야 하는데 IP 주소 설정은 수동 설정과 DHCP를 이용한 자동 설정이 있다. 사용 환경에 따라 자동 설정이 지원되기도 하고 그렇지 않을 수도 있다.

그림 14.3 IPv4 수동 설정

먼저 수동 설정에 대해서 살펴보자. 그림 14.3의 화면에서처럼 IPv4 방식을 수동으로 선택한다. 이어서 IP 주소, 네트마스크, 게이트웨이 정보를 입력해야 한다. 수동 설정인 경우에는 소속 기관에서 IP 주소를 관리하므로 IP 주소를 요청하여 할당받아야 한다.

이 그림에서처럼 IP 주소가 203.153.155.71이라면 넷마스크는 255.255.255.0으로 입력하고 게이트웨이는 IP 주소의 마지막 번호를 254로 바꾸어 203.153.155.254로 입력하면 된다. 이어서 네임서버(DNS) 정보를 입력해야 한다. 소속 기관이 운영하는 네임서버가 있다면 해당 IP 주소를 입력하면 되고 그렇지 않으며 잘 알려진 네임서버 주소를 입력하면 된다(https://namu.wiki/w/DNS 참고). 모든 설정이 끝났다면 적용 버튼을 클릭한다.

그림 14.4 IPv4 자동 설정

DHCP를 이용한 자동 설정의 경우에는 특별히 할당받은 네트워크 정보가 필요 없고 자동으로 DHCP를 통해 네트워크 정보를 할당받아 설정한다. 이때는 그림 14.4의 화면에서 자동(DHCP)을 선택하면 된다. 네임서버(DNS)는 수동으로 입력하거나 자동 켬을 선택하면 된다. 모든 설정이 끝났다면 적용 버튼을 클릭한다.

# 14.2 사용자 계정 관리

이 절에서는 리눅스 시스템을 사용하기 위해서 가장 먼저 필요한 사용자 계정 관리에 대해서 살펴본다.

## 사용자 계정 추가

그림 14.5처럼 [설정]의 사용자 도구를 사용하여 사용자를 추가 혹은 삭제할 수 있다. 그림 14.5는 이미 만들어진 사용자 계정을 보여주고 있다. 새로운 사용자 계정을 추가하기 위해서는 우측상단에 있는 [사용자 추가]를 클릭하고 그림 14.6과 같이 새로운 사용자에 대한 정보를 입력한다.

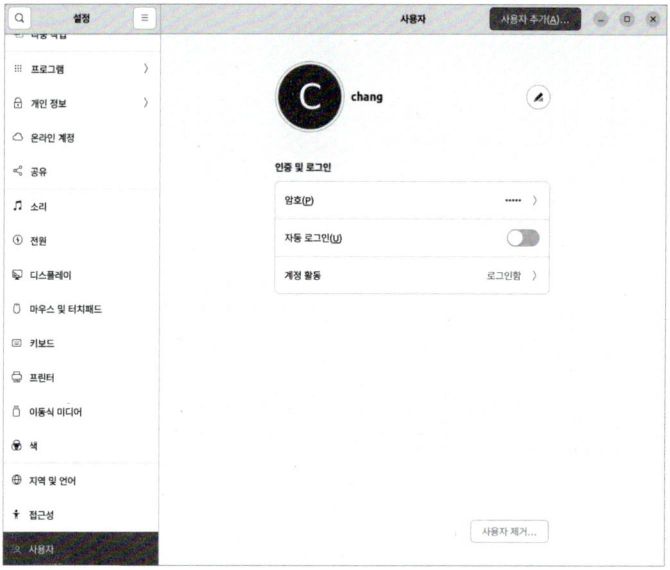


그림 14.5 사용자 관리자

예를 들어, 그림 14.6와 같이 gildong이라는 이름의 사용자 계정을 추가하고 바로 암호를 설정할 수 있다. 그림 14.7에서 사용자 계정이 추가된 것을 확인할 수 있다.

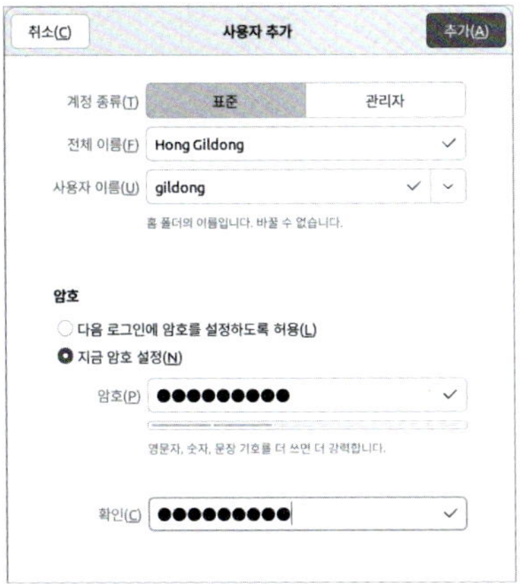


그림 14.6 사용자 계정 추가

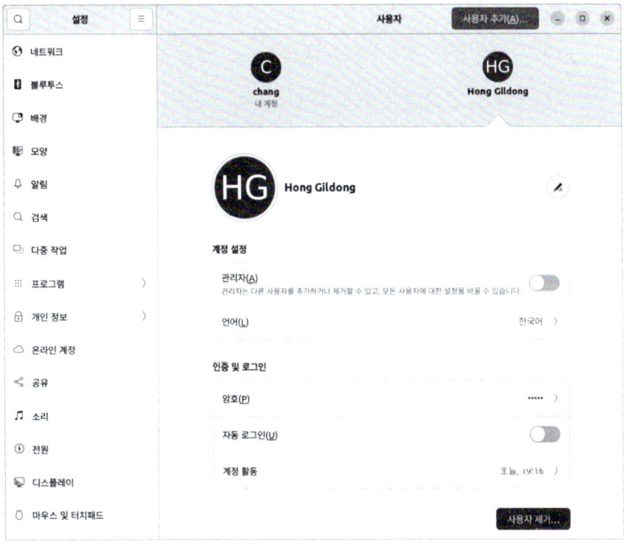


그림 14.7 추가된 사용자 계정

그림 14.6에서 사용자 계정을 추가할 때 바로 암호를 설정하지 않고 다음 로그인할 때 암호를 설정하도록 할 수도 있다.

## 사용자 계정 추가 명령어

명령어를 사용하여 사용자 계정을 생성하는 것도 가능하다. useradd 명령어를 사용하여 새로운 사용자 계정을 생성할 수 있다. 이 명령어는 슈퍼유저만 사용할 수 있다. 사용자 계정을 생성할 때 표 14.1의 옵션을 사용할 수 있다. 초보자의 경우에는 옵션을 사용하지 않고 사용자명으로만 계정을 생성할 수 있다.

> # useradd [옵션] 사용자명
> 새로운 사용자 계정을 생성한다.

표 14.1 useradd 명령어 옵션

| 옵션 | 설명 |
|---|---|
| -c 코멘트 | 임의의 코멘트를 표시할 수 있으며 주로 사용자의 성명을 표시함 |
| -d 디렉터리 | 홈 디렉터리 위치 |
| -e 날짜 | 계정의 유효기간 |
| -s 쉘 | 사용자의 로그인 쉘 경로 |
| -u uid | 사용자 ID(사용자를 나타내는 번호) 지정 |
| -g 그룹 | 속하게 될 그룹 ID 혹은 그룹 이름 |
| -m | 사용자의 홈 디렉터리 자동 생성(기본값은 /home/사용자명) |

이 명령어를 이용하여 사용자 계정을 추가해보자. 예를 들어 다음과 같이 gildong이라는 사용자 계정을 만들 수 있다. 이 경우에는 사용자 혼자서 하나의 그룹이 된다.

```
# useradd -m gildong
```

기존의 그룹 예를 들어 cs 그룹에 속하는 gildong이라는 사용자 계정을 다음과 같이 만들 수도 있다.

```
# useradd -m -g cs gildong
```

또한 다음과 같이 passwd 명령어를 이용하여 gildong 사용자의 패스워드를 설정할 수 있다.

```
# passwd gildong
새 암호:
새 암호 재입력:
passwd: 암호를 성공적으로 업데이트 되었습니다
```

새로 추가된 사용자 계정에 대한 정보는 실제로 어떻게 저장될까? 다음과 같이 /etc/passwd 파일에 계정 이름과 홈 디렉터리, 로그인 쉘 등의 정보를 포함한 한 줄이 추가된다.

```
gildong:x:501:502::/home/gildong:/bin/sh
```

패스워드는 /etc/shadow 파일에 다음과 같이 암호화되어 저장된다.

```
gildong:$6$2M53.BE.$Pgob0x.g8BfHxfn2B5h58.kMcUDxvimBLh8eUQVCB9qap.V0ThBXJ8WJsocYIesxL
V9Sb3sWQIBnlWoZWS.Yw1:15432:0:99999:7:::
```

이와 같이 사용자 계정이 생성되면 해당 계정의 홈 디렉터리가 생성되는데 일반적으로 /home/사용자명 형식으로 생성된다. 해당 홈 디렉터리의 내용을 살펴보면 다음과 같다.

```
# ls -asl /home/gildong
합계 20
4 drwxr-x--- 2 gildong cs   4096  9월 14 14:26 .
4 drwxr-xr-x 5 root    root 4096  9월 14 14:26 ..
4 -rw-r--r-- 1 gildong cs    220  3월 20 01:02 .bash_logout
4 -rw-r--r-- 1 gildong cs   3771  3월 20 01:02 .bashrc
4 -rw-r--r-- 1 gildong cs    807  3월 20 01:02 .profile
```

userdel 명령어는 사용자 계정을 삭제한다. -r 옵션을 사용하면 사용자의 홈 디렉터리 아래에 있는 모든 파일도 삭제한다.

> # userdel [-r] 사용자명
> 사용자 계정을 삭제한다. -r 옵션을 사용하면 사용자의 홈 디렉터리도 삭제한다.

## 그룹 추가

유닉스/리눅스에서 사용자는 하나 이상의 그룹에 속하게 된다. 사용자 계정을 추가하는 것과 비슷하게 groupadd 명령어를 이용하여 필요한 그룹을 추가할 수 있다. -g 옵션을 사용하여 그룹 ID(그룹을 나타내는 번호)를 지정할 수도 있다.

> # groupadd [-g gid] 그룹명
> 그룹을 추가한다. -g 옵션을 사용하여 추가할 그룹의 그룹 ID를 지정할 수도 있다.

예를 들어 다음과 같이 cs라는 새로운 그룹을 추가할 수 있다.

```
# groupadd cs
```

그룹이 추가되면 해당 그룹에 대한 정보가 /etc/group 파일에 추가된다. 또한 기존 그룹을 groupdel 명령어를 이용하여 삭제할 수도 있다.

| # groupdel 그룹명<br>지정된 기존 그룹을 삭제한다. |
|---|

# 14.3 시스템 부팅과 종료

## 시스템 부팅

리눅스 시스템 부팅은 부트로더에 의해서 시작된다. 리눅스 운영체제의 경우에는 GRUB(GNU GRand Unified Bootloader)에 의해 부팅이 시작된다. GRUB 부트로더는 실행과 함께 /boot/grub/grub.conf 파일을 읽어서 어떤 부팅메뉴(커널)로 부팅을 할 것인가를 결정하고 부팅이 시작되면 커널(kernel) 이미지를 로딩하고 시스템 제어권을 커널에게 넘겨준다.

커널은 커널 내부에서 프로세스 ID가 0번인 첫 번째 프로세스 swapper를 만든다. 이 프로세스는 별도의 실행 파일 없이 커널의 일부로 동작하며 CPU가 프로세스를 실행할 수 있도록 스케줄링 하는 일을 담당한다. 이 프로세스는 fork/exec를 수행하여 1번 프로세스인 init 프로세스를 생성한다. 최신 리눅스 배포판은 새로운 systemd 프로세스가 init 프로세스 역할을 대신한다. systemd에 대해서는 14.4절에서 별도로 설명한다.

init 프로세스는 /etc/inittab 파일을 읽어 들여서 그 내용들을 차례대로 실행하는데 보통 fork/exec를 반복적으로 수행하여 시스템 운영에 필요한 다양한 프로세스들(주로 서비스 데몬 프로세스)을 새로 생성한다. 따라서 init 프로세스는 많은 프로세스의 조상이 된다. 그림 14.8은 이러한 부팅 과정을 단순화하여 보여주고 있는데 예를 들어 sshd와 같은 ssh 데몬 프로세스나 getty 프로세스를 생성한다. 이 그림에서 괄호 안의 번호는 프로세스 ID를 나타낸다. 실제 실행해 보면 sshd과 getty 프로세스의 번호는 실제 시스템의 상황에 따라 다를 것이다.

데몬 프로세스 중에는 getty 프로세스가 있는데 이 프로세스로부터 로그인 과정이 시작된다. 이 프로세스는 화면에 로그인 프롬프트를 띄우고 사용자의 ID가 입력되기를 기다린다. 입력이 들어오면 fork 시스템 호출은 하지 않고 바로 exec 시스템 호출을 하여 login 프로그램(/bin/login)을 실행한다. 이 프로그램이 패스워드 등을 검사하고 성공하면 다시 exec 시스템 호출을 하여 shell 프로그램(예를 들어 /bin/sh)을 실행한다.

**| 핵심 개념 |**

init 혹은 systemd 프로세스는 보통 fork/exec를 반복적으로 수행하여 시스템 운영에 필요한 다양한 프로세스들(주로 서비스 데몬 프로세스)을 새로 생성한다.

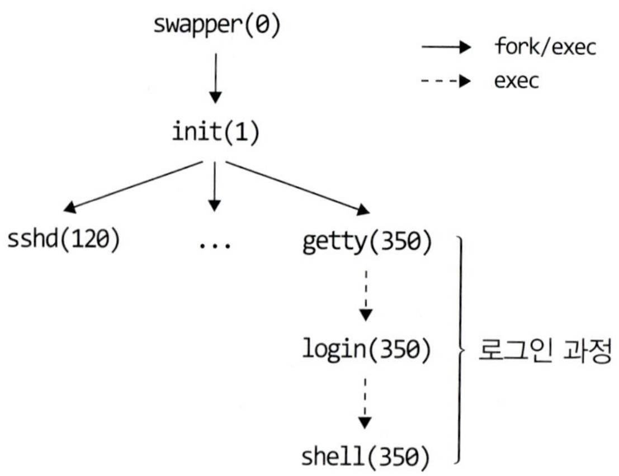


그림 14.8 부팅 및 로그인 과정

## 런레벨

init 프로세스(/etc/init)는 /etc/inittab 파일에 기술된 대로 시스템을 시작하고 초기화한다. 시스템 초기화시 어떤 레벨로 초기화할지 /etc/inittab 파일에 0~6의 레벨 중 하나로 명시할 수 있다. 이 레벨을 런레벨(runlevel)이라고 하고 이 런레벨에 따라 표 14.2에 설명된 것처럼 다른 부팅 과정을 거친다. 부팅 시에 런레벨에 따라 설정된 서비스 프로그램들이 로딩되어 실행된다.

표 14.2 부팅의 런레벨

| 런레벨 | 부팅 환경 |
|---|---|
| 0 | 시스템을 정지한다. |
| 1 | 단일 사용자 모드로 부팅하며 네트워크 기능을 사용 안 한다.<br>root로만 로그인 가능하다. |
| 2 | 다중 사용자 모드로 부팅하며 네트워크 기능을 사용 안 한다. |
| 3 | 정상 작동 모드로 다중 사용자 모드, 텍스트 인터페이스로 부팅한다. |
| 4 | 사용되지 않으며 특별한 시스템을 구현하기 위한 예약된 레벨이다. |
| 5 | 정상 작동 모드로 부팅하며 X-윈도우 인터페이스로 부팅한다. |
| 6 | 시스템을 재부팅 한다. |

**| 핵심 개념 |**

init 프로세스는 부팅 시에 런레벨에 따라 설정된 서비스 프로그램들을 로딩하여 실행한다.

init에 의한 실제 시스템 초기화는 서비스를 시작시키는 명령들을 포함하고 있는 쉘 스크립트 수행을 통하여 이루어진다. 이러한 쉘 스크립트를 rc(run command) 스크립트라고 하며 /etc/init.d 디렉터리에는 부팅 시 사용할 수 있는 전체 서비스들이 스크립트 형태로 존재한다. 또한 이 서비스들은 런레벨에 따라 /etc/rc1.d /etc/rc2.d /etc/rc3.d /etc/rc4.d /etc/rc5.d /etc/rc6.d 등의 서브디렉터리 내에 분류되어 있으며 이들은 init.d의 해당 스크립트 파일을 링크하고 있다.

예를 들어, 런레벨이 5이면 해당 서비스들은 /ect/rc5.d 디렉터리에 분류되어 있으며 실제로는 이들이 링크하고 있는 /etc/init.d 디렉터리 내에 있는 쉘 스크립트들을 실행하게 된다. 이러한 쉘 스크립트 실행 과정을 통해서 파일 시스템 마운트, 서비스 데몬 프로세스 생성, getty 프로세스 생성 등의 작업을 수행하여 시스템을 초기화한다.

런레벨과 관련된 명령어로는 runlevel 명령어가 있는데 이 명령어는 시스템의 현재 부팅 레벨을 알려준다.

```
$ runlevel
```
시스템의 현재 부팅 레벨을 알려준다.

이 명령어를 이용하여 다음과 같이 시스템의 현재 부팅 레벨을 확인할 수 있다.

```
$ runlevel
N 5
```

시스템 실행 후에도 init 명령어로 런레벨을 변경할 수 있다. 예를 들어 다음과 같이 init 6을 실행하면 시스템이 재부팅된다.

```
$ init 6
```

## 프로세스 관리 도구 top

프로세스 관리 도구인 top 유틸리티는 리눅스 시스템의 전반적인 운영상황을 실시간으로 모니터링하거나 프로세스를 관리할 수 있는 유틸리티이다. top 명령어가 보여주는 대표적인 것으로는 평균부하율, CPU 사용률, 메모리 사용현황, 스왑메모리 사용현황, 모든 프로세스들의 자원사용 현황 등이다.

```
$ top [-d 숫자]
```

프로세스별 CPU와 메모리 점유율 등을 출력한다.
-d 옵션을 사용하면 숫자만큼의 시간마다 다시 출력한다.

예를 들어 top 명령어를 실행하고 다음과 같은 실행 결과를 살펴보자.

```
$ top
top - 14:42:23 up 114 days, 2:53, 5 users, load average:0.14, 0.07, 0.02
Tasks: 228 total,  1 running, 227 sleeping,  0 stopped,  0 zombie
Cpu(s):0.0%us, 0.2%sy, 0.0%ni, 99.8%id, 0.0%wa, 0.0%hi, 0.0%si, 0.0%st
Mem:  2061948k total, 1938932k used,  123016k free,  286124k buffers
Swap: 4128760k total,      0k used, 4128760k free,  766936k cached
 PID USER    PRI  NI  VIRT  RES   SHR S  %CPU  %MEM  TIME+  COMMAND
9818 chang    20   0  2656  1172  872 R   0.3   0.1  0:00.14 top
   1 root     20   0  2828  1292 1096 S   0.0   0.1  0:07.21 systemd
   2 root     20   0     0     0    0 S   0.0   0.0  0:00.13 kthreadd
   3 root     RT   0     0     0    0 S   0.0   0.0  0:00.25 migration/0
   4 root     20   0     0     0    0 S   0.0   0.0  0:00.01 ksoftirqd/0
   5 root     RT   0     0     0    0 S   0.0   0.0  0:00.00 watchdog/0
   6 root     RT   0     0     0    0 S   0.0   0.0  0:00.21 migration/1
   7 root     20   0     0     0    0 S   0.0   0.0  0:00.03 ksoftirqd/1
   8 root     RT   0     0     0    0 S   0.0   0.0  0:00.00 watchdog/1
   9 root     20   0     0     0    0 S   0.0   0.0  0:00.00 events/0
  10 root     20   0     0     0    0 S   0.0   0.0  0:03.69 events/1
          ...
```

각 행이 제공하는 보다 자세한 정보는 다음과 같다.

- 1행: 시스템의 가동 시간과 평균 부하율
  현재시간, 가동시간(uptime), 로그인 시간, 로그인한 사용자의 수, 시스템의 최근 1분, 5분, 15분에 대한 각각의 평균 부하율(load average)
- 2행: 현재 실행 중인 프로세스 상황
  전체 실행된 프로세스, 실행 중인 프로세스, 유휴상태의 프로세스, 정지된 프로세스, 좀비 프로세스의 수

• 3행: CPU 사용현황
 사용자의 CPU 사용률, 시스템의 CPU의 사용률, NICE 정책에 의해 사용되는 CPU의 사용률, CPU 미사용률, 입출력 대기상태의 사용률

• 4행: 메모리 사용현황
 전체 물리적인 메모리, 사용 중인 메모리, 여유 메모리, 버퍼된 메모리

• 5행: 스왑메모리 사용현황
 전체 스왑 메모리, 사용중인 스왑 메모리, 여유 스왑 메모리, 캐쉬 메모리

이러한 정보와 함께 다음과 같은 시스템 내의 각 프로세스의 상태를 자세히 보여준다.

• PID : 프로세스 ID
• USER : 프로세스를 실행시킨 사용자 ID
• PRI : 프로세스의 우선순위
• NI : 우선순위를 나타내는 NICE 값
• VIRT : 가상 메모리의 사용량(SWAP+RES)
• SHR : 분할된 페이지, 프로세스에 의해 사용된 메모리를 나눈 메모리의 총합
• S : 프로세스의 상태로 S(sleeping), R(running), W(swapped out process), Z(zombies) 중에 하나이다.
• %CPU : 프로세스가 사용하는 CPU 사용률
• %MEM : 프로세스가 사용하는 메모리의 사용률
• TIME+ : 프로세스가 사용한 총 CPI 시간
• COMMAND : 실행된 명령어

top는 기본으로 5초에 한 번씩 실시간으로 업데이트하여 시스템에 실행되고 있는 프로세스들의 상태정보를 실시간으로 보여준다. top의 도움말은 실행된 화면에서 h를 누르면 된다 또한, 종료할 때에는 q 또는 CTRL+C를 눌러서 종료할 수 있다.

## 시스템 종료

시스템 종료는 그림 14.9와 같이 우측상단의 [상태 영역]에서 [컴퓨터 끄기/로그아웃]를 선택해서 컴퓨터를 끄거나 로그아웃 할 수 있다.

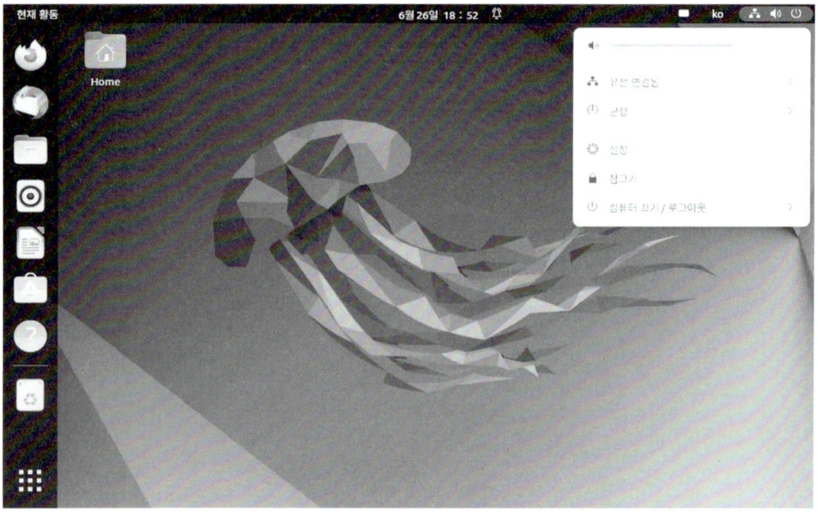


그림 14.9 사용자 시스템 메뉴

명령어를 이용한 시스템 종료는 shutdown 명령어를 사용하면 된다. 이 명령어는 시스템을 종료할 시간과 모든 사용자에게 보낼 경고 메시지를 명시할 수 있다.

> # shutdown 시간 [경고메시지]
> 지정된 시간에 시스템을 종료한다. 모든 사용자에게 보낼 경고 메시지를 명시할 수 있다.

시간은 절대적인 시간 hh:mm 형식으로 지정하거나 상대적인 시간 +m 형식을 사용하는데, 이는 m 분 후에 종료하라는 의미이다. now는 바로 종료하라는 의미로 +0의 의미이다.

예를 들어 다음과 같이 사용하면 모든 사용자에게 종료 메시지를 출력하고 5분 후에 시스템을 종료한다.

```
# shutdown +5
```

지금 당장 종료하려면 다음과 같이 사용하면 된다.

```
# shutdown now
```

이 명령어는 보안차원에서 시스템을 종료할 때 사용하는 명령어이다. 현재 접속 중인 모든 사용자는 시스템이 종료된다는 소식을 받게 되고 login 작업이 중지된다. 모든 프로세스는 SIGTERM 시그널에 의해서 시스템이 종료된다는 소식을 받게 된다.

## 14.4 시스템 부팅과 데몬

### systemd

최신 리눅스 배포판은 새로운 systemd 프로세스가 init 프로세스 역할을 대신한다. systemd는 init를 대체한 시스템 데몬 프로세스로 시스템이 부팅될 때 다양한 서비스 데몬들을 시작시키고, 서비스 데몬 프로세스들을 관리한다. PID 1번인 systemd 프로세스가 일반 데몬 프로세스들의 조상 프로세스이며 시스템을 종합적으로 관리하는 역할을 수행한다.

그림 14.10과 같이 pstree 명령어를 실행시키면 systemd가 생성한 자식 데몬 프로세스들을 트리 형태로 보여준다. 예를 들어 cron, sshd 등이 systemd의 자식 데몬 프로세스들이다.

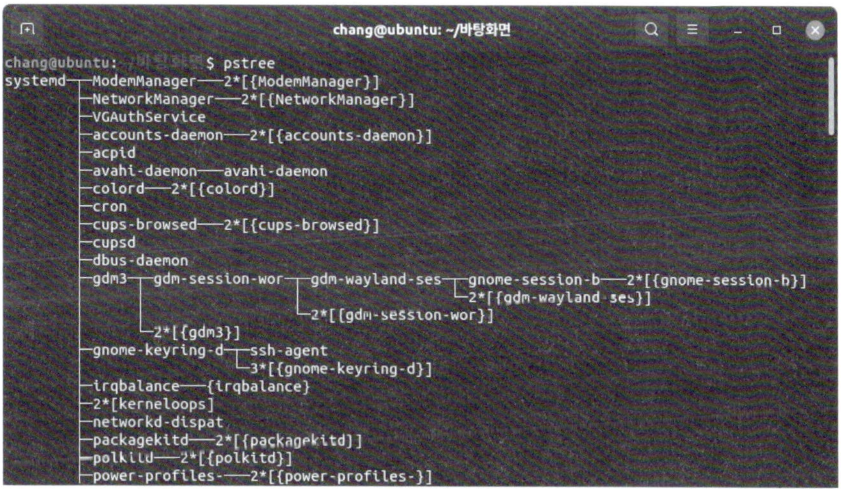


그림 14.10 pstree 명령어 출력

systemd에 의한 시스템 부팅은 14.3절에서 살펴본 것처럼 런레벨에 따라 다르게 진행된다. 런레벨은 리눅스 시스템 관리의 용이함을 위하여 서비스의 실행을 단계별로 구분하여 적용하는 것을 말한다. 보통 0 ~ 6까지 총 7가지 레벨이 있다. 리눅스마다 조금씩 다르지만 0(정지), 1(싱글모드), 5(X-윈도우 부팅), 6(재시작) 등은 일치한다. 높은 레벨일수록, 시스템 부팅 시 불러오는 드라이버나 서비스 데몬 수가 많아지며 시스템 부팅은 런레벨이 높아지는 방향으로 진행된다.

런레벨에 따른 systemd의 시스템 부팅은 /lib/systemd/system 디렉터리에 target 파일 형태로 정리되어 있다. 예를 들어, 이 디렉터리에 시스템 정지를 나타내는 런레벨 0을 위한 runlevel0.target 파일이 존재하며 실제로 이 파일은 poweroff.target에 대한 링크이다. 또한 X-윈도우 부팅을 나타내는 런레벨 5을 위한 runlevel5.target 파일이 존재하며 실제로 이 파일은 graphical.target에 대한 링크이다. 다른 런레벨에 대해서는 표 14.3에 정리되어 있다.

**표 14.3** systemd와 런레벨

| 런레벨 | target 파일 (심볼릭 링크) | target 원본 파일 | 부팅 환경 |
|---|---|---|---|
| 0 | runlevel0.target | poweroff.target | 시스템을 정지한다. |
| 1 | runlevel1.target | rescue.target | 단일 사용자 모드로 부팅하며 네트워크 기능을 사용 안 한다. root로만 로그인 가능하다. |
| 2 | runlevel2.target | multi-user.target | 정상 작동 모드로 다중 사용자 모드, 텍스트 인터페이스로 부팅한다. |
| 3 | runlevel3.target | | |
| 4 | runlevel4.target | | |
| 5 | runlevel5.target | graphical.target | 정상 작동 모드로 부팅하며 X-윈도우 인터페이스로 부팅한다. |
| 6 | runlevel6.target | reboot.target | 시스템을 재부팅 한다. |

## 데몬의 동작 방식

데몬(daemon)은 후면(background)에서 동작하면서 특정한 서비스를 제공하는 프로세스를 의미한다. 대부분의 데몬들은 시스템이 부팅되면서 시작되어 시스템에 관련된 작업을 하게 되는데, 서비스 요청이 없을 때는 후면 프로세스로서 대기 상태에 있다가 서비스 요청이 들어오면 이를 서비스하게 된다. 리눅스 시스템에서 제공하는 거의 모든 서비스 예를 들어 명령 예약 실행(at), 웹(http), 원격 접속(ssh), 파일 전송(ftp) 등의 서비스는 모두 데몬 프로세스에 의해 제공된다.

데몬은 그 동작 방식에 따라 독자형 데몬과 슈퍼데몬으로 분류할 수 있다.

- 독자형(standalone) 데몬: 스스로 동작하는 데몬이다. 독자형 데몬은 후면에서 항상 동작하고 있다가 서비스 요청이 오면 즉시 서비스 해주는 방식이다. 명령 예약 실행을 위한 atd, cron 등이 이러한 방식으로 동작한다.

- 슈퍼데몬(superdaemon): 평소에는 슈퍼데몬만 동작하다가 서비스 요청이 오면 슈퍼데몬이 해당 서비스를 하는 데몬을 동작시키는 방식이다. 독자형 데몬 보다는 서비스 응답이 시간이 좀 더 걸릴 수 있지만 자원을 효율적으로 사용할 수 있다.

대표적인 슈퍼데몬은 inetd(또는 xinetd) 데몬으로 네트워크 서비스를 담당한다. 이 슈퍼데몬은 ftp, ssh, telnet 등의 네트워크 서비스 요청이 오면 이를 받아서 해당 서비스 데몬을 동작시킨다.

## 주요 데몬

리눅스에서 각종 서비스를 제공하기 위한 주요 데몬들은 표 14.4와 같다. 리눅스 시스템에서 동작하는 웹, 원격 접속, 파일 송수신 등의 서비스를 제공하는 httpd, sshd, vsftpd 등의 프로세스도 모두 데몬이며 이 외에도 매우 다양한 데몬들이 존재한다.

표 14.4 주요 데몬

| 데몬 | 설명 |
|---|---|
| atd | 특정 시간에 실행하도록 예약한 명령을 실행한다. |
| cron | 주기적으로 실행하도록 예약한 명령을 실행한다. |
| httpd | 웹 서비스를 제공한다. |
| sshd | 원격 접속 서비스를 제공한다. |
| vsftpd | 파일 송수신 서비스를 제공한다. |
| nfsd | 네트워크 파일 시스템 서비스를 제공한다. |
| named | DNS 서비스를 제공한다. |
| sendmail | 이메일 서비스를 제공한다. |

## 커널 데몬

리눅스 커널의 일부분을 프로세스처럼 관리하는 데몬을 커널 데몬이라고 한다. ps 명령어로 확인하면 데몬 이름이 대괄호([])에 들어 있는 것들이 커널 데몬인데 이들은 커널이 담당하는 메모리 관리, 스케줄링, 입출력 등을 주로 수행한다. 1번 프로세스인 systemd가 일반 데몬 프로세스의 조상인 것처럼, 2번 프로세스인 커널 스레드 데몬(kthreadd)은 모든 커널 데몬의 조상 데몬으로 다른 커널 데몬들을 생성하는 역할을 한다.

다음과 같이 ps 명령어를 실행시키면 1번 systemd 데몬(init으로 표시되나 실제로는 systemd에 대한 링크임)과 2번 kthreadd 데몬 외에 3번 프로세스부터 주요 커널 데몬들을 보여준다. 이들의 부모 프로세스 ID(PPID)를 보면 모두 2번 프로세스 즉 kthreadd인 것을 확인할 수 있다.

```
# ps -ef
UID        PID   PPID  C STIME TTY          TIME CMD
root         1      0  0 9월30 ?    00:00:23 /sbin/init auto noprompt
root         2      0  0 9월30 ?    00:00:00 [kthreadd]
root         3      2  0 9월30 ?    00:00:00 [rcu_gp]
root         4      2  0 9월30 ?    00:00:00 [rcu_par_gp]
root         6      2  0 9월30 ?    00:00:00 [kworker/0:0H-events_highpri]
root         9      2  0 9월30 ?    00:00:00 [mm_percpu_wq]
root        10      2  0 9월30 ?    00:00:00 [rcu_tasks_rude_]
root        11      2  0 9월30 ?    00:00:00 [rcu_tasks_trace]
root        12      2  0 9월30 ?    00:00:03 [ksoftirqd/0]
root        13      2  0 9월30 ?    00:01:07 [rcu_sched]
root        14      2  0 9월30 ?    00:00:02 [migration/0]
...
root        24      2  0 9월30 ?    00:00:00 [netns]
root        25      2  0 9월30 ?    00:00:00 [inet_frag_wq]
root        26      2  0 9월30 ?    00:00:00 [kauditd]
--More--
```

### service

시스템 관리를 위해서는 서비스 데몬에 대해서 실행, 중지, 재시작 등의 직접적인 제어를 할 수 있어야 한다. service 유틸리티는 시스템 서비스를 조작하기 위한 것으로 다음과 같이 서비스 데몬을 명령어에 따라 제어할 수 있다. 여기에 지정할 수 있는 서비스는 시스템이 관리하고 있는 서비스로 /etc/init.d 디렉터리에 스크립트 형태로 존재하는 것이며, 사용할 수 있는 service의 명령어는 표 14.5와 같다.

> # service 서비스 명령어
> 시스템 서비스를 조작하기 위해 서비스 데몬을 명령어에 따라 제어한다.

표 14.5 service의 명령어

| 명령어 | 설명 |
|---|---|
| start | 시비스 데몬을 실행한다. |
| stop | 서비스 데몬을 중지한다. |
| restart | 서비스 데몬을 재시작한다. |
| status | 서비스 데몬의 상태를 보여준다. |

예를 들어 다음과 같이 cron 데몬의 상태를 확인할 수 있다. 이후에 이를 중지시키고 다시 시작해보자.

```
# service cron status
● cron.service - Regular background program processing daemon
Loaded: loaded(/lib/systemd/system/cron.service; enabled;
Active: active(running) since Tue 2021-08-17 19:44:47 PDT;
Main PID: 715 (cron)
...
# service cron stop
# service cron start
```

service 유틸리티는 init 프로세스와 관련이 있으며 실제로는 /etc/init.d 내의 스크립트를 실행시킴으로 서비스 데몬을 실행시킨다. systemd를 사용하는 최신 리눅스에서 service 명령어는 systemd 시스템을 제어하는 systemctl 명령어를 사용하여 실행할 수 있다. systemd 관련 명령어는 14.5절에서 자세히 살펴본다.

## 14.5 systemd 관련 명령어

앞에서 살펴본 것처럼 systemd는 init를 대체한 시스템 데몬 프로세스로 시스템이 부팅될 때 다양한 서비스 데몬들을 시작시키고, 서비스 데몬 프로세스들을 관리한다. PID 1번인 systemd 프로세스가 일반 데몬 프로세스들의 조상 프로세스이며 시스템을 종합적으로 관리하는 역할을 수행한다. 여기서는 systemd와 관련한 다양한 명령어들을 살펴본다.

### 부팅 관련 명령어

부팅 관련하여 systemd와 관련된 유용한 명령어들은 표 14.6과 같다.

표 14.6 systemd 관련 명령어

| 명령어 | 설명 |
|---|---|
| systemd-analyze | 부팅에 걸린 시간 표시 |
| systemd-analyze blame | 부팅 시 서비스별 걸린 시간 표시 |
| systemd-analyze plot | 부팅 시 서비스별 걸린 시간을 정렬해서 표시 |
| systemd-analyze critical-chain | 부팅 시 시간이 많이 걸리는 서비스들을 트리 형태로 엮어서(chain) 표시 |
| journalctl | 부팅을 포함한 전체적인 시스템 로그 |
| journalctl -b | 마지막 부팅 이후 시스템 로그 |
| hostnamectl | 호스트 이름 표시 |
| hostnamectl set-hostname 이름 | 호스트 이름 변경 |

예를 들어 다음과 같이 systemd-analyze 명령어를 실행하면 부팅에 걸린 시간을 표시해준다.

```
# systemd-analyze
Startup finished in 4.762s (kernel) + 8.278s (userspace) = 13.041s
graphical.target reached after 8.247s in userspace
```

journalctl 명령어는 systemd 저널 내용(부팅을 포함한 전체적인 시스템 로그)을 출력한다.

```
# journalctl
```

hostnamectl 명령어는 다음과 같이 호스트에 대해서 자세히 표시한다.

```
# hostnamectl
Static hostname: ubuntu
Icon name: computer-vm
Chassis: vm
Machine ID: a08ec5f5ebd349e48a2df6c66691a0a4
Boot ID: 8852eabdc20e45f0bf861096e504bb13
Virtualization: vmware
Operating System: Ubuntu 20.04.1 LTS
Kernel: Linux 5.11.0-27-generic
Architecture: x86-64
```

### 서비스 상태 표시

systemctl 명령어는 systemd의 서비스를 관리하기 위한 명령어이다. 이 명령어를 이용하여 서비스 상태를 표시할 수 있으며 또한 서비스를 제어할 수 있다. 먼저 서비스의 상태를 표시하는 systemctl 명령어는 표 14.7과 같다.

표 14.7 systemctl 명령어

| 명령어 | 서비스 상태 표시 기능 |
|---|---|
| systemctl | 전체 서비스 목록 |
| systemctl list-unit-files | 서비스 목록(활성화 여부 표시) |
| systemctl --failed | 부팅 시 실행에 실패한 서비스 목록 |
| systemctl is-enabled 서비스명 | 특정 서비스 활성화 여부 |
| systemctl is-active 서비스명 | 특정 서비스 현재 동작 여부 |
| systemctl status -l 서비스명 | 특정 서비스의 자세한 상태 |

예를 들어 systemctl 명령어는 존재하는 전체 서비스 목록을 출력하는데 그 일부를 살펴보면 다음과 같다.

```
# systemctl
UNIT                   LOAD   ACTIVE   SUB      DESCRIPTION
...
accounts-daemon.service  loaded active   running  Accounts Service
```

```
acpid.service             loaded active    running   ACPI event daemon
apparmor.service          loaded active    exited    Load AppArmor profiles
avahi-daemon.service      loaded active    running   Avahi mDNS/DNS-SD
console-setup.service     loaded active    exited    Set console font and
cron.service              loaded active    running   Regular background
  ...
```

예를 들어, 다음과 같이 systemctl list-unit-files 명령어를 실행하면 서비스 목록을 활성화 여부와 함께 표시해 준다.

```
# systemctl list-unit-files
UNIT FILE                                    STATE          VENDOR PRESET
proc-sys-fs-binfmt_misc.automount            static         -
-.mount                                      generated      -
boot-efi.mount                               generated      -
dev-hugepages.mount                          static         -
dev-mqueue.mount                             static         -
media-floppy0.mount                          generated      -
proc-sys-fs-binfmt_misc.mount                disabled       disabled
run-vmblock\x2dfuse.mount                    enabled        enabled
snap-bare-5.mount                            enabled        enabled
snap-core18-1997.mount                       enabled        enabled
snap-core18-2128.mount                       enabled        enabled
snap-gnome\x2d3\x2d34\x2d1804-66.mount       enabled        enabled
snap-gnome\x2d3\x2d34\x2d1804-72.mount       enabled        enabled
...
sys-fs-fuse-connections.mount                static         -
sys-kernel-config.mount                      static         -
sys-kernel-debug.mount                       static         -
```

또한 이 명령어를 이용하여 특정 서비스의 상태를 확인할 수 있다. 예를 들어, 다음과 같이 cron 서비스의 상태를 확인할 수 있으며 이 서비스는 현재 active 상태로 실행 중인 것을 알 수 있다.

```
# systemctl status cron
● cron.service - Regular background program processing daemon
Loaded: loaded(/lib/systemd/system/cron.service; enabled;
Active: active(running) since Tue 2021-08-17 19:44:47 PDT;
```

```
Main PID: 715 (cron)
...
```

### 서비스 제어

서비스를 제어하는 systemctl 명령어는 표 14.8과 같다. 서비스를 활성화(enable) 하면 부팅 시 해당 서비스가 자동 실행된다. 뿐만 아니라 이 명령어를 이용하여 지정된 서비스를 시작(start), 종료(stop), 재시작(restart) 할 수 있다.

표 14.8 systemctl 명령어

| 명령어 | 서비스 제어 기능 |
|---|---|
| systemctl enable 서비스명 | 서비스 활성화 |
| systemctl disable 서비스명 | 서비스 비활성화 |
| systemctl start 서비스명 | 서비스 시작 |
| systemctl stop 서비스명 | 서비스 종료 |
| systemctl restart 서비스명 | 서비스 재시작 |
| systemctl reload 서비스명 | 서비스 갱신 |
| systemctl kill 서비스명 | 서비스 관련 프로세스도 모두 죽임 |

예를 들어, cron 서비스를 활성화하여 부팅 시 자동으로 실행되도록 하기 위해서는 다음과 같이 해당 서비스를 활성화하면 된다.

```
# systemctl enable cron
```

서비스를 활성화했다고 해서 서비스가 바로 시작되는 것은 아니며 보통 활성화된 서비스는 부팅 시 자동으로 실행된다는 점을 유의하자.

만약 서비스를 바로 직접 실행하고자 하면 다음과 같이 start 시키면 된다.

```
# systemctl start cron
```

만약 서비스를 바로 직접 종료하고자 하면 다음과 같이 stop 시켜면 된다.

```
# systemctl stop cron
```

## 14.6 소프트웨어 설치

시스템을 운영하면서 필요한 소프트웨어가 설치되어 있지 않은 경우 추가적으로 원하는 소프트웨어 패키지를 설치하거나 혹은 불필요한 소프트웨어 패키지를 삭제해야 한다. 패키지 설치 및 삭제를 위해 많이 사용되고 있는 패키지 관리 소프트웨어들을 살펴보자.

### 우분투 소프트웨어 센터

최신 우분투 버전(16.04 이후 버전)에서는 그놈 소프트웨어 센터를 우분투 소프트웨어 센터로 사용하는데 간단하게 소프트웨어를 설치하거나 삭제하기 위해 사용할 수 있다. 소프트웨어 설치 및 삭제를 위한 이 도구는 그림 14.11과 같이 여러 패키지 모음을 분류하여 관리하며 [설치함]에서 이미 설치되어 있는 패키지들을 확인할 수 있다.

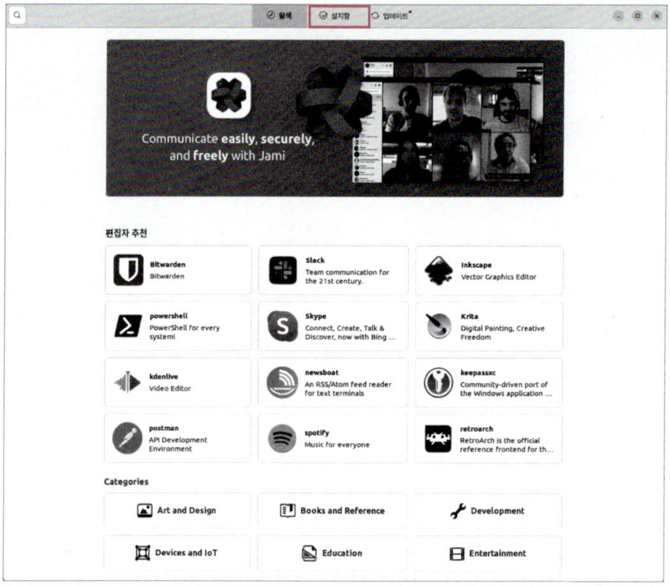


그림 14.11 소프트웨어 설치도구

각 분류를 선택하여 관련 소프트웨어 패키지들을 살펴볼 수 있다. 그림 14.12는 분류에서 [Development]를 선택했을 때 관련 소프트웨어 패키지들을 보여준다. 이 중에 우측상단에 체크 표시가 되어 있는 소프트웨어(이 그림에서 Eclipse)는 이미 설치되어 있는 것이다. 원하는 소프트웨어를 클릭하면 설치 여부를 살펴볼 수 있고 필요에 따라 [설치] 버튼을 클릭하여 바로 설치하거나 [제거] 버튼을 클릭하여 삭제할 수 있다.

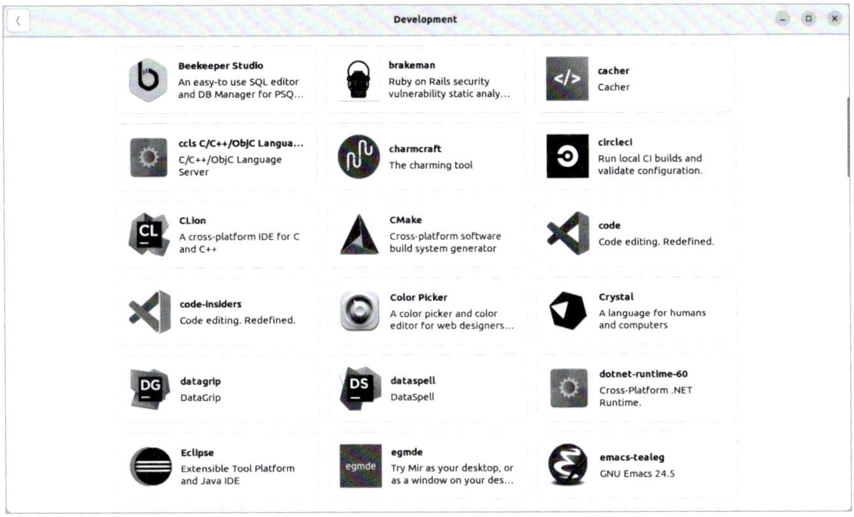


그림 14.12 Development로 분류된 패키지

또한 그림 14.11 화면의 좌측 상단의 검색 버튼을 클릭하여 검색어를 입력하여 원하는 소프트웨어 패키지를 찾을 수 있다. 예를 들어 Eclipse를 입력하면 현재 이 소프트웨어 패키지 설치 현황을 보여준다. 검색한 소프트웨어 패키지를 새로 설치하려면 해당 패키지를 선택하고 [설치] 버튼을 클릭하면 되고 삭제하려면 [제거] 버튼을 클릭하면 된다.

## 자동 소프트웨어 설치 도구 apt

리눅스에서 소프트웨어는 소스코드 형태 또는 바로 설치하여 사용할 수 있는 패키지 형태로 배포된다. 소스코드로 배포하는 경우는 대부분 하나의 아카이브 파일로 묶은 후 압축하여 배포한다. 바이너리 패키지로 배포되는 경우에 리눅스에서 주로 사용되는 패키지는 rpm과 deb, 두 가지 형식이 있다. 레드햇 계열 리눅스는 주로 rpm 형식을 사용하고 우분투는 deb 형식의 패키지를 사용한다. rpm이나 deb 형식의 파일을 직접 다운받아 각각 rpm 혹은 dpkg 명령을 이용하여 설치할 수 있으나 이는 상당히 번거로운 일이다.

자동 소프트웨어 설치 도구를 이용하면 패키지 파일 다운로드부터 패키지 설치, 삭제 및 업데이트 등을 자동으로 할 수 있다. 레드햇 계열 리눅스에서는 rpm 기반의 시스템인 yum과 이를 개선한 dnf를 사용한다. 우분투 리눅스는 deb 기반의 시스템인 apt(Advanced Package Tool)를 자동 소프트웨어 설치 도구로 사용한다. 이러한 자동 설치 도구는 이미 설치되어 있거나 혹은 설치 가능한 패키지에 관한 정보를 효율적이고 쉽게 검색할 수 있으며 일일이 수동으로 업데이트할 필요가 없으므로 많은 시스템들을 관리하기 쉽게 해준다.

이 자동 설치 도구에는 저장소(repository)라는 곳이 있는데 소프트웨어 패키지 파일을 모아 저장하고 있는 인터넷 상의 공간이다. apt 자동 설치 도구는 이 저장소에서 패키지 파일을 검색하고 다운로드하여 설치 혹은 업데이트한다. 리눅스를 설치하면 리눅스에서 제공하는 기본 저장소가 등록되어 있다. 따로 저장소 URL을 /etc/apt/sources.list 파일에 등록하면, 그쪽 저장소에 있는 패키지 파일들을 이용해 설치할 수 있다.

표 14.9는 패키지 설치, 삭제, 업데이트, 검색 등을 위한 apt의 주요 명령어들이다. 각각에 대해서 좀 더 자세히 살펴보도록 하자.

표 14.9 apt 명령어 사용법

| apt 명령 | 기존 명령 | 기능 |
|---|---|---|
| apt install 패키지+ | apt-get install | 패키지를 설치한다. |
| apt remove 패키지+ | apt-get remove | 패키지를 삭제한다. |
| apt update | apt-get update | 패키지 목록을 갱신한다. |
| apt upgrade | apt-get upgrade | 패키지를 업그레이드한다. |
| apt autoremove | apt-get autoremove | 불필요한 패키지를 제거한다. |
| apt search 패키지 | apt-cache search | 키워드로 패키지를 검색한다. |
| apt show 패키지 | apt-cache show | 패키지 정보를 출력한다. |
| apt list | | 패키지 목록을 출력한다. |

### ● 패키지 업데이트 목록 확인

list 명령어는 이용 가능한 모든 패키지 목록을 리스트 한다.

```
# apt list
이용 가능한 패키지 목록을 모두 리스트 한다.
```

### ● 패키지 이름 검색

search 명령어는 지정된 소프트웨어 패키지를 저장소로부터 검색하여 리스트 한다.

```
# apt search 패키지
저장소에서 지정된 패키지를 검색하여 리스트 한다.
```

예를 들어 다음과 같이 vsftpd 패키지를 검색할 수 있다.

```
# apt search vsftpd
정렬중... 완료
전체 텍스트 검색... 완료
vsftpd/focal 0.17-36.2 amd64
  File Transfer Protocol (FTP) server
vsvsftpd/focal 3.0.3-12 amd64
  lightweight, efficient FTP server written for security
...
```

### ● 패키지 정보 검색

show 명령어는 지정된 소프트웨어 패키지에 대한 요약 정보(버전, 패키지 크기, 카테고리, 설명 등)를 출력한다.

> # apt show 패키지
> 지정된 소프트웨어 패키지에 대한 정보를 출력한다.

예를 들어, 다음과 같이 vsftpd 패키지에 대한 자세한 정보를 확인할 수 있다.

```
# apt show vsflpd
Package: vsftpd
Version: 1.30-2
Priority: optional
Section: universe/web
Origin: Ubuntu
...
```

### ● 패키지 설치

install 명령은 하나 이상의 패키지를 설치하거나 업그레이드 할 때 사용한다. 해당 패키지는 패키지 저장소에서 자동으로 다운받아 설치한다. 해당 패키지가 이미 설치되어 있는 경우에는 업그레이드 한다.

> # apt install 패키지⁺
> 지정된 패키지들을 자동으로 내려받아 설치하거나 업그레이드 한다.

예를 들어, 다음과 같이 vsftpd 패키지를 설치할 수 있다.

```
# apt install vsftpd
```

● 패키지 업그레이드

upgrade 명령은 현재 설치되어 있는 모든 패키지 중에 새로운 버전이 있는 패키지를 업그레이드할 때 사용된다. Y를 입력하면 업그레이드를 시작한다.

```
# apt upgrade
```
설치되어 있는 모든 패키지 중에 새로운 버전이 있는 패키지를 업그레이드 한다.

● 패키지 업데이트

update 명령은 /etc/apt/sources.list에 명시한 저장소로부터 새로운 패키지 정보를 읽어와 업데이트한다. 만약 /etc/apt/sources.list 파일을 수정했다면 반드시 이 명령을 실행해야 한다.

```
# apt update
```
저장소로부터 새로운 패키지 정보를 읽어 온다.

● 패키지 삭제

remove 명령어는 이미 설치된 소프트웨어 패키지를 삭제한다.

```
# apt remove 패키지+
```
이미 설치된 소프트웨어 패키지를 삭제한다.

예를 들어, 다음과 같이 vsftpd 패키지를 삭제할 수 있다.

```
# apt remove vsftpd
```

## 데비안 패키지 관리도구 dpkg

데비안 계열의 리눅스는 보통 소프트웨어를 확장자가 .deb인 데비안 패키지 형태로 배포한다. 데비안 패키지는 리눅스의 표준 패키지 중 하나로 설치할 파일들과 이름, 버전, 설명 등의 패키지 정보를 포함하는 저장 파일이다. 데비안 패키지의 장점은 다음과 같다.

- 바이너리 파일로 구성되어 있어 컴파일이 필요 없다.
- 쉽고 빠른 패키지 설치 및 삭제가 가능하다.
- 기존에 설치한 패키지를 삭제하지 않고 바로 업그레이드 가능하다.
- 패키지의 설치 상태를 검증할 수 있다.
- 질의를 통하여 패키지에 대한 자세한 정보를 확인할 수 있다.

dpkg 명령은 데비안 패키지의 배포 및 관리를 위한 패키지 관리 소프트웨어로 이 명령을 사용하여 설치된 패키지 목록을 확인하고, 패키지를 설치 또는 삭제할 수 있다. 이 명령은 표 14.10과 같이 목록, 설치, 삭제, 상세 정보 등의 동작 모드가 있으며 이들에 대해서 좀 더 자세히 살펴보도록 하자.

표 14.10 dpkg 명령어 모드

| 모드 | 사용법 | 설명 |
|---|---|---|
| 패키지 목록 출력 | # dpkg -l [패키지명] | 설치된 패키지 목록을 출력 |
| 패키지 설치 | # dpkg -i 패키지파일 | 패키지를 설치하거나 업그레이드 |
| 패키지 상세 정보 | # dpkg -s 패키지명 | 패키지의 상세 정보를 출력 |
| 패키지 삭제 | # dpkg -r 패키지명 | 패키지를 삭제 |
| 설치 파일 목록 | # dpkg -L 패키지명 | 지정한 패키지가 설치한 파일 목록 출력 |
| 파일 검색 | # dpkg -S 경로명 | 지정한 파일이 포함된 패키지 검색 |
| 패키지 파일 내용 | # dpkg -c 패키지파일 | 패키지 파일의 내용 출력 |
| 패키지 파일 추출 | # dpkg -x 패키지파일 디렉디리 | 패키지 파일의 내용을 지정한 디렉터리에 추출 |

### ● 패키지 설치 모드

dpkg 명령어를 이용한 패키지 설치 방법에 대해서 살펴보자. 일반적인 패키지 설치는 다음과 같이 -i 옵션을 사용한다. 이미 패키지가 설치되어 있는 경우에는 업그레이드 한다.

```
# dpkg -i 패키지파일
패키지파일로부터 패키지를 새로 설치한다.
이미 설치되어 있으면 패키지를 업그레이드 한다.
```

예를 들어, 구글 홈페이지에서 크롬 패키지 파일(google-chrome-stable_current_amd64.deb)을 다운받아 다음과 같이 크롬 패키지를 설치할 수 있다.

```
# dpkg -i google-chrome-stable_current_amd64.deb
Selecting previously unselected package google-chrome-stable.
(데이터베이스 읽는중 ...현재 246907개의 파일과 디렉터리가 설치되어 있습니다.)
Preparing to unpack google-chrome-stable_current_amd64.deb ...
Unpacking google-chrome-stable (85.0.4183.102-1) ...
google-chrome-stable (85.0.4183.102-1) 설정하는 중입니다 ...
update-alternatives: using /usr/bin/google-chrome-stable to provide /usr/bin/x-www-browser (x-www-browser) in auto mode
...
```

dpkg 명령은 의존성이 있는 패키지를 자동으로 설치하지 않으므로, 설치하는 패키지가 설치되지 않은 다른 패키지를 사용하는 경우에는 의존성(dependency) 오류가 난다. 이러한 경우에 사용자가 해당 패키지를 직접 설치해야 한다.

### ● 패키지의 상세 정보

-s 옵션을 사용하여 설치되어 있는 패키지에 대한 상세 정보를 확인할 수 있다.

```
# dpkg -s 패키지명
설치되어 있는 패키지에 대한 상세 정보를 출력한다.
```

예를 들어, 다음과 같이 설치된 크롬 패키지(google-chrome-stable)에 대한 이름, 버전, 설명 등의 상세 정보를 확인할 수 있다.

```
# dpkg -s google-chrome-stable
Package: google-chrome-stable
Status: install ok installed
Priority: optional
Section: web
Installed-Size: 230940
Maintainer: Chrome Linux Team <chromium-dev@chromium.org>
Architecture: amd64
Version: 85.0.4183.102-1
Provides: www-browser
```

```
...
Description: The web browser from Google
```

### ● 설치된 패키지 목록

-l 옵션을 사용하여 설치되어 있는 패키지 목록을 확인할 수 있다. 패키지명을 지정하면 해당 패키지만 리스트하고 지정하지 않으면 모든 패키지 목록을 리스트 한다.

```
# dpkg -l [패키지명]
설치되어 있는 패키지 목록을 출력한다.
```

예를 들어, 다음과 같이 이미 설치된 크롬 패키지 목록을 확인할 수 있다.

```
# dpkg -l google-chrome-stable
희망상태=알수없음(U)/설치(I)/지우기(R)/깨끗이(P)/고정(H)
| 상태=아님(N)/설치(I)/설정(C)/풀림(U)/절반설정(F)/일부설치(H)/트리거대기(W)/
|/    트리거밀림(T)
|/ 오류?=(없음)/다시설치필요(R) (상태, 오류가 대문자=불량)
||/ 이름                  버전            Architecture        설명
+++-==================-==============-=======-========================
ii  google-chrome-stable 85.0.4183.102-1 amd64   The web browser from Google
```

또한 다음과 같이 패키지명을 지정하지 않으면 설치된 모든 패키지 목록을 출력한다.

```
# dpkg -l
```

## 패키지 삭제 모드

이미 설치되어 있는 패키지를 삭제하기 위한 삭제 모드에 대해 살펴보자. 패키지 삭제를 위해서는 다음과 같이 -r 옵션을 사용한다.

```
# dpkg -r 패키지명
이미 설치되어 있는 패키지를 삭제한다.
```

예를 들어, 다음과 같이 이미 설치된 google-chrome-stable 패키지를 삭제할 수 있다.

```
# dpkg -r google-chrome-stable
(데이터베이스 읽는중 ...현재 247020개의 파일과 디렉터리가 설치되어 있습니다.)
Removing google-chrome-stable (85.0.4183.102-1) ...
update-alternatives: using /usr/bin/firefox to provide /usr/bin/x-www-browser (x-www-browser) in auto mode
update-alternatives: using /usr/bin/firefox to provide /usr/bin/gnome-www-browser (gnome-www-browser) in auto mode
...
```

### ● 패키지 파일 내용

패키지 파일의 내용을 확인할 수 있다. -c 옵션을 사용하면 패키지 파일을 구성하는 파일 내용(contents)을 확인할 수 있다.

> # dpkg -c 패키지파일
> 패키지 파일의 내용을 출력한다.

예를 들어, 다음과 같이 크롬 패키지의 내용을 확인할 수 있다.

```
# dpkg -c google-chrome-stable_current_amd64.deb
drwxr-xr-x root/root       0 2020-09-04 13:42 ./
drwxr-xr-x root/root       0 2020-09-04 13:42 ./etc/
drwxr-xr-x root/root       0 2020-09-04 13:42 ./etc/cron.daily/
drwxr-xr-x root/root       0 2020-09-04 13:42 ./opt/
drwxr-xr-x root/root       0 2020-09-04 13:42 ./opt/google/
drwxr-xr-x root/root       0 2020-09-04 13:42 ./opt/google/chrome/
...
```

또한 다음과 같이 -x 옵션을 이용하여 패키지 파일의 내용을 지정한 디렉터리에 풀 수 있다.

> # dpkg -x 패키지파일 디렉터리
> 패키지 파일의 내용을 지정한 디렉터리에 푼다.

## | 핵심 개념 |

- 슈퍼유저는 root 계정으로 로그인하여 시스템 관리의 모든 측면을 수행할 수 있다.
- init 혹은 systemd 프로세스는 보통 fork/exec를 반복적으로 수행하여 시스템 운영에 필요한 다양한 프로세스들(주로 서비스 데몬 프로세스)을 새로 생성한다.
- init 프로세스는 부팅 시에 런레벨에 따라 설정된 서비스 프로그램들을 로딩하여 실행한다.

## | 핵심 명령어 |

| 명령어 | 의미 |
|---|---|
| su [사용자명] | 사용자명을 주지 않으면 root로 로그인하고 사용자명을 주면 해당 사용자로 다시 로그인한다. |
| useradd [옵션] 사용자명 | 새로운 사용자 계정을 생성한다. |
| userdel [-r] 사용자명 | 사용자 계정을 삭제한다. -r 옵션을 사용하면 사용자의 홈 디렉터리도 삭제한다. |
| groupadd [-g gid] 그룹명 | 그룹을 추가한다. -g 옵션을 사용하여 추가할 그룹의 그룹 ID를 지정할 수도 있다. |
| groupdel 그룹명 | 지정된 기존 그룹을 삭제한다. |
| runlevel | 시스템의 현재 부팅 레벨을 알려준다. |
| top [-d 숫자] | 프로세스별 CPU와 메모리 점유율 등을 출력한다. |
| shutdown 시간 [경고메시지] | 지정된 시간에 시스템을 종료한다. 모든 사용자에게 보낼 경고 메시지를 명시할 수 있다. |
| ntsysv [옵션] | 부팅 시에 런레벨 별로 init 시스템이 실행하거나 실행하지 않을 서비스들을 설정한다. |
| chkconfig [옵션] 서비스명 [상태] | 부팅 시에 init 시스템에 의해 자동 실행할 각종 서비스들을 설정한다. |
| service 서비스 명령어 | 시스템 서비스를 조작하기 위해 서비스 데몬을 명령어에 따라 제어한다. |
| rpm –ivh 패키지파일+<br>rpm –Uvh 패키지파일+ | RPM 패키지파일로부터 패키지를 새로 설치한다.<br>이미 설치되어 있는 패키지를 업그레이드한다. 설치되어 있지 않으면 새로 설치한다. |

## ● systemd 관련 명령어

| 명령어 | 설명 |
|---|---|
| systemd-analyze | 부팅에 걸린시간 표시 |
| systemd-analyze blame | 부팅 시 서비스별 걸린 시간표시 |
| systemd-analyze plot | 부팅 시 서비스별 걸린 시간을 정렬해서 표시 |
| systemd-analyze critical-chain | 부팅 시 시간이 많이 걸리는 서비스들을 트리 형태로 엮어서(chain) 표시 |
| journalctl | 부팅을 포함한 전체적인 시스템 로그 |
| journalctl -b | 마지막 부팅 이후 시스템 로그 |
| hostnamectl | 호스트 이름 표시 |
| hostnamectl set-hostname 이름 | 호스트 이름 변경 |

## ● systemctl 명령어

| 명령어 | 서비스 제어 기능 |
|---|---|
| systemctl enable 서비스명 | 서비스 활성화 |
| systemctl disable 서비스명 | 서비스 비활성화 |
| systemctl start 서비스명 | 서비스 시작 |
| systemctl stop 서비스명 | 서비스 종료 |
| systemctl restart 서비스명 | 서비스 재시작 |
| systemctl reload 서비스명 | 서비스 갱신 |
| systemctl kill 서비스명 | 서비스 관련 프로세스도 모두 죽임 |
| systemctl daemon-reload | 서비스 설정 정보를 데몬에 반영 |

## ● apt 명령어

| apt 명령 | 기능 |
|---|---|
| apt install 패키지+ | 패키지를 설치한다. |
| apt remove 패키지+ | 패키지를 삭제한다. |
| apt update | 패키지 목록을 갱신한다. |
| apt upgrade | 패키지를 업그레이드한다. |
| apt autoremove | 불필요한 패키지를 제거한다. |
| apt search 패키지 | 키워드로 패키지를 검색한다. |
| apt show 패키지 | 패키지 정보를 출력한다. |
| apt list | 패키지 목록을 출력한다. |

● dpkg 명령어 모드

| 모드 | 사용법 |
|---|---|
| 패키지 목록 출력 | # dpkg −l [패키지명] |
| 패키지 설치 | # dpkg -i 패키지파일 |
| 패키지 상세 정보 | # dpkg −s 패키지명 |
| 패키지 삭제 | # dpkg -r 패키지명 |
| 설치 파일 목록 | # dpkg −L 패키지명 |
| 파일 검색 | # dpkg −S 경로명 |
| 패키지 파일 내용 | # dpkg −c 패키지파일 |
| 패키지 파일 추출 | # dpkg −x 패키지파일 디렉터리 |

## | 실습 문제 |

14.1 그룹을 하나 추가하고 그 그룹의 일원으로 새로운 사용자를 추가한다.

14.2 프로세스 관리 도구인 top 유틸리티를 이용하여 평균부하율, CPU 사용률, 메모리 사용현황, 스왑메모리 사용현황, 모든 프로세스들의 자원사용 현황 등을 조사하고 설명한다.

14.3 systemd-analyze 실습

(1) 다음 명령어를 이용하여 부팅 시 서비스별로 걸린 시간을 조사하고 설명한다.

```
$ systemd-analyze
```

(2) 다음 명령어를 이용하여 부팅 시 서비스별 걸린 시간을 조사하고 설명한다.

```
$ systemd-analyze plot > plot.html
```

(3) 다음 명령어를 이용하여 부팅 시 시간이 많이 걸리는 서비스들을 조사하고 설명한다.

```
$ systemd-analyze critical-chain
```

14.4 현재 사용 중인 시스템에 http 서비스가 동작하도록 설정한다.

(1) http 서버가 설치되어 있는지 확인한다. 설치되어 있지 않으면 설치한다.

(2) httpd 서비스가 활성화(enable)되어 있는지 확인한다. 활성화되어 있지 않으면 활성화시킨다.

(3) httpd 서비스가 동작(active)하고 있는지 확인한다. 동작하고 있지 않으면 동작시킨다.

## | 연습 문제 |

14.1 init과 systemd의 차이점을 조사하여 작성하시오.

14.2 다음 괄호 안에 알맞은 말을 넣으시오.

> 슈퍼유저는 (　　) 계정으로 로그인하여 시스템 관리의 모든 측면을 수행할 수 있다.

14.3 다음 괄호 안에 알맞은 말을 넣으시오.

> init 혹은 systemd 프로세스는 보통 (　　　)를 반복적으로 수행하여 시스템 운영에 필요한 다양한 (　　)들을 새로 생성한다.

14.4 다음 괄호 안에 알맞은 말을 넣으시오.

> init 프로세스는 부팅 시에 (　　)에 따라 설정된 서비스 프로그램들을 로딩하여 실행한다.

14.5 init 프로세스가 다음과 같이 부팅 하려면 어떤 런레벨로 부팅해야 하는가?

> 단일 사용자 모드로 부팅하며 네트워크 기능을 사용 안한다. root로만 로그인 가능하다.

14.6 지금 당장 시스템을 종료하기 위한 명령을 쓰시오.

14.7 독자형 데몬과 슈퍼데몬에 대해서 차이점을 중심으로 설명하시오.

# 찾아보기